宗教文化译丛

犹太教系列　主编　傅有德

救赎之星

〔德〕弗朗茨·罗森茨维格　著
孙增霖　傅有德　译

Franz Rosenzweig
Der Stern der Erlösung
根据 Holt, Rinehart and Winston 出版社 1970 年
英译本 *The Star of Redemption* 译出

"宗教文化译丛"总序

遥想远古，文明伊始。散居在世界各地的初民，碍于山高水险，路途遥远，彼此很难了解。然而，天各一方的群落却各自发明了语言文字，发现了火的用途，使用了工具。他们在大自然留下了印记，逐渐建立了相对稳定的家庭、部落和族群。人们的劳作和交往所留下的符号，经过大浪淘沙般地筛选和积淀后，便形成了文化。

在纷纭复杂的文化形态中，有一种形态叫"宗教"。如果说哲学源于人的好奇心和疑问，那么宗教则以相信超自然力量的存在为前提。如果说哲学的功用是教人如何思维，训练的是人的理性认知能力，那么宗教则是教人怎样行为。即把从信仰而来的价值与礼法落实于生活，教人做"君子"，让社会有规范。信而后行，是宗教的一大特点。

宗教现象，极为普遍。亚非拉美，天涯海角，凡有人群的地方，大都离不开宗教生活。自远古及今，宗教虽有兴衰嬗变，但从未止息。宗教本身形式多样，如拜物图腾、万物有灵、通神巫术、多神信仰、主神膜拜、唯一神教，林林总总，构成了纷纭复杂、光怪陆离的宗教光谱。宗教有大有小，信众多者为大，信众寡者为小。宗教有区域性的，也有跨区域性的或世界性的。世界性宗教包括基督教、伊斯兰教、佛教等大教。还有的宗教，因为信众为单一民族，被视为民族性宗教，如犹太教、印度教、祆教、神道教等。宗教犹如一面硕大无朋的神圣之网，笼罩着全世界大大小小的民族和亿万信众，其影响既广泛又久远。

宗教的功能是满足人的宗教生活需要。阶级社会，人有差等，但无人不需精神安顿。而宗教之于酋长与族人、君主与臣民、贵族与平民、总统与公民，皆不分贵贱，一视同仁地慰藉其精神。有时，人不满足于生活的平淡无奇，需要一种仪式感，这时，宗教便当仁不让。个人需要内在的道德，家庭、社会、国家需要伦理和秩序，宗教虽然不能"包打天下"，却可以成为不可多得的选项。人心需要温暖，贫民需要救济，宗教常常能够雪中送炭，带给需要者慈爱、关怀、衣食或资金。人是社会的动物，宗教恰巧有团体生活，方便社交，有利于人们建立互信和友谊。

"太阳照好人，也照歹人。"宗教劝人积德行善，远离邪恶，但并非所有的"善男信女"都是仁人君子，歹徒恶人也不乏其例。宗教也不总是和平的使者。小到个人权斗、"人肉炸弹"，大到"9·11"空难，更大的还有"十字军东征""三十年战争""纳粹大屠杀"。凡此种种大小纷争、冲突、战争和屠戮，都有宗教如影随形。美国学者亨廷顿早在1993年就曾预言：未来的冲突将发生在几大宗教文明之间。姑且不说"文明"之间是否"应该"发生冲突，宗教冲突或与之相关的各种"事件"时有发生，却是一个不争的事实。

既然宗教极其既深且广的影响是事实存在，那么介绍和诠释宗教经典，阐释教义学说，研究宗教历史，宗教与政治、经济，以及宗教间的关系等理论和现实问题，就有了"充足的理由"和"必要"。

1873年，马克斯·缪勒出版了《宗教学导论》，其中首次使用了"宗教学"概念。从此，宗教研究成了一门学科，与文学、历史学、哲学、社会学、心理学、民族学等并驾齐驱。在宗教学内部，宗教哲学、宗教人类学、宗教社会学、宗教心理学等分支也随之出现，成就了泰勒、韦伯、蒂利希、詹姆斯、布伯、巴特、莫尔特曼、尼布尔、汉斯·昆等一大批宗教思想家。1964年，根据毛泽东主席批示的精神，中国社会科学院组建了世界宗教研究所。从此以后，宗教学和更广意义的宗教研究也渐次在社会主义中国生根、开花、结果，在学术界独树一帜，为世人所瞩目。

宗教经典的翻译、诠释与研究，自古有之，时盛时衰，绵延不绝。中国唐代的玄奘、义净，历经千辛万苦西行取经，而后毕生翻译佛典，成为佛教界的佳话；葛洪、寇谦之、陶弘景承续、改革道教，各成一时之盛；早期的犹太贤哲研讨《托拉》、编纂《塔木德》，开启了《圣经》之后的拉比犹太教；奥利金、德尔图良、奥古斯丁等教父，解经释经，对于厘定基督教教义，功莫大焉；斐洛、迈蒙尼德等犹太哲人诠释《圣经》，调和理性与信仰，增益了犹太教；托马斯·阿奎那、邓斯·司格脱、威廉·奥康等神学大师，建立并发展了宏大深邃的经院哲学，把基督教神学推到了顶峰。还须指出，传教士们，包括基督教教士和佛教高僧大德，致力于各自宗教的本土化，著书立说，融通异教，铺设了跨宗教和多元文化对话的桥梁。

学生的学习，学者的研究，都离不开书。而在某个特定的历史时期，外著移译，显得尤为必要和重要。试想，假如没有严复译的《天演论》《法意》，没有陈望道译的《共产党宣言》、傅雷译的法国小说、朱生豪译的莎士比亚诗歌与戏剧，等等，中国的思想文化界乃至政治、经济、社会等各个领域，是一个什么景象？假如没有贺麟、蓝公武、王太庆、苗力田、陈修斋、梁志学、何兆武等前辈学者翻译的西方哲学名著，中国的哲学界将是什么状态？假如没有宗教学以及犹太教、基督教、伊斯兰教、佛教等宗教经典或研究性著作的翻译出版，我们的宗教学研究会是何等模样？虽说"试想"，但实际上根本"无法设想"。无疑，中国自古以来不乏学问和智慧，但是中国向来缺少严格意义上的学科和学术方法论。现代以来中国分门别类的学科和学术研究是"西学东渐"的结果，而"西学东渐"是与外籍汉译分不开的。没有外籍的汉译，就没有现代中国的思想文化和学术。此论一点也不夸张。

众所周知，在出版界商务印书馆以出版学术著作著称，尤其以出版汉译名著闻名于世。远的不说，"文革"后上大学的文科学子，以及众多的人文社科爱好者，无不受益于商务印书馆的"汉译世界学术名著丛书"，我本人就是在这套丛书的滋养熏陶下走上学术之路的。

为了满足众多宗教研究者和爱好者的需要，商务印书馆在以前出版过的"宗教文化译丛"的基础上进行了改版，并扩大了选题范围。此次出版的译丛涵盖了宗教研究的诸多领域，所选原作皆为各教经典或学术力作，译者多为行家里手，译作质量堪属上乘。

宗教文化，树大根深，名篇巨制，浩如烟海，非几十本译作可以穷尽。因此，我们在为商务印书馆刊行"宗教文化译丛"而欢欣鼓舞的同时，也期待该丛书秉持开放原则，逐渐将各大宗教和宗教学研究的经典、权威性论著尽收囊中，一者泽被学林，繁荣学术；二者惠及普通读者，引导大众正确认识宗教。能否如愿以偿？是所望焉。谨序。

傅有德
2019年9月22日

再版序

时至今日，距《救赎之星》中译本的初次翻译完成，已经过去了整整十个年头。从十年前作为"汉译犹太文化名著丛书"之一的较强的专业面向，到今天作为更为一般读者接受的外国名著汉译本，《救赎之星》见证了十年间我国犹太文化研究从筚路蓝缕到渐成气候的过程。

本书作者罗森茨维格的生平、思想以及本书的主要内容可参见初版序言及译者的其他著作，此处不再赘述。需要强调的是，学界和译界十年间的进一步研究，对罗森茨维格及其《救赎之星》有了更为深入和全面的认识，这主要包括：其一，对罗森茨维格的思想渊源和社会背景的了解和认识更为全面。近十年来关于19世纪末到20世纪初的德国犹太人所处的生活和社会环境以及文化氛围的译著和研究性著作日渐增多，使我们能够更为全面地了解罗森茨维格及其思想的产生和发展；其二，对罗森茨维格思想的某些方面，如政治哲学的研究有了较为深入的发展，尤其是他跟政治犹太复国主义的论争以及对现代性的批判等得到了学界越来越多的重视。

当然，我们也不无遗憾地看到，虽然罗森茨维格以及《救赎之星》的重要性是公认的，但国内目前仍然缺乏专题性的研究，希望在不久的将来能够看到这方面成果的不断涌现。

虽然国内犹太研究不断进展、欣欣向荣，但正如钱钟书先生所说，再版著作就像修补旧衣物，只能在原有的基础上尽力而为。因此，此次再版并未改变原译本的整体框架和内容，新的工作主要包括：补译了原译本由于种种原因缺失的大约十页左右的内容，使得本书能够以完整的面目呈现给中文读者；根据译者最新的理解，对原有译文中的若干字句进行了改写和调序；个别有必要加以注解的地方进行了补充；修正了个别错字和不够通顺的语句。

《救赎之星》此次再版，责任编辑方婧之女士功不可没，认真、细致、耐心、周到的工作态度和渊博的学识为译本的完善和出版做出了重要贡献，在此表示深深的谢意。此外，颜廷真先生所做的预备工作和牵线搭桥，也是本书得以出版的重要保障，在此一并表示感谢。最后，山东师范大学外国哲学专业的研究生张艳、孙伟做了部分辅助工作，也感谢他们的付出。当然，译文的主要责任在译者，虽然已是再版，但疏漏乃至错误依然在所难免，欢迎读者批评指正。

译者序

一、罗森茨维格生平及其著述

弗朗茨·罗森茨维格（Franz Rosenzweig，1886—1929），犹太哲学家，现代犹太哲学史上承先启后的关键性人物，对犹太哲学乃至整个现代西方哲学的发展都具有很大的影响力。

罗森茨维格于1886年12月25日出生在德国卡塞尔（Kassel）的一个富有的犹太家庭，在他童年时代一般性的犹太传统教育以及非犹太性质的普及性教育是并存的，后者对他的影响恐怕更大。从1905年开始，他相继在哥廷根大学、慕尼黑大学和弗莱堡大学学习医学，在此期间，影响他的是希腊哲学以及以尼采、歌德为主的现代哲学和文学。1907年冬，罗森茨维格终于放弃了医学转而到柏林大学攻读现代历史和哲学。1908年秋，罗森茨维格从柏林回到弗莱堡大学，并接触到了黑格尔的哲学体系。1912年夏，罗森茨维格完成了他的博士论文《黑格尔与国家》。长期的非犹太教育的影响使得罗森茨维格对犹太传统产生了怀疑，这种怀疑在1913年达到了顶峰，再加上受皈依基督教的朋友的影响，他甚至想以犹太人的身份皈依基督教。虽然这一年秋天的一次赎罪日仪式使得他回心转意、迷途知返，但无论是从理论上还是在实践上，他终身都保持着对基督教的一份好感。1913年秋至1914年,罗森茨维格在柏林犹太教科学学院学习期间遇到了对他的思想影响最大的老师,赫尔曼·柯恩(Hermann Cohen),此时的柯恩已经不再是新康德主义马堡学派的领袖,而是重拾自己信仰的犹太哲学家。有着相似经历的罗森茨维格对柯恩崇敬有加,并期待着在后者的指导下实现思想上的飞跃。然而不久之后,第一次世界大战爆发。虽然战争打断了他的学习,但却并未中止他的哲学思考,利用战争的间隙,罗森茨维格撰写了大量的笔记和书信,使得他的哲学思想逐渐成型,因此,后人曾称之为"战壕里的犹太思想家"。1917年3月,他写成了《适逢其时》(*It Is Time*),并题献给他最崇敬的老师科恩。在此书中,他详细阐述了他的犹太教育思想,并计划建立一所犹太教科学研究院(Academy for the Science of Judaism)。1918年初,罗森茨维格还两次回到柏林,和父母以及科恩商讨建立犹太研究院的有关事宜,也正是在此期间,罗森茨维格因缘际会偶然发现了柯恩的《源于犹太教的理性宗教》(中文译本《理性宗教》)一书的复写稿,这本书的思想对他产生了巨大的影响。在这本书的影响下,结合自己的心路历程,罗森茨维格决定动手写作《救赎之星》。由于战争的影响,写作的历程异常艰苦,罗森茨维格不得不将自己的思想记录在明信片或家信中,逐一寄回家乡,才使得这部著作得以断断续续地进行。终于,战争结束了,战败的德国虽然万马齐喑,但却给了罗森茨维格充分的写作时间和空间。1919年2月16日,这部洋洋几十万字的巨著宣告完成。虽然写作完成,但罗森茨维格清醒地意识到这本内容奇特的书很可能引起包括犹太教、基督教等在内的广泛争议,因此，他并未将此书立即出版。1921年7月，他曾应一个出版商的邀请，写成《论健康的与不健康的思维》（*Das Büchlein vom gesunden und kranken Menschenverstand*）这个哲学小册子，用通俗的语言介绍了《救赎之星》的梗概。然而，就在该书即将付印前夕，他又放弃了出版的念头，收回了书稿。因此，《救赎之星》直到几十年过后才首先在英国问世（1953年），书名用的仍是上述小册子的名字，而德文原版直到1964年才得以正式出版。1920年3月，罗森茨维格与艾蒂·罕缔结良缘。同年8月1日，他就任法兰克福犹太讲习所所长。1921年11月（或12月）的一天，罗森茨维格莫名其妙地跌倒了数次，在被送往医院检查后，他被确诊患上了慢性偏瘫症。从此以后，这个挥之不去的病魔紧紧缠绕着罗森茨维格。病痛中的罗森茨维格表现得极为顽强和乐观。他经常拖着孱弱的病体参加各种各样的实践和学术活动，还书写了大量的书信阐述自己的观点，帮助思想上面临困惑的犹太青年们。更重要的是，他还在夫人的帮助下翻译了中世纪的犹太诗人、哲学家犹大·哈列维（Judah Halevi）的诗歌，并且和马丁·布伯（Martin Bubber）一起将希伯来语《圣经》译成德文。1929年12月10日凌晨，罗森茨维格与世长辞。

二、《救赎之星》与罗森茨维格的哲学思想

《救赎之星》是罗森茨维格的代表作，是其思想的最集中体现，在这里就以《救赎之星》为主，简单介绍一下罗森茨维格的主要思想。

如果用一句话概括《救赎之星》的主要思想，那就是：摆脱

对死亡的恐惧，走进生活。围绕着这一主旨，罗森茨维格重点做了三方面的工作，一是考察了人类历史上所出现的种种试图摆脱死亡的思想形式，并指出它们并未完成自己的任务；二是借助"救赎之星"的概念阐明人类获得真正生命的途径；三是通过考察亚欧的诸种宗教，指出只有犹太教与基督教才是真正的救赎之希望。

《救赎之星》一开篇就指出，死亡是人类自诞生那天起就挥之不去的梦魇，它时时刻刻缠绕着人类，无孔不入地炫耀着自己的威力，得意洋洋地嘲笑着人类短暂易逝的生命。在这篇充分体现其文学天赋和想象力、极富感染力的文字中，罗森茨维格以极其尖锐的形式凸现了人类生存的内在矛盾，并指出，正是基于解决这一矛盾的需要才诞生了哲学。在罗森茨维格看来，哲学，就其根本任务来说，既不是回答世界的本原是什么的问题，也不是回答人是否能够认识世界的问题，而是教会人们如何摆脱对于死亡的恐惧，并进而获得真正的生命。显然，罗森茨维格对哲学的这种看法是同人们对于哲学、包括哲学对于自身对传统的看法是大相径庭的。由此出发，罗森茨维格又进一步区分了新旧两种哲学。所谓的旧哲学，指的是从公认的"哲学之父"古希腊的泰勒斯开始，到德国古典哲学的集大成者黑格尔为止的西方哲学；而所谓的新哲学，是黑格尔之后的，以叔本华、尼采等人的思想为代表的哲学。新旧哲学的不同在于它们的思维方式的不同，因此，罗森茨维格把新哲学的思维方式又称为"新思维"。总体上来看，旧哲学认为，消除人类对于死亡恐惧的唯一办法是将个体消融到"全"（All）之中，此时的个体不再是个体，而变成了"全"的一部分，因而可以借着"全"的力量对抗死亡，甚至获得永生。罗森茨维格认为，旧哲学的解决之路仅仅是动听的谎言。因为这套解决办法预设了一个前提,即:个体无法独自面对死亡,只有"全"才有这个能力,个体在"全"面前是一个软弱无力的可怜虫,毫无独立的价值。作为亲身经历过第一次世界大战的残酷的生与死的考验的士兵,罗森茨维格清楚地知道,当死亡真正降临时,没有任何人能够替代,面对死亡,始终是个体的事情。因此,旧哲学的解决办法在当人真正地直面死亡时毫无效力。而新哲学则与此不同,它给予了个体以充分独立的地位,它虽然仍然无法单枪匹马地对抗死亡,但至少它不需要在斗争的过程中放弃自身,它有着自身的价值,这价值虽然不一定很大,但却无法抹杀,也不可替代。新旧哲学的这种根本上的不同,造就了它们表现形式的不同。首先,在起点上,旧哲学表现为抽象的概念,从一个抽象的概念出发,经过一系列的演绎过程,最终下降到具体的环节。而新哲学则直接从具体的个体出发,从具体经验上升到存在,到全体,这里凸现的是个体性的、当下性的经验。其次,从理论到构造上来看,旧哲学强调的是统一性,用一条原则统一起整个世界。而新哲学则强调关系性,即:"全"是由处于不同关系中的个体所组成的,其中的每一个体都具有着独立的地位。这种关系,罗森茨维格名之为"对话"关系,对这种关系的阐述构成了整部《救赎之星》的基本内容。第三,旧哲学和神学的关系始终紧张,除非迫于外在压力,否则哲学不关心神学问题。而新哲学必定关心神学问题,并且只有在犹太 – 基督传统中,旧哲学的问题才能真正得到解决。

总而言之,《救赎之星》开篇提到的种种旧哲学所不能或不愿意解决的问题,都要在新哲学 – 新思维中才能找到答案。在提出了问题和解决思路之后，罗森茨维格详细阐述了以"救赎之星"为核心的思想。

"救赎之星"的形象来自于犹太人耳熟能详的"大卫之盾"。大卫之盾是用两个三角形重叠而成的六角星。罗森茨维格用一个三角形的三个角代表上帝、世界和人，而用另一个三角形的角代表创造、启示和救赎。这样，我们就得到了六个最基本的概念或元素。上帝通过"创造"产生世界；上帝通过"启示"选择了人；上帝以及人的创造性的工作产生"救赎"活动。我们知道，旧哲学也探讨上帝、世界和人，但罗森茨维格认为，经过康德的批判，这三者都变成了"先验幻象"，罗森茨维格称之为"无"。在康德那里，这样的无是否定性的，而柯恩则认为，这样的无并非一无是处，反而卓有成效地昭示了有（存在）。罗森茨维格由此出发，借助黑格尔的否定的辩证法，通过否定之否定的过程，将这三个无变成了形而上学（metaphysics）的神的概念、元逻辑学的（metalogic）的世界概念及元伦理学（metaethics）的人的概念。到此为止，罗森茨维格确定了第一个三角形中的三个角。接下去需要确定的就是另外三个角，即三者之间的关系，在这里，罗森茨维格深受他的老师柯恩的影响，将三者之间的关系定义为相互关系。对上帝来说，上帝本身就具有创造性、启示性、救赎性，因此，上帝本身就是造物主、启示者和救世主；世界本身具有被创造性和被救赎性，人本身具有被启示性、救赎性与被救赎性。因此，大卫之星只是一个象征，三者的关系并非是如图形所示的几何联系，其关系是相互的、复杂的。同时，在创造、启示和救赎之间本身也存在着复杂的关系，从时间上讲，三者分别代表过去、现在和将来，三者是互相依存、不可分离的。从三者的作用上来看，创造是基础，创造需要启示，启示是关键，同时创造和启示又都需要救赎，救赎是目的，因为只有在救赎中创造才最后完成，启示才最后实现。

从对"救赎之星"的解释不难看出，罗森茨维格始终没有忘记自己在一开始就提出的目标，即摆脱对于死亡的恐惧，救赎就是完成这一工作的最终保证。谈论救赎是宗教的基本话题之一，由此，罗森茨维格过渡到了《救赎之星》的第三部，即涉及犹太教和基督教的部分。几乎所有的宗教都涉及救赎，为什么罗森茨维格认为犹太－基督宗教才是最终的归宿？通过考察古代亚洲的诸宗教（其中涉及了中国的宗教），他认为亚洲宗教中的神是僵死的、无生命的，极其容易走向宗教的反面即无神论；通过考察古希腊的宗教，他认为希腊的诸神虽然永生但却与死无关，因而也不能作为活生生的人的信仰；通过考察伊斯兰教，他认为伊斯兰教是一种完成了的宗教，因而是僵化的、无法给予人以活生生的指导的宗教。总而言之，这些宗教形式都无法从当下的、活生生的人的具体经验出发，而犹太－基督传统则不同，它让永恒进入时间，从而实现人的救赎。不难看出，这种对于个体当下的经验的强调是《救赎之星》开篇所凸现的新思维的逻辑延伸。由此出发，罗森茨维格将这一选择的原因归结为个体经验，并进一步指出，虽然犹太教和基督教都是建筑在个人经验基础上的，但两者又有所不同，即：犹太教是永恒的生活，而基督教是永恒的道路。所谓永恒的生活，意思是犹太人活在永恒的当下，外在于世界、国家的历史，上帝已经将救赎置于犹太人的生活之中，在这个意义上它高于所有其他民族，是其他所有民族的目标。所谓永恒的道路，意思是基督教是通向救赎的道路，它在历史之中，它负担着拯救、引导其他民族乃至整个世界的责任。

总而言之，《救赎之星》以传统的象征性符号阐发的是罗森茨维格的新思维，是现代犹太哲学史上具有转折意义的承先启后之作，它上承柯恩对于犹太传统的重视，又不囿于柯恩对于传统的理性化解释，以对个体经验的强调唤起了现代犹太哲学对于关系、对话等概念的重视，成为布伯、列维纳斯等人思想的先驱。在更广泛的哲学史上，罗森茨维格的新思维批判地继承了黑格尔的思想方法，并辅以叔本华、尼采、克尔凯郭尔等对人类思想中非理性成分的重视，开启了存在主义思想的先声。

三、关于本书的翻译

本书的翻译过程可谓相当漫长。如果算上最早的准备工作，已有十余年。20世纪90年代中后期，国内关于现代犹太哲学的研究基本上处于起步阶段，存在着亟待填补的大量空白，面对这种情况，山东大学犹太教与跨宗教研究中心傅有德教授开始组织力量，有计划地翻译犹太哲学与宗教名作，罗森茨维格的《救赎之星》就是其中的一部。这部著作的翻译一延再延，直到今天才得以告竣，其中原委颇为复杂。首先是因为原书遣词怪异，行文似"天马行空"，致使原本深奥的文义更加难以把握，使译者望而却步；其次是因为译者的更换，原来的两位译者先后退出，新的译者又需要时间熟悉作者的思想和文本。目前的译文是由傅有德和孙增霖合作完成的。其中，傅有德负责本书第三部的翻译及全书的统稿工作，孙增霖完成了第一、第二部的翻译。[①] 对于罗森茨维格这样的颇具诗人气质的哲学家，我们在充分感受到他天马行空般的想象力和恣肆汪洋的文字魅力之余，也深感翻译上的困难重重。因此，只能尽自己的努力使译文尽可能地贴近原文，个别地方实在无法用简单的汉语表述的就用附注的形式稍加解说，力图给读者一个清楚明白的交待。当然，尽管我们已经付出了极大的努力，可以预料的是译文中仍然会有许多疏漏、不足之处，在此请各位方家不吝指正，以使我们有机会在将来进一步完善这项工作。

译　者

2010 年 11 月 23 日

[①] 第一部中的部分章节和词句参考了原先王元军的译文，在此对他的辛勤劳动表示感谢。

第一部　三元素或永远持久的原型宇宙

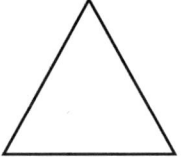

第二部　过程或时刻更新的宇宙

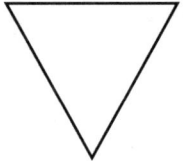

第三部　构型或永恒的超宇宙

目　　录

第一部　三元素或永远持久的原型宇宙

导论：论认识"全"的可能性……………………………… 3
第一卷　上帝及其存在或形而上学…………………………… 32
第二卷　世界及其意义或元逻辑学…………………………… 58
第三卷　人及其自我或元伦理学……………………………… 88
转　换……………………………………………………………117

第二部　过程或时刻更新的宇宙

导论：论体验奇迹的可能性……………………………………131
第一卷　创造或事物的不朽基础………………………………158
第二卷　启示或不断再生的灵魂………………………………222
第三卷　救赎或王国的永恒未来………………………………295
界　限……………………………………………………………366

第三部　构型或永恒的超宇宙

导论：通过祈祷升入天国的可能性……………………………381
第一卷　火或永恒的生命………………………………………425
第二卷　光或永恒的道路………………………………………476
第三卷　星或永恒的真理………………………………………533
门…………………………………………………………………585

第一部

三元素或永远持久的原型宇宙

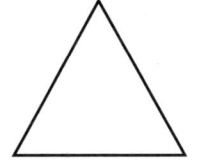

导论：论认识"全"的可能性

向哲学开战！

关于死

对"全"的所有认识皆源于死，源于对死的恐惧。哲学把抛掉对尘世事物之恐惧，拔掉死亡之毒蜇，掩塞冥王瘟瘴的喘息之重任担在了自己的肩上。一切有死的东西皆生活在这种对死的恐惧中；每一次新的诞生都因一个新的理由增加这种恐惧，因为它增加了有死的东西。不知疲倦的大地子宫永无休止地生产着新的东西，每一个都注定要死，各自都带着恐惧和战栗等待着进入黑暗旅途的那一天。但哲学否认这些尘世的恐惧。它带我们跨过那每走一步都在我们脚边打着呵欠的坟墓。它让肉体葬身于深渊，却让自由的灵魂从它上面翩然飞过。如果死的恐惧对灵与肉的这样一种二分一无所知，如果它高吼着"我！我！我！"如果它不想把恐惧交给纯粹的"肉体"，那么为什么会走进哲学呢？在没有任何吸引力的、令人目盲的死亡迅速到来、迸发之前，让人像蛆虫一样爬进裸露的大地的皱褶里去吧！在那里，让他强烈地、无情地感受他在其他方面从未感受过的东西：如果它死了，它的"我"（Ⅰ）

将只是一个"它"（It）；所以让他呼号着对抗那个毫无吸引力的"他"（Him），对抗来自"他"的无以名状的威胁，喊出他的真正的我——因为，面对所有这些可怕的必然性，哲学只有空洞的微笑。它食指前伸，指引着因为现世的存在而恐惧的四肢发抖的造物达到一种它根本不介意为何物的超越。因为人实际上并不想逃避任何桎梏；他想要继续存在，他想要——生活。把死亡委托给作为其特殊的被保护人的、作为逃离生命之束缚的伟大机会的他的哲学，似乎仅是对他的嘲笑。事实上，人类完全意识到他是被判了死刑，而不是自杀。可是这种哲学的劝告实际上能够宣判的只是自杀，而不是"全"的命中注定的死。自杀不是死的自然形式，但显然是对自然的反抗。可怕的自杀的可能性把人同一切存在物（being）区别开来，对我们来说这既是已知的又是未知的。从一切自然的东西逃脱出来，这种逃脱的真正标准就是它。对人来说，在他一生中逃脱一次大概是必需的。像浮士德一样[①]，他一定有一次怀着崇敬的心情把小毒药瓶打倒了；他一定有一次感觉到身处可怕的贫困、孤独之中，同整个世界相疏离，整夜地站着同"无"（Nought）面面相觑。但大地再一次宣称自己是他的主人。在那沉沉黑夜中，他不可能消除掉黑暗的部分。人抛不掉尘世的恐惧，他继续存在于死的恐惧之中——但他继续存在着。

他继续存在着。他将只做他愿意的事情：继续存在。尘世的恐怖已经随尘世本身带给了他。只要他活在世上，他也就继续存在于尘世的恐怖中。而且哲学靠编织它的关于尘世的全的观念（idea

---

[①] 这半句为英译者所加。——译者

of the All）的蓝色迷雾，在这个"应该"（shall）的问题上欺骗他。因为全肯定不会死，并且在全中没有什么会死。只有单一的东西会死，并且一切有死的事物都是孤立的（solitary）。哲学必须丢弃作为单一者的世界，并且对"有"（Aught）①的这种消解（undoing）也是它必须是唯心主义的理由。由于唯心主义否定了一切把单一的东西从全中区分出来的努力，因而它成了哲学家的交易工具（tool of the philosopher's trade）。哲学运用它继续审查反对的材料，直到后者最后再也无法对"一和全"的概念（one-and-all concept）的烟幕进行反抗。一旦全被编织进这种迷雾，死实际上会被吞没，如果不进入永恒的胜利进军②，至少会进入一种普遍的"无"的黑夜。它是"死亡是无"这条原则的最终结论。但事实上这不是最终结论，而只是一个最初的开始，并且实际上死不是它看起来似乎是的东西，不是无，而是一种没有丝毫吸引力的、无法被消除的东西。它的强烈的召唤听起来是完整的，甚至没有哲学用以遮盖它的迷雾。哲学或许可能把它吞进无的黑夜，但它无法扯下它的毒蜇。而且当人在这根毒蜇面前瑟瑟发抖时，他的恐怖总是把哲学的富有同情心的欺骗宣判为残酷的谎言。

"全"的哲学

　　靠否定所有生命的阴森森的假设，也就是说靠不允许把死亡

---

① 根据不同的上下文相应地译为"是""有""任何事物"等。——译者
② 《以赛亚书》25：8。——英译注（英译者所使用的《圣经》为修订标准版[RSV]。——译者）

当作"任何事物"（Aught）而把它变成"无"，哲学为自己创造了一种来自其预设的表面上的自由。因为现在一切对全的认识的允诺都是——"虚无"（nothing）。在统一、普遍的"全"的知识面前，唯一仍被认为有价值的事情就是统一而普遍的"无"。在被吓坏了的人类的号啕面前，哲学掩上它的耳朵。否则的话，它将不得不从这一前提，即有意识的前提开始。这个前提是："死亡的无"（Nought of death）是某种东西（Aught），每一个新的死的"无"都是一个新的东西，它是常新的恐惧，无论说与不说都不能够消除掉。对于哲学来说，聆听有死的生灵的恐惧的哭喊而不是对可怕的现实闭上眼睛是需要勇气的。而它却相反地把那在哭声面前把头埋进沙子里的统一而普遍的"无"（Nought）置于统一普遍的知识之前。"无"不是"虚无"（Nothing），它是任何事物（Aught）。成千个死亡站在阴森森的世界背景里面作为它的无法穷尽的前提，作为成千个成为任何事物的"无"，恰恰因为它们是"多"（many），否则的话，单个的"无"确实是虚无。不会在世界中被消灭的、被哲学当作前提的无的多样性已经在它的牺牲品的压不住的哭喊声中宣布自身的死之现实性（reality of death）——这些，甚至在哲学的基本观念被孕育之前，就对后者，那统一普遍的全的观念说了谎。叔本华从哲学的棺木中倒出了它的千年秘密，即，死亡应该已是它的指导者（Musaget）[①]，这一秘密因此而失去了凌驾于我们之上的力量。我们不想要任何变成了死亡的扈从，并用它的统一的（one and all）舞曲欺骗我们，并

[①] 原意为"艺术的指导者或爱好者"。——译者

使我们为它的不朽主权而高兴的哲学。我们根本不需要欺骗。如果死是某种东西的话,那么今后没有任何哲学能用预设虚无的办法转移我们对它的注意力。不过还是让我们更仔细地看看这种办法吧!

通过那假定了虚无的"唯一的"预设,哲学本身不是已经完全充满了预设?事实上它不就是整个预设本身吗?可能值得探寻的其他一切事情都被一次又一次地附加在了这个问题上。问题的答案被一次又一次地在推理中追寻着。好像知识的全的这种预设本身如此的壮丽,使全部其他可能的探寻都相形见绌了。唯物主义和唯心主义,二者——不只是前者——"都同哲学一样古老",都同样相等地分享这个预设。这个预设对任何企图独立的要求都保持缄默或是不理不睬,它平息了要求在启示中拥有超越理性起源的知识源泉的声音。哲学的劳作者们把几个世纪的时间都奉献给了知识与信仰的争论。他们恰好在全的知识达到了自己的结论的那一刻达到了他们的目标。因为当这种知识不再仅仅包含它的对象——全,而且根据它自身的需要并且以它自己特有的方式包括它自身时,人们必定会把它命名为一个结论。当黑格尔把哲学史包括进体系时,这种情况发生了。看起来似乎是理性仅仅能把自身作为它自身已知的、最内在的事实,而它现在则变成了体系的结构的部分,当然,只是其中的结论部分。恰恰在哲学穷尽了它的最大的形式可能性,并且到达了由它自己的本性所设定的边界的那一刻,被世界历史进程印在它[①]之上的知识和信仰关系的

---

① 指哲学。——译者

伟大问题，如已经解释的那样，现在似乎被解决了。

黑格尔

和平好像已不止一次地被当作两种敌对力量的结果，无论是基于两者大相径庭的各自主张，还是基于在其武库中拥有打开启示之秘密的钥匙的哲学假定。所以在上述两种情况下，哲学都允许把启示算作真理，只不过宗教一方面[①]不能接受哲学，另一方面[②]又能确证它。但两种解决方法[③]都不够长久。哲学的骄傲不久就起来反对前者，它无法忍受一扇紧闭的门[④]；相反，信仰必定会抗议第二个解答，如果它不满意于只是被哲学附带地承认为真理之一种的话。然而黑格尔哲学许诺带来的是完全不同的东西。它既不主张二分，也不主张纯粹调和，宁可说是主张一种最内在的相互联系。认识的（cognitive）世界之所以是认识的，是由于与在体系顶峰重现为存在的最高法则相一致的理性法则。思维和存在的法则也是这一法则，它首先在世界历史的范围内、在启示中被宣布了。这样哲学在某种意义上仅仅完成了在启示中所许诺的东西。而且，它不仅仅是偶然地或在它的轨道的顶点上实现了这一功能；可以说，在每时每刻，在它的一呼一吸之间，它不知不觉地确认了启示已宣布的真理。这样，古老的争吵似乎解决了，天堂和俗世和解了。

[①] 指第一种情况。——译者
[②] 指第二种情况。——译者
[③] 指上述两种情况。——译者
[④] 指两者的明确区分导致宗教不能接受哲学。——译者

克尔凯郭尔

但是,如同知识的自我完成(self-fulfillment)一样,(黑格尔)对信仰问题的解答是表面的而不是真实的——而且是非常明显的表面化。确实,如果上述预设有效并且所有的知识都被引导向全,如果一切都包含在全之中,而同时它又是全能的话,那么实际上表象(appearance)就不只是表象,它就是真理。任何仍想提出异议的人必须另寻一个阿基米德点,一个在认识的全之外"立足的地方"。克尔凯郭尔和其他人正是从这样一个阿基米德点出发与把启示纳入全的黑格尔式的综合展开了争论。这个支点是出于克尔凯郭尔自身的,有关他自己的罪和救赎的特殊的意识或恰巧是他的名和姓的任何东西。这种意识既不需要混合进宇宙之中也不需承认它,因为即使有关它的每一件事情都能翻译成具有普遍性的词汇,仍会留下标记着他的姓名的和在最严格、最狭窄的意义上属于他自己的东西。正如有这种经验的人所主张的那样,这个"自己的"正是最重要的。

新哲学

至少这是一个一种主张反对另一种主张的例子。哲学被指责为无能(incapacity),或更确切地说,被指责为不合格(inadequacy)。由于哲学未能认识这一点,因而拒绝承认它。因为,如果真有一个超越它的对象的话,那么从哲学自身,尤其是在黑格尔那里所采取的终极形式下的哲学的观点看来,已拒斥了这一对象以及一切的超越（Beyond）。它[①]拒不承认其权利的否定性势力的存在，它不可能打破自己的势力范围。这一切不得不以另一种方式发生。它所发生的哲学的时代从叔本华开始，由尼采继续，并且至今仍未结束。

叔本华

叔本华是第一位不探究世界的本质，而探究其价值的伟大思想家。这首先是非科学的探究，如果它真想探究世界对人的价值，而不是探究它的客观价值、它对"某物"的价值、它的"目的"或者是"意义"的话，因为后者毕竟仅是表示探究世界本质的另一种方式罢了。也许它甚至打算探究世界对叔本华这个人的价值，事实上它正是这样打算的。确实，他有意识地仅仅去探究世界对人的价值，甚至这种探究也被拔去了它的毒牙，因为它的解决方法最终只能到一个世界体系中去寻找。毫无疑问，这一体系已经暗示了内在于自身之中的独立的、普遍的适用性。因此前体系的（presystematic）人的探究在这一体系的最后部分，即圣徒之中找到了它的答案。因而是人类而不是概念合龙了体系的拱门，实际上，就像一块合龙时的拱心石一样；它不仅仅是一种补充体系的道德装饰。即便是这一点在哲学中也属于闻所未闻的事情。首先，巨大的影响只能靠下述事实来说明。这个事实是，人感觉到——实际上这才是实情——站在体系的开始的是人。这个人不再被哲学史的背景所哲学化或作为其受托人了，也不作为其问题的任何可能

[①] 指哲学。——译者

的当下状况的承担者了,而是"把反映生命的任务担在自己身上",因为"生命是一件不确定(precarious)的事情"。在同歌德交谈中,这个年轻人说出的这句骄傲的格言——显然,他说的是"生命"而不是"世界"——在他完成著作、交付出版时的一封信中得到了补充。在那里他宣布哲学的内容是:个体心灵(individual mind)对世界给予他的印象(impression)作出反映时所借助的观念。"个体的心灵"——首先正是这个由叔本华这个人在这里所设定的概念占据了那个根据流行的哲学化概念本应由哲学问题所占据的位置。人,"生命"已成了问题,并且因为他已经"承担起了"以某种形式的哲学来解决它的任务,所以世界对人的价值现在必须被问及——正如上文所说,这是一个极其非科学的探究,但却是一个极其人性化的探究。迄今所有的哲学兴趣都转向了认识的全,连人都仅在同这个全的关系上才被承认是哲学的一个对象。现在,别的东西,即活生生的人独立地采取了一种反对这个知识的世界的立场。在全体(totality)的对面站立着单独的(singular)、"唯一的和他自己的"(unique and his own),后者正嘲笑着每一个全和普遍性。接着,这一新贵不可挽回地被嵌入了意识精神(conscious spirit)发展的河床之中,他不是在以此为标题①的书中,因为它归根结底只是一本书,而是在尼采的生命本身的悲剧中。

尼采

只有在这里才真正有了某种新东西。诗人们总是同生命和他

---

① 从下文来看应指《悲剧的诞生》。——译者

们自己的灵魂打交道。但哲人不是这样。圣人们总是有着鲜活的生命（lived life），并且是为了他们自己的灵魂而生活。但哲学家不是这样。然而却有一个人，他像诗人一样知晓自己的生命和灵魂，并且像圣徒一样听从它们的声音，虽然如此他仍是一个哲学家。到如今他的哲学化的东西几乎都已经无关紧要。狄俄尼索斯和超人，金发的野兽和永恒的轮回——他们现在在哪儿？但现在那些有着强烈的哲学化欲望的人中没有一个能再绕过此人，他在他的精神转换的过程中转换了自身，他的灵魂无惧攀登，他追随着精神这个铤而走险的攀登者而攀登，直到陡峭的、疯狂的、再无前路的绝顶。那无条件臣服于精神（mind）的灵魂（soul）的可怕的和极富挑战性的形象今后再也不可能被根除。对于过去的伟大的思想家来说，灵魂只被允许扮演诸如精神的乳母或至少是监护人的角色。但总有一天学生会长大成人走自己的路，享受他的自由和无限前途。他想起了那四面狭窄的墙，在其中他只是带着恐惧成长起来。因而，摆脱了非精神（nonmind）才能生存于其中的毫无热情的存在，精神才能享受其真正的存在。对哲学家来说，哲学是他从平原的迷雾中逃离所到达的凉爽的高地。对尼采来说，高地和平原的二分在他的自我之中是不存在的，他始终都是灵魂和心灵的统一，人和思想家的统一。

人

这样人成了一个超越哲学之上的力量——不是超越一般哲学的一般的人，而是一个人，一个超越他自己的哲学的非常特殊的人。哲学家不是一个他的哲学可以忽略不计的量。作为出卖其灵魂的报答,哲学已许诺以精神的形式给予他补偿,而且他不再认真地对待这种补偿。作为哲学化者(philosophizer)的人成了哲学的主人——不是被翻译成精神的术语,而是被赋予了一个灵魂,后者的精神对他来说似乎只是他活生生的灵魂的冻僵了的呼吸。哲学必须承认他,承认虽不能理解他,但因为他强大的反抗力量,它不能加以拒绝。人,在他的个体性(individuality)的绝对单一性(utter singularity)中,在他的被其历史(prosopographically)[①]所决定的存在中,走出了只承认其自身的世界,走出了哲学的全。

元伦理学

哲学想要在伦理学上把握人,甚至只是作为"人格"的人。但那是一种不可能的努力。因为当它把握了他时,他就注定会消解在它的把握中。原则上看,伦理学可以分派给行动一种比一切存在都特殊的地位;而不管在实践上,它似乎必然会把行动拉回到认识的全的轨道。每一种伦理学最终都同集体的某个原则重新汇聚起来变成存在的一个单位。显然,仅仅在存在与行动的特殊本性之间作出区分已经不足以保证反对这种汇聚。人们本应再后退一步,在它的尽管分有(partook)存在,但依然同所有的存在相分离的"特性"(character)的基础上对行动进行规定。只有这样,人们才可在自成一个世界的行动与世界的对抗中保护它[②]。但

---

① 一种历史研究方法。把许多人的生活置于一个大的历史背景下进行综合研究。——译者

② 指行动。——译者

除康德外,这种情况从未发生。甚至就康德来说,由于他把道德律公式化为普遍有效的行为,全的概念再一次获得了对个体的胜利。以某种历史的逻辑的一致性的方式,"现象界的奇迹"(miracle in the phenomenal world)——他恰当地规定的自由概念——重新堕入了自由的奇迹,同康德的后继者一起堕入了现象世界的奇迹。康德自己,不仅因他的政治哲学和历史哲学,而且因他的伦理学的基本原则,对黑格尔的普遍历史概念起到了教父的作用。当叔本华把康德的带有理智特征的原则合并进他的意志原则时,他贬低了前一个学说的价值,同时贬低了与伟大的唯心主义者们相反的路向。他使意志成为世界本质并借此让世界消融在意志中,如果不是意志消解在世界中的话。这样他消灭了存在于他自身中的人的存在和世界存在的区别。

因而尼采为理性打开的新世界不得不超越伦理学所描述的轨道。人们必须认可这一新的探究的彼岸性(otherworldliness),它不同于迄今为止的伦理学观念唯一承认(solely meant)的或唯一想承认(meant to mean)的任何事情,当人们想要过去的精神成就对它完成的每一件事情有价值,而不是在盲目的破坏性的暴乱中去毁掉它的话,就更需如此。看生命的方式(人生观,Lebensanschauung)遭遇了看世界的方式(世界观,Weltanschauung)。伦理学现在是,将来仍是世界观的一部分。它同关注生命(life-focused)的观点的特殊关系仅是一种特殊的隐秘的矛盾关系,因为二者似乎相互关联,而在实际上又一再相互要求解决对方以及自己的问题。实际上,它①

---

① 指伦理学。——译者

将在上述意义上继续存在。但是以生命为中心（life-centered）的观点和以世界为中心的观点之间的对比可以严格地归结为这样的对比：在以世界为中心的观点的伦理部分中，人们倾向于把人生观问题设定为真正的元伦理学的（metaethical）问题。

世　界

个体生命（personal life）、人格（personality）、个体性（individuality），所有这些概念都充满了以世界为中心的观点的哲学给它们规定好了的用途，因而不可能如其现成所是的那样被简单地利用。然而，或多或少被如此清晰标明了的东西，换句话说，那些"元伦理学的"问题，不可能因此走出关于世界的知识的领域而不在那种知识中不留痕迹。伴随着理智在认知世界中所把握的有关事实的伟大财富之外的——即是说——一种无法消解的现实性（indigestible actuality）的获得，这个世界的基本概念，而且不仅仅是这个基本概念，被废黜了。它①要求成为全，"全"是它出生时说的第一句话的主语。现在一个自我包含（self-contained）的统一体（unity）反对这种把全作为封闭的统一体的整体性（totality），并强迫后者退却为一种单一性（singularity）、一种单个人的单一的生命。这样全就不再可能要求成为全：它已丧失了它的唯一性（uniqueness）。

那么这种整体性依靠什么？为什么世界不可以，比方说，以某

---

① 指上文中的现实性。——译者

种多样性（multiplicity）来说明？为什么仅仅被解释为一个整体（totality）？显然这里我们又有了一个预设，并且又是那个前述的预设：世界的可理解性。正是那个确定了世界的整体性的理性的统一体坚持自己反对知识的多样性的权利。逻各斯的统一建立了作为整体的世界的统一。并且前者的统一紧接着靠建立后者的整体性证明了其真实性的界限。这样对世界的整体性的成功抵抗同时昭示着对思维（reasoning）[①]的统一性的拒绝。在"'全'是水"这第一个哲学语句中，已经潜藏了思考世界可能性的预设，尽管只是到了巴门尼德才明确区分了存在（being）与思维（reasoning）。因为，人们问"什么是'全'（all）"同时又期望一个明确的答案，这一点并非是自明的。人们不可能在问"'多'（much）是什么"的同时期望一个明确的答案。但作为主语的"全"（all）在有一个明确的谓语之前就已经被确定了。如我们所做的那样，谁否定了存在之整体性就否定了思维的统一性。这是向从伊奥尼亚到耶拿的整个可敬的哲学家群体发起的挑战。

我们的时代已经这样做了。事实上，人们总已认识到了"世界的偶然性"、它的"是其所是的方式"的状态。但重要的是这个偶然性必须被征服。事实上这正是哲学的功能。在被思考的过程中，偶然把自己变成了必然的东西。这种理性主义的倾向在德国唯心主义中达到了它的最后结果，并且仅仅在此以后，一种相反的倾向便伴随着叔本华和谢林的后期哲学出现了。"意志""自由""无

[①] 以下根据行文的需要将"reasoning"分别翻译为"思维"或"理性"，不再另行说明。——译者

意识"能够支配偶然的世界,这是理智(intellect)所不能的。这样,坚持"世界的偶然性"(*contingentia mundi*)① 以拯救造物主的缺乏负责任感的不稳定性的这种中世纪的倾向似乎又复活了。但正是这种历史的记忆引导我们追问这个概念。它未能解释需要解释的东西:假如世界可以从必然的角度理解,它如何能是偶然的?粗略地来看,存在与思维之间有某种不一致性(nonidentity),而且它必定会在存在和思维自身之中显示出来。意志也无法以既不是存在也不是思维的调解人的(*deus ex machina*)第三者面目出现来使二者达成和谐。于是,如果存在与思维统一的基础要到思维中寻找的话,那么他们的非统一性的基础也首先应当在思维中揭示。

元逻辑学

这种情况发生在以下述方式进行的反思中:就算思维是存在的唯一的(one)和普遍的形式,它仍有它自身的内容和特殊性,只不过对纯粹是被思维着的存在而言它是特殊的。正是思维的这种"特殊化",这种分支化(ramification),给了它使自己和存在同一的力量,后者同样也被分支化了。这样思维和存在的同一预设了一种内在的不统一性。尽管思维整个地指称着存在,但同时有着内在的多样性,因为同时它也指称它自身。这样,思维——它自身是内在的多样性的统一——在建立了存在的统一之外,就

---

① 康德在《纯粹理性批判》第 3 章第 3 节中认为,借助"世界的偶然性"是证明上帝存在的一种方法,按照他的说法,这个术语来自莱布尼茨。——译者

它的多样性而言，它是不统一的。于是，思维的统一，既然仅仅直接地关涉到思维而与存在无关，它就被排除在了存在-思维的宇宙之外。伴随着两种多样性的相互交织，这个宇宙因此自身获得了一个完全超越自身的统一。在其自身之内它不是一个统一，而是一个多样性，不是一个无所不包的全，而是一个封闭的个体，它自身可以是无限的而非完成了的。这样，可以说，它是一个排他的全。因而思维的统一和思维与存在的统一之间的关系也许可以比作一面挂着一幅油画的墙。事实上，这个比喻具有多方面的启发性。下面我们来更仔细地考察它。

墙，如果不挂什么东西它就是空的，如果人们去掉了思维的以世界为中心的多样性的话，墙很形象地表征了思维留下的东西：它绝不是一个"无"（Nought），但仍是某种很空的东西，一种赤裸裸的统一。要不是这墙，挂这画是不可能的，但墙和画之间没有丝毫联系。无论是在一幅旁边另挂一幅画，还是原地另换一幅都没有任何问题。根据从巴门尼德时代到黑格尔时代盛行的观念，墙在某种意义上是露天的画廊，墙和画因此构成一个统一。但现在墙内在地是个统一，画内在地是一个无限的多样性，外在地是排他性的整体。无论如何，这不意味着统一，只意味着个体——"一幅"画。

既然古老的逻辑概念不再依赖于除了统一之外的任何事物，后者除它自身之外，什么也不知道，什么也不承认。说统一归属何处为时尚早。无论如何统一不在世界的墙之内，只在世界的墙之外，因为这个世界只是或只局限于"从巴门尼德到黑格尔"的世界。理性有权在世界中获得一个家，但世界最多只是一个家；它不是一个整体。在理性这方面，它不想忘掉它比较高贵的出身，它不必明确详细地追溯所有的细节就能了解它①。确实，即便是为了世界，它也不会忘掉它的起源，因为它在世界之中代表存在所获得的成就依赖于那高贵出身的力量。因而世界是一个对内在的逻辑的东西、对统一的超越。世界不是非逻辑的；相反，逻辑是世界的一种本质成分，可以确定地说，如我们将看到的，是它的"本质的"成分。它不是非逻辑的，但用艾伦伯格（Ehrenberg）②的术语来说，是元逻辑的（metalogical）。

如果我们用比较的眼光回顾一下同人的概念相联系的、我们称之为元伦理学的东西的话，此中隐含的东西将越来越明显，至少在这些预备性评论中是可能的和值得期待的。元伦理学的当然也不意味着非伦理学的。它不想表达伦理（ethos）的缺失而只是不习惯它的位置（placement），换言之，被动的（passive）位置而不是它以别的方式所习惯的强制（imperative）位置。法（law）被给予了人，而不是人被给予了法。人的新概念需要这样的命题。表现在伦理理性和伦理秩序的领域中的世界同法的概念背道而驰。相应地，这种人的概念必须由元伦理学来表征。因此在新的世界概念中也包含了类似的关系。同样，这也不意味着世界表现出非逻辑的特征。相反，我们毫不含糊地坚持这样的立场。后者自从伊奥尼亚学派以来，在任何名副其实的哲学中都是理性所应尽的职责。〔当德·施达尔夫人（Madame de Staël）③用英语对谢林开玩笑

---

① 指起源。——译者
② 应该指汉斯·艾伦伯格（1882—1958）。——译者
③ 德·施达尔夫人祖籍瑞士，生于巴黎，在小说、文艺批评、诗歌等方面都有涉猎，是浪漫主义的重要的理论家。——译者

说"我蔑视洛克"时,谢林用法语的"我蔑视洛克"(*je méprise Locke*)拒绝了她。]① 但是,当思维指向(refers to)世界时,在它自身中我们发现了一种特性,它能把世界的形式由假设的转变为实在的,即特殊性,或者,甚至可以说是偶然性。这样,思维成了——我们毫不犹豫地用这种粗略的表述——世界的一种"成分",是作为它本质的特殊成分,就像我们以前把伦理看成是人的本质成分一样。只要人们感到了有种必然性强迫着他,特别强迫他把逻辑的统一性融入世界,那么从此出发,逻辑就可以被理解为形式(form)、法(law)、有效性(validity)。我们从此只把这种统一看作是为了逻辑而决定什么的东西(determining for logic),而不是"逻辑地"决定什么的东西("logically" determining)。

的确,这里我们并未回答同自己概念相称的这个逻辑可能建基于何处的问题,与上述伦理学的情况形成鲜明对比的是,因为有关世界的哲学的历史性的完成,伦理学很容易找到了为自身的概念奠基的合适的地方。只有这样,世界、可以理解的世界恰恰因其可理解性才是元逻辑学的。由此出发,可以确定的是,一方面靠逻辑的东西走出它自身,另一方面又可以靠逻辑的东西在它内部加以综合。对世界来说,真理不是法则而是内容。不是真理确证了实在,而是实在保存了真理。世界的本质是真理的这种保存(而不是确证)。这样,"外在地看"(outwardly),世界缺乏真理给予从巴门尼德到黑格尔的全的保护。既然它② 把真理庇护

---

① 这一段典故出处不详。——译者
② 指世界。——译者

在它的膝下，那么它就不能对外竖起一副蛇发女怪的不可触摸的盾牌。① 它必须对任何可能发生在它身上的事情展现它的躯体，即使对它的创造物也是如此。是的，我们有充分理由可以在这种新的元逻辑学的意义上完全把握住世界的概念，如果我们敢于把世界当作一个创造物的话。

上　帝

统一从"全"中撤退了。如果把它比作艺术作品，那么它是一个外在的单独的个体，并且除内在的（inward）整体之外不再是整体的（total）。这样在它的旁边就留下了空间。逻辑和伦理学似乎被禁锢在了争夺最好（pre-eminence）的无休止的战斗中，但元逻辑学在其旁边为元伦理学留下了空间。现在，作为结合进了一个个别的个体的多样性的世界和在本性上是一个个别的个体的人，彼此相遇而且能够并肩地呼吸。这满足了我们以前不得不放之于元伦理学的兴趣中才能提出的要求。对比如说一幅浮雕也将挂在同一面墙上这件事情，油画也曾表示漠不关心。壁画不可能容忍这一点，但油画自己对其框架四周以外的东西毫不关心。但获得图画和浮雕的这种相互包容性的代价是——绘画对墙的冷冰冰的镇定（cool equanimity）。毕竟，没有它相互包容也不会发生。元逻辑学的东西可以容忍元伦理学的东西仅仅是因为它以前给逻辑学的东西指出了出入之门。此外，这使逻辑的东西所处的位置从

---

① 详见有关美杜沙的希腊神话。——译者

一开始就比从元伦理学的角度所看待的伦理的东西所处的位置更为不利。因为伦理的东西一下子就知道了它必须要找的庇护所的所在之处，相反地，逻辑的东西起初就没有住所或家园。世界解除了它①的义务，因为它并不适合世界，即是说，因为它要求成为"绝对的"、完全的统一事物。世界已经变得完全是非绝对的了。另外，如果人想这样做的话，那么不仅仅人，甚至上帝，都可能在世界的界限之外找到一个位置。但这种元逻辑的世界并未对上帝设防，其理由恰恰是因为它是不信神的（godless）。从巴门尼德到黑格尔，宇宙已是 *securus adversus deos*②。它是"不受诸神侵犯"（secure against gods）的，因为它自身包含着绝对。再者，泰勒斯在他有关"全"的格言和其他的传统格言中表达了同样的意思，大意是它充满了神。后黑格尔的（post-Hegelian）宇宙并不欣赏这种担保。为了抢救人的自我性（self-ness），我们要求世界的受造性（creatureliness），这从而也允许上帝从世界中退出。元伦理学的人是使宇宙的逻辑-物理的（logico-physical）的统一瓦解为元逻辑的世界和元物理学的上帝的潜在势力。

元物理学或形而上学

很久以来就有一门有关神的科学（a science of God）叫形而上学。实际上我们的两个元逻辑学和元伦理学的概念是根据形而上学这个术语在历史过程中被赋予的意义而形成的。因此，我们不

---

① 指逻辑的东西。——译者
② 解释见下一句。——译者

导论：论认识"全"的可能性 **23**

得不比以前更担心它会同古老的哲学概念相混淆，并且在这个必要但仅仅是启发性的导言中，我们更难避免这一点。在讨论元伦理学的自我的过程中，就难以避免它同道德的人格相混淆。我们把比喻的方式归诸抒情诗人和圣徒；同样地，我们或许还可以通过暗示，比如说，理查三世（Richard Ⅲ）的"此外，我曾经是什么，我现在是什么"①，来表明目前需要的是从目的道德领域的秩序中的完全解放。但是，正如我们清楚地意识到的那样，这样做要冒不清晰甚至被怀疑是哲学的幼稚病（philosophical dilettantism）的危险。这是无法避免的危险，甚至切断我们的概念同后黑格尔主义哲学革命之间的联系都不能避开它。元逻辑学的世界概念屈从于，比如说，同自然概念的混淆同样是不可避免的；实际上，这第二种混淆的威胁几乎是第一种混淆②的不可避免的结果。因为，如果元伦理学的人，不管指什么，可能等同于道德的人格的话，那么，对于元逻辑学的宇宙来说，就只剩下了等同于批判的自然概念。这里我们不得不转向上述墙的比喻这一可争论的工具，之所以在这里可争论也因为这里我们至今仍不能澄清比喻的更深的真理，它的不仅仅是比喻的东西。我们以比喻的方式暗指内在的自我包含性和整体性，除此之外，也能指艺术作品的外部的单一性。在挂着油画的墙的比喻中，我们也暗示了作品的外在的不充分性，就像在其他任何地方表现出来的一样——在创作或发表的必然性中，或归根结底在观察者的必然性中。最后我们大胆暗示神学的

---

① 似乎应该指的是莎士比亚剧作《查理三世》中的台词。——译者
② 元伦理学的自我同道德人格的混淆。——译者

受造物概念，这是一个尤其危险的暗示，因为它的希望甚为遥远。靠所有这些暗示我们试图把我们的世界概念同批判的自然概念区别开来。在两者之中，我们的概念是迄今为止最全面的，因为它原则上包含了一个哲学体系的所有可能的内容，只要它们满足一个条件：它们不是作为"这个"（the）而仅仅是"一个"（an）全的元素出现。当我们转向形而上学的上帝概念时，我们又要重新面对这些困难，并且这些困难被加强了。

形而上学的——不是非物理的。相反地，所有的非宇宙论，不论是印度的对世界的否定还是它的斯宾诺莎式的唯心论的悬置，都只不过是一种泛神论。即便仅仅是为了瞥见我们的形而上学的上帝概念，这种泛神论的全的概念也是不得不废除的。在人之中的元伦理学的东西使人可以自由地掌握他的伦理，因而他可以拥有它，而不是相反地被它拥有。世界中的元逻辑学的东西使逻各斯成为被完全地倾倒进世界的一种"成分"，因而它可以拥有逻各斯而不是相反。同样地，上帝中的元物理学的东西使自然成为上帝的一个"成分"。[①] 上帝有他自己的本性，这一本性与他跟在他自身以外物理的"世界"的关系完全不同。上帝有他的本性，他的自然的、存在的本质。这远不是不言而喻的，相反地，直到包括黑格尔在内的哲学总是同他[②]争论他自己的这种存在。上帝存在的本体论证明——另一种同哲学一样古老的思想——只是这种争

[①] 参见希腊哲学中尤其是智者以及亚里士多德关于"自然"和"人为"两个概念的论述。——译者

[②] 指上帝。——译者

论的最极端的形式。无论什么时候,只要神学家们用坚持上帝的存在来打扰哲学家,后者就退到这种"证明"的最后的阵地。哲学用思维和存在的同一性喂养了神学,就像一个保姆可以拿一个抚慰的东西放进孩子的嘴里使他不哭一样。这种源远流长的欺骗随着康德和黑格尔达到了一种双重的终点。对康德来说,是因为他用存在(being)和生存(existence)的截然区分给这一证明以终结性的批判;而对黑格尔是赞成这个证明,但在神学家的眼中他这非常天真的赞成给了它一个致命打击。尽管他是一个哲学家,但他没有认识到这一点。因为他认为这一证明同一般的哲学世界观的基本概念,同思维和存在同一的思想是一致的,而且它因此一定是同对其他的一切事情一样,对上帝也是有效的。这样,无须依赖"全"的思维及其存在而建立神圣的生存的道路就很明确了。上帝必须有先于一切存在和思维的统一的生存。如果这里有所引申的话,那么同一再想从存在引出生存的本体论证据的企图相比,从生存引出存在将是更好的。从这一观点看来,我们正沿着谢林后期哲学的线索向前推进。

只要上帝不把他的本性包含在自身之内,那么到最后他就无以应付把他包括在自然之内的要求。只有内在于上帝之中的自然元素给了他不同于在他自身之外的每一件自然物的真正独立性。但这种在上帝之中的自然元素不能完全描述形而上学的上帝概念的内容。上帝有一个本性——他的本性——不会穷尽形而上学的上帝概念,这同假定人有自己的伦理不能穷尽元伦理学的人的概念,或假定世界有自己的逻各斯不能穷尽元逻辑学的世界概念一样。使人成为完全的人的东西首先是他的上述假定,他的伦理的遗传和"天赋",无论这一假定是骄傲的、谦虚的,还是实事求是的。使世界变成一个被造的世界的东西,首先不是由世界自身的逻各斯而来的可理解性,而仅仅是它的构型的充实性、诸多分支和不间断性。同样,只有被那种神圣的自由所强化时,而不是简单地靠他所拥有的本性,上帝才变得活生生的。我们用诸如但丁的"那心想事成的地方"(there where one can what one wills)或歌德对那难以形容的事物的实现之类的词句混淆而不是澄清了它[①]。只有被真正神圣的东西所强化时,上帝的生命力才能实现其自身。如同我们指出谢林追寻的是上帝的"本性"一样,我们也可以跟随尼采去追寻上帝的"自由"。

哲学史上并未出现过尼采这样的无神论。尼采或许并未否定(negate)上帝,但他是在这个词的神学意义上明确"拒绝"(deny),或更准确地说,诅咒(curse)他的第一位思想家。因为,那个著名的命题"如果上帝存在,我怎么能容忍不成为上帝?"是同克尔凯郭尔的上帝经验由之开始的那个诅咒同样有力的诅咒。以前从未有一个哲学家这样仿佛面对面地站在活生生的上帝面前。在哲学家中的第一个真正的人也是第一个面对面地看到上帝的人——即使这仅仅是为了否定他。因为那个命题是对上帝的第一个哲学否定,在其中上帝同世界不再有不可分割的联系。尼采不可能对世界说,"如果它存在,我怎么能容忍不成为它?"活生生的上帝显现给活生生的人。带着强烈的恨,骄傲的自我看到了毫不骄傲的神的自由。后者把他赶向否定,因为他必须把它看作是特许

[①] 指神圣的自由。——译者

的——否则他怎么能忍受不成为上帝？上帝的自由，而不是他的存在把他赶向这种自我设定；他可以笑对上帝的存在，即使他信仰它。这样，像在它之前的元逻辑的东西一样，元伦理学的东西在自身之内处理形而上学的东西，并且正是借此使之作为神的"人格"，作为统一体出现，而不是像人类的人格那样只是作为个体。

数学与符号

预备性的注释已经够多了。人们可以像扩大概念的联系一样扩大历史的联系，但这不过是完成了预备工作。我们承认这样的观念，即思维具有预设的性质，其功能是思考"全"。因此，迄今为止的哲学的基本的和简要的内容，即作为思维和存在的全，为我们无意识地分裂成了三个以不同的但尚未被清楚理解的方式相互抵触的独立的部分。这三个部分是上帝、世界和人。在目前的一般意识的直接基础上，我们尽可能多地论及了它们，但在严格的意义上，我们对它们一无所知。它们是"无"，是辩证法家康德通过批判把他那个时代的三门"理性科学"，即理性神学、宇宙论和心理学还原而成的无。我们打算重建它们，不是作为"理性科学"的对象，正相反是作为"非理性的"对象。由前缀"后"（meta）指示出的方法帮助我们首先标出了它的位置，即，非理性的对象为了达到其非理性的存在而推进自身，理性的对象借此确定其位置。就人来说，这暗示着人作为伦理学的对象的定位；就世界来说，暗示着世界作为逻辑的对象的定位；就上帝来说，上帝是物理学的对象。这实际上不过是一个确定初步的轮廓的手段。揭示轮廓中的那些领域必须通过其他的方式。我们探险的旅程从知识的"无"（Noughts）前进到了知识的"是"（Aught）。当我们达到"是"时，我们并没有走出很远，但至少"是"已不只是"无"。从目前我们自己所发现的起点看，我们甚至不能开始彻底了解究竟有什么超越了"是"。

先于理性的那个赤裸裸的存在，大致可以等于"无"，在它成为思维的存在以前是不可能被理解的，这也符合从最初的伊奥尼亚直到黑格尔结束的整个哲学史的洞察。这个"无"同纯存在一样的贫乏。仅仅当思维同存在结合时，哲学才开始。但正是对哲学，并且正是在这点上，我们否定了我们的忠诚。我们追求永恒的东西，追求为了存在而无须思维在先的东西。这就是为什么我们无权否定死的原因，这就是为什么无论可能在什么地方、可能以何种方式遭遇无时，我们都必须承认它，使它成为永恒的东西的永恒的起点。"这个"（The）"无"不可能像暗示给两千年哲学史的伟大继承者那样向我们揭示纯存在的本质。更有必要的是预设一个"无"，它的"无"，无论在自身的任何地方都拥有全的要素，都是不可分解的、永恒的。无论如何，有一门为从"无"到"是"的这样一个进展提供向导的科学。这门科学自身仅仅是从"无"而来的"是"——并且仅仅是某一个"是"，任何一个"是"——的持续的衍生物，而不是从恰好属于这个是的空洞的普遍的无而来的，这门科学就是数学。

起源

柏拉图已经发现，数学不能超越是和任何东西（The any）；

它不能触及真实的东西自身，不能触及"这一个"的混乱（the chaos of the this）。它至多略微谈到它。数学把哲学家们从那时到现在给予它的尊敬——或者，有时是他们的轻蔑，这取决于那个时代流行精神中的"普遍的"东西是受尊敬的还是失宠的——都归功于这个发现。这种"仅此而已"（thus-far-and-no-further）在数学产生之际已经注定，但直到走过了两千年的历史进程之后，它仍没被承认，这并非偶然。赫尔曼·柯恩（Hermann Cohen），同他对自己的想法和他的著作产生的印象相反，是与这一进程的纯粹的追随者十分不同的，这个运动实际上已经走完了自己的历程。对他来说，数学中的思维的工具仍然有待发现，只是因为它从微分的确定的"无"中创造了自身的要素，它每次都把自己给了那必需的要素，而不是出自于那空洞的统一普遍的零（Zero）的"无"。微分在自身之内结合了"无"和"是"的特性。它是一个指向"是"，指向它的"是"的"无"；同时，它是一个仍在"无"的膝盖上睡觉的"是"。一方面，它是这样一个迷失在无限大中的维度；另一方面，它又像"无限小"一样，从有限量那里借来了除有限量自身之外的所有特性。这样，它获得其实在的力量一方面来自于打破了无的支撑的强有力的否定；同样地，另一面来自于对无的边界的平静的认同，后者无论是何种事物，作为微分都仍然并全部地隶属于它。这样，它开启了从无到是的两条道路：对不是无的东西的肯定的道路和对无的否定的道路。数学是这两条道路的向导。它教我们在无中发现是的根源。这样，即使柯恩老师根本不承认，在他的关于起源的逻辑的伟大科学成就之上，我们将继续构建无的新概念。在其他方面，当他的思想完成时，他或许可能比他所承认的更是一个黑格尔主义者——从而，像他所宣称的一样更是一个"唯心主义者"。然而在基本的观念中，他毅然同唯心主义的传统决裂了。他用那突然进入实在的特殊的卓有成效的"无"代替了统一普遍的"无"，后者像零一样，是真正的"无"，真的是一无所有（nothing more than "nothing"）。在那里，他采取了最坚决的立场反对黑格尔把逻辑建立于存在概念之上，从而相应地也反对黑格尔所继承的整个哲学遗产。因为，在这里第一次，一个自己仍把自己看成是"唯心主义者"（这指称的是施加在他身上的力量）的哲学家认识到并且承认，当思维开始"纯粹为了创造"时，它所面对的东西，不是存在，而是——"无"。

在过去的所有思想家中唯有康德第一次指出了我们现在要遵循的道路，并且总是在他的没有得出系统结论的那些评论中指出它，这样的例子在康德的作品中还可以找到许多。因为他自己没有任何办法从破坏回到一种统一普遍的凌驾于认知之上的绝望（one-and-universal despair over cognition），所以他只是破坏了那三门"理性的"科学。应该说他冒险走了一大步——虽然是犹豫不决的，列出了不再是统一的而是以三种形式存在的知识的"无"。至少，两种具体的知识的"无"被命名为"物自体"（the thing-in-itself）和"理性的人"（intelligible character），用我们的术语说就是元逻辑学的东西和元伦理学的东西。同时，他偶然谈及的二者的神秘的"根"之所在的黑色术语（dark terms），可能是试图搜寻形而上学的知识的无的立足点。一旦一种整体性作为统一而普遍的对象被给予我们的思维时，它就无法发现自身从今以后猛然投回到了一个统一而普遍的不明之物（*non liquet*）之中。我们的知识的"无"不是一个简单的而是一个三重的"无"。从而它自身之中包含着可定义性的承诺。因此我们能够像浮士德那样希望在这个"无"，这个三重的"无"中发现我们必须打碎的整体性。"沉没吧！或许我应该说：升起！"

第一卷　上帝及其存在或形而上学

否定神学

我们对上帝一无所知。但这种无知是对上帝的无知。同样地，这是我们对他的知识的开始——开始而不是结束。作为我们知识的最终结果的无知是"否定神学"的基本思想。这种神学肢解和废止关于上帝"属性"的现成主张，直至把这一切属性的否定留作上帝的本质。这样上帝只是在其完全不可定义上能被定义。这条道路从现成的是引向无；最终无神论和神秘主义可以握手言和了。我们不走这条路，而是一条相反的从无到是的路。我们的目标不是一个否定的概念，而相反是一个非常积极的概念。我们恰恰不是在一个统一普通的全体之内，而是作为许多概念之一寻求上帝，并且还将寻求世界和人。如果那是我们的目标的话，那么确实库萨的尼古拉或柯尼斯堡的圣者的否定神学将是唯一科学的目标，因为在思维的起点否定的东西已被建立为目标。在许多概念中总有一个是否定的，至少和其他的概念相比是如此。如果它要求拥有无条件的有效性，那么科学只能用无条件的——"无"性（nothingness）来对付它。但恰恰那个统一普遍的"全"（ALL）的预设我们已经放弃了。我们寻求上帝，并将在不久的将来寻求世界和人，不是作为许多概念之一，而是为它自身，仅仅依靠它自身。在它绝对的现实性上（如果这个表述不是误解的话），准确地说，恰恰在它的"确定性"（positiveness）上。正是因为这个原因我们必须把"无"的概念探究放在开始，必须把它放在我们之后，因为在我们前面有一个作为目标的是：上帝的实在。

两条道路

因此，对我们来说，上帝最初是一个"无"，他的"无"。两条道路引导我们从"无"走向"是"——或者更准确地说是从"无"走向不是"无"的东西（what is not Nought），因为我们不寻求"是"——肯定的道路和否定的道路。肯定是例示的肯定，是"非无"（the non-Nought）；否定是对所与的否定，是"无"。这两条道路是相互不同的，同是和否一样是相反的。它们的终点同上面被称为例示的那个东西也绝不是同一的。毋宁说它们是相互区别的——还是像是不同于"否"一样。"是"适用于"非无"，"否"适用于"无"。像每一个肯定都通过否定一样，指向限定的、有限的、确定的东西。因此，我们在双重伪装以及同"无"的双重关系中看到了"是"。一个是作为"无"的近邻，一个是作为"无"的出逃者。作为"无"的邻居，"是"是一切不是"无"的东西的全部的充实性。所以，在上帝那里——因为在这里除了他之外，我们一无所知——它是在他里面"存在"（is）的东西的全部充实性。另一方面，作为一个刚刚冲破"无"的牢狱的出逃者，"是"仅仅是从"无"中解放这个事件。它完全被它的这一种经验给限定了。所以，在上帝那里，从外面来看，它好像什么也没发生（至少在这里），它是完全单一的行动（action）。这样本质不停地从"无"中流出，而行动在鲜明的划界中从它之中挣脱出来。就本质来说，人们查询根源（origins）；就行动而言，是查询开始（beginnings）。

方法论

在这里，我们有足够的理由暂不超越这些纯形式定义；我们不想预言什么。然而，如果我们只是为了比较而注意那个相反的过程，即生成"无"的过程的话，我们所说的应该已经变得清楚了一些。这里也存在着两种可能性：对某物的否定——或用现在的一种不那么狭窄的定义来取代这种意味深长的表述——对"是"的否定和对"非是"的肯定，"无"。这种反转是如此精确，以至于"否"在"是"以前出现并离开的道路上出现了，反之亦然。对于通过否定是而出现的"无"，德语中已有相应的表达，但为了在这里能够运用它，我们必须超出它的比较的狭窄的含义："分解"（Verwesung）（严格地说是本质毁灭）意味着对"是"的否定，就像那个神奇的词"升华"（Entwesung）（严格地说是本质的移居）一样。然而，肯定"无"的词是"灭绝"（Vernichtung）。在分解、升华中，"无"源自它无限的不确定性；无论是腐败的肉体还是破碎的灵魂，都不会把"无"当作某个积极目标而为之奋斗，它们唯一的目标是分解它们自己的积极的本质，而一旦进入"无"的无形的黑夜，本质的分解就完成了。另一方面，真正地意欲着邪恶并且热爱着永远空无（ever-void）的靡菲斯特（Mephistopheles）渴望着"无"，因此整体（the whole）注定要堕落——"毁灭"。在此我们看到了"无"，如果它自己不是作为复杂的东西——因为它该是确定的东西而不是"无"——而是作为通过几条（不同的）并且大相径庭的道路而得到理解的东西的话。现在也许我们能更好地理解能存在于未定义的"无"之中的确定的东西的起源是如何的不同，以及宁静的生命的溪流如何能从作为行动的正喷涌的间歇泉的同一湾黑暗停滞的死水中发源。

请注意，我们不会像只承认全为对象的以前的哲学那样谈论一般的"无"。我们知道没有统一普遍的"无"，因为我们已剥夺了统一普遍的全的预设。我们只知道个体问题的"无"，一个因此仍是绝对无法定义、只可能产生定义的"无"。就我们来说，这是上帝的"无"。在这里上帝是我们的问题，我们的主体和客体（sub-ject and ob-ject）。由他的"无"开始，我们想说的仅仅是：他最初对我们来说只是一个问题。这样我们把无变成了他的预设，这种做法，就像在本书开头提及的解决方法所指示的那样，并不是偶然的。这就是说，我们认为：如果上帝存在，那么随之而来的他的"无"也是真的。这样通过预设"无"仅仅是上帝的"无"，我们将不会由于这个预设的结论而被引导着超出这个对象[1]的框架。因而认为我们在"本质"的涌出或"行动"的迸发中得到了本质和一般行动，比如说世界的本质或指向人的世界的行为，将是十分错误的；它又会回到最高的、统一普遍的无的概念。只要我们在"无"的这个假定的限度内运动，那么所有的概念都会保持在这个界限内；它们守在如果和那么的法则[2]之下，不能走

---

[1] 指上帝的无。——译者
[2] 应该是指因果律。——译者

出这个神秘的圈子。例如，本质只能意味着在上帝之内的本质；同时也无法想象，行动能指向一个上帝之外的对象。我们不能超越对于上帝的在他自身之内的纯粹沉思——随之就是关于世界的，然后是关于人的。我们打碎了"全"：现在每一个碎片本身都是一个"全"。沉浸在我们这种破碎的知识中，在我们进入母亲之地（the Realm of Mothers'）①的旅途中，我们一直辛勤地向第一个命令，沉没的命令努力。上升将在今后出现，它将同所有的片断（piecework）②融为一体，铸成完美的新的"全"。

神的本性

"是"（Yea）才是开始。"否"不可能是开始，因为它只能是"无"的一个"否"。然而这将预设一个否定性的"无"，预设了一个决定了一个"是"的"否"。所以，"是"是开始。此外，它不可能是"无"的"是"，因为它不是结果，相反而只是起点，这才是我们引入"无"的意义之所在。它甚至不是开始。它最多是我们知识的开始。这个点，实际上仅仅是一个起点，因此，它靠自己完全不可能得到确证。诚然，它同样不可能被否定，这一点在上文中已经说过了。它同样地存在于是和否之前。如果它被定位的话，它将被定位在每一次开始之前。但它没有被"定位"。

---

① 参见后文第87页（英文版）的脚注。——英译注（浮士德要到母亲之地去寻找三脚祭坛。——译者）

② 直译为"计件工作"。——译者

对我们知识的开端来说，它只是一个真实的地点。它仅是提出问题的标记。我们小心翼翼地避免给它命名。它不是"昏暗的基础"或任何其他能用埃克哈特大师（Eckhart）、波墨（Böhme）[①]或谢林的术语命名的东西。它不存在于开端。

在开始的是"是"。并且由于是，如我们已说过的，不可能指称"无"，它一定指向"非无"（the non-nought）。然而这个"非无"不是独立地被给予的，因为除了"无"之外根本没有东西被给予。因此，"非无"的肯定作为内在的界限限定了所有不是"无"的东西的无限性。得到了确证的是这样一个无限性：上帝的无限本质，他的无限的现实性，他的本性。[②]

原型词

这就是"是"的力量（Power），它附着于每一个地方，它包含着无限的实在的可能性。它是语言的原型词（the arch-word），那些首先成为可能的东西之一，根本不是句子，而是构成句子的词，作为句子的部分的词。是不是句子的一个部分，但它也不是句子的一个速写符号，尽管它可以被这样运用。毋宁说它是一个句子的所有部分的静静的伴奏者，是确证，是"原文如此！"（sic！），是每一个句子后面的"阿门"（Amen）。它给句中每一个词存在的权利，它给词提供它可以接受的适当位子，它"安置"（posits）

[①] 埃克哈特大师（约1260—1327），雅各布·波墨（1575—1624），德国神秘主义哲学家、神学家。——译者

[②] 参见上文提到的源自希腊的自然与人为的区别。——译者

［一切］。上帝之中的第一个是为所有的无限性建立起神圣的本质。这第一个"是"是"起初"（in the beginning）。

符号

第一个"是"迈出了通向完美的上帝的第一步；我们可以尝试着用熟悉的逻辑－数学符号来把握这一步。开始时我们将仅仅局限于使用代数符号和等号。例如，在等式"y=x"中，y将决定主语和陈述的内容，就是说，y在语法上是主词，而x是谓词。那么，通常情况下，肯定条件从句决定主词，否定归结子句决定谓词；然而在这里，我们面对的是起源，方法就大不相同了。肯定变成了最初的归结子句的标准（criterion）。谓词在个案（individual case）中总是个别的，因而是否定的，但归结子句，根据其最初的概念，恰恰是肯定的（positive）：是一个纯粹的"那么"（Then）。这个"那么"接下去更变成了一个"如此而不是别的"（Thus and not otherwise），变成了仅仅当"其他"（other）进入原始的个体时才起作用的一个事实。只有依靠这种向多样性的转换，归结子句才变成否定。同原始的归结子句出现在"是"中一样，原始的条件从句、原始主语的假定发生在"否"中。主语的任何个别假定自身仅仅是一个无基础的位置，但存在于每一个别事情之前的原始的假定，那个预设，是否定，即对"无"的否定。每一个别主语都仅仅是"其他"，也就是说不同于（other than）"无"。在这个我们必须建立的等式中，"否"将因此到等号的左边，"是"在右边。我们用这简单的x或y代表完全的无关性（unrelatedness）；用"y="表示主语同谓语的关系，归结子句仍然以归结于它的另一个归结子句为目的，用"=x"我们表示以即将归结于它的归结子句为目的的归结子句。因此，在这种符号语言中，我们不得不用 A 指代上帝的本性，上帝的绝对的和无数次地被肯定的存在（being）——用 A，而不是，比方说，用 B 或 C——因为它被无数次地肯定了；在专属于它并且在以它的无限为界的范围内，没有任何它必须追随的、领先于它的东西；没有任何东西能领先于它，因为它被设定为无限的而不是有限的。它是绝对的现实性，静止的但却是无限的。目前我们尚不知道是否风暴将突然袭击这个内在于神本性的平静海洋，使它洪水泛滥，是否旋涡和波浪将在它的波涛撞击声中形成，使平静的海面变成狂暴的骚动。暂时它是 A，不动的、无限的存在。

神的自由

我们真的对将把平静的海面带向动乱的两种可能性，来自外部的风暴或来自内部的旋涡茫然无知吗？当然，仅从表面自身来看，我们不可能看出什么。但让我们牢记：这个不动的本质对我们来说如何起源于"是"（Yea），以及刚才我们如何用预期的方式解释"是"总是出现在等式"y=x"的右边，x 的那一边。由此出发，可以作出有利于两个推动源中的前者的判定。是不包含试图超越它本身的东西，它是"然后"。所以，骚动一定来自于"否"（Nay）。

"否"同"是"一样也是原始的。它并不预设"是"。各种各样的继承性的"否"可以作这个预设，但原始的"否"仅仅预设"无"。它是"无"的"否"。那么，它理所当然地直接突发于"无",也就是说,作为"无"的否定而突发,并且没有任何"是"先于它;但一个肯定确实先于它。换句话说,当它仅仅预设无时,它预设的无是一个"是"必定从中涌出的"无",不是一个它用来遏止涌出的"无",不是靡菲斯特所珍爱的永恒的空无。这个无仅仅被当作一个知识的"无",一个思维上帝的出发点,一个引起问题的地方;它没有被当作被正面提出的"无",也不是一个"昏暗的基础"或"神性的深渊"。[1] 在原始的"否"之前,尽管不是"是"自身,但却是肯定须从之而出的"无"。这样,"否"对它的直接出身不带偏见,它比是要"年轻"。"非"(Non)不是前原文如此(propter sic),而是后原文如此(post sic)。

"否"是"无"的原初否定。"是"本不可能黏附在"无"上,因为后者可以说没有供给它任何联系点;"是"被"无"击退了,所以它自身投向了"非无",这样,它从它的出发点开始就能自由地到达无限,把神的本质放进了非无的无限领域。然而,"否"同"无"以最亲密的肉体接触被交织在一起。这种紧密联系现在是可能的,因为通过在先的"非无"的无限的肯定,"无"作为有限已被留下了。这样,"否"在它自身面前找到了直接的对手。但一对摔跤手的隐喻[2] 是误导。没有一对。这不是一场两个对手而是一个选手的摔跤比赛:"无"否定了它自身。从它之中爆发出来的那"另一个",那个"对手",仅仅在自我否定中。而且,在它爆发的那一刻,"否"从同"无"相交织的自我否定之中被解救,获得了自由。在此,

---

[1] 参见前文中提及的几位德国的神秘主义者的思想。——译者
[2] 可能指雅各与上帝摔跤,见《创世记》32:22—32。——译者

它获得了自由的、原始的"否"的形式。

在这一点上,必须把问题再一次放在正确的焦点上。我们正在探询的是上帝。自我否定的"无"是上帝的自我否定的"无";诞生于自我否定的"否"是一个上帝的"否"。上帝之中的"是"是他的无限本质。从他的否定中喷发出的他的自由的"否"本身不是本质,因为它不包含"是";它是而且一直是纯粹的"否"。它不是一个"如此"(thus),而仅仅是一个"不是其他的"(not otherwise)。这样它总是被指向"其他的方面",它总是并且仅仅是"一"(one)。也就是说,作为在上帝之中的"一",上帝之中的其他任何事物在它面前都成了一个纯粹的"其他"(other)。这样,这个完全的"一"是什么?这个对除了它自身的一切事物的纯粹的"否"是什么?——如果不称之为"自由",我们还能叫它什么呢?上帝的自由出自于对"无"的原初的否定,它被指向的其他的任何事物都无非是某个其他的事物。上帝的自由内在地是一个强大的"否"。

我们已看到,上帝的本质是无限的"是"。这个"是"把"无"留作为某种被抽空了的无限。自由的"否"在由原始的自我否定而来的有限中奋斗前进。它烙上了在它爆发的过程中斗争的疤痕。在它的可能性上,在它指称的东西上,它是无限的,因为它归根结底指向一切事物。对它来说,每一事物都是"其他",但它自身永远是"一",永远是限定的,永远是有限的,就像它第一次从"由'无'而来的有限"(Nought-become-finite)的自我否定中迸发出来时一样。它迸发成了一切永恒的东西,因为一切永恒对它来说只是"其他",只是无限的时间。同对它来说因而总是

"其他的"的东西相反,它一直是孤独的、常新的,永远是最初的。神的自由用以对抗无限的神的本质的是其有限的行动结构,虽然它是一个其力量不可穷尽的行动,一个能常新地从它的有限的根源把自己倾倒进无限的行动:一个不竭的泉源,而不是一个无限的海洋。本质一劳永逸地"作为存在"(as is)被构建起来;它与行动的自由对立,后者自身总是显现为新的,但迄今为止,这一自由作为我们沉思的对象还仅仅是那个永恒本质的无限性。它不是上帝的(of God)自由,因为即使在目前,上帝仍是我们的一个问题。它是神圣的自由,在上帝中(in God)和关于上帝的(with reference to God)自由。目前,我们甚至仍对上帝一无所知。我们仍在知识的片断[①]中工作,仍处于没有答案的探寻阶段。

符号

我们刚刚获得的是神的自由。让我们就像以前把握神的本质那样试着用一个符号来把握住它。我们必须把作为原始的"否"的神的自由放在未来的等式的左边。此外,"否"作为原初的主词,有超越自身的无限的力量——虽然,如我们必须反复强调的那样,仅仅是在上帝之中超越它自身。这样它的符号将必须表现为"y="的模式。最后,尽管这个自由在它的常新的单一性(uniqueness)[②]上是有限的,但在它的不断的新奇性(novelty)上却是无限的。没有什么东西能超越于它,因为在它之外别无他物。它是永远单

[①] 即上文所说的同上升融为一体的片断。——译者
[②] 指上文提到的:神的自由总是"一"。——译者

一的，却又不是一个个体。因此，标志这一自由的符号证明是"A="。现在让我们确定这个神的自由的符号如何同神的本质的符号结合起来，这个等式如何按这一方式建立，以及随之而来的对上帝的探寻的答案。

上帝的生命力

自由指向某种无限的东西。自由之作为自由是有限的，但在它同一个无限的关系范围内，它是无限的，是无限的力量，或坦率地说，无限的"无常"。能作为它所渴求的无限的对象的只有本质。但本质，就像代表它的无等号的单独的字母那样，并不包含指向那种可以为之奋斗的力量的清楚的方向，无论是主动的还是被动的。神圣的本质保持着纯存在（pure existence）的和无声的现实性（voiceless actuality）的无限的沉寂（infinite silence）。它存在着。这样"无常"不被召唤或拖曳似乎就能降落到本质上。但在接近本质的过程中，"无常"仍然在它的停滞的存在的神秘的圈子[①]中结束了。这个存在没有发出任何朝向无常的力量，但后者感到了自己力量的衰落。伴随着使它靠近本质的每一步，（"无常"的）无限能力感到了一种正在增长的阻力，一种将会在终点、在本质自身成为无限的阻力。因为在这里，那个本质的"它存在着"遍及各处，它的"是其所是"（It is thus）不动地直躺着，会吞没那个能力的表达。在那不动的"是"的无限的焦点上，无限

[①] 对照前面"方法论"一节中的内容。——译者

而主动的"否"的无限的已衰落的能力将被消灭掉。这个能力现在不再是原始的无限的"否",而已经是在不动的"是"的基础上实践它的能力的路途中的那个"否"。所以我们必须俘获它,只要在运动结束之前,也就是说,在"此性"(Thus-ness)的惯性能作为无限的惯性运行之前。因为在那个点上,亦即,在神的行动的无限能力进入了神的本质的磁场的那个点上,虽然神的力量仍在支配着神的本质的惯性时,但它已经被它抑制了。同神的力量和无常的点相对照,我们把这个点称为神的义务和命运之点。像神的自由形成为无常和能力一样,神的本质具体化为义务和命运。一个从自由开始的无限运动,运行进了本质的领域,并且在无限自发的发生中从它那里创造了用眉毛的颤动打碎了宽阔的奥林匹斯山的神的面容,但是神的额头依然被命运女神的裁决弄皱了。在痛苦的自由涌流中的无限能力和在命运的冲动中的无限强制性——二者一起形成了神的生命力。

原型词

如果我们追溯的话,首先为了理解我们这里接受和超越那赤裸的"是"和赤裸的"否"的明显决定性的步骤,至此我们先停一会儿。我们把带我们从"是"到"否"的运动看成是不证自明的,我们不探询同"是"和"否"前两步相对应的指导这第三步的原型术语。原型的"是"已经是原始的假定术语,同样地它是总体上在命题中各个词继续开展活动的无声的伴侣。原型的"否"同样在命题的每个词中是积极的,但它不是作为谓语,而是作为陈述的主语而言的;这样它自己在句子中的本来位置,如上已证明的,是和主语一致的。

作为"如此"（thus），是确定个体的词。也就是说，它确保它的一种不朽的"牢固的"（firm）价值，而不必在乎在句子中它对其他的词呈现的关系；另一方面，"否"自身却恰恰关心词同句子的这种关系。作为"不是其他的"它"决定"了这个个体的词的"位置"，一个牢固地确定各个词不同于"其他的"特性的位置——不是它"牢固的"特性，而是一个依赖整个句子、依靠句子的"其他"成分的特性。让我们拿最初的两种极端情况作例子，即：对"是"来说，陈述仅仅是述谓形容词；对"否"来说，仅仅是一个陈述的主语，主词名词。"自由的"（free）这个词有一个特殊的意义，不管它是否出现在句子"人被造为自由的，是自由的"或另一个句子"人不是被造为自由的"中。这种不动的意义是秘密的"是"的作品。另一方面，"人"（man）这个词在陈述他是两个世界的公民和当他被称为一个政治动物时是十分不同的。这种差异是由唯一的主语在面对句子的其他成分时造成的，是秘密的"否"的工作。那么作为一个结束的例子，一个不极端的例子："直到"（until）这个词总意味着一个连续想象的量（envisioned quantity）的结束。但在"直到明天"中，它指一段时间，一段将来的时间，而在"远至星星"中，它指一段空间。此外，那"秘密的是"因此似乎很容易不得不在实在上而不是仅仅在概念的顺序上（作为一种可能性或肯定）先于"秘密的否"，似乎"秘密的否"因此很少是原初性的。但这种印象被以下简单的考虑所驱散：那些词的严格意义实际上仅仅来自于它们在句子中的上下联系。因此，这种"固定性"（fixity）实际上不存在于具体的情况中；相反，当一个词置身于新的语境中，它会改变那种"不变的"（constant）特性。

所以语言在活生生的话语中不断更新自身。

刚才我们一直在非常坦率地谈论句子和上下文。然而，实际上"是"和"否"仅仅愿意做个体的词，虽然就"否"来说，已经处在同句子的关系之中。句子自身成型的源头在于标志性的、建设性的"否"试图获得比肯定性的"是"更为强大的能力。① 句子预设了是和否，这样和不是其他的（Thus and not-otherwise），哪怕句子中最小的部分也是如此：在孤立语（isolating language）中的词，黏着语（agglutinative language）中连在一起的两个词，在屈折语（inflectional language）中词干和屈折词缀（stem and inflectional affix）联合成的一个词。② 于是我们获得了第三个原型词，"和"（and），尽管它在原始性上不如其他两个，因为它预设二者，但同时它又是第一个帮助二者获得了真正的实在的词。"和"不是个体词的而是词的上下文的秘密的同伴。它是语言学意义上的逻各斯的大厦赖以建立的拱门结构之上的拱心石。当我们确定我们关于上帝的知识的"无"（the Nought of our knowledge of God）时，在对前文中我们提出的对上帝的探询的回答中，我们首次验证了这第三个原型词的力量。

符号

等式象征着至少就目前而言的最终的答案，朝向答案的道理

---

① 本句中所有的关键词在其德文原文中都是语源学意义上的双关语，这在翻译的过程中无法复现。因此，在这种意义上，这个句子或许可以译为：句子自身成型的源头在于局部性的（localizing）、有着牢固基础的（fast-laying）"否"试图获得比固定性的（firming）"是"更为强大的力量。——英译注

② 以上三种词是相应的三种语言中的最基本单位。——译者

就在这个等式中,但等式却变得不可见了。通过观察等式"A=A",人们不再探寻它是否由"A","A=","=A"或"A"构成。人们仅仅承认其中的神的(god)纯粹的创造性及其自我满足。不依靠他自身之外任何东西,而且似乎也不需要在他自身之外的任何东西:

神[①]自由自在地统治天下,

但他的强大的欲望(mighty appetites)

却由自然的[②]法则来统治

——这是他自身的自然的法则。产生了神的这种活生生的形象(vital figure)的那些相互作用着的力量已经不见了。就因为这个原因,等式象征着这个形象的直接的生命力,属于神的(of the god)生命力。

神话学的奥林匹斯山

属于神的(of the god)——在过去是如此(for the time being)。因为古代的诸神也是有生命的,不单单是我们今天所称呼的活生生的上帝。如果人们愿意承认,他们甚至是更有生命的。因为如果他们不是有生命的话,他们什么都不是。他们是不死的。死亡在他们的脚下。尽管他们没有战胜死亡,但死亡不敢接近他们。他

[①] 这里的神(God)虽然也是大写的,但应该是由于处于句首的缘故,而不是特指上帝。——译者

[②] 即本性的。——译者

们给予了他①在他自己的领域中的合法性,甚至从自己的不朽的小圈子中派出一个②去统治那个领域。这因而是他们实行的最无限的统治——实际上也是唯一严格意义上的统治。在有生的世界(the world of the living)中他们不实行统治,尽管他们可以干涉它;他们是活着的神而不是活着的东西(what is alive)的神。因为如果那样的话他们就不得不真的走出自身之外,而且同奥林匹斯诸神的不羁的生命力、"舒适地活着"(easy-living)的活力(liveliness)不相一致。他们最多不过是把部分系统的注意力集中于使死亡远离他们的不朽世界的任务之上。在其他方面,这些神靠自己活着。在这一点上,甚至他们的声名显赫的(much-cited)同"自然的力量"(forces of nature)的关系都无法改变什么。因为与某个可能的"超自然的"相对的拥有自己的合法性领域的自然的概念根本还未存在。自然总意味着神自己的本性(nature)。如果一个神同一个星座或任何与之相似的东西相联系的话,他不会因此变成那个星座的神,如我们一次又一次在我们的自然概念的倒退的运用(regressive application)中所想象的那样;相反地,是这个星座变成了一个神或至少是神的一部分。而且,如果一个磁场从这种星座的神圣统治中辐射到了所有尘世的存在的话,那么这一存在并不会因此被放在神圣星座的统治之下,而毋宁说是被提升进了那个神圣领域,它变成了这个整体的一个部分。它不再是独立的,如果曾经是独立的话;它自身变成神圣的。神的世界永远只到其自身,即使它

---

① 指死亡。——译者
② 指冥王哈德斯。——译者

包含了整个世界；后者所谓的被包含的世界不是仅指向它自身的东西，不是神必须首先与之相关的东西，而恰恰是被神圣地包含的东西。因而，在这里，神在世界之外。或者，反之亦然。这将是一个没有神的世界，是一个仅仅靠自己生活的神的世界，如果有人要把这个概念的特征表述为真正的世界观的话。由此我们阐明了人们可以称之为神话的世界概念（mythological conception of the world）的本质。

因为这是神话的本质：对在它之上和在它之下的都一无所知的一个生命；一个（不论由神、人，还是物所生的）没有统治它的神的生命；一种纯粹地只及于它自身的生命。这种生命的法则是"无常"和命运的内在和谐，是一种不超出自身的，并经常地返回自身的和谐。神的自由奔流的激情冲破了他的本性的昏暗法则的内在堤坝。神话人物既不是赤裸的能力也不是赤裸的存在物，因为在任何形式中他们都不是活着的。仅仅在激情的交替的涌流和注定的命运中他们的至关重要的特性出现了：在恨上同在爱上一样是无根基的，因为在他们的生命之下没有任何基础——不管人或物，因为对他们来说，没有任何值得注意的背景；他们的无引导的自由倾泻仅靠命运的裁决来抑制；不是由他们的激情的自由力量免除他们的义务；而且在有生命的神秘的统一中自由和本质两者是一个——这是神话世界。

亚洲：非神话的上帝

在神话学的精神中，上帝变成了一个活着的神。这种精神从自身是这个上帝概念的确定性的结果的那种包含性中汲取它的力量。它的弱点也是基于这个结论,以及它的确定性的、产品一样的,但不是生产性的本性。但我们必须首先强调它的力量。神话的东西支配近东和欧洲的宗教直到它们衰落,同时又是任何地方的宗教发展的一个阶段。同样它对东方的"魂灵的宗教"来说,代表了不是较低的而是较高的形式。一旦启示在进入世界的道路上开始了行程,它取道西方而不是东方就并非巧合。活着的"希腊诸神"同亚洲东方的幽灵相比是活着的上帝的更有价值的对手。中国的神同印度的一样,都是由在"原始的"祭仪中仍突兀地闯进我们自己的时代的原始时期的整块巨石构成的厚重的结构。中国的天是一个被提升到包含世界的部分的神力的概念,一种没有腾空自己越过神的本质并因此自身转变成神的生命力、使整个的"全"结合成它统治的无常的巨大的地球的力,不是作为其他的东西,而毋宁说是作为被装入其中、"正居住于"其中的东西。无处不在的思想的图解似的意义同在这种中国的天的穹顶之外都是"无"的天的穹顶的崇拜中一样清楚。中国的神在从"无"到无所不包的力量的过程中耗尽了自己。印度的神也是如此,它在从"无"到纯粹的、无所不在的沉默的本质,即神的本性的路途中耗尽了自己。神圣自由的声音从未穿透梵天默许的圈子;这样它自身依然是死的,尽管把所有的生命都填充并吸引进了它自身。从神话的有生命的神的形象来看,这些"神"——一个被所有那些因为抽象的迷雾而逃避有生命的上帝的面孔的人所喜爱的术语——退化成了自然要素(the elemental)。靠扫视一下由那些同样的自然要素的基础自身所经历的回退,我们就会看到这有多少是实情。

因为，一旦开始，这个回退过程直到接近它的最远限——接近无是不会停止的。

梵天的崇拜者用不知疲倦的重复地肯定的音节深刻地宣布它的必要性，它应该揭开他的所有秘密。同时，他们承认这一个不可区分的本质是所有多样性的吸收者，是所有事物的自我的吸收者。然而，在这样做的过程中，他们已看到了一个在不可分的"是"背后的新的本质的具体化的出现。在名称上它同"是"是同一的，但它暗合着已被吸引进其内的无限多样性。它是"否否"（Nag Nag）。这样"是"被看作是"无"的否定。无限的无数的"非此，非此"（not thus, not thus）借此被插进了一个无限的"此"（Thus）。否定的无是神的本质。并且从这里仅仅还有一次向后的跳跃。如果这个跳跃不会唤起在无自身的岩石上的痛苦的话，那么它必须到达仍存在于它和那个"非无"之间最后的点。但在这个"无"和"非无"的"既不–也不"（neither-nor）之中，我们再一次地认识到了佛教的令人感到混乱的"最终的比"（ultima ratio），超越上帝和诸神并还同样超越赤裸裸的"无"而就位的涅槃，甚至在想象中仅仅靠一个凡人的跳跃才可达到的一个地方。很明显没有什么会进一步在这里存在：它是某种最远的东西；在它背后只有纯粹的"无"。多少有可能的是，在从"无"导向"非无"的道路上的第一站被注入了上述思想之中，靠的是所有本质的一次最后的升华。

中国

古典中国信仰的天力（the power of heaven）像每一个主动的力量一样靠简单的否定从"无"中解放了自身。事物的多样性没有被这种强有力的无所不包的作为自我且是每一个自我存在的实体所吸引，也没有被婆罗门的寂静的海洋所吸收。毋宁说是通过支配一切，这个天包住了一切。它的能力是行动，它的符号是"阳"所运用的作用于"阴"的能力。这样，它不是把自身表现为一个无限的"是"，而是表现为一个以时刻反对被包含在其中的所有的人的方式被更新了的"否"。在这种自然元素的抽象几乎达到"无"中的每一个自然的东西的限度之后，一个抽象也敢于向后跳跃了。这个抽象必须代替上帝和神这样一个作为神之为神的最高力量的概念，一个仅仅在它同因果律相联系的这一方面区别于无的力量的概念。但是这种关系自身只是一种"什么也没做"。因此"道"不动就起作用，它是一个非常安静以至于世界能围绕它运动的神。它完全没有本质；没有什么东西，举例来说，以所有自我都"存在"于梵天中的这种方式存在于它之内。毋宁说它自身存在于所有事物之中，而不是以所有自我都"存在"于梵天的方式，也就是说，用《奥义书》的类比，以盐晶块存在于溶液的方式。或者说——然而那些比喻纯系暗示性的——以轮毂存在于轮辐中，或窗子在墙上，或空的空间在容器中的方式。靠着是什么也没有，它是成为使一个"东西"可用的那个东西，是能动的不动的原动力。它是作为行动的基础的"非动"（non-act）。这里我们又获得了最远的东西：无神论能够采取的唯一的形式，如果它是真正的无神论的以及如果它既不卷入泛神论也不消失在摆脱了同上帝和神的所有特殊关系的纯粹虚无主义中的话。

原始的无神论

因此，根据这里在涅槃和"道"中描绘的计划，直到今天为

第一卷　上帝及其存在或形而上学

止的所有的对上帝的思考试图逃避真正的上帝的声音而进入的每一个构造必须被建立起来。仅仅在这一点上，它才得以对抗下述声音：*Securus adversus deos* as well as *adversus Deum*。[①] 不会有一条从这里往回去的路。无是一个牢固的钉子：被钉到它上的东西就不能再撕下来。但这个对神的全部生命的最后的抽象对人的活生生的自我和民族的活生生的世界而言却是不可忍受的，因此，生命终究会重新获得它的能力，以战胜这种乏味的逃避现实的抽象。简要地说，一种内容丰富的异教思想再一次战胜了非常坚硬的它的非思想（non-ideas），这是佛教和老子的追随者的命运。而且正因为这一点，人们的耳朵——甚至在它们可施加影响范围之内——再一次能够听见声音，虽然那些人曾经逃进涅槃和道的隔音室内而逃避了后者。因为活生生的上帝的声音仅仅回响在有生命的地方，即使那种生命沉醉于众神并且敌视上帝。但对上帝的恐怖不可能鼓起勇气变成对上帝的敬畏（fear），而是逃进了非思想（non-idea）的真空，上帝的声音消散在了这样的真空中。神话中的神至少是活着的，虽然是不超越他们所被圈起来的（walled-in）领域。甚至在进入涅槃和"道"的最后的升华之前，印度的神，同中国的一样，已经分有了神话的诸神的这种弱点，这种不能过超越自己的生活的无能。但是，印度的神却绝不能跟神话的诸神相提并论，因为他停在了半路，因为他没有能力呼出孕育了诸神的气息，因为他没有生命。

借助于神话的世界的自我包含性，生命这一财富才得以成形，

[①] 与诸神无关，与上帝无关。——译者

虽然在其中充满着矛盾。直到今天，生命仍然为了艺术而顽强地生活在远离它最初的家园的地方。即便是在今天，所有的艺术仍都屈从于神话世界的法则。一件艺术品必须将那种自我包含性包含在自身之内，此外，它对自身之外的东西无动于衷，对于更高一级的法则保持着独立性，并且从更为基础性的义务中摆脱了出来，而我们认为后者是特别针对神话的世界的。艺术品的一项基本要求是：从其形象中流溢出某种神秘的颤动（a tremor of the "mythical"），无论这些形象是否披上了一层日常习惯的伪装。艺术品必须被除它自身之外的任何一种事物做成的水晶围墙封闭自身。某种像奥林匹亚诸神的"不羁的生命"的呼吸一样的东西必须浮在艺术品之上①，即便这一艺术品所镜像的存在②只不过是欲望和眼泪。外在形式、内在形式、内容构成了美（the Beautiful）③的三重秘密；所有理念中的第一个，外在形式的奇迹，那种"美的东西本身是有天福的"的说法，都在神话的形而上学精神中有其根源。神话的精神是美的王国的基础部分。

诸神的黎明

如果上帝不满足于他至今已达到的生命力，想继续前进，变成有生命的、活生生的上帝的话，那么到目前为止在从"无"开

---

① 这一句明显模仿了《创世记》1：2 "神的灵运行在水面上"的遣词造句。——译者
② 明显是指柏拉图的模仿说。——译者
③ 此处特意出现的大写应该指称柏拉图的美的理念。——译者

始的道路上所获得结果自身将相应地变成一个"无",一个起点。一起流进了活生生的上帝的形象的权力和义务、无常和命定的元素,将不得不重新分开。而看起来是最后的结果的东西将不得不成为起源。某种不安甚至已超过了古代的以神话为指导的神学。它竭力要求进步,以超越自我满足的神话领域,并因此它看起来似乎需要下述转换:仅仅是有生的东西变为能够给予生命的东西。但是神话的观点能够昭示给我们的是,在这个转换的方向上,无论是神话这一方,还是伟大的哲学家的思想这一方,都努力尝试把人和世界结合进神的领域。因而就像神话一样他们最终有的仅仅是神(the divine)。人和尘世的独立同时被悬置在了被神化的奥秘(the mysteries of apotheosis)和概念中,而哲学家正是用这些概念跨越了神和人及世间领域之间的鸿沟;但这些概念仅仅从人和世界导向神,而从未发现另外的方式:渴望和爱的概念。同样真实的是,希腊的爱渴望完善,印度人对上帝的爱也是如此。那么在爱的激情中再一次地使上帝进入圈套似乎本是上帝的一种压缩,而在此之前,曾有人自豪地用把诸神的所有高贵品质堆在他一个人头上的办法把上帝抬高到无所不包的地位。尽管人可以爱上帝,但上帝对人的爱可能至多是对人的爱的一个回答,至多是他的合理的美德。它不可能是个自由的礼物,不可能是超越了一切善的标准的仁慈,也不是无须乞求就进行选择的神的原始力量,实际上他期待所有人的爱,并且首要的是给盲者以光明,让聋者能聆听。甚至当人认为靠宣布放弃他自己的一切、一切希望和欲望,靠为了上帝而苦修,或者靠完美的顺从来等待上帝的恩典,就能获得爱的最高形式的时候——正像在那些印度的上帝之友(India's

Friend of God)圈子里发生的那样——这种顺从正是人所给予的；它自身首先不是上帝的一个礼物。另一方面，上帝的爱不是给不悔悟的而是给完美的人的。对神的恩典顺从的诫律被认为是一个危险的"密中密"，永不会揭开，它被教给那些不崇敬上帝的人，那些反对他的人，那些不严惩自己的人。但是正是这些迷途的、顽固的、封闭的灵魂，这些罪人，才是上帝的爱首先拣选的对象，应当不管人的爱，这样的上帝不仅仅是"可亲的"，而且不管人是否爱他，都会去爱人，都会激起人类的爱。当然，对这个目的来说，无限的上帝必须比任何敏感的人的感觉、智者的智慧所能承认的更接近人，更亲密地同人面对面，个人对个人。在人和尘世为一方，神为另一方之间的鸿沟正好在个人名字的不可消除性上被显示出来了[①]。它超越了人和世界的能力——无论这一能力是苦行的（ascetic），还是神秘的[②]——所能达到的最高点。苦行的傲慢、神秘的自负蔑视人的名字中的尘世的方面和天堂的方面的"声音与迷雾"（sound and haze）[③]，但人的名字的不可消除性比起上述二者在其蔑视中所愿意承认的更加深刻，更加真实，而且它会必须以这样的方式被认识，被认可。

这样，这个神话中的神的本质对人和世界的渴望来说依然是可以接受的，但其代价是：人不再为人，世界不再是世界。人和世

[①] 这一句中的"个人名字"和上一句中的"个人"是一个意思，指的都是以个人的独一无二的名字为表征的个体的独特性，可参考前文中有关克尔凯郭尔、叔本华、尼采的部分。——译者

[②] 前者属人，后者属于世界。——译者

[③] 意思是人的名字的显的和隐的方面。——译者

界被背负在渴望进入神化（apotheosis）的烈火的翅膀之上。同样地，这个渴望在背负着它们飞向神的时候，把人世间的东西远远地抛在了下面并且绝不用更深的爱把它引向神。对于印度的上帝之友来说，其行动仅是一定不要作恶，而不是一定要行善。神圣的东西在任何地方都不会溢出它的个性的限制。古代已经达到的一元论就止步于此。世界和人必须成为上帝的本性，必须屈从于神化，但上帝从不贬低自身到他们的水平。他不给出他自身，不爱，不必去爱。因为他把自己的本性保持在自身之内，因此他仍然是他所是的东西：形而上学的东西。

第二卷 世界及其意义或元逻辑学

否定宇宙论

现在我们对世界了解多少呢？它好像包围着我们。我们在它之中，但它也存在于我们之内。它渗透进了我们中，但随着每一次呼吸和双手的每一次摆动，它也从我们发出。对我们来说，它是不证自明的量，像我们的自己的自我一样不证自明，比上帝更自明。它是一个纯粹而简单的证明，特别适于理解，而且有从其自身内部得到证明的特质，特别适于达到"自明"。但哲学很久以前就为了一项日程抛弃了这种自明性，该日程能够把当下的"我"、当下的上帝变成赛跑跑道上的一个接着一个的出发点。因而它已把世界的自明性还原为一个事实上的"零"。如此一来，作为物自体的知识的世界的自明性（the self-evidentness of the world as knowledge of the *Ding an sich*）的剩余物——不管人们以什么去称谓这种近乎零的剩余物——会更适于成为否定宇宙论的主题。这个术语之所以没有像否定神学那样受到欢迎，与其说是因为客观的理由，还不如说是因为一般意义上的文化同情和憎恶。因为上帝的皈依者不总是知识的爱恋者，反之亦然。在世界的爱恋者和知识的爱恋者之间不存在任何这样的差别；相反，他们或多或少是相互依赖的，这同样也适用于世界和知识的概念自身。这样对其一无所知这个"科学结论"应用到上帝身上比应用到世界身上更合乎人意。但我们抵制这一"结论",也反对另一个。我们不会让它成为定论。如果科学会导致这样的一个结论,那么它已把自身引向了荒谬(*ad absurdum*)。尽管这个结论不必然是错的,但它不得不成为一个结论的方式却一定是错的。因此,这里我们像前面关于上帝那样把这个"结论"看作一个开始。

方法论

我们对世界一无所知。并且在这里"无"也是一个我们知识的"无",而且还是我们知识中的一个特殊的个别的"无"。这里它也是我们由之跳进有知,跳进"确定的"东西的跳板。因为我们"相信"世界,这种信仰至少像我们信仰上帝或信仰我们自身一样坚定。因此,这三个实体的无对我们来说可能只是一个假设的"无",仅仅是我们由之达到那个限定这个信仰的内容的任何知识的"无"。我们坚持这个信仰是一个事实,由此我们仅能从假设上使自己获得自由,通过从头开始建造它,直到我们最终认识到假定的东西如何必须转化成非假定的东西、绝对的东西、那个无条件的信仰。对我们来说,这才是科学能够并且必须达到的唯一的东西。我们丝毫不能指望科学会把我们从那三重信仰中解放出来;科学将教给我们的正是我们不能和为什么不能指望这个。根据前文的观点,在这个"信仰"中似乎是不科学的东西将因此被证明是合理的。笛卡尔的普遍怀疑(*de omnibus dubitandum*)在统一而完全的宇宙的假定上是有效的。一个统一而完全的理性面对这个宇宙,而且,作为这种推理的工具,统一而全面的怀疑怀疑一切。但证明这个假定站不住脚,证明它对自觉的精神来说确实已经无效,是我们首要的努力方向。那么,如果这个前提条件垮台了,那统一而全面怀疑的位置,那个绝对的怀疑就被假定的怀疑所替代,因为后者不再是普遍的,它不可能再把自身看作是目的而仅仅看作是理性的手段。这样我们再一次地潜入了深刻的确定之中。

世界秩序

在这里原始的肯定,那个"非无"的"是",也再次从"无"中涌出,正因为它不可能再是"无"。但这个肯定必须肯定某种无限的东西;因此,被肯定的"非无"在这种情况下就不可能像在上帝中那样暗示着存在。因为世界的存在不是一个无限静止的本质。我们称上帝的存在为一个永远静止的本质,每时每刻自身都是无限的。但可见形象的不可穷尽的丰富性,永远以新的方式产生和感觉到的"完全实现的形式"的世界正与此相反。这样,原始的是在这里必须肯定某种其他的东西;关于世界的原始命题必须听起来是不同的。仅仅"无处不在"的在场和无时不在的某种东西才能被肯定为某种无限的东西——并且仅仅这样非无才能被肯定。"到处"和"永远"这两个术语仅仅有一种与神的本性相对的比喻意义;它们不过是对不可表达的东西的结结巴巴的表达。但这里就世界来说,它们完全适用。世界的存在确实必须是它的无处不在和无时不在。但是仅仅在思维中世界的存在才是无处不在和无时不在。世界的本质是逻各斯。

这里让我们回忆一下在前面的导论中我们对世界同它的逻各

斯的关系预设了什么。思维作为一个同许多分支有单独约定的体系而涌入世界。这一点在世界中对一切时间和地点都有效。它把它对世界的意义，它的"适用性"（applicability）归因于它已经确定的那种分支和多样性。用悲剧的语言来说，它抛弃了"朴素的真言"（simple word of truth）。它的朝向存在的力量正来自这种抛弃。理性的契约体系是一个不依靠统一根源而依靠它的适用性，它的有效领域——世界的统一——的体系。一个统一的根源能够并且实际上必须由这个思维来预设，它指向存在并且仅仅指向存在，但这一点却不可能被证明。因为靠把它自身完全转变成以世界为家的应用性思维已经放弃了证明它的根源的统一性的能力。既然这个统一根源不存在于世界内部，那么从"纯粹的"东西——被预设的——到"应用的"东西的道路就会存在于应用思维的能力范围之外。一个仅仅是预设的可能的思维需要被思想到，但它不是思维自身；只有一个真正的思维才能思想，它是一个对世界是有效的思想，可应用于世界，内在于世界。这样思维的统一性是外在的；对此，理性不得不用被封闭的世界的围墙之内的它的适用性的统一来安慰自己。神的存在的无限统一明显领先于思维和存在的任何同一性，并因此领先于适用于存在的思维和能被思维得到的存在这两者。这种统一是否偶然地成为了流进了适于耕种的世界的拥有诸多分支的逻辑的灌溉系统的源泉，在这里可能是无法得到证明的；尽管它也不可能被完全排除，但它在这里仅仅是一个假定。在思维内在于其中的世界中没有任何大门对它[①]关

[①] 指思维。——译者

闭，但是——"对他来说横过那条道路的希望被阻塞了"。

原型词 符号

世界的逻各斯仅仅是可应用的，但它是到处和永远可应用的，并且仅仅在这种意义上是普遍有效的。基于这种普遍性的概念我们已看到了原始的是的效力的新的一面。我们不妨回忆一下，"是"是原初命题的词句，由于这个命题"之后"（then）才被一劳永逸地确证了。所以普遍有效性已内在于原始的"是"。一个像"自由"这样的谓词，它自身就能感受到它自身的无时不在、无所不在的意义，而不必理睬它在一个特殊的命题的具体实例在运用中获得了何种内涵。普遍的东西不是在运用中形成的东西，而宁可说是纯粹的、可应用的实体本身。它建立了应用性，但却不是应用性自身的法则。肯定了神的本质是从上帝的无中流出的，这意味着被肯定的非无的无限性把自身显示为神的本性的无限存在。另一方面，被肯定的世界的非无的无限性自身显现为世间的逻各斯的无限适用性。这个逻各斯完全是普遍的，但又到处都附着在世界上，牢牢地缚在它之内。如果我们想用一个公式表示它的话，那么我们必须让它作为等式右边的一个肯定的结果来出现；由于考虑到它的无所不在的普遍性，我们只能用 A 来命名它；在此，我们所认定的本质的显著的适用性意味着一个对无疑马上会出现的应用的需要的暗示：这种由它放射出来的被动的吸引力通过在前面放个等号来符号化地表达。这样我们达到了"=A"。这是世界精神（the world-spirit）的符号。因为这将是我们必须给予逻各斯的名字，它涌入了世界，不仅是所谓"自然的"，也是所谓"精神的"世界,并且它同世界在一切点上和一切时间上合并了。当然,运用这个名字,我们必须同它的让这个名字本身消失在神性中的黑格尔主义的内涵保持相当的距离;比较好的做法是倾听以前在浪漫主义的自然哲学开始时的声音,在青年谢林或再比如说在诺瓦利斯(Novalis)[①]的术语中以及叙述"物质与精神"和"世界与灵魂"的话语唤起的声音。

世界的丰富性

但有关世界的令人不安的事实是,它毕竟不是精神。其中仍存在着其他东西,常新的、紧迫的、压倒一切的东西。它的子宫在不知足地孕育,在无穷无尽地生产。或者更可以说——因为阳性和阴性都在其内——作为"自然"的世界同样是无止境的构型的生产者(creatress)[②]和不知疲倦的内在于它的"精神"的生产力。石头和植物,国家与艺术——所有的创造都不间断地更新自身。这种视觉的丰富性正像思想的圆舞一样是原创的。它的萌发同那个舞蹈的编排一样都不存在任何前提。太阳正如看到它的眼睛的太阳般的质(the sun-like quality)一样是一个奇迹。[③]除了二者,除了充足和编排,就只有"无",世界的"无"。

但在这里,丰富性从"无"中的出现又是有点不同于以前的

[①] 诺瓦利斯(1772—1801),德国浪漫主义诗人。——译者
[②] 为对应上文,作者在此处使用了阴性名词,突出强调的是不同于一般意义上的创造者(creator),因为她不是创造而是生产。——译者
[③] 参见柏拉图的太阳喻。——译者

世界逻各斯（the world-logos）的出现。世界精神（world-mind）把"无"的黑夜留在它身后，带着平静而无限的"是"走向"非无"、世界的光明的实在。但视觉的丰富性在生产和出生的常新的收缩中打破了"无"的黑夜的牢笼；一切新生事物都是"无"的一个新的否定，是一个从未有过的，一个达到自身的新开始，是某种未听到过的东西，"太阳下新的"①东西。这里"无"的否定的力量是无限的，但这种力量的每一个个别的结果是有限的；充实性是无限的，视见之物是有限的。单独的现象出自于黑夜，它们是无根基的和无目的的。它们从何处而来或死后何处而去并未刻在它们的前额上：它们仅仅存在着。但在存在中它们都是单独的，每一个都反对其他一切，每一个都区别于其他一切，它们是"特殊的""不是其他的"（not-otherwise）。

符号

这样内在于宇宙中（intracosmic）的丰富多彩的独特性与内在于声音（intrasonic）②的普遍的秩序相对立。在普遍之中，栖息着一个实现（fulfillment）的需要，一个应用的内涵；独特的事物栖息于独特的东西之中。事实上没有任何需要存在于独特的东西中，没有任何方向，没有任何力量——甚至反对自己的同类。事实上，任何事物，当参照其他一切非我的事物时，都是与众不同的，但

---

① 《传道书》1：9。——英译注
② 此词的字面意思是"超低频"，但显然与文意不符。根据上文，这里所谓的"intrasonic"应该指的是逻各斯，因为逻各斯的意思包括了说和普遍的秩序，据此，中译本作了相应处理。——译者

它却没有经历过这种参照；它一出生就是盲的[①]，它只是存在着。它的力量只是它的生存的盲目的僵死的力量。在我们的术语中，它的符号是 B，纯粹的和简单的 B，单独的不加其他修饰的记号，没有表示相等的符号。

这样"否"在这里导向了如"是"那样特别地不同于以前的结果的一个结果。它的"存在"的变形（warp），是上帝在他的本性中已发现的，世界在它的逻各斯中也发现了；神的自由为上帝所织的织物的纬线通过不可穷尽的现象之源提供给了世界。在上帝中的自由的行动，世界中的现象——二者都是同样突然，同样独一无二，同样新奇的启示，这种启示一方面来自于上帝的"无"的黑夜，另一方面来自于世界。二者都崛起于"否"和"无"的无情的肉搏。每个神的行动，每一个世界的现象都是一个对"无"的新胜利，同第一天（The first day）一样光荣。但当在上帝之中一种无限的清晰性从"无"的黑夜中喷发来时，它是个体的诞生，是某种有颜色的但它自己仍看不见的东西，它爆发于世界的"无"的漆黑的子宫。这个诞生疾飞进了世界，靠它自身重力的驱使，而不是靠强烈的欲望。但世界已经在那儿了，就像当神圣自由的嘹亮的起床号突然对它吹响之时，上帝的处于睡眠状态的本性已经在生存中一样。世界在它的逻各斯的工具中，也在容纳着丰富财宝的容器之中，它可无限地容纳，无限地需要"应用"，并且内容在喷涌着的源头无休止地疾飞进这些容器。在"是"和"否"之上，"和"（And）关闭了自身。

[①] 上文中的参照本身就有"看"的意思，与这里的"盲"相对。——译者

世界的实在

独特的东西没有动力,自身之内也没有运动。它猛冲出来,并存在在那儿。它不是已"给予的"东西——一个易令人误解的忠实反映出有关世界的所有前元逻辑(pre-metalogical)的哲学错误的名称,它们的体系一再走向死路正是由于这个问题。它不是被给予的东西,而宁可说是逻辑形式在它们的是的简单无限的有效性上被一劳永逸地"给予"了。然而独特性令人惊讶地不是一个"给定"的东西,而永远是一个新的礼物,或更准确地说是一个赠品,因为在赠品中,被赠送的东西消失在了赠送的姿态之后。并且逻辑形式不是靠本能行动的怪兽——*sponteque se movent*①——冲破给予的花园去寻找它们的食物,宁可说它们是永远在其内部准备储藏新葡萄酒的珍贵的、古老的容器。它们是不动的,"永远的昨天",是"普遍共同的"(universally common)东西,虽然它尚未变成"完全共同的"(wholly common)东西。愤怒的造反者显然并不缺少这种东西,尽管他②依然正确地把它的特征描绘为"曾经是且永远如此,今天有效,而且明天也有效"。另一方面,现象永远是新的:这是精神世界中的奇迹。

现象已成了唯心主义、并因而成了从巴门尼德到黑格尔的整个哲学的绊脚石。唯心主义已不能理解"自发的"现象③,因这会意

---

① 即"按照本能行动"。——译者
② 指造反者。——译者
③ 指上文中自己喷发出来的东西,而不是"给予的"东西。——译者

味着否定逻各斯的全能，因此它①永远不能公正地对待它。它必须把正沸腾的丰富性伪造成一个给定的东西的死气沉沉的混沌。可理解的"全"（ALL）的统一基本上不容许其他概念。全作为统一和全面而结合在一起，只能靠思维的积极的、自发的力量。但是如果生命力因此被归于思维，那么不管愿意不愿意它都必定会遭到生命的否定（be denied to life）——生命否定它的活泼性（liveliness）。没有元逻辑学的世界观，就不可能使生命恢复它的权利。因为在这里"全"不再表现为那个统一普遍的"全"，而仅仅是"一个全"（an ALL）。这样逻各斯可能把它作为内在于它的真理来实践它，而不必首先形成某种统一体。内在于宇宙的逻各斯自身，由于它同无论怎样形成的、也无论在哪里的外在于宇宙的统一体的关系，而变成了一种内在的统一体。同样地，它不再需要承担构成它的世界本质、它的多样性和它的适用性的真正的对立面的活动。作为它的内在形式，也就是说，不是它的外在形式，它仅仅从内部实现了世界的统一。这个元逻辑的全正是靠着它的本性，靠着成为某个"全"而不是确定的（the）"全"，通过成为可思维的（intelligent）而不是可概念化的（intelligible），通过成为被精神所预见的而不是被精神所创造的，才拥有了外在的形式。逻各斯不像从巴门尼德到黑格尔的哲学家们那里那样是世界的创造者，而毋宁说是它的精神，或更好地说也许是它的灵魂。这样逻各斯又成了一种世界-灵魂，并且现在可以给予活生生的世界-身体（world-body）的奇迹以应得的权力。世界身体不必再作为无法区分的、混乱的、波浪起伏的大

---

① 指唯心主义。——译者

量的"所与性"(given-ness),准备着被逻辑的形式所掌握和定型;它宁可成为那活生生的常常更新的现象的巨浪,袭击世界灵魂的安静地裂开的缝隙并同它一道形成了世界。

让我们更仔细地来追踪这个从特殊到普遍的降落道路。特殊——让我们回想一下符号 B——是无目的的;普遍——A——自身是被动的、不动的,但靠着对"应用"(Application)①的渴望,它放射出一种吸引力。这样一个引力场在普遍周围形成了,并且特殊在自身重力的冲动下投入了普遍中。这很像以前在上帝中那样,靠或多或少地描述这个过程的整个曲线,我们可以区分出这个运动中的两个特别的点。在一段无目的、无意识的盲目的纯粹的投入之后,特殊在某种意义上意识到了吸引它的、朝向普遍的运动,因此它朝自己的本性张开了眼睛。这是第一点;在这一刻,以前是盲目的特殊的东西总会意识到它的特殊性,而且这意味着意识到了它通向普遍,通向(不附带任何条件的)特殊的方向。"知道了"普遍的特殊不再仅仅是特殊,而是本质上特殊,它已迈向了普遍所影响的领域的真正边缘。这是"个别"(individual),是在它的身体上印有普遍的标准的单一的东西——但不是一般的普遍,一般的普遍毕竟没有区别的标志,而毋宁说是它自己的普遍本性,它的种,它的属——可是这个个别本质上仍是特殊的,尽管现在恰恰是"个别的"特殊。个别性(或个体性)反正不是比较高级的特殊性,而是从纯粹的特殊到普遍的路上的一站。另一站位于特殊进入普遍的决定性统治的那一点上。越过这一点的

---

① 意思是从普通下降到特殊,获得独特性,变成某一个。——译者

东西将是纯粹普遍的,特殊将不留痕迹地消融于其中;但这一点本身却表明特殊无视普遍的决定性的胜利而仍能被感觉到的运动中的那一刻。像第一点被"个别"所占据一样,这一个点被"范畴"或任何其他人们愿意使用的称呼来表示这个不是完全的普遍,而毋宁说是一个个体化的普遍,一个特殊的普遍性的普遍实体。因为种和属都是仅仅同它们自己的特殊性相对的不受限制的普遍性概念,如果我们进入人类领域的话,社会、民族和国家也是如此;然而在此之外,所有这些概念都是完全可以在它们之间相互联合成范畴、民族、国家的复数的单位。正是如此,对它来说,个别也是一个仅仅同它的范畴相对以及为了所有能代表一个范畴——它的范畴——的完全的个别性,只因为它已代表了同赤裸裸的盲目的特殊相对的一个复数。这个复数至少由两种规定——种的标准和它自己的特性——所构成。

这样,世界结构在个体和种中,尤其是在把个体带入种的张开的双臂中的运动中,完善了自身。对上帝来说,本质和自由也只是概念的极端,并且他的生命力在神圣的能力和神圣的义务的内在的敌对中创造了自身,无常的能力被义务所限制,义务的压迫被能力所放松。同样地世界成型了,不是直接出自于独特的东西对普遍的投入,更确切地说是出自于个体对种的穿透。世界的真正的"和"不是世界被赋予精神和精神内在于世界的"和"——这些是两个极端——而更直接地是事物和它的概念,个体和它的属的"和",人和他的社会的"和"。

有一个用最有力的、最生动的、最有意义的术语能反映宇宙本质的这些双元素的过程。个体来源于"生"(birth);"属"

像这个术语自身暗示的那样来自于产生（progeniture）。造成（engendering）的行动先于出生，同个体的出生一样它作为一个并非明确地与出生相关的个体行动发生了，但在其普遍本质上它[①]严格地同它相联系并指向它。然而出生在其个体结果中作为一个完全的奇迹，带着不可预测的压倒一切的力量爆发了。总存在着产生，但每一个出生都是某种绝对新的东西。真正的"不可说的"、不可想象的个别性的结果进入了所有人的行动中最个别的东西。新生命的特殊性——请注意他作为世界的部分的特殊性，不是他的自我——在出生的那一刻才把自己完全集合起来。这是占星术信仰的最深奥的意义，它因为并且在它把人把握为自我的错觉范围内失败了，而事实上它满足人只是在他是个体性，也就是说，是在他是像其他任何外在于人的存在或事物一样的一个世界的独特部分的范围内。仅仅对个体性的恶魔来说，占星术的法则"太阳升起在把你给予世界的那天，而这是对行星的问候"是真正有效的。所以人和世界的一切个体部分在他正好个体化自身时，在他作为拒绝分割的世界自身的一部分出现时，在他"看到"世界之"光"的那一刻，只是个体性的。然而他的这个个体性被具有太阳、月亮力量的它的属的能力所吸引；它总是在远离它的出生之日，力求达到这个焦点，尽管充满了一切可能性。这样它不断地丧失它的可能性，它的个体性。最终在完成的那一刻它尽可能完全地放弃它。在它出生的那一刻，个体完全是个体。如果不靠它的种的概念的话，它是完全具体的，没有联系和关系，未被实在所接触。在子孙那里，

---

① 指造成。——译者

它就像完全渗进了它的属。当永远任其自然发展的它进行到永恒的结局时，同唯心主义的产生概念相比，这个循环过程被证明是元逻辑学的世界本质的一个生动表述。

符号

这是一个循环过程。我们用"B=A"把它符号化。构成等式的两项的根源已消失了，但等式自身却明显地不同于我们以前设计的那一个。鉴于"A=A"这个上帝的表达式，使两个同样原始、同样无限的实体相等，世界的表达式主张两个不平等的东西——世界的内容和它的形式的等式。此外，一开始，它明确地主张这种同一是"B=A"，而不是偶尔会成为"A=B"。也就是说，它主张形式的被动性，内容的主动性；它把不证自明的特性归因于概念，而事物对它来说似乎是个奇迹。因此对它来说世界成了自我包含的、一个不包括外在的一切事物的整体，一个充满至饱和的容器，一个充满了构型的宇宙。在等式中的所有基本关系同样地从B指向A，也就是说，同样地允许丰富、内容、个体渗透进秩序、形式、范畴。在相反方向上发生的任何关系都是派生的，而不是原始的。精神自身可以形成一个形体只因为形体令人惊讶地压向了精神。阿波罗的竖琴音乐可以构筑一堵只用石头建成的墙，因为石头本身是被神奇地赋予了灵魂——"充满了神"[①]的个体。因而这幅世界图画就是一个对唯心主义世界的决定性的平衡点。对后者来说，世界不是不可思议的现实性，所以不是自我包容的整体；它必须

[①] 参见泰勒斯的相关说法。——译者

是无所不包的宇宙。对它来说，基本的关系必须从范畴到个体，从概念到事物，从形式到内容。给定的质料必须是现在的、混沌的、灰色的、自明的，直到精神形式的太阳用其光线使它放出绚丽的光彩，但色彩仅仅是从这种奇迹般的光源发出的光的颜色。混沌的灰色质料自身产生不了任何火花。① 这种世界观的表达式不会是"B=A"，而是"A=B"，并因此证明它已真正完成。唯心主义的"A=B"公式在自身之内包含了它派生于"A=A"的可能性。因此首先也是在这里，所主张的两个不等的东西的相等的深刻的悖论被打破了。流溢的概念几乎令人觉察不到地流过了即便在这里也仍同样存在的普遍和独特之间裂开的鸿沟。并且只有 B 可以从 A 中"流出"，而不是 A 从 B 中流出。B 只能"正存在着"（existing），而不是根源。因此，只有等式"A=B"能是唯心主义的等式，只有它真正能被从一个形式的不矛盾的等式推导出来。"B=B"，从它那里人们必须获得"B=A"，从形式上看起来确实是毫无疑问的；但从质料上看，仅仅除等式"B=B"的可能性之外，它绝不可能允许任何事物起源于它。但一项直接关系，比如说"A=A"和"B=A"之间的直接关系，甚至不可能在世界之内产生。一个关于 B 的自相矛盾的陈述（即"B=A"）不会由于同一个不矛盾的关于 A 的陈述（即"A=A"）的关系而成为较少矛盾的。另一方面，依靠同一个不矛盾的关于 A 的陈述（即"A=A"）的关系，一个关于 A 的内在矛盾（即"A=B"）的陈述的矛盾性在感觉上减少了——如果不是完全消失了的话。事实上，在这里未经解释的剩余物只

---

① 参见起源于柏拉图，经由普罗提诺一直到圣奥古斯丁的光照说。——译者

是关系的概念，这一困难像在个体等式中的关系的可能性一样，同样也存在于两个等式间的关系的可能性中。但这个困难仍完全存在于我们的视线之外，因为我们仍只处理个体等式；我们只需要通过预见来暗示唯心主义的道路，仅仅是为了阐明"B=A"对"A=B"的特性，或世界的元逻辑学和唯心主义世界观的区别。唯心主义的道路导向了作为内在于宇宙的流溢的、放射出的、唯心主义的产生的道路的"A=B"。稍后我更有必要说说这种内在于宇宙的道路的意义。这里我们回到单纯的等式"B=A"，或者说是回到它的指示物，那元逻辑学的世界。

可塑的宇宙

同唯心主义的充满一切的世界相对照，元逻辑学的世界是整个实现了的（wholly fulfilled）、建构的世界。它是它的部分的整体。这些部分不是由整体完成的，也不是由它产生的：整体不只是"全"，实际上它只是一个整体。因此，从部分指向整体有多条道路。实际上更准确地说，每一个部分——就它是一个真正的部分、真正的个体而言——都有它自己的通向整体的道路，它自己的轨道。另一方面，从充满所有成员和具有其中每一个个体的唯心主义的宇宙观点来看，只有一条单独的道路通向这些成员，即，恰恰是那条宇宙力量之流所由以流出的道路。我们在导论中提出的现象的理由在这里变得清楚了。1800年的唯心主义体系始终显示着我们必须名之为一维的、最鲜明的黑格尔主义的，但大体上也是费希特和谢林的一个特点。个体不直接来自于整体，而是通过它在体系中的下一个最高和下一个最低之间的位置被逐步显示出来，比如黑格尔的"社会"，其位置在"家庭"和"国家"之间。整个体系的力量通过所有的作为一个统一和普遍的流的个体的结构而运行。这正符合唯心主义的世界观，在导论中提及的从巴门尼德到黑格尔的几乎是专业的而非个人的哲学家们的素质也在这里找到了解释。全的统一性这一概念除了在哲学问题史中"有其地位"之外，它在任何其他情况下都没有可能。所以，黑格尔不得不用系统的哲学结论来构造哲学史自身——因为在那方面个体哲学家的个人观点，似乎仍能同全的统一相矛盾的最后的东西，才会被无害地还原。

就像同新的世界观相联系的必然性一样，元逻辑学的观点也创造了一种新的哲学家概念和类型。这里也有一条道路，一条他自己的道路，把个体的哲学家，像以前那样，把每一个作为个体的个体事物引向整体。实际上，哲学家是元逻辑的世界体系的统一体的承载者。毕竟这个体系自身缺乏那种一维的统一，原则上它是多维的；线索和关系从每一个个体的点蔓延到一切其他的点，并且蔓延到整体。这些无数的关系的统一，它的相对的结论，是哲学家的观点的统一，是个人的、经验的、哲学化的。它只是一个相对的结论，因为尽管宇宙整体的思想必须在它的元逻辑的特性上严格把握为一个概念，不过除了相对的之外，个体体系永不可能把这种思想变成一个实在。在唯心主义的体系中，这种相对性就像它被历史地获得的那样，同样也像黑格尔正确认识到的那样被问题状况所限制了。同样在元逻辑的体系中它也被哲学家的主观观点所限制了。甚至上述这些看法至今仍未穷尽"哲学家"

的问题，我们必须留待以后对它作进一步的澄清。

古代的宇宙论

尽管基本的"所与"到处都有，但范畴也正因此被个体性的奇迹征服了。这样被征服了的元逻辑学观点的世界，不是正充满一切的而是已充满一切的，可以叫作被构造的世界，被构成的但不是被创造的。在这点上被创造性所暗示的远比我们有权断言的要多。形而上学、神学的活生生的上帝绝不是"确指的"（the）活生生的上帝，而是"不确定的某个"（A）活生生的神，就如在元逻辑的宇宙论中被构造出来的世界不是被创造的而仅仅是被构造那样。就像活生生的诸神象征着古代神学的顶点一样，这个被构造的世界象征着古代宇宙论的顶点，不单单是宏观世界的宇宙论，而且也是、首先是微观世界，也就是说不仅是"自然的"也是"精神"世界的宇宙论。既然存在和思维的同一性这一唯心主义的基本思想在古代就已经出现了，因此，这个关系甚至对自然世界来说都不是很清晰的。但在古代这个思想保留在宇宙论的落实之外；它仍然是元物理学的（meta-physical）。甚至有待于新柏拉图主义发现的流溢思想的发展都是为了应对新的而不是古代的思想。然而，在世界之内，不仅柏拉图自己而且亚里士多德根本都没有在思想和现象、概念和事物、范畴和个体或任何可以把握差异的术语之间讲过任何流溢关系，任何积极的关系。毋宁说，我们在这里已有了事物"模仿"理念，它们"期待"它，"渴望"它，"孕育"成它或朝它"发展"的离奇思想，尽管它是"目的"而不是原因。理念是静止的，现象朝它移动——这里呈现的似乎正是元逻辑的联系。

柏拉图和亚里士多德

没有被古代的伟大哲学家所解决的这个构想的困难是显而易见的。其中一些在亚里士多德反对他老师的争论中已表达清楚了，但他也没有战胜它们。因为亚里士多德的辩论动用了无限的概念来反对柏拉图的理念的原则：如果要超越概念和事物，那么相应地就要能够有一个关于事物和概念的相关性的概念，如此等等以至无穷。[①]但是元逻辑学的有关构造的世界的整体性的观点对这个无限的概念根本不设防：亚里士多德的宇宙恰同柏拉图的一样是有限的。独立的元逻辑的思想的有限性只是在这点上才进入视野。亚里士多德用跃入形而上学这种危险的方式规避了这个问题。因为他的神圣的"思维的思维"是一种只与思维相关的思维。他明确地在原则上拒绝了它之思考不可想象的东西的可能性。[②]神圣的思维可能只思考那"最好的"，因此，仅仅思考它自身。但这种非宇宙（acosmic）的性质不适合他的形而上学，其症结恰恰在于它试图获得的东西上。他的形而上学试图把世界的"原理"详细解释为有目的的原因的原则。但由于它的纯粹形而上学的特性，这个形而上学仅仅是它自己的原

[①] 如果联系上文的话，本句的意思似乎指的是亚里士多德反对柏拉图的理念论的论据之一，即"第三者"。但就这句话本身而言，意思似乎是说：柏拉图的理念论和亚里士多德的实体学说都在谈论事物跟概念的关系，但这种谈论的前提是首先要有一个"事物跟概念相关连"的概念，否则他们就不会去谈论这样的问题。但是，如果"事物跟概念相关连"的概念成立，那么这个概念必定又要对应着某个事物，以此类推，以至无穷。——译者

[②] 与上文对应，无限即不可想象的。事实上，这至少是从巴门尼德以来的传统。——译者

则。如果人们漠视作为自我意识的亚里士多德的形而上学的这个沉思，企图仅把它看作是它试图达到的东西，不问它是否真正地达到了它，那么它作为有目的原因成了一个纯粹的内在于宇宙的原则。然后人们就可能反对它同某些事物的关系，这些事物导致了亚里士多德所建立的反对理念和事物的关系的一切。从神学的角度来看，亚里士多德的形而上学招致了非宇宙论的指控；从宇宙论的角度看，则会招致无神论的指控——后一种责备其实在上述两者中都存在，其原因正是因为亚里士多德的主张构成了对世界的解释。一方面，它[1]是不可能的，因为它从视觉领域中消失了[2]；在另一种情况下，因为它成了一个自我包容的整体，一个对"超越的"无限的渴望被禁止了的"这里"。[3] 这样，甚至这个古代的伟大神学家也不能使自己从一个作为可塑的结构的、外在地看是有限的、内在地看是被构成的宏观宇宙的元逻辑观中获得自由。另一方面，思维对普遍性和统一的无限要求和有限的但无限丰富的世界的整体性之间的矛盾——这是他试图解决的——挽救了他，因为他不能用一个"亦此亦彼"代替神学和宇宙论的"非此即彼"。

城邦

这样，在面对宏观世界时，就不可能既坚持元逻辑的观点又不陷入内在矛盾。另一方面，对于微观宇宙来说，它似乎很容易

---

[1] 指亚里士多德的原理。——译者
[2] 意思是说，如果思维所思维的仅仅是自身的话，那么它将无法同可见的事物建立起联系。——译者
[3] 即纯粹当下的存在。——译者

被实现,虽然仅仅是表面上的。似乎在理论上和实践上,在元逻辑的意义上,古代的人类解决了个体和范畴的关系问题。民族国家,或任何其他可能存在的古代社会,都是狮子的洞穴(lions' dens)[①],个体可以看到进入的足迹,但看不到出来的。在非常现实的意义上,社会是作为一个整体面对个人的:他知道他只是一个部分。同这些整体相比,他只是一个部分;同这些范畴相比,他仅是一个代表。它们是在他的道德生活之上的绝对的力量,即使它们自身绝不是绝对的,他自身毋宁说是一般国家和人民范畴的又一些例子。表面上看它们是排他的,内在地看它们是无条件的,因为正是这些原因才形成了那些成型的个体,对后者的深刻反思能够让人拿它跟艺术品进行对比。古代的国家的秘密不是组织。组织完全是一个唯心主义的政治构造。在高度组织化的国家里,国家和个体不假定整体同其部分的关系,而是假定国家是一个宇宙,从这里一个统一的力量之流通过其成员流出。在这里每一个人都有他确定的位置,并且通过填充它而属于国家的整体。无论在现代组织的国家中可能产生出何种中间力量、阶级或其他的东西,它们最多而且根据原则只符合以上所说的情况;它们调停国家和个人的关系,确定个人在国家中的位置;国家在个人中实现了自身,并且靠他的"阶级"、他的"位置"产生了他。古代的社会等级制度不是国家的一个工具,而毋宁说是它在个体的意识上完全遮蔽了作为整体的国家。对个人来说,社会等级制度是他所存在于其中的任何国家的自身。因为古代的国家只知道公民和国家的直

---

① 参见《雅歌》4:8。——译者

接关系，古代的国家只是其结构吸引它的部分的整体。另一方面，现代的国家是其成员从中为其自身的建构汲取力量的宇宙。正是因为这个原因中世纪农奴属于国家，而古代的奴隶却不如此。

这样，古代的个体在集体中丢失了自身，不是为了发现自身而极其单纯地是为了建构社会；他自己消失了。在古代的和一切较近的民主概念之间的耳熟能详的区别被证明完全是正当的。现在，为什么古代从未产生代表的理念（idea of representation）也清楚了。器官可能只属于躯体[①]，而一个建筑物有的只是部分。当然代表的思想在古代法律中遭遇到了非常典型的困难。每一个个体只是他自身，只是个体。只有在礼拜中代表的思想才是不可避免的，尤其在牺牲中[②]——对于供奉者和被供奉的人都是如此。然而即便在这里，这个困难也并未消失，因为在整个过程中我们始终遵守着：尽力给供奉者以个人的纯洁，给被牺牲的人以个体的、死的义务（personal liability for death），无论是（比如说）作为一个罪犯还是至少作为一个用有效的魔法诅咒的对象。从古代的个人主义来看，只能得出下述思想：只有某个不纯洁的人才适合为所有人作出牺牲，或者某个纯洁的人适合接纳上述牺牲，这一思想是由所有人为了人类而作出的绝对的共同的担保。除了这一共同担保的思想之外，什么也不能得出。

世界性

因为那是古代世界元逻辑的伦理的最终的特征：由部分组成

---

① 参见黑格尔关于手和身体的著名比喻。——译者
② 如著名的"替罪羊"。——译者

的整体可能自身只是一个部分的整体,永不可能是"全"。共同体作为他的共同体是某种最终为了个体的东西,从个体的观点来看超越他的一切都是被禁止的。事物也只知道它自己的概念。范畴自身,就像与之对应的个体一样,构建了一个更高的范畴,但在较低水平上的个体对此是无意识的;它只能每次都用行动来使他记住,即使是这样,它也必然无法进入他的意识。古老的帝国至多完成了把它们的国家成分从政治上瓦解,而一个世界帝国的积极意义使它们迷惑。斯多葛派的学说包含的仅仅是在所有个人中原始的人的素质的平等,而不包括更新了的人性的任何共同体。另一方面,无论在什么地方对人来说似乎他自己的社会都是产生他的力量,无论在什么地方作为存在于其中的个体他都知道自己是一个整体的成员,不只是作为他所属的种的个体,在此,社会也不得不承认自己是全的一个成员。因为当整体栖息于自身之内并且没有前进到较高的整体的动力时,在止步于全中以前,整体性将不会停息。结果,在唯心主义组织的最小的细胞内,比如说,在行会内,或在农村公社内,同在总是自我包含的整体的、在自身之内既平静又安宁的没有强烈的欲望使和平超越它的力量边界的奥古斯都大帝的那个帝国相比,具有更多的世界意识。在此之外的东西永远在此之外,奥古斯都的世界极其清醒地将自身同世界同一为——世界性。

智者

古人的观点同这种有关公共生活的元逻辑学观点正相反,后者的局限性同唯心主义观点一道已经被我们证明了。古代的观点不是用一种公共生活的学说来反对另一种，而是从个体的观点出发，这个个体不愿意承认他只是一个整体的部分。智者的革命如此具有启发性正是因为它不能超越这个基本思想，尽管在自身之内它是深刻的和正确的。它宣扬的是反对一切事物并高于一切体系和限制的人的自由的荣耀。它不能解释人的这种自由本性在一切事物和体系中如何盛行。它使人成为万物的尺度。但对事物来说，它们如何被衡量或由谁或用何种尺度的问题是完全无关紧要的。给它们影响的是谁推动了它们，而不是谁测量它们。[①] 这样，智者的革命仍然只是一场茶壶中的暴风雨。它没有根除古代的政治意识。城邦保持着它的存在，事实上甚至变本加厉，并且罗马的伟大的世纪，最伟大的城邦，已经在智者政治批判的光辉中蒸发掉了，后者认为这种做法毫无过错。智者的缺乏主动性的人的概念正如解决宏观宇宙问题的处于休止状态的上帝的哲学概念一样，不可能重新解决元逻辑的微观宇宙问题。

亚洲：非可塑的世界

印度

实际上，元逻辑的世界观保留了某种未解决的东西，就像前文中考察形而上学的上帝观时一样。但虽然如此，"正是希腊人"，在这里就像在别处一样，推动思想在独立的情况下向它的最高的可能性发展——又是他们而不是传奇中的东方民族。在这里后者

---

① 参见马克思关于解释世界与改造世界的观点。——译者

也停在了"是"和"否"的前院，梦想和入迷的前院，而希腊人走向了"和"，走向了可塑的结构。而且，同样地，印度和中国各自把被强化了的自律（enforced self-discipline）中的自然要素的、前结构的存在的一个方面发展到了极致。印度思想疯狂于精神（mad with spirit），用摩耶（Maya）的面纱盖住了世界的丰富性；在一切事物中它只允许"自我"去计算并且相应地把这个自我溶解在婆罗门的孤独中。但此前很久，在它一开始的时候，这种印度思想已经背离了特殊的有限性，去寻求想象中藏在它后面的某种普遍的东西。人们注意到，在那些古老的为献祭伴奏的赞美诗中，对诗人来说，个体的神很容易呈现最高的唯一神的特性，同时却丧失了它自己的独特的形象。完全开始于个体的努力的赞美诗，在无色的一般性中丢失了自己。在早期，源于纯粹的寓言中的神话人物嵌入了最古老的自然的神的部落中，同样的事情也发生在晚期的罗马。但在印度这只是整个作为理智的世界瓦解的征兆。世界的起源问题被无数的学术上的伪神话解决了，伪神话一个接一个地存在着并且各自实际上发展了一个用起源神话伪装的范畴体系。水、风、气、火或其他任何可能的东西都不是实在的元素；在早期，毋宁说它们是为了解释世界而呈现出了基本的前科学的概念的面貌，世界不可能被感受和经验到，但毕竟是可以"被解释的"。祭司贡献的东西不是真实的事物而毋宁说是事物的本质；只因为它们是本质，它们才能等于世界的本质，并因此把一个直接的结果扩充到它里面去。这样，对世界来说，一切事物都准备成为一个概念体系，一个真实的世界体系，但没有任何特殊的独立权力，特殊仅被归于"幻想"。那么现在佛学甚至延伸到了这种客观世界的概念之后,把由认识而来的概念命名为这些本质的本质,在这个世界中任何仍是具体的东西,已升华为概念,被消融于认识论概念的连续中。由于在认知的和意志的"我"依然悬而未决,由这个认识和意志所产生的整个世界包括它的诸神和本质,最终被悬浮在"无"中。"无"?不,这里我们更愿意避免仍包含实证主义的残余的术语,更愿意说出(speak)而不是代之以超越认知和非认知的领域。同样地,我们已达到了一个正好缺乏无的限制又远离认知的无限普遍性的背后的一个点,它否定"无"并因此无限地肯定自身。

中国

在印度,只有精神力量被当作是世界的本质,甚至它们的中止仍必须在精神上发生。对中国来说,用同样的果断否定了这些同样的概念力量。对中国来说,唯一被认为是真实的恰恰是世界的丰富性。所有的精神必须是物质的、特殊的,如此才有资格胜任这里的位置和生存于此。精神力量在尘世间的利益面前退却了。儒家体系,一切国家伦理体系中最贫乏的形而上学,直到今天一直在塑造和涂染着人民的生活。在它仍起作用的范围内,精神的东西已成了一个精神事件。精神成了完全单独的个体,他们自己的名字是被赋予的并且尤其要跟崇拜者的名字相关,这就是其祖先的魂灵。祭祀是为了他们;他们是在场的、活着的、看得见的、无法区别的。用他们的丰富性,世界的丰富性毫不犹豫地被填充满了。死者的下落及为何世界未被他们充满的问题在印度至少是一块足够引人瞩目的通过变形的形式导向人的转化学说的绊脚石，在现象的多样性之上的这种类型的概念统一完全异于原始的中国。在那里，精神群体无忧无虑地繁殖着，各自自身都是不朽的，新的永远加到老的之上，各自区别于其他。印度的个体被包围着他的社会等级制度剥夺了独特性，这种等级制度如果不是一个共同体，至少也是一种较高的普遍性。另一方面，中国的祖先链条组成了个体被直接嵌入其中的社会。因此这种嵌入不是剥夺他的独特性，相反在他外在的独特性中把他确定为这个他所在的链条的最后环节。并且它只是涵括他的那个世界的一个独特性。在印度，佛教甚至要到普遍概念之后去理解自身，并且通过悬置理解而从世界获得救赎。[①] 然而在中国老子穿过了孔子的一切过分显而易见的、一切过分忙乱的、一切过分勤奋的、一切过分控制的世界，并且在没有否定它的本质实在的情况下，寻求所有这种轻率的勤奋的根源和源泉。所有行动的丰富性都源自这种"不为"的源泉。存在的不可估量的丰富性来自于它的这个第一基础。统治的秘密被放在了这里面：不是去统治，不是去指示和忙着计算开方子，而是在存在中，像事物的根本一样，自己"无为而无不为"；这样世界应该"靠它自己"成形。佛要他的信徒悬置世界，已成了一个在理解中并且在理解的理解中超越它因而超越理解的概念；老子同样教他的信徒用一种无为的沉默的承受那嘈杂的和具体的事件的无名本原（arch-base）的办法战胜事件的物质丰富性。

---

① 在原文中，这是一个关于"到达背后""概念"和"理解"三个词的文字游戏，三者都来源于"去抓住"这个词根。——英译注

原始的现象主义

这里又一次最接近"无",可是又不是"无"自身。这是又一次接近——并且也在印度精神所抵达的最远点上。它们是俗世的两极,不可能把澄清现象的勇气和被揭示的事物的构造单独集合在一起。因为当人背向世界时,或者同样地当人没入其中时,世界消失了;只有人睁开双眼并且高昂起头颅时才能够看到构型。逃避世界的冷漠的空虚,火焰般的对世界的挚爱——二者是相似的,这使印度和中国成了因为缺乏真正检查世界的勇气而逃进虚幻世界的原始人的继承者——印度,闭着眼睛做梦的国家;中国,睁着眼睛做梦的国家。而希腊,那个发现者的国家,指导我们的种族走上了清晰的道路。因为用清醒的尘世所勾勒出来的构型,注定胜过那"远离俗世的宏大和丰富的构型并依次使它们化为虚无"。

感觉的首要原则:内在形式

此外,在某一点上,构型在希腊人那里获得了成功,并且从那时起在艺术作品中盛行起来。归根结底,至少在一开始艺术品中并没有经历过似乎危及元逻辑学的世界观的先验的相互联系的那些问题。它的相互联系最初只在其自身之内。神话作为美的领域中的永恒法则已经证明了自身的力量,因此,它作为法则,在自身内是独立的,独立于一切对它来说是外在的东西。世界正如构型一样给出了一切艺术的第二条基本法则:自我包含性,每一个部分同整体的每一个体细节同其他一切细节的完全的相互联系。这种相互联系不能被归结为任何逻辑形式的一种统一，可是它是完全统一的。其中各个部分都被嵌入了没有任何中间物、没有任何其他部分作为中介的整体。这里它是一劳永逸地建基于元逻辑的世界观中的内在形式。真的，尽管外在形式的法则也在艺术品中起作用，但它仍通过使美的领域、"美的理念"实体化而伸展得更远。但内在形式法则更是艺术品和美的个体事物的法则、美的结构的法则、希腊（Hellas）的法则。

世界的睡眠

但它①不会超越构型，后者是一个内在无限富有的世界，一个放射着光彩的、压倒一切的瀑布，它总在更新着，在把它聚拢起来的那个静止的深处不停更新着它的清晰性和平静，但在表面上它却是一个窳败的和贫穷的世界。对它来说，有一个外表吗？回答必须是肯定的。但必须补充上：它对这个外在的东西一无所知，而且更糟糕的是，它也不需要它的任何部分。它不能否定外在的东西，但它不需要它。一个神可以存在，但只要他保持为外在的，不成为这个世界本身的一部分，那么，在这种情况下，同样他的这种生存就是其微观宇宙无法看到的。人可以存在，但只要他只是一个从外在反衬这个世界的一个尺度，不是一个在它之内运动的力量，那么它的小宇宙就是它的存在——这个"此在"（being

---

① 指上文提到的法则。——译者

there）听不见的。而且实际上，只要神不努力，人不说话，它就仍然是盲的和聋的。到现在为止，世界可以满足于在其自身之内拥有它的逻各斯，它的整个的和充足的基础。到现在为止，它可以仍然是它所是的东西，它自己的根据和基础，被自己的精神所鼓舞，因它自己的光彩而辉煌。到现在为止，它可以是元逻辑的。

第三卷　人及其自我或元伦理学

否定心理学

对于人——我们对他真的一无所知吗？由自我自身、自我意识得来的知识享有最可靠的知识的美誉。而且如果把对他来说真实的并且真正"自"明的知识的基础从他身上去掉的话，一般的常识会比科学的意识更加愤怒。可是这种情况发生了，虽然是在晚些时候。把这种最不证自明的属性，"我"（the I），变成了最可疑的对象，变成了最超群（*par excellence*）的问题，仍是康德的最令人称奇的成就之一。他教导说，认知的我只有通过它的果实，通过它同认知的关系，而不是通过"本质"（*per se*）才能被认识。他甚至知道，就意志的我来说，荣誉和耻辱，现实的道德行为，甚至包括我们自己的实际道德行为，总是对我们隐藏起来。因此他构建了一种否定心理学，给整整一个世纪，那个没有灵魂的心理学的世纪留出了反省的空间。我们无须强调，在这里"无"也被认为是我们思维的起点，而不是其结果。很可能，人们曾经不得不思考荒谬的东西。因为它是一切信仰都需要一种知识的荒谬性作为其前提这个过分滥用的荒谬信条的深刻意义。因而如果信仰内容要想不证自明的话，那么必须揭示出知识中表面上不证自明的那一部分的荒谬性。那是随着这个内容的三个元素：上帝、世界和人所依次发生的东西。随着上帝，它的发生可以上溯到中世纪的开端，随着世界它发生在近代的开端，随着人它发生在19世纪的开端。因而知识没有留下任何简单和清楚的东西，因此只有信仰才能把被知识抛弃的"简单的东西"置于它的保护下并借此自身成为完全简单的。

方法论

人的证明能力不可能超过世界和上帝。如果知识依然试图证明这三者之一的话，那么它必然在无中迷失自身。它无法避开勾勒出它所走的每一步、它的每一次移动的这些坐标系——即使它"展开清晨的翅膀，居住在最远的海上"[①]也不可能。因为它不可能跃上那由三个元素定义的轨道。这样作为证据的知识的"无"在这里永远只是一个知识的"无"，或更确切地说是一个证明（evidencing）的"无"。另一方面，帮助奠定知识自身生存、运转、存在于其中的空间基础的事实在其全部的和绝对的现实性上依然是无动于衷的。因此知识在这里能做的只是沿着从不可证明的东西，知识的无，到事实的现实性（the factuality of fact）的道路而行——简言之，就是第三次去做我们在这里已做了两次的事情。

人类的特质

因此我们对人也是一无所知，并且这个一无所知也只是一个

---

① 《诗篇》139：9。——英译注

开始，实际上只是一个开始的开始。在他之中原始的词也被唤醒了：创造的"是"，产生的"否"，构型的"和"。并且在这里"是"也创造了真正的实存，在无限的"非无"中的"本质"。

什么是人的这种真正的实存（existence）？上帝的实存是一种纯粹的和简单的实存，一种超越知识的实存。世界的实存存在于知识之中，据我们所知，存在于普遍的实存之中。面对上帝和世界的人的实存是什么？歌德已经给出了答案："什么把神同人区分开来？滚滚波浪在神面前滚动着——波浪把我们抬起，把我们吞没，我们沉没不见了。"《传道书》是这样讲述它的："一代（generation）[①]消失了，另一代来了，地却永远长存。"[②] "无常"是一种异于上帝和诸神的质，也异于那种永远更新着世界的属于世界自身的令人迷惑的力量的经历，而对人来说，无常是围绕他的，他每一次呼吸都吸进和呼出永恒的气息。人是无常的，他的本质是无常的，像不朽和无条件是上帝的本质，普遍和必然是世界的本质一样。上帝的实存是一个无条件的实存，世界的实存是一个普遍的实存，人的实存是独特的实存。知识并未如在上帝那里那样栖息在他之下，也不像在世界那里那样是关于他的并在他之内，而毋宁说是在他之上。他存在，不是超越知识的普遍有效性和必然性，而是在它们之内。他不是在知识停止的时候存在，而是存在于它开始以前。只因为他先于知识而存在，他才后来也存在，他才一再地宣布对一切知识来说"我仍在那里"的胜利，而不管

---

① 同上文中的"产生"是同一个词。——译者
② 《传道书》1：4。——英译注

它①用它的普遍有效性和必然性的容器俘获了他这件事来彻底地蒙蔽自己。这恰好是他的本质：他不愿意被装进容器；他永远"仍在那里"；他永远对他的独特性的普遍的专横命令狂喜；对他来说，他自己的独特性不是像世界大概喜欢承认的那样是一个事件，而毋宁就是他的自明的质——他的本质。他的第一句话，他的原始的"是"，肯定了他的特性。这个肯定在它的"无"的无限的否定中把他的独特性、他的特质建立为他的本质。他是一个个体，但不是一个像瞬间从一个不间断的个体序列中长出的世界个体那样的个体。毋宁说，他是一个在空间的无限空虚中的个体，因此是一个知道在他身边没有任何个体的个体，是一个实际上知道"在他自己身边"根本没有任何的个体，因为他在"每一个地方"，都是一个不是作为行动，也不是作为事件，而是作为永恒的本质的个体。

所以人的这种特质是某种不同于他在世界中作为个体现象所呈现出的个体性的东西。它不是使自己远离其他个体性的个体性。它不是一个部分——然而恰恰在它自吹对分离有免疫性的过程中个体事物承认它自己是一个部分。它"在"无限的事物之中，即使它自身不是无限的；它是个体的而且是普遍的。人的"非无"的无限的沉寂包围着它。它本身是在这种寂静中回响着的声音，是有限的又是无限的。

原型词

这里通向我们的符号语言的道路是清楚的。最初的肯定，它总

---

① 指知识。——译者

被安置在我们等式的右边,是最初的"如此"(Thus)。在上帝的本性中它实现了它的绝对性;在世界的逻各斯中,它导致了普遍有效性。这样保证个体词的意义的力量首先在第一种情况中发挥了作用;在第二种情况中,确保它同其意义同一的力量发挥了作用。这里原始是的指引开始发挥作用。这种指引为个体词的意义,不只是为每次都相同的一个意义,而且也为它自己的独特意义奠定了基础。同那种由每个特殊的应用实例重新确定的独特性相比,这种独特性内在于任何一个先于应用的词中。在人的个人的气质中找到其位置的独特性是存在着的特征的独特性,而不是一种瞬间的惊奇的独特性,不是瞬间即逝(coup d'oeil)的独特性。"只有人能使不可能的事物可能,唯独他能赋予瞬间以永恒。"[①]他之所以能如此,是因为他把独特性作为他的永恒本质容纳在自身之内,后者是能让瞬间"盘旋在犹豫不定的现象之中"[②]的那种质。只有对他来说,独特性才成了无限的"特征"的特殊性(the limitless peculiarity of "character"),不是一个表示部分的(partitive)"个体性"。

符号

特殊性作为某种独特的东西的特性只能被命名为 B。我们不能给它确定一个目标。它正同上帝的无限实存一样是无目的的,远在主动和被动之外的,是完全实存的。与单纯的、不可表示的上

---

① 语出歌德诗作《神性》。——英译注
② 同上。

帝的 A 相对应，它被当作同样单纯的、同样没有加或减的 B。因此，一个实存与另一个实存相对立。然而，什么也不缺少并且无限与众不同的人的实存，并不同具有一切形式和没有任何内容的世界的实存相对立；毋宁说它完全同它相分离。在"=A"和 B 之间根本没有任何关系是有效的。如果它只是一个本质问题，那么"敌意会被放置"在上帝和人之间，而世界和人，依据他们不同的标准，更不能被敌意连接起来。但它不只是个本质问题，尽管这种元素的关系的某种东西还保留在等式的最终形式中。而另一方面，这个等式反映了这样的事实：一个特别亲密的关系毕竟恰恰存在于世界和人之间。这同样发生在既无目的又绝对的独特性 B 中。当然，就世界来说这个 B，是作为"否"发生的，就人来说，是作为"是"发生的；对世界来说，是作为永远新的个体性的奇迹，对人来说，是作为其特性的永恒本质。但这是第一次，虽然是我们看到的唯一一次，在我们的等式中一个术语会不止出现一次。这种情形的意义只能在以后被认识到。

人的意志

这个问题也不取决于特性的"如此这般"（Thus of character），也不取决于以前的"如此这般"。"否"（Nay）的力量现在可以在人的"无"（Nought）上考验一下自己，此后，它就证明了自身，同样也证明了自己的特性是可以流出肯定的一个"无"。同样地，在同有限短兵相接的斗争中，它是为了战胜"无"；同样地，让生命的泉水从这贫瘠的岩石中流出。在喷涌的显现的丰富性中，世界的"无"向胜利的"否"认输了。上帝的"无"在他的"否"进入永远更新的神圣的行动的自由前被打碎了。对人来说，同样他的"无"在否定中作为一种自由，他的自由，尽管是与上帝的自由十分不同的自由，打开了它自身。因为上帝的自由干脆是无限的能力，既然他的对象是无限和完全被动的神的本质；而实际上，它是行动的自由。另一方面，人的自由将以无条件的形式，遭遇某种有限但无界（finite, albeit boundless）的东西。因此，在其根源上，它业已是有限的，不仅仅像上帝的自由那样在永远更新时的爆发的瞬间是有限的——那将是已经由从否定的"无"而来的直接的推进所需要的有限性，因为一切否定，就它不仅仅是以否定的形式所发生的对无限的肯定来说，都假定了某种确定的有限的东西——那么，就不仅仅是如上帝的自由那样的一种有限。毋宁说，人的自由的有限是一种除了它的出现之外的内在于自由本身的有限。人的自由是有限的自由，但作为一个其根源直接出自否定的"无"的结果，它是无条件的自由，它预设了"无"并只预设了"无"和"无"任何样式的物，"无物"（no-thing）。这样它是意志的自由，不是像上帝的那样的行动的自由；它是自由意志，不是自由的能力。人的自由同神的自由相比恰恰在其根源上是被否定的能力，但其意志同上帝的能力一样是无条件的、无限的。

符号

在其显现上这个自由意志是有限的和瞬间的，它是尘世现象的丰富性。但同后者相对照，它不只满足于它的实存；除了它自己的重力法则之外，它知道另外的法则。它并没有陷入轻率：它有方向。所以它的符号是等式左边的一个B，就像现象的丰富性的情况一样，但在微分法中，一个"B="并不是一个单一的B。因此这个符号同神的自由"A="一样具有同样的形式，但具有相反的内容：（人的）自由意志同神的自由的行动一样自由。上帝没有自由意志，人没有自由能力。"是善的"对上帝来说意味着为善，但对人来说是想要善的东西。这个符号同在尘世中显现出的符号有同样的内容，但形式却相反：在现象界中，自由好像是许多内容中的一项，但它是这个世界之中的"奇迹"，它区别于其他一切内容。

人的独立

这样，我们刚刚引证过的康德用其不可否认的杰出的直觉保护了自由的本性。更深的发掘也将再三地引导我们接近他，虽然再三地只是接近他的直觉。暂时我们将再次沿着从自由意志导向特殊性的道路前进，沿着作为自由意志和特殊性的只是一个抽象的人第一次获得自我的道路前进。就它仅仅有方向而还没有内容来说，自由意志是为什么的？就它仅仅存在，仅仅"是"（is）而言，特性是什么？我们寻求那活生生的人——自我。自我不止是意志，不止是实存。它是如何成为这个更多的东西，这个"和"的？沿着它的内在方向，当它获得人的实存的道路时，对人的意志发生了什么？

既然它有方向，那么从一开始它就是有限的，并且是自觉地如此。它除了它所是的东西之外什么都不需要；像上帝的自由一样，它只需要自己的本质。但是这种它需要的自己的本质是一个有限的本质，不是一个在其中自由可以把自身看作是能力的无限本质。那时仍完全在它自己的领域之内但已遥远地看到其对象的自由意志在它的有限之内认识自己，但丝毫没有放弃它的无条件性。在其道路的这一点上，仍完全无条件地但却已意识到了它的有限性的自由意志，从自由的意志变成了反抗（defiant）的意志。反抗，以及骄傲，是相对于人的；力量，崇高的"如此"是相对于上帝的。反抗的要求同力量的特权一样是至高无上的。抽象的自由意志会采取反抗的形式。

作为反抗它继续沿着自己的道路发展——我们得注意，我们只是处理在人之中的内在的运动，同事物的关系根本不在讨论之列——直到特性使自身的存在对它来说是如此显而易见，以至于不注意它①就不能再继续下去的地步。在这个节点上特性以其全部的、沉默着的、存在着的现实性到达了——用超越则有点过分——自由意志的道路上。这个节点被命名为"特殊性"，一个我们以前多少曾预见到的、已经不止一次用来阐明关于"个体性"的概念。在特殊性中，意志会消融于"无"；摩菲斯特用一个对特性的暗示贬抑它："你仍留在你永远所是的东西上。"但如果意志在特性中遭遇毁灭，那么反抗在个性（character）中就不会如此；它仍被保存为完全的反抗。在这里它找到了它的内容、它的决定，而不是它的终止。反抗保持为反抗，在形式上它依然是无条件的，但它代表其内容的特征；反抗用个性反抗一切。这是人的自我意识，

---

① 指特性。——译者

或更简单地说，他的自我。"自我"是在这种自由意志对作为反抗和个性的侵蚀中发生的东西。

由于自我植根于个性，因此它是自我包含的。如果它植根于个体性，就是说如果反抗同其他的相比已把自己抛到了人的独特性上，抛到了在普遍的人类中的他的不可分割的部分上，那么被产生的东西将不是看起来超越它自身的自我包含的自我，而毋宁说是人格。如这一词的词根已暗示的那样，人格是扮演由命运分配给他的角色的人，是在人类的多音交响乐中的许多角色之一。它确实是"有死的人类的最伟大的礼物"①，他们当中每一个最后的人的"最伟大的礼物"。自我同人的孩子们没有任何关系，仅仅并且总是同一个个人，简言之，同"自我"有关。充其量一个群体也只能有一个自我，如果它自认为是完全唯一的话。比如说，像那个对他们来说所有其他人都是"野蛮人"的民族。② 但不存在复数的自我。单数的"人格"仅是一个从复数"人格"中汲取其生命的抽象。人格总是许多中的一个；它可以被比较。自我不能同自己比较，而且也是不可比的。自我不是一个部分，不是一个典型事例，也不是一个被热心看守着的、"放弃"它就是有功的大众公益的部分。所有这些观点都只会得到人格的青睐。自我不可能被放弃——让给谁呢？毕竟不存在任何它可以"给予"任何东西的人。它是独一无二的；它不是"人的孩子"；它是亚当，是人自身。③

---

① 歌德语。——英译注
② 应该指古希腊人。——译者
③ 希伯来文的亚当就是"人"的意思。——译者

符号

有许多论断适用于人格,同样也有许多适用于个体性。作为个别的论断,它们都遵从"B=A"的图式。在这个图式中,所有关于世界及其部分的论断都被概念化了。人格总是在它同其他个体以及同一个普遍的关系上被定义为一个个体。不存在任何关于自我的派生性结论,唯一例外的是原始的"B=B"。正因如此,不存在任何关于上帝或关于世界的复数的论断,只有两个被等式符号化的原始的论断。在它自身之内,个性正像个体性一样是个体的。因此,它至少在其自身之内被同一赤裸裸的符号 B 命名了。但同个体性相比,它出现在等式的右边,因此是完全与之不同的。个体性由于出现在等式的左边而被特性化为主语。个性,位于等式的右边,被证明是它的谓语、称谓。个性是独特的这一点将不再被提及,正如它在等式中的位置所展示的那样。因为独特的事物靠允许自身成为谓语的主语发展了它的独特性。这一点适用于包括个体性在内的世界中的一切独特事物。一个自身转到等式的谓语一边的独特的实体走在了关于它的论断的可能性之前;它在它的独特性的发展和展示之前。它自己变成了关于某种其他的东西的论断的内容。在所有独特的实体之中,只有一个——个性——做到了这一点。个性是"更严密地""定义"自由意志的论断。自由意志除了它自己的一个特点之外意欲何为呢?这样自由意志成了反抗的意志,意志的反抗同个性相凝结而形成了自我。

这样由等式"B=B"所象征的自我,采取了直接反对上帝的立场。我们看看内容的整个外在的反驳和一个形式的同样完全的同一，就像在形成中的等式一样，在完成的等式中是如何同样明显的。完成的等式指称一个纯粹的自我包含性以及一个同样纯粹的有限性。人确实是作为自我而不是作为人格按上帝的形象被创造了。[①]同世界相比，亚当真正地确实"像上帝"[②]，除了在上帝的纯粹无限的方面他是纯粹的有限。蛇[③]有足够的理由转向创造中唯一的人。作为完成的自我，人不再像在"和"中聚集起来之前的元素那样处于同世界的复杂关系中，而是像一个相等的事物一样非常简单，虽然这意味着一个相反的事物。主语 B 可能是 A 或者是 B。就第一种情况来说，"B=A"，它是世界；在第二种情况中，"B=B"，它是自我。显然人可以是二者，像等式教给我们的那样；用康德的话来说，他是"两个世界的公民"[④]。

当然这个表达自身是完全有说服力的，但同时暴露了康德的整个弱点，后者最初甚至导致了这个表达的不朽的真理被遗忘。这个弱点是把两个领域统一为"世界"（worlds）。事实上其中只有一个是世界。自我领域不是世界，它也不能靠被称为世界而成为世界。"这世界必须毁灭"以便自我领域能成为"世界"。把自我结合进世界的比喻错误地导致了这个自我的"世界"同广延的世界的混淆，这已经在康德及其后继者中完全公开地出现了。不可调和的斗争，空间的冷酷无情和时间的顽强——所有这些它都欺骗性地省略了。它抹去了人的自我，甚至当它试图描画它的轮廓的时候也是如此。

---

① 《创世记》1：27。——英译注
② 《创世记》3：5。——英译注
③ 《创世记》3：1—5。——英译注
④ 指的是先天的和经验的。——英译注

我们的等式，如此强烈地强调了形式的区别——靠在一种情况下使两个不相等的相等，另一种情况下使两个相等的相等——不会冒这种危险；所以它可以不用担心表现为内容上的平行论：在两种情况下都形成了关于同一事物的论断，虽然是相反的论断。

英雄气质

生命线

所以从外部看，自我不可能同人格区分开来。然而内在地看，它们之间却像个性和个体性一样完全不同——事实上是对立的。这一点马上就会变得显而易见。我们以其穿过世界的旅程为基础已把个体性的性质描述为一种世界现象。自然的出生也是个体性的出生；在出生后它失去了回到它的"类"的道路。在这里自然的死亡不会增加什么，旅程已经走完了。尤其是从个体性这一方面看，超越了的所产生的后代仍然存在的生命是不可思议的。对一个纯粹自然的生命观来说，超越了生育年龄进入到老年的个体生命的忍耐力甚至是一个完全不可理解的现象。那么正是在这里，为了理解生命，我们应当被引向与个体性和人格的思想相关的不足之处。

但是在这里自我和个性的概念带我们走得更远。个性，以及因此自身奠基于其上的自我，不是上天放在"已出生的"年轻的地球公民的婴儿床中作为他的人类公益一部分的天赋。恰恰相反，自然出生的那一天是个体性命运的伟大的一天，因为在这一天独特的东西的命运被普遍的份额决定了；对自我来说，这一天被黑暗笼罩了。自我的生日不同于人格的生日。对自我来说，个性也有它的生日：它存在在那里的某一天。说个性"生成"（becomes）、"形成"（forms）是不真实的。总有一天自我会像一个全副武装的人一样袭击人并占有他的一切财富。这一天总是一个确定的日子，即使人不再知道它。在那一天之前，甚至在他自己的意识面前，人仍是世界的一部分；成人的生命再也不曾达到过一个儿童的客观性。自我闯入并一下子夺去了他认为他拥有的一切货物和动产。他变得非常贫困，只拥有他自己，只知道他自己，不被任何人所知，因为除他之外无人存在。在人格是"政治的动物"这句话的最难了解的意义上，"自我"是孤独的人。

因而自我在确定的一天诞生在人之中。是哪一天呢？是人格、个体进入"属"的死亡的那一天。正是这一刻让自我诞生了。自我是一个恶魔（daimon）①，不是歌德的神秘的诗句（orphic stanza）②所意指的仅仅是人格的意义上，而是在赫拉克利特的格言"对人来说恶魔是他的气质"的意义上。这种无言的、盲的、内向的恶魔首先在爱神的伪装下攻击人，并从此陪伴他终生，直到他撤去他的伪装并且对他把自己显现为死亡（Thanatos）的那一刻。这是自我的第二个，如果愿意，也可以称之为更秘密的生日，就像它是第二个，如果愿意，也可以称之为个体性死亡的特许的第一日一样。人格必须使其自身非个性化，个体的东西必须再生

---

① 最初是希腊文词汇，并没有恶魔的意思。参照柏拉图《申辩篇》中苏格拉底对心中的声音的称呼。——译者

② 歌德语：受宠的孩子。——英译注

它自身——甚至对最迟钝的想象力来说，这都被自然的死亡弄得显而易见了。人的这一部分——在这里类的观念仍不能对之拥有权利——变成了超基因的普遍的、自然自身的牺牲品而死。但当个体因此在这一刻放弃其个体性的最后的残余物而回到家时，自我意识到了一种最终的个性化和孤独：最伟大的孤独存在于临终人的眼中，最目中无人的、最自豪的孤独出现在死者僵硬的脸上。我们能见的任何自我的东西都在那个恶魔的这两个诞生之间。能存在任何在前或在后的东西吗？这些构型的可见的实存被捆在了个体性的生命轨道上；在它并入这条轨道的那一点上它消失在了不可见的东西中。但它被捆于其上，似乎只是捆于一个使自身可见的原料之上。我们知道这些，是从它所坚持的在决定性的点上同它相面对的轨道上的相反的方向上。自我的生命没有任何轨道，只有一条从一个未知导向另一个未知的直线；自我既不知道它来自于何方，也不知道它去往何处。但恶魔的第二次诞生，他作为死的愿望的再生，不纯粹是像个体性之死那样的尾声。这样，它将自己的状态给了生命并帮助它超越了世代的限制，它还将自己的状态给了那从人格信仰的角度看来是无用和无意义的生命，它还将它给了老年人。老年人不再有他们自己的人格；人类共同关注的东西，对他们来说已经变成了一种苍白的记忆。但他们越少是静止的个体性，他们就越难以成为性格，他们越成为自我。这是歌德在《浮士德》中所做的重要转换：在第二部分一开始他就已经丧失了他所有丰富的个体性，并且正由于这个原因，最终在最后一幕中作为一个达到了最高的程度并有着强烈的反抗色彩的角色，作为一个真正的自我——人的老年的一个忠实肖像出现了。

毫无疑问,气质是这个自我的内容而自我是性格。但它不是被它的这个内容所定义的;它不是由于它是这个特殊的性格而成为自我。毋宁说,由于它"有"其性格,无论是什么性格,它由此而成为自我。因而人格由于它同一个确定的个体性的牢固的相互联系才是人格,但自我是自我却仅仅完全依靠它对其个性的彻底坚持。换句话说,自我"有"(has)它的个性。毕竟,确定的个性的非本质性在一般等式"B=B"中被清楚、准确地说明了。在等式"B=A"中,独特性是一个个体性,是所有谓语的主语,是每一种兴趣之所在。在这里,这同一个独特性在其独特性上必须满足于成为一般的本体。在此基础上,从未改变过的个体的自我的结构建立起来了。

世界的法则

这样,自我把个体性的独特性仅仅变成了它的纯粹的"独特预设"。但是用同一个记号,整个的伦理普遍性的世界——它依赖于这种个体性的伦理的独特性——同时被放置在了自我的这个纯粹的背景之下。所以同个体性一起,"类"也降到自我的纯粹预设——社会、民族、国家的水平,整个道德世界都降到了这个水平。所有这一切对自我来说都只是某种它具有的东西,不是它呼吸的实存的空气。像人格一样它不生活在其中。它实存的唯一大气只是它本身。整个世界,特别是整个道德世界,位于它的后面;它"超越了它",不是在不需要它的意义上,而是在不把这个世界的法则看作它的法则的意义上。它把它们仅仅看作属于它但它不必反过来遵循它们的预设。对自我来说,伦理世界仅仅是"它的"气质;

什么也没有再给它留下。自我不生活在道德世界中：它有它的气质。自我是元伦理学的。

古典的人

自我沉浸于其巨大的沉默孤独中，沉浸于同一切生命关系相隔绝的自由中，沉浸于对它自己的崇高限制中——从何处它是我们熟悉的？在何处我们已用自己的眼睛看到了它呢？如果我们回想一下我们把形而上学的上帝和元逻辑学的世界看作是生命的构型之所在地的话，那么答案是显而易见的。元伦理的人在古代，而且同样地主要是在真正古典的古代希腊，也是一个活生生的构型。在那里"类"的力量——它在字面上消灭了人格——形成了城邦现象，不受反作用力的制约。并且恰恰在那里，自我的构型，把它自身提升到一切类的特权之上，还占据了它的皇位。它不仅在用万物的尺度构造自我的智者理论的要求上如此，而且伴随着进一步的可观察性，在那些伟大的同代人的理论中，在雅典的悲剧英雄中，更是如此。

亚洲：非悲剧的人

印度

古代的悲剧英雄完全就是元伦理学的自我。所以，只有时代彻底走上了树立这种人类形象的道路之时，悲剧的意义才真正地诞生。在到达目的地之前，印度和中国停在了这条路上；它们既没有在戏剧上，也没有在它的原型即传说上达到过悲剧。在任何性格中印度都从未达到自我的对立统一；印度人在性格上是混合的，印度诗的世界在其性格上是最僵化不过的。也没有一个人性理想会像印度一样同自然的性格的所有组织保持密切联系。一个生命独特的法则不仅，比如说，适用于后代或世袭阶级，而且甚至适用于人的年龄。最重要的是人要遵守他的这个独特性的法则。不是每一个人都有特权甚至义务成为一个神圣的人；相反，对一个还未建立家庭的人来说，它是真正被禁止的。神圣性在这里也是众多独特性之一。然而对每个以及全体生命来说，英雄的东西普遍且同样地是一种内在的"必须"（Must）。再者，正是以佛为顶峰的禁欲主义首先回顾了这种个性的独特性。除了他自己的完善之外，完善的人摆脱了一切事物。性格的一切条件都消失了，在这里既不是年龄，也不是世袭阶级，也不是性，被认为有价值。剩余的东西是一种无条件的性格，即摆脱了一切条件的性格，简言之，那得救的人的性格。

确实，这也仍是性格：被救赎的被同未救赎的分离开来，但这种分离总是不同于用其他方式把性格同性格区别开的分离；它作为一个唯一无条件的分离存在于这些有条件的分离之后。因此，所谓被救赎的就是那些在从"无"中出现的那一刻就变成了性格的东西，或更确切地说，在它们沉入它"无"的那一刻。在被救赎者和"无"之间没有别的，只有作为混合体的个体性，混合于其中的是性格，而混合的原因是只要世界上的生物还活着，性格就会参与到它们的生命之中。死亡使这个片断的个体性退回到世界之中；它移去了把被救赎者同"无"分离开的这个最后的划分，甚至剥夺了它的被救赎的性格。

中国

如果印度可以过多地归结为个性和独特性的话，那么中国归因于它的就太少了。这里，在个体性上，世界是丰富的，太丰富了；但内在的人，也就是说，从外在的角度看来无法认作是世界的一部分的人，真的没有性格。圣人的概念，像它再一次被孔子典型地人格化的那样，轻松地越过了性格的任何可能的独特性。他真是没有性格的人，一般的人。确实可以说，在中国只有像孔子这样单调乏味的人才可能成为人类的传统榜样。区别中国人的是某种十分不同于性格的东西；它完全是一种元素式的纯净感觉（elemental purity of feeling）。中国人的感觉同性格没有一点关系，好像同他自己的载体也没有任何关系；它是纯粹客观的。它存在于它被感觉到的那一刻，并且它存在因为它被感觉。没有任何其他民族的抒情诗是如此纯粹的一面可见世界的镜子，一面被解除了诗人的"我"（I）的非个人的感情的、不是真正取自他的镜子。伟大诗人李白的诗篇如不用"我"这个词，任何译者都不敢翻译；但原著用短语表达了它们，如中文的特性所允许的那样，而无需任何一种对人格的暗示，也就是说好像纯粹是用"它形式"（It-form）。纯净的东西毕竟是一种完全瞬间的感觉——它只能是在性格中没有被特别地物化的意志的东西，一种没有任何基础的始终保持着激动的激动。再者，老子，那个在中国自身之内征服了中国的伟大的圣人，把握了感觉的这种纯净和率真。感觉仍有内容，不管它是多么自然，如何被剥去了性格。这样它仍能被看到，被明白说出，被命名。然而，对老子来说，据说他想要保持无名。

这也是他为他的完人开出的"隐蔽自我"的药方：不引人注意，不去证明，任其自然。人，像原始的基础自身一样，也必须超越为和无为。他不窥觑知天下，他无为而无不为；他的爱是无名的，并且像他自己一样地隐蔽着。

原始唯心论

这样，在佛的自我控制中和在老子的自我抹杀中完全分解的自我，像对上帝的完全拒绝和对世界的完全否定一样，是一个双重的东西。它们一定都是双重的，因为活生生的神不会被否定，构型的世界也不会被否定，反抗的自我也不会被消灭。毁灭和瓦解的能力仅仅是赤裸裸的元素[①]的主人，是仍未结合进构型的统一的一半。那么在自我控制和自我抹杀中无时无刻不发生着自我的消灭，这是唯一能够接近自我的完全的无而同时又不会消失于其中的消灭；因为在自我控制和自我抹杀中，进行控制和抹杀的毕竟仍然是人。原始时代的元素的最后的能力在上帝的恐惧和世界的幻想旁边找到了自己的位置：人类对魔术师（Magician）的自负（conceit）。魔术师知道如何用力量或诡计避开仅仅掌握着自我的命运，并且因此使自己避开了英雄的反抗。再者印度和中国只显示了人总是能借之躲避他的自我的两条道路，如果他不能鼓起勇气面对悲剧的话。严格地说，上述道路是可能的，无非是因为佛教的被救赎者和老子的完人，这种原始的自负的最后的两个最高级形式。然而，历史地看，印度和中国的土壤都本没产生悲剧的庄稼。在印度，

[①] 指尚未进入彼此关系的上帝、世界、人。——译者

性格的区别也是有条件的,在中国,感觉也是非个人的,并且二者相互分离得都太厉害以致不允许悲剧长出,因为那预设了一种使意志和本质成为反抗的坚固的统一的相互交织。没有悲剧英雄,这种土壤至多会产生一个可怜的境遇。在痛苦中,自我在他的不幸中窒息了;在悲剧中,不幸失去了一切的独立能力和意义。它属于独特性的元素,在其上,自我印上了它的反抗的印章,永远自我同一的印章:即便天塌下来(*si fractus illabatur orbis*)[①]——"愿我的灵魂同腓力士人(Philistines)一起死!"[②]

悲剧英雄

吉尔伽美什

甚至在参孙(Samson)和扫罗(Saul)的悲剧性的反抗以前,古老的近东在吉尔伽美什就树立了悲剧英雄的原型,那个处在人和神边缘的人物。吉尔伽美什的生活曲线通过了三个固定点:其开始是在同爱(Eros)遭遇中人的自我的觉醒;接下去是富于成就的笔直的旅程,以及突然打断它的最终和决定性的事件:遭遇死的愿望。这个遭遇在这里非常形象地表现出来:它最初不是直接使英雄面对他自己的死,而是他朋友的死;然而在朋友的死中他经历了一般意义上的死的恐怖。在这次遭遇中,他的舌头辜负了他;他"不能喊,不能保持沉默",但他也没有屈服。他的整个实存

---

① 贺拉斯语。——英译注(Horacio, Odas, Ⅲ, 3。——译者)
② 《士师记》16:30。——英译注

变成了这一次遭遇的持续；他的生命把死，他自己的死，他在他朋友的死中看到的死，作为它的单独内容。毫无例外地，死亡最终也将把他吞没；真正重要的事情已经在他身后的某个点上等待着了。死，他自己的死，已成了他生命的至高无上的事情。他自己已进入了那个领域，那个对人类变得陌生的伴随着交替着的尖叫和沉默的世界，那个纯粹和崇高的无言的领域——自我。

雅典悲剧

因为这才是自我的标准，无论是它伟大的标记还是它软弱的烙印：它保持沉默。悲剧英雄只有一种完全符合他的语言，即，保持沉默。因而它来自开始。悲剧把自身投入戏剧的艺术形式正是为了能表现无言。在叙事诗中，保持沉默是规则；相反，戏剧诗只知道"说"，并且恰恰是由于这一点，沉默在这里才成为雄辩的。英雄靠保持沉默，毁掉了联结他同上帝和世界的桥梁，把自己从人格的领域提升出来——后者在言说中将自身同别的划开界限，赋予自己个性——进入了自我的冰冷的孤独。毕竟自我对在它之外的东西一无所知：它内在地是孤独的。除了保持沉默之外，它又能怎样清楚地表现这种孤独，这种顽固的自我信任呢？在埃斯库罗斯（Aeschylus）的悲剧中就是如此，这一点他的同代人已经注意到了。英雄的东西是无言的。在埃斯库罗斯那里，剧中人可以在一整幕戏中保持沉默；如果这些伟大的沉默没在以后的剧作家中发现，那么这种"自然性"的获得要以悲剧力量的更大损失为代价。因为在索福克勒斯（Sophocles）和欧里庇得斯（Euripides）那里，埃斯库罗斯的无言英雄绝不会获得语言，即他们的悲剧的自我的语言。他们没有学会说，他们仅仅学会了辩论。戏剧对话在这里耽溺于它巧妙的辩论，它绝望的僵硬深深地打动了今天的我们。在无尽的扭曲和回转中，它合理地分析了悲剧境遇的内容。借此，它从视野中撤回了自我，超越了一切境遇的挑战，那悲剧的本质，直到由于合唱歌队的存在而一再产生的那些抒情独幕剧才使它再次回复到注意的中心。在整个戏剧体系中的这些抒情音乐段落的巨大重要性基于这样的事实：雅典在对白中没有找到出类拔萃的戏剧技术来表达英雄式的悲剧。因为用最早的悲剧理论家亚里士多德自己的话来说，英雄是意志的，而雅典的对话是"dia-noetic"，它是理性的争吵。

雅典戏剧的这种限制也不是一种纯粹技术的限制。自我只能保持沉默。至多，它可能仍试图在抒情独幕剧中表达自身，尽管连这种表达作为表达也不再总是适合于它；自我不表达自身，它沉没于其自身之中。然而它一进入谈话，它就不是自我了。它是自我，当且仅当它是孤独的时候。在对话中，它甚至因此丧失了在独幕剧中它已取得的说话方面的小小的优势。对话不能创造两个意志间的任何关系，因为这些意志各自只想要它的孤独。从技术上讲，现代话剧的主要项目（*the piece de resistance*）[①]是有人想在其中用一个打断另一个并驾驭后者的说服场（persuasion scene）。所以这样的场景，像有"哪有一个女子是这样求爱的"[②]的那一出戏一样的戏剧，雅典是不知道的。在爱情场景中是这样，这一点经

[①] 原文为法文。——译者
[②] 莎士比亚：《理查三世》第一幕第二场。——译者

常可以看到，并且这件事在这里立即找到了它技术上和精神上的最终解释。爱至多可以作为未履行的渴望出现在独白中。淮德拉（Phaedra）①的不幸——无报答的感觉——对古代的舞台是可行的；朱丽叶（Juliet）的幸运——交替增加的给予和拥有——则不行。不存在任何从悲剧自我的意愿导向任何一种外形的桥梁，即使这种外形是另一种意志。它的意志在它自身之内作为一种对它自己的反抗聚集了每一种推动力。

因而自我缺乏一切的桥梁和联系；它被完全转向了自身。而这样反过来又用悲剧英雄走进的独有的黑暗渗透了神圣的和尘世的事物。他不理解降临于他的东西，他意识到不能理解它；他甚至并不打算看穿谜一般的神的法则。诗人可以提出约伯那样的罪和命运问题，但对英雄们自己来说，同约伯不一样，提问题的事甚至从未发生。如果他们提了，他们将不得不打破他们的沉默。但那将意味着走出他们自我的围墙，并且他们这样做将比在沉默中遭受更大的痛苦，宁愿攀登上像俄狄浦斯一样的自我的内在提升的台阶，俄狄浦斯的死使其生命之谜完全未被解开并且甚至未被触及，可是正为此，他的死把英雄完全包括在自我中，并在其中得到了确证。

这些全部都是英雄死亡的意义。悲剧欣然创造了个体的死必然回复到事物的某种均衡的印象。但是这种印象仅仅基于悲剧的角色和悲剧情节之间的矛盾。作为一件艺术品，为了存在下去，

---

① 淮德拉：帕希法厄的女儿，忒修斯的妻子，在控诉继子希波吕托斯对她的侮辱之后而自杀。——译者

戏剧需要这个矛盾的两半,但真实的悲剧因素因此被遮蔽了。英雄本身必须屈服,仅仅因为他的死给予了他最高的"英雄化"的权力,即他的自我的最封闭的"自我化"(selfication)的权力。他渴望死的孤独,因为这是最大的孤独。因此,英雄实际上根本不会死。死亡好像只切断了某种个体性的时间特征。被转化成英雄的自我的特点是不朽的。对他来说,永恒恰足以回应他的沉默。

心灵

对不朽,我们略微谈一下自我的最终渴望。人格自身不需要不朽,但自我需要。人格对它进入并被吸收于其中的关系的永恒感到满意。自我没有关系,不能进入任何东西,永远保持它自身。因而它意识到是永恒的;它的不朽等于一种死的不可能性。一切古老的关于不朽的学说都归结为自由的自我的死之不可能性。从理论上讲,唯一的困难在于发现一个这种死的不可能性的自然承载者,一个不能死的"某物"。这是古代心理学的源泉。灵魂应该是某种恰恰由于其本性不可能死的自然的东西。因而从理论上讲它是同身体相分离的,并且成为自我的承担者。但这种自我同归根结底仍只是一种自然承载者的东西的联结,简言之,即同"灵魂"一起,把不朽变成了一种最珍贵的财产。灵魂被认为不能死,但因为同自然相互交织,它死的不可能性成了一种不知疲倦的转换的可能性;灵魂不死,但通过肉体轮回。因此,自我同不朽一道获得了轮回赠送的双刃礼物。基于同一理由,不朽对自我而言恰恰是无价值的。因为如果自我以其短时间的本质的无限性为自豪,完全要求不朽的话，那么它要求的是一种没有转换和轮回的不朽。它要求自我保存，自我的保存。但"灵魂"在这个词的古代意义上清楚地指明只是人的一"部分"，那不能死的一部分，不是他的永恒。靠同这个灵魂的联结，自我的需求被满足了，但好像只是在嘲笑中的满足。自我保持为它自身，但它依靠的是几乎不被人知的构型，因为它们中没有一个是它的财产。甚至那些完全是它自己的东西，它的性格，它的特性，也还仅仅是名义上的。在它通过构型的道路上，确实没有任何它的可认识的部分给它保留下来。它只是在它的完全无言和无关系中保持自我。它甚至把这些保留在它的转换中；它总是保持着唯一和孤独的无言的自我。它不得不放弃的恰恰是这种无言性，它不得不从孤独的自我转向开口说话的灵魂——但这里是在一种不同意义上的灵魂，其含义是整个超越了"肉体和灵魂"的对立的一个人。如果自我将成为这个意义上的一个灵魂，那么它肯定也会在新的意义上是不朽的，并且灵魂轮回的怪异思想将失去它的力量。但这将如何发生，人如何使舌头获得自由并打开自我的眼睛，这如我们至今所知道的那样，完全超越了自我的想象力。没有从沉浸于它自身中的"B=B"导向彻底的开放空间的途径；一切途径只是更深地导向内部的寂静。

审美的第一原则：内容

可是有一个世界，在那里这种沉默已经是说话——当然不是灵魂在说话，但仍是说话，一种在说之前的"说"，不说的"说"，不可说的东西。在外在形式的排他的隔离中，神话因素为形而上的神学创立了美的领域；在内在的形式的自我包含性中，可塑的成分为元逻辑的宇宙化建立了艺术品、美的事物；正是如此，在元伦理的心理学中，悲剧因素建立了一种无言的理解的基础，通过这个基础，艺术借助自我的雄辩的沉默首次变成了实在。在这里起源的东西是内容。内容在艺术家和观众之间架起了桥梁，实际上是弥合了作为一个活生生的人的艺术家和使其作品进入了超越他自己的生命的世界的艺术家之间的鸿沟。这个内容不是世界，因为在世界中，尽管它对一切是共同的，但每个人各有他自己的个体份额、他独特的观点。内容必须是某种直接平等的东西，某种人们不像共同世界一样相互分享的东西，而毋宁说是某种完全平等的东西，并且这才是人的性质本身，即自我。自我是在人中注定沉默的东西，可是在任何地方都能立即被理解。为了唤醒所有其他人中的自我，它需要的仅仅是使之成为可见的，"被付诸行动"。在那时他自己什么也感觉不到，它保持着放逐进悲剧的无声的状态，它毫不畏惧地凝视着它的内部；但无论谁看到它，都会像它再次被亚里士多德用深刻的远见阐明的那样，悟到"恐怖和怜悯"。这些在观众中觉醒了，并立即指引它们自身到达他自己的内部，从他中造出一个自我来。如果它们在英雄自身中觉醒，他将不再是无言的自我：恐怖和怜悯将作为"敬畏和爱"开启它们自身，灵魂将会说话，那刚刚获得的词将在灵魂之间传播。这里没有任何这样的和睦。一切事物依旧是无言的。英雄，他在其他人中引起了恐惧和同情，自身依旧是一个不动的、僵硬的自我。此外，在观众那里，同样的感情立即感动内心并把他也变成了自身封闭的自我。每个人都由自身保持着，每个人都保持着自我。

没有任何其他东西产生。可是产生了一个共同的内容。诸多的自我（the selves）并未汇集到一起，但是同一个音符——对自我的感觉——在所有的自我中回响。这种同样的无言的转移发生了，即使仍没有任何从人导向人的桥梁。它不发生在灵魂与灵魂之间：那里仍没有灵魂的领域。它出现在从自我到自我，从一个沉默到另一个沉默中。

这是艺术的世界，一个因其沉默而根本不成其为世界的世界，没有真实的、重要的、在双向连接的地址间的来回传递，而且无论在任何时间、任何地点都没有哪怕是瞬间的激活的可能。没有声音刺破这种沉默，但在每一瞬间，每一个人都能在他自身之内感觉到别人的最内在的部分。正是先于人的任何真正的统一的人的平等，作为艺术作品的内容在这里产生了效果。作为不可说的言说，艺术在任何真正的人类的言说之前创造了一个首要的无言的在真实的语言之下和之旁的永远必不可少的相互理解。悲剧英雄的沉默在一切艺术中都是沉默的，并且在一切没有任何词句的艺术中都是可理解的。自我不说可是却能被听到。自我能被感知到。纯粹无言的一瞥在每一个目击者中完成了进入它自己内部的内省性。艺术不是一个真实的世界，因为在其中，人与人之间所绘制的线索仅仅是在瞬间，仅仅是在直接的一瞥的短短的瞬间并仅仅在被瞥见的那个地方而起作用。自我没有靠被感知活跃起来。在目击者中被激起的生命无法激起对生命的注视；它立即转向了目击者自身之内。艺术王国的任何地方都提供了自我可以成长起来的地基；但各个自我相应地都是完全孤独的个体；艺术无处创造一个真实的复数的自我，尽管它产生了在任何地方都可唤醒复数的自我的可能性：觉醒的自我依然只知道它自己。换句话说，在艺术的虚构的世界中，自我永远保持为自我，永远不会变成——灵魂。

孤独的人

它应如何成为灵魂呢？灵魂应意味着走出内省的限制。但自我应当如何走出呢？当它听不见时，谁将召唤它呢？当它看不见时，什么东西将把它引出来呢？当它无言之时，它怎样做才能从那里走出呢？它完全生活在内部。只有艺术的魔笛能完成使人的内容的齐唱在离散的自我中回响的奇迹。甚至这一魔法也是多么有限啊！它如何仍然是一个虚构的世界，一个纯粹可能性的世界，这个世界起源于此。同一个声音回响着，可是只能在人自己内部的每个地方被听到；没有人在感觉中把人的因素视作他人的因素，每个人都仅仅直接在他自己的自我中感觉。自我仍旧没有超越自身藩篱，属于世界的一切都在它之外。如果它把世界据于自身之内，那它是把世界作为私人的财产，而不是作为世界。它认识的唯一的人性是在他自己的四面墙之内的人性。它自身仍旧是它看到的唯一的他者；所有希望被它看到的其他人不得不被包含在它的这个视域中，这必须发生在被看作是他者之前。世界的伦理标准因而在自我意欲的自我的这个视域中丧失了它们自己的一切意义；它们成了他的自我检查的纯粹内容。这样它大概必须仍旧是它所是的东西：被提升到一切世界之上，用一种反抗的凝视固定它自己的内部，除了在它自己的领域中并因此仅作为它自己的财产，不能看到任何外在的事物，储藏一切伦理标准在它自己的气质之内，以至于自我是并仍旧是它的气质的主宰——简言之：仍旧是元伦理学的东西。

转　换

回顾：元素的混沌

　　神话的上帝，可塑的世界，悲剧的人——我们把这些部分握在了手中。我们确实已打碎了"全"。为了在它的出自"无"的根源上直接夺取"有"，我们沉入肯定的黑夜越深，全的统一被我们打得越碎。现在围绕着我们的知识的小摆设（bric-a-brac），看起来正向我们传递着陌生。这些是我们世界的元素，但正因如此我们反而不知道它们；它是我们所信仰的东西，但不是以它在这里面对我们的这种方式信仰它。我们知道一个活的运动，一个这些元素在其中游动的环流；现在它们已被从浪涛中分离出来。在普照我们生命的星座的轨道中，它们是我们熟悉的并且在任何意义上都是值得我们信赖的；一旦从这条轨道中脱离出来的、被归结为一个计算好的轨道的建筑的纯粹元素，我们不认识它们。我们打算怎样认识它们呢？除了用轨道的弯曲并且在轨道的弯曲上之外，元素的秘密不可能大白于天下。只有这个弯曲能走出元素的纯粹假设的东西而进入可见实在的类的东西。并且如果元素比纯粹的"假设"还多的话，那么对它们建筑一个可见轨道的能力来说，恰恰证明的就是这一点。

秘密的"如果"

"假设的"——这对我们来说是澄清宇宙的许多片断的奇怪外表的一个词。不是所有这些片断都有一个安全的、不能变更的位置；一个秘密的如果被铭刻在了各自之上。看：上帝存在着并且是存在的生命；看：世界存在着并且是被激发的构型；看：人存在并且是孤独的自我。但是不要问这三个元素是如何找到相互联系的道路的。处在完全孤独中的人是如何在一个被精神推动的世界中就位的呢？在完全无限性中的上帝怎么能够忍受在他旁边的封闭在它自身之内的一个世界，在它自身之中孤独的一个人类呢？在它完全平静的象征性中的世界如何仍为上帝的一个无限生命或为人的一个独立的实存保留地盘呢？如果你问这样一些问题，那么大批的如果会经由一种回答压倒你。在你询问以前，三元素可能似乎肩并肩地存在于平静的固定性中，每一个都对任何外在的东西懵然无知，都对自己的存在有一种独一无二的（one-and-all）感觉。在这一方面，它们三个全是相互相等的。并非只有人而且上帝和世界也都各自是孤独的自我，各自都不动地凝视着它自己，并且对任何外在一无所知。并非只有上帝而且人和世界也生活在它们自己本性的内在生命力之中，不问除它们自己以外的任何实存。不仅世界而且人和上帝也都是封闭在它们自身之内的、被它们自己的精神所激发的构型。

特许的"也许"

这样一切界限和差别似乎都模糊不清了；按一元论的观点看，

各个部分都把它自身假设为整体。但在这里同时出现的东西毕竟是"三个"一元论,三个完整的意识。三个整体仍是可能的,三个"全"是不可想象的。因此它们的关系问题无论如何必须被问到。但恰恰是这个问题把混淆混合到最高程度。因为在这里没有任何关系被排除在外。在上帝、世界和人这三个点之间不存在任何固定的秩序;不存在上和下,没有右和左;三者也没有接受异教思想中的决定性的是或否的次序。每一个都经历并通过了检验。从"如果的"(If's)流出"或许的"(Perhaps')。上帝是世界的创造者吗?是在启示中自己把自己传达给人的那一个吗?也许。柏拉图以及欧洲和近东的许多神话学者都在讲创造。在成百上千的神谕遗址中,在成千上万祭坛上,在正抽搐着的牺牲的内脏中,在群鸟的飞行中,在星星的静静的前进中——在每一个地方,神之口都对人讲话,在每一个地方,神都降下来使他的意志被知晓。但请注意:事情也许完全不是这样。诸神不是永恒世界的部分和后裔?亚里士多德和尽一切可能追随他的神学家们都是这样说的。古老的地球之口——它未向人揭示出它可以让他知道的一切事物吗?异教的一切并未结束在大地(Gaea)和上天之间为神谕的权力而进行的斗争,并且正是诸神亲自降下来在大地的唇边寻求劝告。他们在年迈的母亲的聪明、有预见的儿子的断言中探究他们的神圣命运。至于他,又有谁知道他自己——他,万物的尺度——不是真正的创造者,并且一切事物构成了他的注定的规范。人没有被人类的格言拔高到星星吗?成为神吗?事实上,也许所有那些今天被尊崇为神的都不是已故的另一时代的人、史前史的国王和英雄吗?也许一切神圣的事物都不过是提高了的人的自我?但不——人类生命在它的一切弱点中向前爬行,依赖土地并在敬畏中厌倦神;它谦逊地祈祷着,试图屈从上天的意志;它遭遇了外在的不可思议力量的反作用力的强迫。但它不可能横越过人的限制;大地的和不可测度的命运的阴森的能力压下了他高傲的脖颈:他将如何认定自己为大地和命运的主人呢?

也许,也许……我们已在一个冲突的大旋涡中终结了。一旦上帝,那个创造者和启示者,看起来好像成了高高在上的君主,人和世界就拜在了他的脚下;一旦世界好像占据了统治地位,随之上帝和人都成了它的后裔;而一旦人好像站在首要地位,成了万物的尺度,就会用自己本性的法则支配神和世界。在三者的任何一个之中毕竟不存在集合在一起的动力;每一个仅仅作为一个结果,作为结论产生,是自我包含的,目光向内的,各自对其本身都是一个全。在这样一种情况下,只有无常,只有也许,能够断言——不,不是断言,至多是猜测——相互联系,并且任何一种相互联系、一种秩序,也将做得像任何其他的一样好。也许,也许——不存在任何确定性,只有一个旋转的可能性的轮子。"如果"(IF)堆叠在"如果"上,"也许"置身于"也许"下。

"也许"甚至在三者各自之中都占统治地位。数目和秩序在这里仍旧完全是不确定的。如果各自都是一个到达自身的全,那么它庇护了一和多的可能性。在纯粹的实存中,一切事物都是可能的,并且只是可能的。而且我们迄今所发现的东西已经是纯粹的实存,纯粹的"实质性"(matter-of-factness):神、人、尘世的现实性——同怀疑的纯粹的不确定相比的主要之物,同信仰的要求相比的琐屑之物。信仰不能满足于实存的纯粹现实性。它的要求超越了这种存在，在后者中，在单一的存在的预设之下，一切事物在其中仅仅是可能的；它需要不含糊的确定性。但是这是实存不再能提供的东西。作为实在的在实存的事实之间调停的关系——这个关系并仅有这个关系建立了一个不含糊的数目，一个不含糊的秩序。这甚至适用于最简单的关系。举例来说，无论数目 3 是一个单位还是一个复数仅仅取决于把它同其他的数目联系起来的那个等式。例如，只有它等于"1×3"时它才被限定为一个单位，或用"3×1"把它限定为多。它先于等式，是一个纯粹的实存，并且同样地是整数、普遍性、普遍可能性；它可能只通过无限和零的产物——一个绝对不确定的、在其自身之内包含了一切可能性的产物所决定。数字如此，秩序也一样：无论个体实存，比如说，点 X_1，还是 Y_1、Z_1，都是一条直线、一条曲线、一个平面，或是一个立体的一个元素，并且如果这样的话，究竟如何是直线、曲线、平面、立体的元素，这可能仅仅是由用 X_2、Y_2、Z_2 把点带进微分关系的等式所决定。以前，点是普遍的可能性，恰恰因为它作为牢固的"现实性"具有空间上的实存。宇宙中的三元素，各自在它的内在潜能和结构上，在它的数目和等级上，也才可能被看作这样。仅仅这时它们才共同进入了一个被从那可能性的大旋涡中移开的真实并且不含糊的关系中。

流行的"谁知道"

当古代如此活跃地占有人、世界、上帝的现实性的时候，它仍然不能从充满着构型的也许的迷雾中抽出它们的相互关系，从而进入清晰而确定的实在之光中。因此它不能澄清导向超越纯粹现实性的任何问题。是一神还是多神，是诸神的一个领域还是多个领域，在岁月的延续中是相互争吵还是结盟，相互反对还是相互继承？

谁知道，谁知道，谁知道……一个世界还是多个世界，是并列的还是重叠的，还是相互连续的——在一条直线上，还是在处于永恒循环中回复到自身的诸圆上？谁知道，谁知道，谁知道……在整个的人性中有一个同样的自我还是有许多自我，是在代代相传中人性追随人性，被聚集在集合体中相互反对，无限地再分成个体自我，还是合成一个瓦尔哈拉（Valhalla）殿堂[①]或极乐世界的英雄的共同体——进入一场希腊人和特洛伊人的战斗，一个先祖的历史和后继者们的复仇的序列，还是又是那孤独的英雄，在一个没有英雄的世界中履行他的契约，并上升到神，独自在烈火熊熊的柴堆中涅槃？谁知道，谁知道，谁知道……

一束也许的闪烁的微光笼罩着神、世界和人。异教在它们现实性的圆满的完整的感情中完善了这三个元素中每一个的一元论的结构。并且恰恰因为这个原因，它不只是"多神论"而且是"多宇宙论"和"多人类论"。正由于这个原因它打破了宇宙，宇宙已分解成了它的现实性，又一次被分解成了它的可能性的碎片。实质的而无光泽的元素的现实性，在可怕的可能性的迷雾中被驱散了。在灰色的母亲的领域[②]之上，异教以精神的彩色舞蹈来庆祝它的传统的女巫们的安息日。

[①] 北欧神话中主神兼死亡之神奥丁接待英灵的殿堂。——译者
[②] 歌德的浮士德的原始力量。——英译注（参见英文版第25页注释。——译者）

期望：主的宇宙日

运动

如此一来，可能的混乱的混合物不是自然力的外在的可见的外表，而是真实东西内在的分裂。如果我们想把秩序、明晰性、不模糊性——简言之，实在——带进令人昏倒的可能的旋转的话，那么必须治愈那些元素的表面下的分裂，清晰明白地说出它们，从它们的互相排斥性走出来，把它们输进一部自由流动的相互关系中，再一次向上"浮现"而不是在一切事物想要呈现全的巨大的比例的实证主义的黑夜中"沉没"。但是只有唯一一条宇宙时间的河流带我们向上，回到唯一的实在的全中。在一个把这些元素带进其中的滚动的运动中，这条河携带着那些表面上静止的元素，把它们嵌入黑暗所分离、又在主的唯一一个宇宙日中从宇宙的早晨经由宇宙的中午再一起重新回到宇宙的夜晚。

但这些元素将如何开始它们的行程呢？我们将从外部传导一股潮流给它们吗？永远不！因为那样潮流自身将是一个元素，并且三元素不再是它的元素。不，流动的运动的途径必须源自于元素自身，并且完全和仅仅在元素中。否则它们将不是元素，并且我们迄今为止勇敢地把我们自身建基于其上的对它们的现实性的信仰，将无法由我们生活于其中的易变的实在之图景所确定。元素自身必须庇护运动由之起源的潜能和秩序的原因，在秩序中它们进入运动之流。

转换

它们将在自身之内产生运动由之而出的力量吗？但它们将怎么做到这一点呢？我们发现它们恰好在它们的现实性中，在它们的盲目的内向性中：它们将怎样引导自身向外凝视呢？这种需要意味着什么？结果如何成为根源？它们打算这样做，但如何做呢？让我们来回想一下，它们是如何成为我们的结论的。我们让它们"来自"在它们的现实性上由信仰引导的知识的"无"。这个根源不是一个在实在中产生的事情，毋宁说，它是一个在空间中先于一切实在的通道。三个结果的实在不与任何真实的事物接壤，对我们来说它们也不来自于任何真实的事物；毋宁说它们是"无"的邻居，并且它们的根源是知识的"无"。这样最终汇聚于结果中的力量——在上帝中它们是能力的行动和命运的冲动；在世界中，是产生和范畴；在人中，是意志的反抗和特性——这些力量不是可见的实在的力量。毋宁说它们是在我们从我们的知识之"无"到知识之"有"的道路上纯粹中途停留，是认知的东西。否则，如果像我们必须假定承认的那样，一个"真实的无"相应于我们知识之"无"的话，那么它们对我们来说超越了我们永远可见的任何实在，它们都是神秘的，是永远在上帝、世界、人被揭示以前在三者之中起作用的神秘的能力。但在被揭示的过程中，所有这些神秘的产生能力现在都变成了过去的事情，并且迄今为止，它们作为结果，作为对我们显现的东西，其自身成了开始。同样地，即使我们宁愿把无只看作是知识之"无"，但当我们小心翼翼地沿着认知意识的拉紧的绳索前进时，即使是这样，实在同样也只从完成的结果开始,而且正因如此,在这里结果也变成了一个相对于真实的开始。但在产生显现以前,我们认为是秘密的产生的力量的东西,或者认为是在认知建构的道路上的最后阶段的东西,将作为在结果转成根源的那一点上作为它们内部的第一个启示而从它们中出现。使它成真的东西,超越实在汇聚在它们之中,并因此而作为它们变得有效的第一证词,从它们之中流进实在的"这里"。它是一个转向,一个转变。转变成了"是"的东西将作为"否"被发射出去;作为"否"而进入的东西将作为"是"流出。因为生成显现是生成的倒逆或转变。只有生成是秘密的,但生成显现却是显然的。

秩序

这样纯粹现实的东西自身转变成了真实运动的起源。它们从完成的环变成了一个链条中的环节。但是这些环节是怎样排列自身的呢?在元素自身之中,不管它们盲目的内向性,是否存在着某种至少是指示着它们在这条路径的链条中的等级和秩序的迹象呢?就像它们转变成显现的前提那样,而无须顾及它们的内向早已存在于它们自身之中。让我们想一想。我们在这些形式——神话的活的上帝、艺术的可塑的世界、悲剧的英雄——中发现了上帝、世界和人。在这些形式中,一种已经成形的异教信仰相信它们的存在。但同时通过断言形而上学的、元逻辑的和元伦理学的东西构成上帝、世界和人之科学的基本特性,我们把一个历史的古代遗物的这些活生生的实在呈现为一个思想的在场。确实,在序文的导言中我们试图证明,科学的这些基本特性是现代和当代的特别之物。一个明显的矛盾——或者我们想要，也许是立即用这种形而上学的、元逻辑的和元伦理的观点的现代性来更新异教，这可能吗？我们宁愿推迟到以后来回答这个最后的问题；总之如果没有它，那个明显的矛盾也能自己解决。

结果

事实上，我们的证明不是总在现代科学和它在三种情形中的相应的历史现实之间建立同一种关系。就神话的上帝来说，历史概念的所在地是古代信仰的上帝的概念；就悲剧的人来说，它是古代的最为关键的自我意识；就可塑的世界来说，是古代产生的世界观（*Weltanschauung*）。表面上分歧并未加深；事实上，分歧甚至比我们在这些纯粹过渡阶段的评论中能证明的更加加深了。因为在古代信仰中，上帝概念包含着被它从一个无法追忆的过去继承的遗产；在其至关重要的自我意识中，我们看到的正是它所呼吸的空气，在产生的世界观中，是它遗留给后代的遗产。这样古代以一种三重时间的外观出现了：对它来说，也是实存于过去的一个史前史，伴随它来去的一个现在，以及通向它之外的一个来世。第一个是它的神学，第二个是它的心理学，第三个是它的宇宙论。在所有这三个中，我们已学会了只看元素的科学，因为它们对我们来说在它们的一切现代性上只意味着一种"元素"的学说。元素的科学在某种程度上意味着史前史的科学，起源的昏暗基础的科学：古老的神学、心理学、宇宙论，可以说对我们即意味着神谱、心理谱系、宇宙进化论。这样我们已建立了重大区别，并且没有在特别针对它，而仅仅是实现我们一般目标的情况下。这个区别是神谱、上帝的诞生史,表示古代的一个过去的时间;而心理谱系,或心灵的诞生史,表示一个现在的生命;最后宇宙进化论、世界的诞生史,表示一个将来。所以这暗示着上帝的诞生已在古代以前发生了,心灵的诞生在古代期间发生了,世界的诞生将仅仅在古代的结束后完成。并且由此我们在出自黑暗深处的这三个诞生中,在这三个创造中(如果我还可以用这个术语的话),将有一种把"元素"分配给伟大的宇宙日的暗示,它们的轨道将在天空中留下痕迹。让我们来简要地把它陈述一下,以后再详细描述:上帝从一开始已经存在(has been),人生成了(became),世界生成(becomes)。不管我们还会如何从深层次上区分这三个诞生,这三个创造——它们这个在世界时间中的次序,目前我们已经能够认识了。至于我们迄今已认识到的有关全的东西——通过对永
恒的元素的认识——除了它的永远的诞生的秘密之外,一
无所知。一个秘密:因为它仍未向我们呈现,并且也
不能呈现,这个出自深处的永远的诞生即是创造。
这个创造之永恒的秘密的逐步呈现是永远更
新着的启示的奇迹。我们正站在转折
点——那个从神秘进入奇迹
的转折点之上。

第二部

过程或时刻更新的宇宙

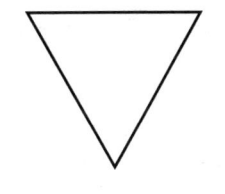

导论：论体验奇迹的可能性

向神学开战！

关于信仰

如果奇迹真是信仰宠爱的孩子，那么至少有一段时间它的父亲一直在糟糕地忽视着他的作为父亲的义务。因为至少有一百年的时间，这个孩子除了变成了他为它安排的保姆——神学的困窘之源——之外，一无是处。她本应很高兴地摆脱它，只要——只要她对这位父亲在世时的某种程度的顾虑未曾禁止她这样做的话。但是时间解决了一切问题。老人不能永远活着。于是保姆会知道她必须对这个靠它自己的能力既不能生也不能死的可怜的小虫做什么。她已做好了准备。

如果人能相信古老的说法的话，那这个家庭在以前曾过着一种幸福的家庭生活。那么究竟是什么在相对晚近的一段时间里如此彻底地打碎了它，以致现在这代人甚至不能回想起那些最近才被蒸发了的好时光？从前奇迹不是任何神学的困窘，而相反是它最有效和可靠的盟友。并且事实上今天我们很愿意相信曾有这样一段时间，相信它不过是刚刚进入历史。其间究竟发生了什么？

又是如何发生的呢？

这个彻底转变的时机是强加给我们的注意力的第一个观察结果，而且，它是相当引人注目的。迄今为止最牢固、最后的防线被转变成了防备非常松懈、在第一波攻击中就被直接突破的最前线。并且这个转换的时机同在上一部分的导言中我们也一再视为对哲学的批评的那一刻是一致的。它是当它们相信在它们把握下它是安全的时，统一的认知的宇宙的概念，哲学的基本概念在哲学手中突然成为碎片的那一刻。在那一刻，哲学已感到它古老的宝座摇摇欲坠了。泰勒斯和巴门尼德建立起的不止两千年——包括一个一千年的放逐——的那个朝代，似乎，在唯一一个最伟大的年幼的子孙中，意外走向了一种灿烂的毁灭。并且大约同时，神学也看到它自己被迫从前述的它已把持了几个世纪的那条线的撤退，去占据一个深入后面的新阵地。惊人的一致！

奇迹的神学

被信仰的奇迹

当奥古斯丁或其他教父不得不保卫启示宗教的神性和准确性，反对异教的进攻和怀疑时，他几乎没有求助于奇迹。尽管它们[①]不是单独被启示的宗教所要求的——法老的魔术师们[②]也会用奇迹证明他们的智慧——它们构成了最有力的论据。因为就算是异教的

---

① 指奇迹。——译者
② 《出埃及记》7：8。——英译注

魔术师们能把他们的手杖变成蛇,摩西的手杖[①]也会消灭掉偶像崇拜者们的手杖。人们自己的奇迹比敌手的奇迹更神奇。这样,神奇性的尺度——一种理性主义者的心智(mentality)本来会尽可能地压低它的东西——在另一方面却被尽可能地抬高了:越神奇的,越真实。尽管对一般的意识来说,有一种自然的概念破坏了在奇迹中获得的欢乐,但说来奇怪,它没有将前进的道路堵死。自然事件受自然规律支配,这个当代人类的基本教条,对早期的人类也完全是不证自明的。因为每一事物,无论是被在事物中的法则产生的力量,还是被较高的能力的影响所指引和决定,就我们来说,实际上是一回事。事情如果不是这样的话,奇迹如何能成为同样可知觉的问题将不得不给我们谜一样的感觉。对今天的我们来说,奇迹似乎需要自然法则作为背景,也就是说,只有在后者面前,它的轮廓才能凸现出来。然而,在这种方式下我们却不能看到,对以前的人类的意识来说,奇迹基于一种完全不同的环境,即基于它被预言,而不是基于它对自然进程的背离,因为这在以前已被自然法则所决定了。奇迹实质上是一个"符号"。也就是说,在一个完全神奇的世界里,完全在法则之外的一个被魔化了的世界中,可以肯定的是——而且已经被注意到的是——个体奇迹几乎不可能给人以奇迹的感觉。它靠它的预言性,而不是它的非一般性(unusualness),吸引注意力。后者不是它的原子,而仅仅是它的"组成"(make-up),尽管这对它的功效而言同样经常是非常必要的。奇迹是一个人成功移去一般地挂在将来上的

[①] 《出埃及记》7:13。——英译注

面纱，而不是他对预定的悬置。奇迹和预言有着共同的归属。魔法是否能够跟奇迹同时起作用是完全可以探讨，并且正在探讨的；但无论结果如何都不会是本质性的：巫术和预兆根本不（跟奇迹）在一个水平上。你不应当让一个巫师活着，这是《托拉》的命令。[①]另一方面，对先知来说，他要求检验他所预言的征兆是否出现。因此，对后者的评价是完全不同。魔术师以主动干预和神的代言人的方式开启了世界进程，因此犯了死罪。他攻击上帝的意志，并以放肆、阴谋、强迫的方式强使后者去预见预见不到和不可能预见到的东西、他自己想要的东西。另一方面先知由于预言了它，就揭开了神意所意欲的东西的面纱。在魔术师的手中将是巫术的东西，在先知的口中成为征兆。并且靠宣示征兆，先知证明了魔术师所否定的神意的统治。他证明它，因为如果它不被"证明"，预见将来怎么会是可能的呢？因此，通过证明上帝的意志的征兆，（先知）有义务解开异教奇迹，排除掉它的执行人自己的魔力的命令的符咒。这解释了奇迹中的欢乐。越是奇迹，越是天意。无限的天意，除了靠上帝的意志实际上不会有一根头发从人的头上掉下的思想，恰恰是启示带来的上帝的新概念。它是一个上帝同人和世界的关系以一种不含糊的和无条件的完全异于异教的方式建立的概念。在它的时间内，奇迹证明的正是因为它的可信性而导致了今天的痛苦的东西：世界的被注定了的合法性。

这样自然法则的思想，在它被提出的时候惊人地与奇迹相一致。后来这种思想采取了为我们所熟知的内在合法的现代形式。

[①] 《申命记》18：10。——英译注

起初，打碎对奇迹信仰并未作为其结果跟着发生。相反，作为自然法则仅仅确定了事件的内在联系，而不是其内容的环境——换句话说，说所有的事情都是自然发生的，对于那些"自然发生"的事情而言，恰恰是什么也没说，这个环境，事实上已从今天的自然法则的一般意识中消失了，而在那个时代却是被非常认真地对待的。因而甚至在那里，奇迹似乎至此仍同自然法则的无限有效性绝不相抵触。从创造起，可以说，奇迹已连同其他一切事物一起被展示出来了，总有一天会随自然法则的必然性而显现出来。因而困难一定来自另一个方向。

被证实的奇迹

因而以前对奇迹的怀疑，实际上不是像今天这样反对它们的一般可能性，而是反对它们的特殊的实在，反对个别奇迹的可信性。奇迹必须被证明，不是像一个一般的陈述，而是作为一个特别的事件。它需要证据。证明这一点的必要性，并且只有这种必要性才总是得到认可，并尽可能地得到满足。这里我们遇到了司法证据的一切形式：从最弱的那种——旁证，到最重要的——发誓的证据和神裁法（trial by ordeal）。即便在法律中，旁证直到很晚后才获得采纳，并且对于奇迹来说，它也只是起到了一种轻微的作用，至少与人们可以在这里期待的相比，起到了一种比较轻微的作用。这是因为奇迹的旁证可以由它的成功来补充；但这只是对于那些把奇迹当作"征兆"（portent）的人来说才是成功的，他们作为证人目击了事件的整个过程，包括它的预言和它的履行——这二者对于奇迹来说，是其决定性的特征。预言作为对奇迹的预期，通常总是一个事实上的构成因素,而奇迹本身只是那实现的因素;二者一起共同构成"奇迹"。所以,把奇迹的特征运用于启示的奇迹之上,无论对于《希伯来圣经》和《新约》都具有最高的价值。前者通过对列祖的承诺这样做了,后者则是通过先知的预言。

因此奇迹的证据基本上必须求助于目击者们。是否接受他们的誓词将取决于他们私人的可信性,以及对他们的观察能力,甚至对他们的数目的估价。例如,古老的犹太教条之所以确信西奈奇迹的可信性要高于(耶稣的)空墓奇迹,首要的原因在于那令人印象深刻的为数达"60万"的目击者。但甚至那发过誓的证言仍不是最高的证据。不管任何事物,如果没有人对它加以注意,它都可能是有意识或无意识地错的。只有通过了宗教裁判所的折磨却仍被坚持的证词才提供了完全的确定性。《约伯记》中的撒旦(Satan)已经意识到了这一点:只有约伯才是用自己的生命和鲜血作证的真正的证人。因此奇迹的最有力的证据来自殉道者:首先是那些必须用殉难来确证他们亲眼所见的证词的殉难者,除此之外也包括后来的殉道者。他们用鲜血证明了把奇迹传达给他们的人的坚定的可信性,同时,归根结底也证明了目击者的可信性。其他的其可信性经过火焰的真正考验的证人一定是一个好证人。誓言的证词和血的证词因此合并了,并且在几个世纪之后,二者最终在奥古斯丁的著名的从个体理性转向当前的历史的全面的权威,即在教会的权威(*the ecclesiae auctoritas*)[①]中,形成了统一的证据,没有它,他不会相信《圣经》的陈述。

---

① 奥古斯丁:《因为荒谬所以相信》。——英译注

相信奇迹——不只相信那些装饰性的奇迹，而且相信作为核心奇迹的启示——在上述意义上是一种完全历史化了的信仰。甚至路德改革在这方面也没有任何改变。它只把个人证实的道路从传统的外围，即当下的所在地，直接移进了中心，即传统的发源地。因而它创造的是一个新的信仰者，而不是一种新的信仰。信仰仍然停留在历史中，即使在一个神秘的目击者代替了证据，代替了基于誓言和血的证人及可见的教会的时代也是如此。在这里，没有任何事物会发生改变，这一点已由同时或稍晚一点开始的科学启蒙运动证明了。对这种信仰来说，真正的困难在于，需要另一种启蒙而不是科学启蒙——它需要一种历史的启蒙。

三种启蒙

不只存在一种启蒙，而是有许多种启蒙。对已进入世界的信仰来说，在不同的时期，它们先后代表着进入了世界——知识必定与其发生争斗——的信仰。第一次启蒙是古代的哲学启蒙。全部教父文献都与之相关。它与异教神话学之间的斗争非常平稳地延续着。它的全知的要求起初是被抵触的——在希腊的继承者同上帝的子民之间究竟有什么共同的东西？但是逐步地，虽然最终有些保留，这个要求逐渐地被承认了。仍给奥利金（Origen）打上异教徒印记的东西接近于一千年后托马斯·阿奎那关于信仰的说教和教会从他那里接受的东西。它无论如何更接近于此而不是反托马斯主义的学说。路德反叛中世纪的教会同时反对"亚里士多德"[①]绝非意外。

[①] 原文有引号。——译者

事实上，有一种新的启蒙以文艺复兴的形式支持路德所开创的新的世纪，与之并肩奋斗，尽管它是从自己的立场出发去反对亚里士多德的。在它孩童时期的哲学迷雾消散之后，这种启蒙更被清楚地证明是一种科学的启蒙。它志愿作为信仰的盟友而加入了反对经院哲学的理性知识的斗争。它所接受的经院哲学的遗产，正如信仰所接受的一样，本质上仅仅是对自然的肯定评价。从中世纪形成的观点看来，自然虽被超自然取代了，但从未被否认或拒绝。这个自然的新概念然后合并进了一种对经验的依赖和一种在信仰、知识中同样重要的对个人证实的要求。当轮到它时，它却被那个被我们习惯于用启蒙这个名称所特指的那个时期的新"启蒙运动"压倒了。古代的启蒙批判的是神话学的迷梦，文艺复兴的启蒙批判的是理智之网。这个新启蒙批判的是对经验的轻信。作为对经验的批判，它慢慢地但确定地变成了历史批判。现在它正以这种方式接近迄今仍未动摇过的对奇迹的信仰。

关于奇迹的整个争论，从伏尔泰开始不间断地持续了整整一个世纪，这种几乎毫无原则的争论使今天的我们吃惊非小。批判的主要成就——是伏尔泰本人、赖马鲁斯（Reimarus）、莱辛和吉本（Gibbon）[①]取得的——指向的通常是奇迹的一个非常特殊的片断，想证明在这里传统是难以置信的，证明迄今为它的可信性提出的理由是不充分的，证明任何不允许批判的东西都是可用自然的原因说明的。也就是说，不需要作为前提的预言和因此而被

[①] 赫尔曼·萨穆埃尔·赖马鲁斯（1694—1768），德国神学家、东方语言学家。爱德华·吉本（1737—1794），英国历史学家。——译者

预知的进程。但是奇迹的一般可能性被完全悬置了。这不是——如今天的我们乍看上去的——有意识的半途而废，而是真诚的不确定。只要过去那些被当作审判目标的奇迹没有被决定性地证明并未发生，那么原则上人们就不敢否证奇迹的可能性。

有一种经常发生的、标志着这种检验[①]的出现的过渡性现象，它在本质上构成了对奇迹的伤害：企图给奇迹以理性的解释。它开始于18世纪的后半叶，在19世纪的前几十年达到顶峰。以前，人们没感觉到对它有任何需要。相反，奇迹在过去已是信仰的明确的宠儿。这种理性地解释奇迹的企图意味着信仰开始对它的宠儿感到惭愧。确切地说，信仰宁愿尽可能少地去展示神奇的东西，而不愿像以往那样越多越好。以前的拐杖已成为人们努力甩掉的一个负担。但旧的拐杖折断之时正是寻求新拐杖的时刻。正如迄今为止我们所看到的那样，每一次启蒙都会在无意中为将来的时代提供用以对抗旧时代的武器。现在的情况也是如此。因为在1800年左右，一个新时代即将来临。

历史世界观

这个时期的启蒙意味着历史的启蒙。作为历史的批判，它已使奇迹的目击者不再可靠，因此奇迹自身成了一个历史事实。不仅对可见的教会的间接的信仰，而且对回到作为最终源泉的《圣经》的路德的直接的信仰来说，主题已经发生了改变。但是从17世纪

[①] 指上文所说的对奇迹的批判。——译者

结束以来，新的虔诚的神秘主义已经准备好了一种完全独立于奇迹的历史客观性的信仰的新概念。并且这种新信仰现在受到了来自于恰恰是破坏了古老信仰的那种启蒙所始料未及的支持。历史的世界观就直接从这个批判成长而来。既然传统的简单接受不再被容许，那么必须发现一个新原则，根据它，批判之后所留下的那些传统的分裂成分（*disjecta membra*）[①]再次被融合进了一个生机勃勃的整体。这个原则被建立在人类"进步"的思想中。这个思想伴随着18世纪而出现，并自1800年以来，沿着一条宽阔的路线，以各种各样的形式征服了知识界。因此，过去被认识征服了，但意志却从过去中解放了出来，并转而面对现在和将来。因为，对于意志来说，进步似乎就套在这两者之间。

这种朝向现在和将来的路径也内在于信仰采取的新方向中。对进步的信赖使得启蒙把现在和将来联系了起来；个体以这样一种确定性维护自身：尽管现在的世纪还不是他的理想，但他可以感觉自己是一个将要到来的世纪的公民。正是如此，对新的信仰来说，把恩典在当下时刻的内在突破与对未来的履行的信任捆在了一起。[②]它仍是一个新信仰，即使它有时试图说路德的语言。因为，一方面它放弃了存在于过去的坚固的底层中的路德的活生生的信仰的停泊处，并试图把信仰整个地浓缩进经验的现在。另一方面，它强调的是路德学说的直接对立面，由此而让这种当下的

[①] 最初为贺拉斯的用语。——译者
[②] 意思是说内在的突破虽然不一定就在当下发生，但可以确信这一刻总有一天会到来。——译者

经验融入了未来的"实践"生活。路德把信仰置于被《圣经》所证明了的过去之上,企图以此来为信仰提供一种客观支持。他的保罗主义使他认为,未来的履行最多是一个来自信仰的结果。但是新信仰对未来的履行有着充满希望的信任,它甚至想以此来提供这种①支持。对未来的道德领域的这种希望成了信仰把它的世界进程维系于其上的明星。人们唯一需要聆听的《信经》来自贝多芬的《庄严弥撒曲》,在其中,这一时代的最伟大的儿子②再次成功地宣示了有关"未来世界的生活"(*the vita venture saeculi*)的预言,好像这些预言就是整个信仰的顶峰、意义和它的证实。进步的观念来自于新的世界观,对于新信仰的上述希望来说,它不仅扮演着世俗的教唆者的角色,而且事实上还扮演着竞争者的角色。

施莱尔马赫

这样,过去的持久的价值被否定了,而永远只能在当下经验到的宗教情感则停泊在了道德世界的永恒未来。这整个的体系在施莱尔马赫那里找到了它的典型体现。所有后来的神学都已不得不同他达成妥协。他的基础地位很难动摇。但在细节上这种理性建构仍是很可疑的。人们确实可以把过去掷出船外,因为它过去由于奇迹而现在由于怀疑而负担过重。没有这个压舱物,已承受了撞击之险的信仰之舟还有可能安全驶过当下的海洋吗?——或者

---

① 指对信仰的支持。——译者
② 指贝多芬。——译者

人们以此来自欺欺人?[1] 但是谁又能说(那些扔掉了的)真的扔掉了么?过去不再强迫神学沉溺于它之中,它宁可自己紧紧固定在它由之被扔出的船外,因而它能够从内部找到更适当的偷渡机会,从而增加了比以前更为沉重的负担。19世纪的神学必须成为历史神学,不是因为施莱尔马赫而是不管有没有他都会如此——当然,这也是有益于施莱尔马赫。因为正是在这里,他的基本理念——最终变成了他的时代的基本理念——的持久性被最终决定了。

历史神学

历史神学自己设定了一个关于过去的任务。这项任务由什么构成呢?既然它是神学家的目标,那么,认知终究不过是达到目的的一种手段。但究竟是哪个目的呢?对信仰来说,过去确实应该是不重要的。但它仍在这里,因而它必须被阐释,至少,不能让它成为信仰的负担,而这恰恰是最为常见的事情。一旦这个目标被确定,通向它的道路将变得非常清楚。过去必须呈现现在的特性。这样它仅仅对现在才是完全无害的。发展的概念被当成了辅助性的手段[2],以用于把材料安排到某个确定的高度,即,从前的启示信仰的奇迹。随后它就被辞退了,它已"尽了它的职责并且可以走了"。这一高度与现在的经验的内容相当,因此,在其非本质的部分中,过去被进化的思想中立化了。但在其本质部分中,它被当下经验同化到了难分彼此的程度。但是这一部分只能算作是

---

[1] 指人们欺骗自己说可以安全驶过当下的海洋。——译者
[2] 直译是"发展的概念是一个用魔法召唤出来的辅助性的精灵"。——译者

这种经验的准绳。结果，只有现在和将来为信仰而存在，而这恰恰符合新的基本态度。立敕尔①及其学派的"康德主义"神学无疑继承了施莱尔马赫的基本思想，坚持信仰对知识的完全独立地位，而且，这种神学还被历史神学留下来指挥整个战场。因为归根结底，藏在"过去"概念背后的恰恰是知识的客观性。而历史神学所负责的是拦截那些已经泄漏的东西，并给其中一部分贴上标签，对另一部分重新包装。也就是说，从根本上树起一道反对知识的万里长城。至于知识本身，"自由的"神学期望它能给予正统神学从不敢奢望的一项成果：科学的证明，这已在原则上被拒斥了，并且将在各个个别情况下被"科学工具"所拒绝。并且你瞧：历史神学获得了它所期望的东西。

世纪转向

但是，历史神学却由于这项成就而绝望地损害了它作为一门科学的地位。因此，在今天没有人会再信任它就不足为奇了。这个过程无疑是显而易见的。现在及时向时间付了通行费而变成了过去。在那时，如果不是因为同时发生了与这种转型相伴而生的、在科学的"镜像"中所产生的过去的转型，它几乎无法逃避对它的注视。大约就在世纪之交，历史神学的大厦在阿尔伯特·史怀哲（Albert Schweitzer）②的内在批判和以否定历史上的耶稣的那

---

① 阿尔布雷赫特·立敕尔（Albrecht Ritschl, 1822—1889），德国神学家，康德门徒，尼采的老师。——译者
② 史怀哲（1875—1965），德国哲学家、医学家、神学家。——译者

些人为一方，以泛巴比伦主义者（pan-Babylonianists）[①]为另一方的双重大胆假设之下，毫无重建希望地倒塌了。现在需要做的是远离成堆的废墟，另起炉灶。但是此时人不可能像历史神学那样以骑士精神继续下去。现在也想要坚持同样的基本立场：希望的首要地位，或更确切地说，由于确信"天国终将到来"[②]而倾向于当下的、个体化的信仰。如果有人真想这么做的话，那么仅仅简单地对过去修修补补是不行的，知识的要求必须以一种更基本尤其是更直接的方式得到满足。哲学是一种有关世界的系统的整体性的知识，它不可能被部分——无论它是多么重要的部分——的简单叠加所替代，而且它自身不得不准备着同神学合作。时代的风向标已完全指在了这个方向。哲学的喧闹在神学的整个范围内都能听得见。一种新的神学理性主义正在前进。"德国唯心主义"的追随者和革新者们又准备去"生产"出自唯心主义智力的信仰，并因此而"证明"它。同时，同样也很容易满足的正统派也试图标出信仰的确切位置并以此来保护它。而体系哲学家中最后也最坚决的一代，更"像恋爱中的为了他的爱人的欢心而想炸掉太阳、月亮、星星的傻子"一样，用一个完整的体系来点燃他神学信仰的火焰。

[①] 泛巴比伦主义，流行于 19 世纪末 20 世纪初的一个学派，其代表人物为 H. 温克勒（Winckler），A. 耶雷米亚斯（Jeremias）和 E. 施图肯（Stucken）等，他们在近东的神话和占星术研究方面造诣很深。他们认为，无论是《希伯来圣经》还是耶稣基督的传说都不过是对上述地区的神化，比如，前文曾提到的吉尔伽美什神话的再叙述。——译者

[②] The kingdom of the noble will eventually arrive. 原文为引文，出处不详。——译者

任务

用立敕尔学派的神学本身所使用的——虽然是犹犹豫豫的——术语来说,在神学和哲学之间有一种同否定"创造"和过分强调"启示"相关的区分。因此,就其实体的重要性而言,创造不得不再次屈居于启示的经验之下。不只是这点:希望能在启示和救赎之间建立起的,并且在今天被认为是信仰的本质核心的唯一联系,是相信一个最终救赎的伦理王国的到来。启示本身和它所涉及并以之为基础的这种信任,必须再次进入创造的概念。启示和救赎在某种至今仍无法分析[①]的方式上都是创造。那么,这里存在着哲学能由之开始重建整个神学大厦的那个点。它就是19世纪在一种活生生的现在的启示的思想的困惑中被神学所忽视了的创造。而目前创造正是哲学由之进入神学殿堂的门户。

新理性主义

知识和过去的概念间的联系自身显示在这种同创造的关系中。真理总是那已是的东西,无论是作为"先验的",还是对柏拉图而言的"古老神圣力量的顶点",抑或是作为"经验"的对象。因而对历史神学的信任从开始就是未经证明的,而对此唯一的解释是仅仅允许个别的知识片断同信仰妥协[②]。诚然,除此而外,历

---

① 指到目前为止的篇章,分析见以后的章节。——译者
② 意即:允许个别知识的片断同信仰妥协是对历史神学的信任的唯一解释,如果它可以算作解释的话。——译者

史神学提出了错误的问题并因此遭了殃；它拒绝给知识认识它的存在——就像只有过去才可行的那样——的特征，即其不变性的权利。相反地，它要求知识留心，或毋宁说照看现在的经验。到达事物的"底部"正是知识的特征，所以我们允许它靠在创造的概念上建构这一特征而认识它。我们整个地虚构了知识的内容，但这一知识自身把其基础放置在信仰的基本概念之上。这一点只有在其自身的进程中才能彰显出来，因为信仰的基本概念在知识获得了信仰的说明之前不可能以此种方式被意识到。

至此，这种新的神学理性主义呈现出了大体轮廓——然而它就不会再唤回那些曾终结了它的兄长们的事物了吗？而且在这里就没有哲学沦为神学婢女的地位的危险，或者就没有哲学使神学沦为多余的危险吗？我们如何才能解除这种相互不信任呢？唯一的办法是表明，双方在任何情况下都需要只有对方才能提供的材料，除此之外基本上别无他途。这一点是确定无疑的。哲学发现自身位于一个无法进一步前进的点上，事实上，在这里的任何一次继续前进的企图都只能以坠入无底深渊而告终。而正是在同一历史时刻，神学也突然感觉自己被剥夺了它的迄今为止最牢固的支持：奇迹。在此，我们必须再一次回到这一明显的事实。这种同时性不只是巧合。在某种意义上，这一点已被私人历史，有时甚至是集体之间的关系所证明，后者沟通了两种完全转变的观点。因而，如果这不只是一个巧合的话，那么相互之间[①]的需要一定可以得到证明，并因此而证明相互之间的不信任是毫无根据的。

---

① 承接上文，指哲学和神学之间的关系。——译者

哲学和神学

旧哲学

大约在1800年,哲学解决了它向自己提出的、对"全"的认知性的认识问题①。在此,我们必须毫不犹豫地重新讨论上文曾经偶然提及的东西。除了在哲学史中把握自身之外已经不再有任何可供它把握的残余了。它"产生"了信仰的真理内容,发现它是它自己的方法论的根,由此出发而得以克服了同上述内容的矛盾。②这样,它达到了它的重要使命所指向的目标,并通过建立起一维的唯心主义体系证明了它的成功,这个体系一开始就在它的计划之中,但只是随着这个时刻的到来才完全实现的。在这里历史的结局找到了它的公正的和适当的表述。知识的统一普遍特征,包含了任何事物而无例外,在形式上是一维的。像融进绝对的事物中一样,存在的永远多样的外貌绝对被融入了那种统一之中。在这个体系中,单个的内容可以采取特殊的、显著不同于其他的立场,信仰就对它的内容提出了这样一种要求。但这个立场仅只能是那种把体系自身巩固为一个统一体的、作为方法的原理的立场。并且恰好这种立场同黑格尔体系的信仰内容相符合。如果我们打算继续迈出超越这个巅峰而不是跌入深渊的另一步的话,那么我

---

① 根据下文,此处应该指黑格尔哲学。——译者
② 根据上下文,此处应该指黑格尔哲学中的正、反、合式的矛盾运动在哲学和宗教的关系中的运用。——译者

们必须替换基本原则；一种新的哲学概念必须出现。

观点哲学家①

我们已经看到了这一幕是如何发生的。哲学的新概念从根本上转而反对所有那些将旧哲学的闪光点联结起来的元素。客观的可理解的"全"，或者对这种客观性的理解不再是它的主题。现在它是世界观，一种个体心灵用以反映世界给他留下的印象的思想。信仰的内容不再是它的内容。现在这个世界观用从神学和哲学两方面中都能够有力地引申出来的永恒的悖论来反对它。如果考虑到一个客观世界和统一普遍的思维的话，体系的一维形式完全有可能是科学的。但是只有多维的形式才对应着世界观的绝对多样性，甚至在一个个体的人之内，世界观的绝对多样性都不必是一种单一的形式，而是一个多维的形式，它甚至可能是一种哲学化了的格言。②

哲学的新概念至少具有使在黑格尔之后的任何一种哲学化成为可能的优点。它所有的奇特性都归结为这样一点：旧式的哲学家，职业的非个人性，一个自然的一维的哲学史的纯粹代表被一种高度私人类型——哲学家的世界、观点——取代了。并且在这里新哲学的可疑之处也显而易见，一切严肃的哲学努力都注定要面对尼采曾面对的问题：这是不是仍然是科学？

---

① 这个词似乎是作者自造的，指的是本节中所说的那种封闭在自我中的哲学家。——译者

② 直译为"它甚至延伸到了格言的哲学化（a philosophizing in aphorism）这一最远的界限"。——译者

确实，这是不是仍然是科学？当一切事物都要从其自身的依据和从无数关系中——一会儿从这一点，一会儿从那一点来加以观察的时候，这还是科学吗？这样一种观点的统一至多依赖于观察者的统一，这是多么确定无疑！[①]我们同样要问这个问题。每一个注意到了近来哲学现象中表现很差的、无论是哲学的还是科学的部分的人，都惊愕地问自己同样的问题。因而在这里我们能够意识到一个哲学所提出的但靠其自身的资源显然不能满足的要求。它把它的生存整个地归结为超出了解决它的原始问题这一关节点之外的新的概念。它怎么能再次放弃这一问题呢？这意味着它——尤其是它的科学地位——的支持必须来自于另一个源泉。它的新的出发点是主观的东西，极端的个体自我，而且不仅如此，它更是不可比较的自我，沉浸于它自身之中的自我。它必须牢牢把握这一点和它的观点，并以此来达到科学的客观性。一边是最极端的主观性，我们可以称之为既聋又瞎的自我中心主义，另一边是无限的客观性的显而易见的明晰性——它们二者之间的桥梁在哪儿呢？

新哲学家

我们的答案必定会停在半途，但也预见到了一条线索：从极端的主观性到极端的客观性的桥梁由神学的启示概念形成了。作为启示的容器，作为信仰内容的经验者，人自身之内兼有二者。并且无论新哲学是否会承认这一点，他都是它的天赋的哲学家，

[①] 直译为"如果不是这样的话，是多么值得怀疑！"（...how dubious is not this!）——译者

事实上,也是它的唯一有科学的可能性的哲学家。为了摆脱它自己的陈词滥调,事实上也为了它的科学的地位,现在的哲学需要"神学家们"变得哲学化——而在某种新的意义上,神学家们也是如此。因为,正如将要看到的,哲学为了它的科学地位所需要的神学家,其自身为了自身的完整性恰恰是一个需要哲学的神学家。某种对哲学而言的、有益于客观性的一种需要,会产生出对神学而言的有益于主观性的需要。他们相互依存并因此共同产生一种位于哲学和神学之间的新类型,是哲学家还是神学家无关紧要。在此我们仍必须把关于他的最后一句话留待以后再说。回到我们目前的主题,我们这里首先转向把新神学导向哲学的那种需要,以及满足了我们上文所述的哲学的要求的那种需要。

神学和哲学

旧神学

如我们所见,神学自从大约一世纪前的新转向以来,就试图在失去了权威的情况下生存下去。当它的有关当下的生动的感触被口传经文(the *verbum scriptum*)或者人间的教会(the *ecclesia visibilis*)[①]的"僵死的过去"所威胁时,"历史"神学就会扮演对抗这种攻击的警卫力量。但它却不能算是积极的、认知性的神学真理的建立者,也不能算作是权威。因而历史神学扮演了一个类似经院派中的哲学的角色。从本质上说,这样是从外部包围了信

---

① 意即无论是来自圣经还是来自教会。——译者

仰，无论是作为反对神学谬见的《反异教大全》(*Summa Contra gentiles*)，还是作为信仰的新的精神征服的《神学大全》(*Summa theologica*)。但它不是权威，后者是以可见的形式存在着的教会本身，像后来路德在他桌子上狂乱地写下的那样[①]对待口传经文，即"让它自身来做主"[②]。路德也用一种保护的力量从外部围起了他的信仰，后者被它牢牢地建在了新的权威之上。他不遗余力地把哲学排斥在这样一种保护力量之外，宁愿代之以"世俗力量"。这同经院哲学对人间教会所采取的态度一样，他对《圣经》及其使徒的态度并无二致。

新时期的神学已为自己从外部提供了一个相似的女保护人，但它认为它无需更重要的东西，即权威的基础，就能做得很好。故而它徘徊在悬而未决中——这是它实际上想要的东西。因为它热心地保卫着经验的纯粹在场性（presentness）。后者必须被保护起来以免同坚固的、建设完好的、世俗的真理的领域及实体性的实在（substantive reality）发生任何联系。至多它能向抛向它的、高悬于布满星辰的道德理想的天空之上的希望之锚寻求支持。它不愿意自己落在地上（*terra firma*），它想要否定真理。

经验神学家

但真理既不会因为理想，更不会为了经验而被否定。真理现

[①] 此处意指路德的著作《桌边谈》(*Table Talk*)。路德和他的朋友、学生们经常围坐在桌边探讨神学问题，路德习惯于边说边在桌上写下提纲、注释等，后来辑成《桌边谈》。——译者

[②] 意指不需要教会的权威，真正的权威来自于圣经本身。——译者

在是、将来也是经验的真实能由以生长的唯一土壤，以及理想得到证实的唯一的坚实的基础。由于确信救赎会带来未来的证实，个体经验的奇迹或许可以因此而进一步巩固自身。但认识希望在经验之下，甚至是在它所抛出的那个希望之锚之下寻找其他的基础。

新神学家

启示和救赎之间的联系对今天的神学来说具有极其重要的意义，用神学的方式来说，就是它需要哲学来建立一座从创造到启示的桥梁以使上述联系得以成立。从神学的观点看来，它希望哲学带给它的绝不是神学内容的重建，而是对这些内容的预见，或者更确切地说，是给它们提供某种基础，确立它们得以立足的前提。而神学把自身的内容看作是结果（event）而不是内容（content），就是说，看作是有生命的东西（what is lived），而不是生命（life）。因而它的前提不是概念的要素，而毋宁是内在的实在。由于这个原因，创造的概念取代了哲学的真理概念。因而哲学包含了启示的整个内容，然而不是作为启示，而是作为启示的前提，作为已创造的内容。也就是说，不是作为已启示的内容。启示幸运地在创造中"被预见了"——启示在其整个内容中，并恰好因此根据流行的信仰概念，也包括在救赎中。就像神学家所做的那样，哲学以《旧约》神学的述说方式变成了启示的一种预言。但由此在我们惊奇的眼前重新获得了可信的奇迹的特征——可信，因为它整个地、独有地成就了创造中所作出的许诺。哲学就是女预言家的预言（Sibylline

Oracles）①，它通过预言奇迹，把后者变成了一个"符号"——神的恩典的符号。启蒙运动并不知道如何去批判地建构奇迹的历史证据，于是，奇迹被降到了魔术的水平、咒语的水平，如果不是宇宙论的水平②的话；它似乎无非是一个成功的欺骗。因此它剥夺了奇迹的可信本质，在其前额上烙上了它源于信仰的印记，它把奇迹变成了异教的东西。信仰的真正的孩子被偷偷地换成了一个矮小丑陋的小孩（changeling）③。当信仰以这种转嫁给它的父子关系为羞的时候，它无疑是正确的，但现在哲学出于自己的需要而迫切要求同神学协作。历史的权威仅仅是一个替代物，也就是说，是辩护性的而不是建设性的，它已垮掉了。因此神学就其自身来说渴望把哲学看作是同其新形式相称的可信的权威。在这些境况中，可信的奇迹这个信仰已经毫无指望的但却是最亲的孩子，被知识带回到它的怀抱中。

语法与词

在极大程度上我们已到达了我们试图在这个导言中达到的目标，剩下的只是需要对哲学如何预见了创造的奇迹略说几句。这一说明必然是不充分的和暗示性的，而且同本节的内容相比，它也

---

① 古希腊、罗马的女预言家的预言集，属于早期的犹太和异教启示文学的一种，对基督教神学的产生有一定影响。——译者
② 应该是指奇迹被当成了宇宙论意义上的东西。——译者
③ 欧洲有这样的传说：仙女或精灵会偷偷地把自己的丑陋或愚笨孩子替换为人类的婴儿。——译者

许将更有助于追溯前一部分的内容。方式的问题,"方法"的问题,毕竟不应该在工作完成之前加以探讨,那不过是事后的事。而在此与我们有关的正是一个方式的问题。人将如何在创造自身之内去认识经验到奇迹的可能性?而后者已经在创造中昭示给了我们。或者以一种更具体——至少是更明显的——的方式说:在创造的领域内,被造物在何处?在哲学的领域中,把可见的启示的印鉴挂在脸上的"主体"在哪里?在创造中,时间不得不打开以阅读其中的启示的话语的书在何处?秘密在何处作为奇迹打开自身?

当我们注视着从无的神秘的深处无言地出现的全的元素时,我们已经通过给予它们一种它们自己能够运用的语言而赋予了它们的沉默以语言,因为它[①]并不是语言。就像那个"出现"[②]是一个先于创造的创造一样,它是一种先于语言的语言。从现实的语言的观点看,它构成了作为秘密基础的、隐藏在每个表达式之下的,并赋予每个表达式以意义的原型词。[③]在某种意义上,它们是构成语言的表达过程的基础性词,或者它们又是生成一条曲线的数学元素。事实上,对它们的特性用数学符号加以图解说明或许是更好的办法。在现实的言说中,这些听不见的基础词(arch-word)变成了真实可见的词汇,它们自身以及所有伴随着它们的真实的词都是如此。我们亲眼目睹了先于语言的语言被真实的语言所替代。

---

① 指上文中我们给予它们的语言。——译者
② 指上文中"大全"从"无"中的出现。——译者
③ 直译为"使其上升到光明之中"。——译者

那些肩并肩站在一起却毫无关系的不可见的基础词是一种有关原型宇宙的、肩并肩躺在一起的、个别要素的语言。它们是在浮士德的母亲的无声的领域中被理解的语言，最多是一种达到理解的概念上的可能性。然而真正的语言是尘世的语言。逻辑语言是这种真正的语法语言的预言。思维在各个单独的个体中都是哑的，而这一点适用于所有人，因此，言说的基础对所有人也是共同的。在思维中哑的东西在言说中成为可闻的。但思维不是言说，亦即它不是"悄然无声地"说，而是一种先于说的言说，说的秘密的基础。它的原型词不是真实的词，而是对真实词的允诺。就真实的词本身来说，它命名了客体，客体也由之得以命名，但它只有在原型词已"把它的词给了"它这一事实之上才获得了一个坚实的立足点。无声的变成可听闻的，秘密的成为昭然的，神秘的成为公开的；作为思想被完成的东西转而作为词重新开始。因为词在它被耳朵听见、嘴巴说出前是一个纯粹的开端。

至此为止，在语言的逻辑和语法的关系中，我们无疑已经找到了我们探究的对象，即创造和启示之间的联系。原型宇宙的、创造的、哑的、永恒的元素，已被我们用语言——在其逻辑的原型词中——翻译得易于理解了。永远是当下的宇宙的循环着的、永恒地自我更新着的轨迹也会被我们用语言——在其语法中——翻译得可以理解。逻辑的原型词的预言能力在真实语词中、在语法的形式中得以实现。因为语言正是造物主给予人类的晨礼（morning gift）[①]，可是同时它也是所有的人类的后代的共同财产，在其中

[①] 欧洲风俗，新郎于婚后第二天早上送给新娘的礼物称为晨礼。——译者

各自都有其特殊份额。最后，它还是人性的标志。从开始它就是完整的：当人第一次说话时，人才成为人。可是直到今天[①]仍没有人类的语言，它只有在最后才出现。真正的语言对在起始和结束之间的一切都是共同的，可是对各自来说又是截然不同的；它同时兼有联合和分开的功能。这样真正的言说包括每一件事情，开端、中间和结尾。它是开端的当下的可见的实现，因为它以其无数的形式，成为了——如现在我们所说的——使人成为人的可见的标准。它还包括结束，因为甚至作为今天的个别语言，或作为个体的语言，它被达到完善的理解——这被我们想象为人类语言——这一理想所控制。语言形态学作为真正的实体变成了我们的启示的工具，与之相对的是我们关于语言的原初的观念，它早已变成了创造的方法论意义上的工具。然而从那以后，语法形式因而按照自身的次序根据创造、启示和救赎再一次安排了自身。启示毕竟同时是创造和救赎的启示，因为它被建立在认识中的创造的基础上，但却指向意志中的救赎。语言作为启示的工具，同时也贯穿了人类的任何一种辉煌和永远更新着的经验的当下性。

瞬间

在这里我们感到我们的冒险已经如我们所担心的那样走得太远了。我们正因谈及未知的东西而在难以理解的事物中迷失道路。因而我们要在这里停下脚步。经验的概念在其不知疲倦的青春中足以把一个冷静的思维误导成过分热心的失常。让我们保持坚定

---

① 意指直到目前为止的篇章中。——译者

并确信:语言,尽管它已经存在了,是从开始就被创造出来的,但只有在启示中才觉悟到了真实的生命力。因而在启示的奇迹中没有什么是新奇的,在创造了的创造中没有什么来自于巫术的干涉,而毋宁说,它完全是符号,完全是让那最初被隐藏在创造的无言的黑夜中的上帝恩典可见可闻的过程,完全是启示!因此,启示总是新的,原因只在于它的最初状态才是旧的。它把原始的创造改造成了一种常新的被创造的现在,因为那个原始创造自身完全是由上帝"每日更新创造的工作"①的封印了的预言。人的语词是符号;每一刻它都在说话者的口中被重新创造,但这只是因为它来自于开端,而且还因为,它已在其自身中孕育着总有一天会实现它自身的更新这一奇迹的每一个说话者。②但神圣的词不只是符号:它是启示,因为它同时是创造的词。"上帝说,要有光"——什么是上帝的光?它是人的灵魂。

---

① 晨祷:那每日更新创造的工作的(参见《三个朝圣日子的祭祀》中的第 12 节 b 部分)。——英译注(括号中的参考文献应该出自《密释纳》第 2 部第 12 章。——译者)

② 此句的意思是说,人的语言自身孕育了能更新它的人。——译者

第一卷　创造或事物的不朽基础

上帝说话了。这是第二位的，而不是开端。它已是沉默的开端的可听闻的实现。它已是第一个奇迹。这个开端是：上帝的创造。

上帝的创造，这是件神奇的事。在这里秘密的外壳破裂了：我们迄今所知的关于上帝的任何东西都只是关于一个被隐藏了的上帝、一个在神秘的领域中隐藏了自身及其生命的上帝、一座诸神的堡垒、一座诸神的山、一个上帝的天堂的知识。我们所熟知的这个上帝已达到了他的终点。但作为造物主的上帝却还在开端之中（in the beginning）。①

在开端中……似乎走到了终点的神的生命力，将其自身转变成了一个开端。在这里上帝用泥土造就的万物（God's birth out of ground）②，他的先于创造的创造，也将被证明是对他的宣示的预言。说到底，允诺和实现间的差别，如果不是前者保持为固定的、完成的、不可动的，而后者发生了，或更好了，现实化了，那还能是什么呢？因而在从允诺到实现的道路上根本没有什么变化。

---

① 即《创世记》开头的"起初……"。——译者

② 直译为"上帝（从大地上）的诞生"。但这样似乎不合情理，根据《创世记》中上帝造人、造万物的类似用语，翻译为"上帝用泥土造万物"。或者，"birth out of ground"本身是一个短语，表示诞生，但译者并未见到此类先例。——译者

允诺的内容和实现的阶段是同一回事，只有这样，完成了的东西才能将自身转化为开始。然而与之相伴的是，生产出成品的建构性的各个部分被转化成了某种预言，它所预言的是这样的过程：那作为完成了的产品又重新变成了开始。这种转换，正如上文指出的那样，只能在最初的两个原型词的交换中得到表达。作为"是"被湮没的东西，却作为"否"而浮现出来，而且反之亦然，这就像旅行箱中的物品一样，把它们拿出来时依照的是把它们放进去时完全相反的顺序。尽管这种类比似乎很可笑，但是我们可以严肃地运用它。因为，来自泥土的创造虽然被分解成了多个行动，但它们却绝不是以辩证的方式一个接一个地产生的，尤其是，第二个行动绝不是从第一个行动中产生的。"否"不是"是"的"反题"，毋宁说，"否"与"是"同样直接地面对"无"。为过渡到是这一边来，它不是预先假定"是"本身，而仅仅预设是源自"无"。因而两个行动都同其源泉有着同样直接的关系。这种关系，以及因此在辩证方法和我们在此所用的方法之间的差异，都是非常重要的。在目前这一部分中，能搞清楚这一点就已经相当重要了！但是，装箱、开箱的类比是完全有效的，它的基础正在于此。

创造者

能力

上帝的创造是其自我表达的开始。在创造中，神圣的能力伴随着"原初的否"（arch-nay）融入了他的生命力，展现了自身。但这种能力，它来自于神的自由。也就是说，来自于其"原初的否"，它现在不再作为"否"而是作为"是"而重新出现了。"作为是"并不意味着作为一个孤立的"行动",在自我否定的震撼中努力把自身同上帝分开,而是作为一个静止的、无限持久的本质的"属性"。迄今为止一直隐藏在对神话的形而上学超越中的上帝的构型,逐渐可见并开始光芒四射。上帝的构型——为什么只有构型允许我们说他有一个本质"属性"呢?它是唯一的属性;任何其他要求这一冠名的东西,如我们将看到的,都是毫无根据的。如此,在从其自身中出现之前,上帝根本不可能有任何先于上述行为[①]的属性。因为属性是外在的因素,与此相对,属性的承担者是完全内在的东西,它只在属性中表达自身。但是,任何其他的有可能被正确地命名为神的属性的东西都被包括在了这种属性中。

无常和冲动

在它成为属性之后,什么是能力呢?我们早已说过:不再是孤立的行为,不再是"无常",而是本质。作为创造者的上帝本质上是有能力的。他的创造性因此是绝无例外的全能。上帝,在创造中可见的他,能够做他愿意的一切,但他愿意做的,是出自其本质的、必定会愿意的事情。这里得到的这个简单易懂且不证自明的公式,在它涉及上帝的范围内,为我们解决了创造的概念曾提出的所有问题。

不久以前,在创造的概念中发现的困难被描绘为在上帝的"全知"和"全能"之间的对立。有人问,上帝如何能是全能的,如

[①] 指上帝从自身中的出现。——译者

果他的智慧不断地限制他并阻止他做他愿意做的一切的话？但是这个问题的提出只能说明它混淆了行为和能力，而这一点①毕竟只有在上帝的内在的自我构型的秘密中才是可能的。在处于显现的过程中的上帝的那种构型中，它不是行为而是本质。在那里它被实质性地融合进一种内在的必要性。而且所谓上帝所独有的智慧的概念，唯一的意义就是这种融合。对能力的属性的正确理解就包含着智慧的概念。因而，它有我们刚刚发现的公式，创造者能做他愿意做的一切，但他只愿意做出自他本质的、他必须愿意的事情的公式。这样，能力作为一种"属性"嫁接到了本质上，而且它同智慧的关系的学术问题现在也解决了，但在此之外仍然有真正的和深刻的问题内在于创造的概念之中：上帝的创造是无目的（caprice）②的还是出于某种冲动？这两种可能性似乎是不能协调的。神的完善和无条件性的概念似乎要求我们肯定前者。上帝一定不依赖于任何事情，根本不可能有某种需要，不管它是外在的还是内在的。他绝不会不得不去创造。他一定不会感到"孤寂"，像席勒所断言的"世界主人"那样。或者用《古兰经》的话来说，他必定是"富有的，而无需任何世界"③。而且实际上，创造者的绝对无目的的思想恰恰在阿拉伯经院派中得到了最好的表达，尽

---

① 指行为和能力的统一。——译者

② "caprice"这个词在本书中多次出现，根据上下文我们进行了不同的翻译。在这里，作者构想了关于上帝的创造的问题，即，上帝创造时是否有目的（caprice），是否是出于某种冲动（compulsion）。——译者

③ 根据上下文，此处引文的意思是上帝虽然是世界的主宰，但他并不是因此而富有，相反，即便是没有任何世界，他仍然是富有的。引文具体出处不详。——译者

管在早期的基督教和犹太教神学中也有所表现。但它绝不像它的倡导者认为的那样是无害的。它把上帝变得一无所需，并拒绝把他的本质建筑在他的创造性之上，由此，它威胁要把上帝从任何同世界的必然联系中隔离开来。但因此出自他自身的上帝创造性的显现被转变成了仅仅是一种现实性，而不再是出自他的本质的，并且上帝的本质被提升到一个无关于世界和悬于其上的高度。这不也是异教学说吗？我们拿什么把上帝的这种与世界的无关联性同从未被存在所触及的、在存在的"缝隙"中过着奥林匹亚式的平静的生活的、伊壁鸠鲁式的诸神的无动于衷的冷漠区别开来呢？在启示的真正的观念中，"全"的三个"真实的"元素——上帝、世界、人——分别出自他们自身，同时又相互归属，相互联系，而这一观念在反对创造者的无目的性时具有最终极的效力。因此恰恰是在这一点上，迈蒙尼德，这位伟大的启示神学家，脱离阿拉伯经院派，最果断地断言上帝的创造力是他的本质属性。他进而通过对这种创造能力的明确的方法论上的同化、吸收，发展出了整个神的本质属性的学说。

尽管如此，对无目的性的强调不是完全不合理的，这一点表现在作为神的本质的能力的创造性行动的概念的发展[①]中。它总是易于被重新解释为神的需要。对上帝来说，创造世界是一种本质的必然性，因此在创造中，"世界的寂寞的主人"，像艺术家一样，满足了他本性的需要，摆脱掉了内在的负担。实际上，有些不满

[①] 直译为"表现在该概念的后来的财富（later fortunes）之中"。——译者

足于必然性概念的人更是通过与激情的混合扩大了(exaggerated)[①]这点。创造被转变成一种爱的行动,渴望爱的行动,而不是溢出爱的行动,尽管这也本来就意味着一种重点的转换。而这些表达式必须被丢弃,即便不是为了上帝,那也是为了世界。因为在二者之中,上帝被剥夺了其内在的自由,世界丧失了其自身之内的内在的凝聚性,它的支持自身的能力。在所有的难以尽数的可能性中,这些最不应该被从中取走,相反地,它恰恰是由创造的思想来加以保证的。如果以这种方式来乞灵于上帝的需要[②],世界将失去它自身的一切意义,一切内在的确定性。[③]像一个自传诗人的著作一样,它的本质存在于"独立的艺术作品"之中,而不是作者的天马行空般的内在生活的一种确证。而且如此一来,它就不再是创造,不再是在元逻辑的世界中预言的内在的结构。

在这里神的无目的性概念成了救命灵丹。但我们在建构创造者的概念时已明确地丢弃了的这块石料,现在碰巧又要把它变成基石吗?它绝不是基石,并且也不会"把它变成",而是把它看作是基石。因为无目的性确实是存在的,不过不是在创造者的创造行动中,而是先于它在上帝的创造的行动之前的自我构型中。创造者的能力是实质的属性,但作为其源头的无目地性不是属性而是事件、在创造之前的上帝的内心中燃烧着的长明不熄的火焰。在神的本质的命定的冲动的冲击之下,神的自由首先清晰地从无

[①] 直译为"夸大",但夸大指的是对原本内容的虚夸,而这里指的是被附加上了本来没有的与原本的内容完全不同的内容,即激情,所以译为"扩大"。——译者

[②] 指仅靠上帝的需要来解释世界的被创造。——译者

[③] 根据上文,应该指世界在其自身之内有能力确定自身。——译者

条件的无目的性中显现出来,进而变成了行动的能力。这种神秘的、先于创造的自由的自我显现就是在创造者的能力之中找到了显而易见的实践的被封印的预言。[①]但这一预言是在创造者赋予自己生命的燃烧着的无目的性中被预先形成(pre-formed)的,而且这一事实在创造者的神奇的能力中保存了下来。可见的上帝的创造性能力在平静的生命力中显现自身,而隐匿的上帝的无目的性则静卧在这个能力的基础上。上帝的能力用纯粹的必然性表达自身恰恰是因为它的内部是纯粹的无目的性,无条件的自由。作为一个"创造的"、自我包容的、"隐匿的"上帝,他完全无须创造,假如——这假定几乎不成立——这样的话,他仍能从自身中显现出来,并且创造。但是作为"可见的"上帝,他不能不创造。那些把内部的、实质的必然性归于神的创造性行动的人与那些断言其无目的性的人相比而言是正确的。但是这种内在必然性基于从隐藏的东西到显现的东西的转换。同那些把它夸大成一种充满热情的需要,再把能力解释为爱的那些人相比,另外那些主张神的无目的性的人由于诉诸上帝的无限自由的内核而处在正确的位置上。可以肯定,当这一内核爆发时,会丧失它内部的无限性而把自身显现为平静的、必然具有创造性的、全知的全能。

伊斯兰教:理智的宗教

在伊斯兰教中,世界历史提供了这个问题的一个证据。穆罕

[①] 即这种被封印的预言的实现是发生在上帝的能力之中的。——译者

默德偶然发现了启示的概念，并把它作为早就被习惯所接受的一个发现接受了。也就是说，它不是从它本身的预设中产生的。①《古兰经》是一本并非基于《圣经》的《塔木德》，一部并非基于《"旧"约》的《"新"约》。伊斯兰教只有启示，没有预言。所以，在其中启示的奇迹不是一个"符号"，它不是作为一项"拯救计划"的、活跃在创造中的神的意志。毋宁说《古兰经》本身就是一个奇迹，而且因此是一个魔术般的奇迹。它所要求的作为奇迹的合法性，不是来自预言，而是来自它的无法说明。至今，《古兰经》的神圣特征的证据建立在这样一种确信中：如此无与伦比的辉煌的智慧和美的一部书本不可能源自人脑。与此形成对比的是，《塔木德》和《新约》从理论上依靠它们同《旧约》的联系以证明它们的神圣根源，《塔木德》的全部确证是它从逻辑上来自于《旧约》，而《新约》则同《旧约》的历史性实践息息相关。②这样当穆罕默德从外部接过启示的概念时，他必然在创造的基本概念上保持同异教的关联。因为他拒不承认沟通启示与创造的相互联系。

因而对他来说，很难理解创造的概念——上帝、世界、人——需要一种内在的、把它们自身从完成的构型转变成启示的能力源泉的转化。正如他发现这些概念一样，他也以完成的形式接受了它们。他只是简单地从异教世界接受它们而不是像启示概念一样

---

① 就是说，启示来自习惯而不是推理，虽然它是由穆罕默德所偶然发现的。在这个意义上，穆罕默德的启示有似于笛卡尔的"我思故我在"，即是直观的而不是推理的。——译者

② 意思是说，《塔木德》来自于对《旧约》经文的推演，而《新约》来自《旧约》中种种预言在现实中的实现。——译者

从启示的信仰中接受它们。并且正如他发现它们一样,他把它们投进了从创造经由启示导向救赎的过程中。这些深奥的预言没有变成显现的启示。它们的密封的眼睛不会容光焕发地睁开;他们始终保持着沉默的、内省的凝视,甚至在它们以之向外相互关注的时候也是如此。在这里"是"仍然是"是","否"仍然是"否"。它是一种直接源自异教的对启示的信仰,是一种对"纯粹自然"的因果关系的信仰,其中没有上帝的意志,没有他的神圣的设计。由此我们能够——而且也愿意——通过这个世界历史上著名的剽窃案例为自己勾勒出这样一种信仰的观点究竟是怎样的。因为它本质上是一种如此纯粹的自然的衍生物,致使它缺乏内在的"符号"的反转(inner reversal of the "notations"),即,缺乏从预言到符号的转换,缺乏从创造到启示的转换,后者先是把创造彰显为启示的基础,而后把启示作为创造的再生。因而伊斯兰教既没有创造也没有启示,尽管当它发现它们之后立即因它们而变得趾高气扬。

如上文所说的,穆罕默德的创造者"无需世界也是富有的"。实际上,他是根本无须创造的创造者。他证明他的能力的方式像东方的君主一样,既不是靠创造必需的东西,也不是靠颁布法律的权威,而是靠他的无目的的行动的自由。显而易见,相对而言,在上帝是用正义还是用爱创造世界的问题上,拉比神学阐明了我们的创造的神圣能力的概念。我们认为创造者独有的能力是来自内在的必然性表现的能力和实现必然性的能力,并且这种能力毕竟恰恰在正义的产生和执行中证明了它的勇气。无目的性无疑是这种能力的对立面。它只能在内在的冲动的缺乏中,在同样实现正义或非正义的自由中,在干一件事情或忽略它的自由中,证明它的勇气。无目的性根本无视必然性。它没有彰显出它的带着作为某种同样必然的东西的无穷的必然性的表达。代之而来的,每个个别行为都出自它独自对之负责的个别瞬间的短暂的心情。它否认刚刚过去的瞬间,同样地,它也反抗当下的行动会在某种程度上为紧跟其后的东西创造一种应遵守的先例的观念。仅仅是在对每一件事情来说的每一将来的瞬间都同当下的瞬间一样有同样的自由的观念中,它的无穷性才得到了证明。"只要地球持续存在",无目的性就不会给它的作品造一道象征着它的约束的、跨越天空的彩虹,更不会让它存在的法则终了。对它来说,创造和破坏完全是一回事。它同时造就了[①]二者并且要求它的信徒同等地尊敬——如果不是仅仅同等害怕——二者。然而启示的上帝从不拿他未来的世界法官的角色直接同他作为创造者的角色相比较。但前者业已是某种不同于无目的性的东西,像后者自身一样,它高悬在启示由以建构的必然性的内部框架之上。这样,单独的无目的的行为就在它所出自的、作为它的所有其他的时刻的体现的单独的时刻中否定了它自身。然而,实质性能力的行动被从本质中提取出来,并在横扫一切的必然性中被给予了无限。在伊斯兰教中,创造的行动无条件地对即刻的东西并只对即刻的东西负责,就像任何无目的的行动一样,所以,在上文所说的意义上,对创造者来说它是自我否定。根据启示的信仰,创造行动把曾经必然的事物从它自身之内向外释放出来,像任何内在的本质的必然表

---

① Boast of both in one breath... 本句模仿了《创世记》中造人的语句。——译者

达一样,并因此它是对创造者的来自世界的肯定。来自世界的肯定:创造就是创造一个世界。它是怎么样的呢?

被造物

无

我们在世界形成自身的过程中一直伴随着它[①],一直到它似乎完成了自身,变成了具有完整结构的构型,其中还注入了精神因素。这个结果对它来说也是一个顶点;没有通向超越这个顶点的道路,除非在这里结果也成为一个开始。但这意味着:成为被创造的。正是创造的概念首先从它的元素的自我包含性和坚决性进入全的溪流而撕裂了世界,向外张开它的至今仍转向内的眼睛,致使它的秘密显现出来。真的,乍一看主张在世界作为构型完成以后仍可以被创造似乎是荒谬的。至少我们好像从传统的由"无"而创造的概念,从"无",毫无希望地走向远方。对我们来说,世界已经作为构型从"无"中起源。为了表现据说是创造世界的"无",作为构型的世界应该必须再次成为"无"自身吗?

正是如此。这里让我们回忆一下我们以前是如何靠宣布"元逻辑的"世界实际上只会随着信仰的时代的开始,也就是说在古代消逝以后才形成来说明创造的道路的,尽管世界的蓝图早已被古代设计好了。在那个时代已经开始而未结束的范围内,我们把世界解释为生成,同在一切开始之前已生成上帝成对比,并同在过去形

[①] 作者的意思应该是指本书的探讨涉及世界形成过程的每个阶段。——译者

成的自我成对比。从而我们可以进行下述划分：将"来自无的生成"的世界跟世界的终结划在一起；将上帝与世界的清晨划在一起；将自我与世界的阳光灿烂的中午划在一起。所以对世界来说，创造的世界的早晨不必意味着它成为被创造的。上帝创造世界是无限的真理这一点仅仅适用于主语，就像任何句子都是由主语、谓语和宾语构成的一样。如果抛开主语，没有对这个句子的任何起码的分析能得出关于独立的宾语的真正命题。从像"鹳吃蛙"这样的一个句子中，有人很可能有分析地得出另外无限的真理，蛙被鹳吃了，在鹳和蛙之间的关系和蛙与鹳的关系被明确地确定了。但蛙的命运，除了它同鹳的关系外，却不确定。大量的其他可能性都继续同被吃掉相关，并且只有鹳的参与过程是无可争辩的。因而，句子"上帝创造了世界"仅仅对上帝和世界的关系有无限的有效性。句子的过去时态，它的一劳永逸的形式，仅仅对这个关系是有效的。另一方面，世界不是由上帝一劳永逸地执行的创造行动必然地被创造出来的。过去的东西是对上帝而言的，是无法追忆的，真正地"在开始中"，但它对世界来说完全可以仍是现在的，甚至直到它的结束。世界的创造仅仅在其救赎中才需要达到其结束。仅仅从那有利的角度看，或者从任何这样一个结束将被安置的地方，世界才会是——并从那里，真的，它会绝对必须是——回溯式的"无中生有"（*creatio ex nihilo*）。同这个被创造的世界相比——现在确实——元逻辑的世界观所构造的世界将因此不得不是真正的"无"，也就是说，某种同被创造的世界完全不可比的东西，同后者没有联系的东西，某种随着它对后者的贪求而消失的东西。

天佑和实存

然而,世界不必在一开始就在神圣的创造中"变成"某种"完成了的"的东西。最初它只需要成为一个创造物。什么是创造?从上帝的观点看来跟从世界的观点看来是一样的,都是它的被创造性的意识(the consciousness of its creatureliness①)的爆发,它的被创造。另外,成型了的世界将因此更清楚自己的被创造性。从它自己的观点看,被创造意味着它把自己显现为创造物。这是创造物–意识(cerature-consciousness),不是已创造的而是永恒的创造物的意识;同样,它是某种完全客观的东西,一种真正的启示。它绝不是已经内在于世界中的一个过程,而是一个从世界自身出发到创造者的意识的过程,而且是对这一过程的第一次详细说明。世界的创造物意识,也就是说,正在被创造的而不是已经完成的意识,在神的天佑的概念中物化了。

这一过程是这样的。对世界来说,它同创造者的必要的关系,如我们所看到的,不是它的一劳永逸地已被创造,而是它继续作为创造物显现它自身。那么对世界来说,关系不是它的自我创造而是它的自我揭示的出现。因而它将作为世界的自我建构的第一的而不是第二的行动的转换,作为已成为其持久本质的东西的转换而出现。成型的世界的持久本质是普遍的东西,或更确切地说是那虽然自身是普遍的,但包含个体在它自身之内,或更确切地说是从它自身之内把后者②展示出来的范畴。在把自身展现为创造

---

① 直译为动物或人,这里指的是包括世界在内的全体被创造之物。——译者
② 指在范畴中,普遍把个别展现出来。——译者

物的世界中,这种持久本质被转化成了"永远更新的"但是普遍的瞬间的本质。因而是一个非本质的本质。这意味着什么?世界已踏入了实在之流,因此,它的本质不是"永恒的和放之四海而皆准的",而是这样的:在每一瞬间它都更新着包含在它自身知道的特别的东西(the Distinctive)①的整个内容。它包含了所有独特性而自身仍是普遍的本质,它在每一刻都把自身看作是一个整体。它是实存。同存在相比,实存意味着充满了独特的东西和不总是在任何时间和在任何地方都存在的。但是,在这里,被独特的东西所感染了的普遍的事物,必须不断地更新以保持自身。世界是一个坚固的构型,实存由之而出,而世界则由于不停的更新的需要而不断地否定这一构型。相比而言,实存不仅需要不断的更新,而且作为实存的整体也需要存在。因为实存缺乏的东西是存在,无条件的、普遍的存在。在其普遍性中,充斥着所有的瞬间的现象②,为了获得自己的存在所不能提供的稳定性和准确性,实存渴望存在。它有,或者说,在它成为创造物之前就已经有了,一个支撑自身的存在,但是那个存在仍待在元宇宙的"无本质外表"(essenceless semblance)之后。一个"外在于"它自身的存在,但在实在的范围之内,本身没有分支③的一个存在,必定会使它超过自身的分支。它的被创造性被压在了把稳定性和准确性赋予了它的存在的羽翼之下。

---

① 参见上文的"普遍的东西"。——译者
② 大意是指普遍包含着所有的个别的瞬间。——译者
③ 意思是"浑然一体的一般,没有个别"。——译者

因此，在被投进元逻辑的世界中的、存在着许多分支的系统中，我们所发现的困难至此可以解决了。我们在那种逻各斯的多重存在之上的"某处"寻求一种真理的单纯的存在，然而，无论在元逻辑的世界中还是在任何其他地方，都无法确定地发现这样一个"某处"。逻各斯的和已被注入了实在的多重实存依赖于"真理的单一的词"，而现在，对创造物的需要很自然地为我们指出了寻找这个词的必经之路。但暂时还是只关注创造物自身吧。

它的需要就是它的实存本身，不是独特的东西的普遍性的实存。在其中，不停持续的瞬间、实存本身对被造物的持续更新构成了威胁，并且它也被创造者的能力以此种方式所捕获。现在我们达到了神的天佑，而且在世界中，这仅仅跟普遍、"概念"和"种类"直接相关。它仅仅跟"各从其类"[①]的事物，跟独特的东西相关，所以它依靠的仅仅是普遍的特征，并且归根结底仅仅是完全地依靠普遍的实存。我们同迈蒙尼德一样，拒斥那种仅仅相对于世界中的事物的，与相对于人的不同的"特殊的神佑"。只有到后文中，我们才会涉及在什么程度上上帝的统治也在没有中介的情况下仍然把事物作为个体来把握。然而对创造者来说，事物仅仅在整个实存的普遍性的框架中才呈现它们自身。他的创造仅仅通过实存来理解它们，"各从其类"。但是这个普遍不是本质的普遍；它只是向着不停地闪亮着的"否"而奋进着。[②] 这一点是显而易见的，因为这种对实存的神圣的把握并未发生在创造中，后者一劳

---

① 参见《创世记》第 1 章的相关语句。——译者
② "To the fore"，直译为"出名、显赫"，这里意译为"闪亮"。——译者

永逸地发生了。毋宁说，它是一种瞬间的把握，一种尽管普遍却是为了整个实存而在每一最小的个别的时刻都更新着自身的天佑，其更新之明智，一如上帝"每天更新他的作品"。它正是在创造物的概念中所暗示的这种每天的神佑。

伊斯兰教：必然性的宗教

伊斯兰教又为我们的问题提供了证据。在这里它也介绍了元宇宙的概念，以及没有从内部转变到启示的概念性的领域的存在的概念。[①] 它直截了当地主张，世界性的逻各斯的存在，就像被创造的世界的存在一样，尽管有足够的分支，但本质上是静止的。因为，它是建构世界的合作者。它的存在因此不是实存；它不是某种普遍的东西，而仅仅是瞬间的并因而总体上天天需要更新的东西。毋宁说，在本质的肯定中世界使其存在具体化了，并且作为它的被创造性把它放在了上帝的脚边。并且现在安拉可以选择以何种方式让其神佑占据统治地位。一方面他可以使它一劳永逸地指向世界的整体，并且仅仅在由于被包含和被放置在这个整体的意义上，指向其内部的任一个别的事物。这就是我们通常所说的天命（Kismet）的概念。但另一个可能性更值得注意，因为它更接近于天佑的真实的概念，即我们上文所详述的那个概念，而正因如此，两者有了特殊的区别。因为安拉也可能想直接把握个体事物。它毕竟也被安置在这个普遍中。如我们所回忆的，普遍，当它穿透结构的世界时，不只是普遍，

---

① 指存在概念没有转向启示概念的内在途径。——译者

而是"概念",特殊的东西的普遍,在所有特殊事物中的普遍的体现。但在这个本质的普遍之内,它以前是瞬间的,特殊的东西同样可能只是本质的,不是暂时的。本质上特殊在某种意义上意味着细微中的普遍;它意味着独特的,可是就它本身来说,是"永恒的并且放之四海而皆准的"。但这意味着什么呢?意味着创造性的自由可以是它唯一的源泉,也就是说它靠"肯定",而不是靠自我否定性的更新。因此,正是在这里我们才能指望,安拉会在每时每刻创造着每一个体事物,就像创造着普遍本身一样。因此,创造在这里由无穷多的细分了的创造行动构成,互相之间不相干,各自都承担着一个完整的创造的任务。

这是在伊斯兰教之内处于支配地位的正统的哲学学说。这里个体事物每时每刻都承受着神的创造力的整个冲击。它不是每时每刻都是"更新了的",而是每时每刻从上到下都是"被创造的"。它不可能逃避这种可怕的、无限细分的安拉的赐予。正因为它仅仅在整体中把握个体单元,世界"更新"的概念保持着它同单一创造的关系并借此保持着同实存的统一关系。它因此而把天佑建基于创造之上。另一方面,天佑作为每一时刻都发生的创造的干涉的概念,恰好毁坏了上述关系的任何可能性。作为创造行动的重大更新的天佑,是本质上在创造中被设计出的东西的实现;这里尽管它是瞬间性的,但在一切情况下它仍是创造中的本质的干涉,一种在创造的行动和创造的统一之间的持续的竞争。它不是一个作为世界的统治者的上帝用以对抗作为创造者的上帝的符号,而是由前者所导演的、用以反对后者的魔术。虽然如此,它仍然在上帝的统一性的旗帜下精神抖擞而傲慢地前进着,伊斯兰教因而滑向了一种一元论的异教信仰——如果可以这么说的话。在每一瞬间上帝本身都同上帝本身竞争,好像它是多神论的诸神的多彩而充满斗争的天堂。

总之,伊斯兰教主张在同世界的被创造性的直接关系中的"特殊的天佑"。另一方面,真正的信仰仅仅主张在同被创造性的联系中的普遍天佑。它给"特殊"天佑的概念指出了一条通过启示达到救赎,最后同样回到受造物的捷径。因此对伊斯兰教来说,那些似乎已经在创造概念中完全得到了阐明的人,以及上帝同他的关系,恰恰是在创造的概念中被提升到了创造的领域之上。在这里真正的创造概念也再次预见了它在启示的奇迹中的实现。人确实是万物之中的一分子,因此,他的独特的实存同样被天佑所影响——就像指向了整个实存的影响一样的直接,但这种被造性的、同上帝的关系同样仍只是"预言"。作为上帝的创造物的人是作为上帝的孩子的人的预兆。实现并不仅仅是预见,迹象并不仅仅是预兆——孩子更不仅仅是受造物。但现在就不必去预测了。我们在它们的相互作用中研究了创造行动的两极——上帝和世界,它们同时既是主动的又是被动的:上帝以其创造力的智慧把世界唤入了实存,世界在其被创造性中展现自身,通过其实存而面对天佑。现在,先让我们回到结果,回到创造本身。

逻各斯的语法(认知的语言)

数学的界限

我们以前能用以证明元素进化的数学符号语言在这里使我们失望了。在方程中,它甚至不再可能精确地说明转化,因为只有当以前合并入它们之中的东西再次分离发散出去的时候，转化的意义才变得清楚起来。当它如此行事之时，单个的字母符号将不得不经常性地改变，最终导致不可能的结合。但首先从元素的完成的构型中出现的，不是这些在无中发生的并且仅仅用符号表达的是和否的原始的纯粹形式，而毋宁说是那些在从否到是的路上自身已相互转化了的，已体验了彼此影响的形式。这样的一种影响已经存在于以下事实中，比如说，独特的不再是独特的、纯粹的和质朴的，而毋宁是作为其范畴的具有代表性的个体，但它可能只是不再用代数符号来表示。要是用几何符号来代替代数符号的话，情况或许会有所不同，人们既可以通过符号的更替来说明逻辑换位，又可以通过测量其相对的距离来说明在空间中象征着不同的概念的不同的点之间的相互影响的关系。[①]但是在目前这一部分中我们必须先把这些符号的运用暂时放下，它们的作用将在后文提及。这是同几何的本性相联系的。确定无疑的是，几何是以代数为前提的，它被证明是在代数中所预示的东西的实现，由此，它就像解析几何一样，变成了知觉的本性的数学。但这种客观次序不是同认识次序平行的。主观上看，一种几何学理解不仅预示等和不等的代数概念，而且同客观有效的次序相比，预示了一种自然构型的先验知识。尽管它建立了自然构型的客观性，但主观上它作为一种来自它们的抽象仍然只是可能的。因而如果我们想

[①] 这一句的前半部分指的是用符号变换的方式来说明本书中所提到的诸多公式，后半部分指的是用解析几何的方式说明本书中提到的诸多概念，尤其是创造、启示、救赎等等之间的相互影响。——译者

在这里通过它们的推演来图解个别步骤的话，我们将必须预先描绘符号的有限构型。而这样会使读者分心而不是使他们精力集中。毕竟，直接的说明似乎也面临着同样的困难。因而在这里，主观地描述这条"道路"应该是可能的，但这种描述只对于那些已经从"构型"的观点看待它的人才有效，而对像本书的读者那样只具备"元素"的知识人来说则是无效的。但实际上我们可以安全地预先假定这种观点的出现，像"构型"的出现一样有待以后的证明。

但在这里，这些解释性的理由并非是让我们不愿意使用数学符号的唯一原因，还有更深刻的原因。在描述元素和它们从阴暗的无的源泉中出现的过程中，我们给予了数学一种我们所能给予的意义。因为就其本质而言，数学在此有其恰当的位置。数学——那些象征着生命的无声的符号仍然包含着由开端而来的所有的人生形式——显然是先于世界的世界的语言。而在数学内部，代数是其最本质，或许可以说，也是其最特殊、最数学化的部分。它跟所有形式的数学的最基本的概念相关，即，相等和不等。正因如此，代数才在这里找到了合适的位置。而就其本质而言，这一位置是属于数学全体的。而在数学之内，其最本质的原理占据了这一位置。它的作为无声的原型宇宙的代言人的角色是同同样作为无声的代言人的艺术共同扮演的，因为在艺术中，基本的概念、本质同样得到了表达。但艺术是一种主观的表达，即，无声世界的"言说"。数学是一种客观的语言，是上述无声世界的"感觉"，这一点已经为数学的必然的书写形式所确证。[①] 这一描述意义的任

---

① 指数学跟艺术的形式的不同，前者是必然的，后者则不必如此。——译者

务，这一提供符号的工具的角色，是由其他的承担者完成的，后者在世界中表达和展现自身。活生生的声音的科学必须取代无言的符号的科学；数学必须被词的形态学，被语法所取代。

语法规则

无言的，仅仅暗示的核心词，由代数符号呈现出来，它创造了我们的世界交响曲中的三部男低音的音色。听得见的词必定是直接从它们[①]中涌出的，所谓的根词（root-words）虽然仍作为限定词同核心词紧密相连，却能从它们自身中推演出包含着真实语言的实际情况的整个规则系统。毕竟语法范畴，正像那些逻辑的范畴一样，对于谱系类型的表达来说尤为不合适。依靠这些范畴，这样的表达将仅仅是可能的。无论人们想从什么地方开始，它们都是完全以自身的预先假设为基础的。比如，名词的概念已预先假定了格、数甚至人的概念，以及主语和宾语的概念，所有这些只有根据名词概念的假定才可依次得到解释。因此，一种真实的安排是必要的，这种安排不是内在的，而是说从外部，也就是说从语言对实在的作用，为语法并且在某种意义上为整个语言提供例证的安排。在这样一种安排中，词的构成的多样性可以通过根词被结合进不断重复的调查中。因此在这里，可以代替谱系的就只有表格形式的表达值得考虑了。根词产生了交叉的分类因此并不符合系谱图。因此，这些分类中的每一个都必须在同根词的直接关系中分别加以观察，

---

① 指上句中的核心词。——译者

而这一点只有靠表格的形式才能做到。

根词

在句子中，这样的根词的表现形式有其应当的要求，即，它只接受不含糊的用法。因为构成语言的不是词，而是句子。为此根词必须同不模糊的必然性联合进入一个将被称为根句的句子中。因而，比如说"狗"这个词在我们的意义上肯定不是一个根词，因为它可能意味着主动地吠叫和被动地被痛打的狗，可能是主语也可能是宾语。这里我们正试图从听不见的"元是"（arch-yea）引入听得见的语言的实在的根词开始——从"元是"开始，因为这里我们在创造领域中发现了自身。然而创造，作为上帝朝向世界的一个运动，被神的主动性的本性，而不是尘世的被动性本性，简言之，被是区别开了。

"肯定"（affirmation）自由地把一个"如此"（Thus）放进了无限。这样一个自由的"如此"没有被某个名词所图解，因为后者毕竟仍需要在"如何"的帮助下才能得到定义。没有这个定义，它就缺乏构型，它是"物自体"。"如此"意味着回答关于"如何"的问题。然而如何需要一个形容词，而且在一个它可能只是形容词的语法形式中，只需要谓语而不需要其他任何东西。"美"这个词能被用在"一个风景区"和"美在观察者的眼睛中"的结合中，但"美丽的"只能被以形容词的形式运用。① 因而谓语形容词

---

① 罗森茨维格的例子已经被改动过了，因为他的例子只有在德语中才有意义，它在形式上对下述两者进行了区分：一方面是名词和定语形容词，另一方面是谓语形容词。——英译注

是形容词的特殊结构，而且正如我们已在第一部分中顺便指出的那样，它是一种属于元是的形式。那么哪一种特殊的词以这样一种谓语形容词的形式承担起了使元词作为根词而变得可以听闻的任务呢？哪一个这种形式的词意味着完全的肯定呢？所有涉及视觉属性的词在这里都被作为必然发生之事排除在外了。因为视觉属性之肯定自身的唯一的原因就在于，它同时不断地进行否定，即，就在于那个"是这样而不是那样"中的"而"。它不同于表达价值判断的属性。为肯定"黄"，人必须不仅仅否定，比如说"蓝"，而且也必须否定构成虹的一切颜色，否定整个感受到的颜色的丰富的多样性，以及仍然可能感受到的颜色的无限性。另一方面，用一种评价的属性，比如"美丽的"，人至多需要否定相反的属性；相应地，后者自身的定义，也只需要对前者比如美丽的否定。我们打破了这一循环，因为我们认识到评价的发生是绝对的——当然，只是正面的评价，因为就否定而言，它实际上仅仅是对积极的东西的否定，并且事实上，无论就"评价"这一词的内在还是外在的意义而言，这个词自身归根结底仅仅意味着一个积极的评价。这个积极的评价只在于元是变得可以听闻。顺便说一句，这一点表现在：在许多语言中，都可以用"不错！""好！"或类似的词来替代"是"。

属性

现在让我们从根词过渡到词的形式的示意性表达。由根词出发，我们立即到达了它所属的言说中的形容词部分，后者实质上，并且最初所指示的是一个如此。"定语"或者说所谓的谓语形容词①,不同于名词和动词,完全是对自由地是如此的表达。它绝对地把握了如此,一开始就没顾虑其他任何承担者、关系或根源,就像艺术家的眼睛所及的是天的蓝色或草地的绿色,最初未太注意天空或草地一样。世界根本就是属性,并且从一开始它就是属性。

属性是简单的属性。它是不可比的。每一个属性都是如其所是。相等、比较、唯一性——换句话说,比较级和最高级——不是直接从个别的肯定属性中长出,毋宁说,它们预先假定了属性已成了一个物的属性。事物自身是多;它们是可比较的,并且属性伴随着它们,但属性自身是单一的和不可比的;它是简单的肯定——简言之,它是"肯定的"。

物质性

但在这里,属性的承担者——物登场了。同样,相对于属性的实在来说,它是一个纯粹的抽象。指称、符号位于从这个实在到那个抽象的路上。②因而代词比代名词更是前名词。它命名的不是它已经认识的物,而是仍未被认识和命名的、仅仅在属性上可被感觉到的物。"这个"仅仅指物,并且这样做表达了这样一个事实:"某物"应当在这里被寻找。"这里",内在于"这",因此而产生了寻找物的一般先决条件的空间,物至今仅仅定义为某物。"寻找"不意味着"已经发现"。它们是"什么"仍是一个问题。不定冠词首先回答这个"什么";我们正同这个或那个范畴的"某

---

① 参见第179页注。——英译注
② 意思是说,指称和符号是实在和抽象的中介、桥梁。——译者

个"代表打交道。定冠词首先把其标签贴到了这个伟大的过程上，把它命名为完成的、已被认识的"那个"物。然而定冠词或确定性等等，无论用什么方式表达，总是同在直接并列中的实词相融合。其中，物是直接被领会的；现在它被认作这个个体事物。

个体性

真的被看作是这个个体事物吗？毕竟它仅被看作范畴的一个代表，并且同实在属性相比是一个黑色的抽象。我们一旦考虑专有名词、名称，它自身是多么小的一个个体就变得清楚了。它不是一个个体性。为变成个体性，它就不能顾及在到达这里的路上究竟有多少种高度怀疑的目光，它必须使自己成为复多性的合法成员。多样性首先会让它的所有成员视自己为个体，拥有其个体性的权利。即使它们本身不是个体，像以专名指示的单一的个体性一样，但同多样性相比，它们仍是个体。

实体性

因此由定冠词所限定的个体事物现在可以最终被安全地命名为实词。它现在用它自己的脚"站立着"，面对着一个可能的创造者，一个在无尽的认识和创造的空间中的确定的、肯定的事物。由于在句子中它接受了作为语法上的宾语的位置，那么很明显，它将以客体的身份止步。它没有流溢[①]出任何东西，因为这样做将

[①] 可参见恩培多克勒及新柏拉图主义的相关学说，以及本书的相关论述。——译者

要求它去否定自身，如此一来，它就不会是一个静止的、自由的而且是肯定地站在那里的事物了。仅仅作为宾语它穿过了"格"；在一个被动句的主格中，它只是一个伪装的宾格或——这确实可能更确切——一个仍遮蔽在宾语形式中的主语的谓词。在属格，即所有格中合并了两类东西，每一类都来自主格和宾格。合并后，它们采用了一个名称和它们自己在与格中的用法。然而与格在单纯的宾语和单纯的出发点①之外。它是属于、给予、由于（thank）的形式，是服从的形式也是斗争的形式。在其中，宾语和主语走到了一起。

实在性②

这样，世界起初似乎只是属性，一群混乱的属性，现在已为我们而塞满了事物，并因此成了宾语。于是我们回到了开始，回到了属性。迄今为止只是在它的如何的用法上我们进一步展开了它的肯定性。但是，是不仅仅包括"如此"，而且也包含"那个"。比如，作为"元"——肯定的"好"不仅包括一个"如何"也包括一个"是否"："好"意味着"它是好的"。属性"红"包括句子"红存在"。③系动词"to be"被包含在每一个肯定属性中。而且，现在它能让我们战胜迄今为止一直僵硬不化的宾语同物的同一。毕竟事物在运动；运动以及由此而伴随着它的宾格之上的预先假定、

---

① 参考上下文，所谓单纯的出发点似乎指的是主语。——译者
② 为与其他章节对应，此处翻译为实在性。——译者
③ 结合国内近年来关于"X be."之类的句式的讨论，我们认为，在不影响作者意愿的前提下，采取约定俗成的翻译方法比较妥当。——译者

时间、环境和运动形式——所有这些在系词"to be"中都同属性这一最初被肯定的唯一的事物相联系。因此，以上述形式发生的联系联结起了形容词和动词、事物和事件，而且，在语言发展的晚期，在整个现代德语的被动形式中，这种联系实际上取代了动词、分词。这里活动被设想为一种属性，仅仅靠系动词，所以仅仅靠作为存在的一般的名称，整个地固定在它同时间，同确定的事物，以及同实在的关系中。事实上，对系动词所采取的这些固定，不过已经预先假定了充分发达的动词，这也是为什么在发展的晚期阶段它们仅仅作为简化之物出现的原因。但它们是完全可能的，这一事实对把动词也绑到根词——形容词——上的紧密联系作出了说明。

过程

对于动词自身来说，简单的肯定——事实上，不是其"那个"，而是其"什么"的肯定——在不定词中以一种不同的语法形式发生了。在它之中，存在一种真实的原始的同运动达成妥协的可能性。不说"鹳吞蛙"，许多语言说："对于蛙，在鹳这一方面来说有一个'正吞咽'（的动作）。"在动词中因此出现了一个非人称的结构，比如就像我们在"正在下雨"（it is raining）中所拥有的结构一样——希腊人有一个词代替它（it）："宙斯正下雨"，或者像跟主动语态形式"它使我伤心"相并列的"我伤心了"，也是如此。[①] 它是运动在其现实性中仅仅用以被阐明的形式，用这种形式定义的运

---

① 原文的例子跟做梦有关，现在改成了相应的英语用法。——英译注

动，只涉及了它的特殊的预设、时间关系，但与它在尘世事物中的特殊位置无关。在"过程"中，运动自身仍是一个存在，可以说，是万物中的一物。

关系

因而实体性现在不得不在动词之内得到进一步的保护。通过把个体运动和由陈述语气所创造出的所有发生的事件的全体都平静地带入了平行关系，上述保护得以实现。相比而言，祈使的、虚拟的以及祈愿的句子，从上述全体事件的其余部分的句子中分离了出来。

客观性

此外，即便同固定的对象相比，运动不再是单纯的过程，而变成了万物中的行动、运动，它也会自发地采取第三人称的形式。归根结底，所有的事物，就其都是从确立了它们的实体性的代词转变来而言，它们生来就是第三人称的。而动词是从非人称的结构的转变而来，就像它同小品词（particle）的关系一样——它自身毕竟已走过了从形容词到事物的部分道路，即，对不定冠词的补充——那么动词同样，自愿地把第三人称作为其最"宾格的"人称。

完美

名词，个别地看，并且不考虑其在句子中的位置的话，到达了其对象性的顶点。在那一点上，不管它同范畴的关系如何，它都被定冠词固定到了空间中的一个单一的点上，因为它的复多性到此为止只是补充性的。而且，动词通过在时间中将其关系固定化，同样做到了这一点。但在这里，仅仅一般性地把它的关系固定在时间上是不够的，因为那种固定在陈述式的描述词中就已经完成了，后者通过定冠词达到了作为复多性的一员相应的空间中的一个固定的点。但空间并不具备像各种各样的时间"维度"一样的质的差别，因此需要进一步的固定。在全部时态当中，必定有一个是作为特殊的宾格而呈现其自身。它是"永远处于静止状态"的过去，是宾格的，或像宾格一样的，处于事物一样的静止中。完成式成就了已发生的事物的客观性，就像那些由定冠词和拟物的特性来成就的事物一样。肯定的形容词性的根词，即便它蒙上了一层笼罩了它全身的动词性的特殊装束，但在过去的、甚至是主动的形式下仍是可见的；只有在工作完成之后，"作为他的应得之物"，工匠才可以对自己说"好！"[①]

创造的逻辑

存在和被创造的存在

因而创造概念，作为我们的起点，最终在这里呈现在了明亮的阳光之下。被包含在"在开始"中的被创造的概念之内的正是"来自开端的存在"的概念。在这里我们知道世界存在于一切之前。它只是在那里。世界的这种存在是它的前实存："你用什么

[①] 明显地同《创世记》中的经文有关。——译者

制作了世界？它已被制造好了。"以前我们看作是构型——世界在其中把自身显现为创造物——的东西，我们现完全看作是创造的决定性的标志。因为现在我们把实存把握为在实存中存在，把握为前实存，而不仅仅再作为在自身之内使所有的个别事物流转起来的普遍的存在。创造物毕竟只是创造概念中的两极之一。在创造能作为世界和上帝之间的真实过程之前，世界一定有被创造性，就像上帝一定有创造力一样。世界的实存和上帝的能力在"在实存中存在"的新概念中都出现了。二者都"已在实存中"。世界已经在它的被创造性、它的永恒的被更新的能力的基础上被创造出来了，而上帝已经在其永恒创造力的基础上创造了世界。而且只是因为这个原因，它才"存在"，并且每天都被更新。

世界的科学镜像

这就是为什么一切一般地把握实在的概念都试图采取过去时态形式的原因。为了被认识，世界每次被抛进过去，从"基础"的概念和"基本的"概念自身开始，从"根本的"原因、"根源"、"前提"、"先验"开始。自然法的概念自身清楚地被看作是一种共同构造、共同制定的某种东西，一个法令。已发生的事件不会被还原为可变的现在。更准确地说，如在微积分学中一样，每一事物必须被降低到静止的形式，也就是说过去时态，甚至现在，那运动的即刻，更不必提及将来，它被认为对真实的知识来说是绝对不适合和"毫无结果的"。我们要顺便提一下培根的名言，在其中，培根把目的因当作像一个献给上帝的修女一样，不能生育。其中已经潜藏了从科学上可以理解的被创造的世界的形象，如果创造的概念行将被围在其中，而且，如果在其中所提出并且甚至真正解决的问题——通过把创造同全部的背景相联系——行将得到处理的话。我们指的是唯心主义世界的相册的卷首插画，即"产生"的概念。

被创造的世界

因为元逻辑学的世界形象并不是内在自洽的，它丝毫不顾其可塑的自我包含性，而要求补充。至于元逻辑的世界的逻各斯，它存在于任何地方，因而非常熟悉世界，我们确实知道它需要一个单一体，一个超越自身的单一体，甚至超越世界，以便确证其真理的逻各斯的地位。对于似乎是出自这个逻各斯的创造物的实存来说，我们发现上述情况同样适用。这个实存也没有任何统一，虽然在其普遍性上是一个整体，一个单一体。但这次我们本应去寻求统一的"超越"的地方，对我们而言已不再是"任何地方"；这次其方向已清楚地给我们指出了。已变得过分"感性的"那个世界感觉必定在超感觉的事物中有其基础和根源。作为"实存"，它对这样一种超感觉的基础的结果开启了自身。当因果关系的形式被印在了实存上，并且实存成为前实存时，创造的概念把两者整合在了一起。恰恰是这种时间化，尤其是这种由过去的特征而加以区分的存在，才是处于元逻辑的世界之内的世界感觉仍完全缺乏的东西，而这也是为什么对于世界——逻各斯的统一体——来说，只能假定有一个"某地"在那里，而对于这个"某地"，一个完全封闭了自身的世界永远也无法以一种可辨认的、绝不模糊的方式指出其具体位置。

然而创造物的实存指出了方向；创造的在实存中的存在到达了它所期望的点，这个点在客观性上保护了世界真理，同时也维持了有关世界的、元素的元逻辑观点的有效性。世界既不是影子也不是梦或图画；其存在是实存，真实的实存——被创造的创造。世界整个地是客观的，一切活动，一切"制造"，由于它们都在世界之内，因此都是已发生的事件。过程至少是实在的基础，活动也基于过程之上。因此连在它之内的事件也是拟物的，并且使自身适合于世界的客观性以便能够全面认识自身的基本概念，简言之适合于拟物性。世界由事物构成。不管其客观性的统一，它不是任何单一的对象。它是一种对象的多样性，简言之，事物。只要物独自存在着，它就没有任何稳定性。它确信其个体性只在物的多样性之中。它只能在同其他物的联系中被显示。在这样一种联系中，其确定性是一种同其他事物的时空关系。甚至作为确定的物，物也没有自己的本质；它不是在其自身中的某物而仅是在其关系中的某物。像它具有的这样的本质不在它之内，而仅仅在它具有的同范畴的关系之中。其本质性、普遍性不被包含在确定性之中而是在其确定性之后，但在它能成为其范畴的"一个代表"，比如说其他的代理人之前，它必须是某物，事实上是"任一事物"，首先是确定的某物。首先它必须是空间的，或至少同空间相联系。这是它的一般前提。客观性的统一是被世界寻求的统一。除了非对象的对象——空间——之外，没有任何一个对象对应于它。

然而世界最初并不是空间；空间不是创造的初生儿。在空间能在这里作为被给予的一切确定性的前提存在之前，这里自身的前提必须存在。它是先于这里的这个。定义首先产生于作为"这个这里"

的"这个"和"这里"。因此直证的这个仍先于空间而作为这里的前提。起初世界被这个所充满。它仅仅靠纯粹的未变形的像"蓝"或"冷"这样的形容词，在其不断翻腾外溢的新奇性中得到了表达。这种财富，这种混沌，是创造的初生儿，是其实存的永恒的更新——只要这个实存自身被产生，只要这个世界被创造。实存在其普遍性和无所不包的形态学上依然是直接被创造的基础，是那个永远新的充满的诞生由之萌发的"开始"。世界能够是丰富的，因为它存在；它本身是实存，并且充满是它的展现，是最早的关于实存的声明。根词仍先于形容词的充足；混沌在创造之内，不先于创造；开始在开始之中。

唯心主义的逻辑

这种元逻辑的世界形象由于创造的概念而失去了其最后的朦胧。虽然如此，但它几乎不是这个概念的一个"证据"。创造使世界完全透明了，但却并未剥夺它的实在。因为，事实上，世界也像"梦"一样完全透明，但这是以其实在为代价的；它的感觉现在仅仅居留在做梦者中，而不是真正地熟悉世界自身。但创造自身不是靠世界证明，仅仅因为上帝绝非只是创造者。如果有人根据我们所提出的世界形象和作为其一部分的创造者的要求而推论到上帝的创造性的话——那么他肯定会面对以问题形式出现的结论：上帝可能是谁？要回答这个问题，必须证明创造者，也就是说在其完整性上既要证明他还要指出他在哪里。创造者也是启示者。创造是只能在启示的奇迹般的标记中被确认的预言。无法仅仅因为它提供了一个世界观之谜的适当解释就相信创造。仍未被启示的声音所触及的人无权把创造的思想当成是一个科学的假设来接受。未被创造的世界的元逻辑学形象中的有疑问的部分曾经被启示的创造概念置于争论之中。因此唯一正确的是：不允许理性挪用创造思想，理性现在应当寻求一个它的替代物。如我们所说的那样，流溢说应当被理解为古代晚期的在这一方面的一个尝试。① 但这个趋向仅仅在唯心主义哲学中得到了完成，这一点也已经阐述过了。

产生

它②的基本概念，它试图对付和代替创造的概念的，是产生的概念。产生被冀望着完成同创造一样的工作。如古代看到的那样，它应该给对象的可塑世界以后者所缺乏的东西：一个把多样性团结起来，并使其自身得到统一的支点。只有通过这种方式，世界才能从"也许"（Perhaps）的不确定性中提升出来，并获得被证明为真实的外在的稳定性。同时，它将保持它的元素的特征，确切地说，是保持它的"图解的"本性，它的可塑的自我包含性。创造的概念满足了这个条件，因为它找到了位于边界之外的支点并且未让创造者没入世界之中。确实，除了创造者已创造和作为受造物的世界奋力向被创造前进之外，在他和世界之间，它根本未假定任何联系。问题是"产生"的概念如何更好地适当处理这项任务。

---

① 指新柏拉图主义。——译者
② 承接上文，指唯心主义。——译者

产生的思想也想在被产生的世界之外寻求支点，寻求产生者。然而在统一点和将被统一的东西之间，它认为自身需要——并且能够——建立起一种理性的可想象的联系。在因果秩序上的某物，原则上说，应该得到呈现。可比性、比例性而不是等同性应该在二者之间占统治地位。既不是等同性也不是比例性统治着一个苹果和一个梨子之间的关系，但在一个苹果和三个苹果之间存在一个比例，虽然也不是相等。产生者和被产生者在一种关系中必须是平等的。产生的形象恰恰在此得到了支持。创造者可以对受造物说："那么你将把我跟谁相比？我应该像他么？"[①]尽管产生者和被产生者不是一个人，但他们是同一类的——是可比的。但是在世界之外的何处存在这样一个点能接受面对世界的产生者的角色呢？当然，乞灵于上帝最容易。产生的关系正像创造的关系一样，似乎能在上帝和世界之间建立起统治。并且考虑到他的无条件性的概念，上帝似乎很适合于表现世界实存的根源和条件。因为产生者必须被理解为跟创造者一样，是无条件的条件，是没有根源的根源，是仅等于自身的纯粹的A，是"A=A"，如果在这里我们可以重新使用数学符号的话，而它的再度出现不久将得到解释。

流溢

如果他是这样的产生者的话，那么要实现这一点，首先必须改变数学的世界符号。为了跟它的来源进行理性的比较，世界不能再被理解为"B=A"，而应该是"A=B"。这样的颠倒对创造

[①] 参见《以赛亚书》46：5，不同版本的经文之间略有出入。——译者

来说是陌生的，后者更愿意接受世界的元素式的构型；它只能容许部分的但不是整体的颠倒，这一颠倒出现在世界的内容从完成的静默中涌出并进入了已发生事物的运动的过程中。另一方面，整体、世界本身在这里必须以相反的方式来加以理解。只有伴随着一个"是"（is）A并且其定义只能是B的单词的时候，"是"A的上帝的理智上的可理解的效果才是可能的。在一个A和一个B，以及一个"A（=A）"和一个"B（=B）"之间是不可能有比例的，比例只存在于"A（=A）"和"A（=B）"之间，即，只存在于两个不同的A之间。只有作为"A（=B）"才能够从作为"A（=A）"的上帝之中流溢出来。流溢是世界像倾盆大雨一样从上帝中产生，而在世界内部，流溢是紧接着不停更新着的又一次倾盆大雨。在世界的历史中，它起初是同启示的创造概念进行竞争的概念。对于每一个新的流溢——它本身正是从中流溢出来的——来说，它是对作为全体的源泉的神圣开端的又一次模仿，而它本身就是对最初的流溢即世界的流溢的一个模仿。对每一次流溢来说，它的源头都是又一个"A（=A）"，而它本身则是"A（=B）"。对每一次流溢，就像对被造的世界一样，其实存整个地被看作是第一位并且实际上是从其中产生的。但其中真正有特色的财富是谓词；它是普遍性[①]，是先决条件，在其中，实存被创造了出来——因为通常的观点是，谓词总是"先于"其主语的。[②]流溢的道路是

---

① 在语法层面上，意思大概是说，谓词可以承担不同的主语。——译者

② 可能是指，例如，当我们作出"苏格拉底存在"这一判断时，首先判断的是"有某人存在"，进一步才能判断出，是"苏格拉底存在"。可参考"存在先于本质"这一存在主义的著名口号。——译者

一条"向下的道路",用通常的比喻来说,黑暗预先存在于四周,光从上方照了下来。流溢开始于最初的源头,因此,它是预先设置好了的。[①]没有原初的混沌、先于光的原初的黑夜、"作为最初之唯一存在的黑暗"的话,流溢说将无所适从。

然而,除此之外,流溢的概念在其他的方面也无法满足产生了它的理性的要求。对它来说,创造的概念确实是太难以接受了,但后者对它的作用却太过直接了。它用作为产生者的上帝代替了作为创造者的上帝,但却没有问一下自己,它所服从的那个纯粹的理性是否会赞同以这样的方式安置产生者。上帝本身不是认识的对象吗?如果这样,人们怎能在理性中设定他是源头,并因此使他远离认识的范围?不,上帝必须被认识到,这样他才能从源头转变为任何一种被认识了的事物的现实内容。世界的另一个源头,包括同样可能的另一个上帝,必定要替代当前的上帝。但世界并不是它本身的源头。这一点自从启示的创造概念出现以后就再也没有被注意过。为了有助于它的自我包含性,它需要自身之外的源头。由此,在源头的位置上只剩下一个值得考虑的对象:自我。不是我们所熟知的自我:客观的但却盲目的事实,而是一个虽然同样沉浸于自身之中,但却是纯粹主观的自我。这样一个纯粹的主体能够在所有的客观性的对象面前设定一个认识的源头的角色:唯心主义的"我"。

"我"与"物"

"我""主体""先验统觉""精神""观念"——所有这

---

① 意指这个源头,它是先于流溢而存在的。——译者

些都是自我头上的帽子，在决定代替产生性的"A=A"之后，它仍然可以作为外在于世界和上帝的单一的元素。它只有在世界为了适应它而具备了可比性的形式之后才能解决自己的问题；它因此而要求世界从"B=A"改变成"A=B"。这样它就能"产生"世界了。它从自身中产生了世界。世界是它的一部分，是一个像它一样的主体，一个"A"。但它是把世界作为"非我"（non-I）而产生的。当独立的B进入客体性之际，事物的主体性也达成了。作为概念，事物秉承着它们的生产者、"我"的痕迹；但作为事物，它们因其自身而成为某物，成为了离开了产生性的"我"的某物：事物。每个事物同它的概念的关系就像作为整体的事物的世界同"我"的关系一样：概念是事物的产生者。即使是概念本身，只要它们仍然是有"内容"的，那么就轮到它们当事物了，而且如此一来，它们也对应着相应的概念，如此类推，以至无穷。由此，一条产生之流从"我"中流出，穿越了整个的事物的世界。它们全部都排成了一排，沿着"向下的道路"，从纯粹的我到纯粹的非我，从"我自体"（I-in-itself）[①]到"物自体"。这正是在唯心主义中发生的，也是在流溢说中发生的世界的转变所带来的后果。尽管作为最初的产物，世界的普遍性的实存不过是其"概念性"，但这种普遍性的实存却是在个别事物的"拟物性"中实现的。因此事物的充分之处相应地就在于是未被产生的，是实存得以产生的源泉。对唯心主义来说，混沌同样是产生的先决条件。而且，同流溢说的"倾盆大雨"相比，这样的先决条件，作为一种如此

---

① 为了对应下文所造的英文词的中文对应词。——译者

被动的"资源",极有可能已经被这"产生"的形象在这里制造了出来。没有哪个伟大的唯心主义体系能避免这一概念,例如"物自体"、"感觉的复多性"、"材料"(datum)[①]、"坚固性"、"绝对无限"等。在这些概念中,先于创造的混沌一而再再而三地出现,没有了它,绝对主体就丧失了由以从自身中"出现"的以及它的决定性由以立足的基础。

创造的逻辑对理念的逻辑

顺便说一下,"无中生有"的概念我们以前一直无法正确地运用,但在此其意义却变得显而易见,它包含了对混沌的否定。我们知道,任何"理性的"关于世界起源的理论,无论是产生说还是流溢说,都无法避免对混沌的预设。因为这些理论都是根据"A=B"的公式来设定世界的概念,而这一概念把特殊的东西作为谓语,普遍的东西作为主语。因此,特殊的东西在这里变成了普遍的实存之产生的先决条件。在我们的概念中,特殊性的 B 是谓语和普遍性的 A 的主语,而且归根结底,在创造者中,它指的也是谓语。现在,如果对比一下上文中关于世界的概念和我们自己的关于世界的概念,立刻可以看出,特殊事物的混乱的充分性是创造的第一个产物,而普遍的东西则由创造者"赋予"它的容器来构成,这些容器是特殊事物自由地从创造中涌出之后的归宿。在对上述两种世界概念进行了真正的对比之后,无中生有的概念终于找到了合适的位置。

[①] 似指洛克的"感觉材料"(sense datum)。——译者

但我们并不想进行这样的对比。我们不想把创造变成科学的世界概念。事实上，我们如何能够让一个作为仅仅联结了世界的两个"元素"的事件在不涉及第三者的情况下出现呢？当然，如果能这样做的话，这样的对比确实是必要的。但这样一来我们就不应该质疑算术符号对于创造的适用性，也不能转向语法符号。对我们来说，创造建立在一个更为广阔的科学框架之上。这样，它只是应用在世界的两种元素上，甚至不是这两种元素的全体，而是每一个的一部分。因此，我们不得不置数学符号于那些原型宇宙的、"完成了的"元素而不顾，并把创造的概念建立在元素之上，后者是从其自身中产生的并消散在了自身的个别的部分中。换句不那么刻板的话说就是，我们在启示的烛照之下发展出了创造的概念。因此，全的元素不必参与创造，因为它们是先于启示的。毋宁说，它们应该从封闭中敞开自身，直面彼此。然而，在这种和谐的氛围中变得很清楚的是，把元素的所有的内容放进像创造这样的在自身之内并属于自身的单一的概念是不可能的。当这些元素敞开自身之际，它们彼此都保留了只有在其他的方面才能产生效力的内容，这一点在上帝那里，就是它的启示自身，在世界那里就是它的被救赎。

因而唯心主义觉得有必要在此，即"在危难中"解决世界之谜。因为它不会认可任何外在于世界和知识的事物的合法性。它会不遗余力地在这些元素——世界和知识、主体和客体——之间建立起某种理性的关系。因此，执着于数学符号就是必须的了。但对我们来说，这些符号却是可有可无的。我们完全可以允许创造的概念作为知识的开端，但却无须把所有的事物都作为它的结论。我们把它置于一个更为广阔的启示的背景之中。因而它无须让自身用数学符号的方式得到理解。它把它们抛在了脑后。语法,活生生的语言的结构,为我们提供了阐明它的内容的符号体系(symbolism)。科学,就像我们所理解的那样,包含的不仅仅是创造的概念。因此,创造不能仅仅跟产生的概念简单地并列,即便后者的创造者们在放置流溢概念之前就把它跟创造的概念相提并论。创造的家安在了启示的土地上,而我们为了实践"宗教哲学",即,为了根据哲学的准绳把宗教放置在哲学的框架上,将不得不迫使它背井离乡。[①]此后我们就可以把创造跟这个哲学概念[②]相提并论,当然,与此相应,我们也不得不把哲学的混沌概念同无中生有的概念相提并论。而且事实上,这个概念[③]在历史上不是起源于神学,而是起源于我们现在正在实践着的科学,即宗教哲学。

唯心主义的形而上学

但现在还是让我们回到唯心主义的追求上来吧。归根结底,神学并不相信它能够从"起源"的表现中发展出知识的全来。对它来说,创造只是开端和预言,而不是中间和结尾。恰恰是哲学才视之为自己的地盘并且欺骗自己说可以在其中理解"所有的事物",否则它绝不会离开。我们在上文中已经追溯了唯心主义的基本概

[①] 指让创造离开启示的土地。——译者
[②] 指生成。——译者
[③] 指创造、无中生有。——译者

念,即产生的概念的历史,上自"我自体"下迄"物自体"。作为认识对象的整个的事物的世界就是在这两极之间展开的,产生的概念贯穿了这个世界的方方面面。在本书的前一部分中我们已经确证了它跟元逻辑的世界是如何地截然不同。在这里我们只须附带说一下,唯心主义也因此而试图开发自己的独立于语法的逻辑,两相比较:我们通过创造保留了世界的元逻辑的特性。我们用语法符号表现的世界形象确实跟唯心主义的世界形象分毫不差。追寻行动的非客观性(即便不是主观性的话)——通过作为事物的已发生的事件——的全部努力最终达到了属性,就像纯粹的客体本身一样,归根结底,还是公正地表现了唯心主义的世界形象。后者被包含在下述语法类型中:过去时、第三人称、不及物动词、两种冠词、定式和不定式、代词、从不定代词经过疑问代词到指示代词,最终到了形容词。这种表现不过是自然的。两种世界形象都想确保世界的客观性,元逻辑的以创造为基础而唯心主义的以产生为基础,客观性正是在上文所挑选出来的语法形式中得到了表现。无论如何,唯心主义希望通过发展属于它自身的逻辑来超过语言,对抗语言。因此,究其原因,必定是站在证明中而不是已经得到了证明。这一点,当证明的过程产生了它的第一个被证明的结果之时就变得昭然若揭了。

思想对言说

在这里确实出现了一个唯心主义无法接受的语法联系。我们把最后一个被证明了的东西,第一个创造物的符号、形容词,建立在了一个根 – 形容词(root-adjective)、肯定性的"(是)好"

之上。可以说，对这个自由的肯定解释无需痛苦或斗争。它本身是一个形容词，同时代表着第一种语法形式。在这个形容词性的"是"（adjectival Yea）的位置上，唯心主义放置了一个代名词性的"根词"（pronominal "root-word"）。但是在此它不是一个真正的根词，因为，从语法上说，它并不跟形容词一类，而唯心主义同样把后者当作是客观性的基本形式。毋宁说，在"我"和"属性"之间的联系是"纯粹逻辑的"。作为前提条件，两者都得到了证明。两者，"我"和材料的混沌（the chaos of datum），都"先于"产生。语言的这一失败恰好在第一时间用它自封的创造精神的无敌工具麻痹了无害的自信。唯心主义的世界不是通过词而是通过思想创造出来的。从"我"到被唯心主义视为基础的属性的转变只有在"纯粹的思想"中才能得到理解，这种思想同自然的语言不同，它虚构出了辩证的矛盾。既然这第一个转变对其后的所有转变来说是决定性的，对语言的不信任和跟思想的表面上的"和谐"仍将是唯心主义的永恒遗产，并驾驶着已经倾斜了的"纯粹"逻辑的飞机继续前进，而这种纯粹的逻辑既外在于语言，也超越了人类。

从事物开始的飞行

物自体是唯心主义世界的另一极，实际上，它的存在恰好来自产生的概念的要求。可以把它定义为"B=B"，因此，"A=B"被封闭在了产生性的"A=A"和"B=B"之间。但唯心主义并不珍惜这一标志着特殊事物的潜在的混沌的暗示，它想尽快地离开它。而离开它的机会在这样的环境中展现了出来，这一环境，我们或许已经在"B=B"这个我们所熟悉的代表自我的符号中宣示过了。曾几何时,唯心主义同样也意识到了自我在这一点上的不可比较性和绝对的封闭性。无法分解的世界残渣和个性的秘密有着"共同的暧昧的根源"。康德已经清楚地阐明了这一推测,但作为唯心主义者,他确实无法推测出其真正的意义。共同的要素是由"B=B"的公式来定义的。现在,唯心主义准备采取"向上的道路",只有后者才允许它完成封闭的圆圈[①],由此,它才能达到必定盘旋在它前面的东西,并把它作为自己绝对理性的终极目标(因为理性只有在回到自身时才有安全感)。当它做这些事情的时候,唯心主义尽快地远离了推测的领域,转而寻找最初的返回真实世界、返回特殊事物和普遍事物的混合体的道路。

唯心主义伦理学

这条最初的返回路线是从"B=B"到"B=A"的,对它来说,"A=B"是不成立的。它是可以由"B=B"理性地推演出来的世界公式(world-formula)。既然"B=B"意味着自我,那么"B=A"指的是特殊通过一种交叠的普遍来给自己下了一个更为狭窄的定义。在这种情况下,这意味着自我服从于普遍。服从的概念是产生的概念的对应物。后者统治着从普遍到特殊的向下的道路,前者统治着从特殊到普遍的向上的道路。产生和服从两者一起将唯心主义的世界变成了一个封闭的整体。向上的道路的起点是,个体自身的意志的"原理"——除此之外就是"B=B"——对普遍

---

① 即下文中的回到自身。——译者

的立法准则——除此之外就是"B=A"——的最初的服从。这样的服从现在仍然在继续着。每当最近的一次的"普遍立法准则"达到了之后,它就会再次变成"个体意志的原理"。这种唯心主义的服从不得不努力把自己变成相应的普遍立法准则,以通过这种准则的考验。通过对更高的永恒的共性和更具包含性的生命的共通性的服从,普遍证明了自己的先决条件的地位,它是在先的,就像特殊通过产生证明了自己在先的地位一样——事实上,两次证明都是同原初的倾向背道而驰的。在产生中的证明同在服从中的证明一样,指向的都是"纯粹":产生不再依赖外来的实体,而服从也不必依赖陌生的法则。两者都试图证明自身的合法性;无论在哪里"自由都会得到保障"。[1]

唯心主义的宗教

但是,无论在哪里,自由都没有得到保障。毋宁说,一方面,在产生中,它在最底层的实体中迷失了自己;另一方面,在服从中,它消失在了最高法则的炫目的光线中。因为向上的道路最终导向了这个最高的普遍性的法则,这个最终极的形式。服从每时每刻都会再现,只是为了去恢复在服从的目标中所"提出的"[2]那些东西,因为使自身屈服就意味着获得回报。[3]因此,这种服从总是能在任何一种普遍中重新发现个性,总是能重新发现那个它所服

---

[1] 指上述两者的合法性都会得到保障。——译者
[2] "服从"(submission)是"提交"(submit)的名词形式。——译者
[3] "屈服"(yield)的另一含义就是投资并获得回报。——译者

从的 A 本身不过是对某个 B 的说明，因而这个 A 自身一定也会意识到服从于一个更高的 A 是有利可图的。流溢说肯定也知晓这种融化在神化的神秘喜悦中的个性。但唯心主义仍然可以横插入整个世界并由此而把上述融化变成一个认知主体的、产生世界的、下降的、真正的对应物。[1] 只有在唯心主义中，意志的主体才能在不断更新的服从中重建世界，而世界的重建正是个性用以向上攀升的巨大阶梯。对立意服从的人来说，每一个上升的台阶都意味着向最高阶层看齐，都是最高阶层的忠实代表。同样地，对主体来说，每一个通往纯粹客体的、由产生而来的、下降的阶梯，都拥有客体性的全部合法性。通过这一序列中的每一个在先的环节，人们已经感觉到自己在自愿服从于"怜悯"一词所意味着的、更高、更纯粹的、未知的东西时达到了一个神圣的高度。他就在面对着"它"而不是有朝一日面对上帝时感觉到了它。我们同样注意到通过比较级的形式"更高""更纯粹"等等昭示给我们的在这一序列中的无尽的延续。

这一序列的终点仍是一个"未知"，就像上升序列的终点一样。它仍是未知的——这就是说，在该序列的任何一个点上都是不可见的。事实上，它甚至不需要可见性，因为每一个别的联结都在其自身的位置上得到了充分的表现。个别的认识无须让自己关注那最深远的客观性，而只须注意它所直面的事物的客观性就够了。同样的，个体意志也无须让自己关注最高的个性，而只须关注它所

---

[1] 认知主体之产生世界是一个下降过程，而与之相对的是融化在神中的上升过程。——译者

直面的人或团体的个性就够了。诚然，哲学在客观性，同样在个性中达到了这一最深远的点。同样地，认知的我及其产生事物的无尽的能力在物自体中发现了它的先决条件——并因此发现了它的"止步之处"。同样地，总是不断地更新其个性的意志的我及其服从在最高的个性中发现了自己的目标。在"A=A"中，意志不再恢复自身；在此它投降了，就像认识消散在了物自体的"B=B"中一样，毫无挽回的希望。

作为客体的上帝

谁是这个"A=A"？是个性，但却是一个不会再在其中发现人类意志的个性，就像一旦认识达到了物自体，就会重新唤醒自身一样。非常明显，它是上帝的个性，而唯心主义无法回避这样的结果。可以说，当唯心主义把我作为认识之根时，它完成了从一开始就为自己设定的目标：上帝确实变成了客体，认识之外的绝对客体，但却是意志客体——也就是说，上帝是个性，甚至是绝对的个性。然而实际上，绝对的个性是一个矛盾。个性的公式，"B=A"，表明了它的特性在于：它是许多世界内容中的一个。如果上帝被看作是绝对的个性，那不过意味着其他的所有个性都笼罩在它的光耀之下，但同时，这也意味着上帝仅仅是所有的人-世界的个性的界限。说上帝在此是"源头"也好，称他为绝对的"我"也罢，都不会起作用，这样的做法也不会在唯心主义中出现。唯心主义给他发明的名字不是绝对的我而是绝对精神，不是一个"我"，而是一个"他"——不，还不是个"他"，是个"它"。客体即便是在变成了上帝之后仍然是客体。但是，在这一点上，唯心主义现在习惯性地发现了我们的符号语言已经放在脚下、仅仅只需要举手之劳就可得到的东西：作为精神的上帝不是别的，恰恰就是"我"，认知的主体。现在，唯心主义的最终意义变得一清二楚：思想获得了胜利，结局再次同开始一起浮出水面，思想最终极的对象就是思想本身；对思想来说，没有什么是不可接受的；非思想的东西是它的界限，而不是对它的超越。

崩溃

这确实是在战线最前沿的一次胜利进军，但却是以何等的代价啊！实在的宏伟大厦被颠覆了。上帝和人被还原成了边缘化的概念：主体和认识；另一方面，世界和人同样变成了边缘化的概念：仅仅是这个主体的对象。唯心主义最初的动机是认识世界，但现在世界却变成了仅仅是联结上述两个边缘化的概念的桥梁。唯心主义进入了创造概念的反对者的行列，目的是为了使世界的元逻辑特性、它的事实性实体化。现在这都变成了废物，同样的命运也落到了上帝的事实性上，它被唯心主义视为陌路；还有自我，唯心主义对它无动于衷；在这样的遭遇下，两者都被抛进了虚无的巨大旋涡。

最后，在这样的混乱中只剩下了一片可以立足的净土：物自体。即便是唯心主义本身也没有"征服"物自体，而是把它转移到了客体性的最边缘。唯心主义推测：物自体和人的性格有着共同的基础。接着，在紧要关头，它仅凭这一推测就否定了自己的本质，它预见到了一个全，在这个全中，世界、人和上帝肩并肩地生活在毫无纷扰的事实性中。唯心主义无法进入其中，只能在其实存的边缘张望。当它自信过头并开始怀疑上帝时，它丧失了本身的准入证。

它用自己的理性的权杖迫使全的活水从创造的岩石中流淌出来，而不是安心地满足于上帝规定的从这块岩石中涌出的语言。在盲目的单面性中，唯心主义把所有的事物都压缩进了创造的计划中，因为它想同创造的概念竞争，它认为可以把后者从启示的循环中提升出来，并作为一个单独的概念加以科学的把握。这种单面性是唯心主义因自己的错误所遭到的惩罚。

艺术理论

唯心主义者与语言

由于唯心主义自认为可以在启示的潮流之外找到立足点，如我们所见的那样，它拒不承认语言是一种工具，因此我们不得不为它发明一种算术的符号系统以使它能同自身的假定相协调。唯心主义缺乏对语言的直接的信任。它不是能够聆听并回应那回荡在人们中间的、没有明显的理由、但却更为现实的声音的心灵。唯心主义需要的是理由、可靠性（accountability）[①]、可计算性（calculability）——所有语言无法提供的东西——并为自己开发了一套可以为自己提供上述所有东西的逻辑。它可以提供所有这些，除了语言所拥有的，它的自我确证：尽管语言及其原型词是植根于地下的存在之泉中，但它却向上喷发到了光明的根词的地上的生活中，而且在这光芒的照耀下，它绽放出了丰富多彩的多样性。因此，它是诸多的正在成长着的生命中的一种；它在生命中绽放，

[①] 直译为"责任、义务"，此处根据上下文译为"可靠性"。——译者

就像生命在语言中绽放一样。但它同这种生命也是有区别的,其区别就在于,它不能在地上自由自在地行动,而只能把自己的根深扎在生命之下的黑暗的源泉中。然而,唯心主义的逻辑认为它必须完全而持久地沉浸在这黑暗的地下源泉中。唯心主义的逻辑从不敢成长为地上的生命,但却在对后者一无所知的情况下,就把它拖入了地下世界。它把活生生的东西变成了影子。

唯心主义美学

在它的巅峰时期,唯心主义让自己完全屈服于它自己的产物——逻辑的权威。与此同时,它情不自禁地感觉到,它是如何失去了同活生生的实存的联系,而后者曾是它加以实体化和理解的对象。它沉浸在亚宇宙和原型宇宙(hypocosmic and protocosmic)的逻辑阴影中,寻找着上面的世界为它开启的通道。哲学也被逐出了充满了对语言的信任的天堂——在这里,同样地,它的原罪是过分信任自己的智慧,而不是包含着它的可见的上帝的创造性的能力。就在失去了即便是它的英国的先驱们也仍或多或少地保留着的对语言的信任之际,它想方设法寻找一个代理。在神造的语言的伊甸园中,哲学生活在对逻辑的智力上的毫无保留的信任中,它是因为自己的错误而被迫离开了。在它看来,它寻找的是一个人类的伊甸园,人类的天堂。那必定是人自己开发的天地,但却不是它有意为之的。[①] 因为这样的劳作并不能换来上帝本人创造的、失却了的伊甸园。就像失却了的伊甸园一样,人类开发的伊甸园必定也是人虽然身处其中,

---

① 意思是说,人类并不是有意地想去开发自己的天地。——译者

但却不知其所来之处的。人不得不开发这样的园地,但自己却不知道。它必定是人的产品,但却是无意识的产品。它必定包含着有目的的劳作的所有特征,但其开端却是毫无目的的。它必定是要达到某种目的的产品,但同时又像植物一样地成长着。[①]因此,当唯心主义拒绝了语言之后,就转而对艺术顶礼膜拜。

哲学从来没这么做过。确实,在柏拉图、普罗提诺、奥古斯丁和许多其他不那么明显的哲学家那里,哲学用生动美丽的语言描绘了上帝的作品;但从一开始,唯心主义所称道的,就不是此类活生生的美丽而是"好的艺术"(fine art)。[②]唯心主义的观点是,只有艺术才是可见的真实,在下界的入口处,理念世界的影子可以从中吸取养料,并以此来保障它们可以回忆起自己的前尘往事。同时,这种真实的血脉远在它们沉沦之时就一直在它们自己的生命中流淌不息。唯心主义无须怀疑艺术作品,因为后者是某种产品。既然艺术作品在其无意识的生成和无异议的存在中都像自然的一部分那样存在着,那么,它就可以被尊称为"实在的启示"。因为唯心主义相信,在这里,无须借助思想和可见的形式就可以发现在"共同根基"(common root)中还仅仅是猜测的、"全"的真实性。因此,艺术变成了唯心主义进程中最重要的证据。如果有人怀疑它的方法的可接受性——这跟"泛逻辑的"(panlogistically)纯粹的产生者有关,它只须求助于由心灵产生

---

① 显然,作者并不认为植物的生长是有目的的。——译者
② 或者说是正确的艺术,即艺术应该服从于正确的目的。表现该表现的,而剔除不该表现的。参见柏拉图《理想国》中对艺术相关论述。——译者

的但却拥有类似自然的现实性的艺术作品来证明自己的清白。艺术作品同样植根于无色的、纯粹精神的、元宇宙的黑夜之中,但却能够生长出实存的美丽的绿色草原。因此,艺术看起来像一尊神(an Ultimate),推理方法(即工具论)的当下证明和"绝对"的可见的表达:这一步近在咫尺而且康德已经用"共同根基"为它铺平了道路。唯心主义不可能认同人的语言是对上帝的语言的回应,而且对它毫不信任。但是它却把这种信任给予了人类的另一产物——灵魂的语言,它是包含了所有的人类的自我表达的内在表现,它支撑着唯心主义并使它走向完备。唯心主义不信任语言,但又把全部的信任托付给了从整体的人性中撕裂开来的残肢断臂。

作为言说的艺术

艺术只是一条残肢断臂,事实上,人即便缺少了它最多是个残废,但仍然是个人。艺术是许多肢体中的一肢,但人却不止于此。人类灵魂唯一的可见的证据,人一旦缺少了就不成其为人的唯一证据就是语言。艺术同样依托于语言。艺术本身不过是无声的语言,没有语言时的语言,原型宇宙的语言。不是语词而是艺术才是先于启示的奇迹的世界的真正语言,才是我们面前的、历史性的、原型宇宙的类似体的世界的真正语言。在它的本性的安排中,它是从"无"的黑暗源泉中诞生的"全"的元素的可见的确证。但是,同现实语言的活生生的现实性相比,艺术的现实性,就像艺术作品一样,不是语言,而是被说出了的某些东西本身。在此,如果它真的仍然是语言的话,那么它就是言说之外的语言,而且,尽管可能有多种语言,但却只有一种言说。然而,作为某种"说出了"的东西,艺术内在于其他的任何活的现实性中,与之密不可分,艺术的完成状态离不开后者,艺术是全部肢体中的一肢,而且这是它被认可的唯一方式。它以这样的方式得到了认可,而不是像唯心主义希望的那样,其全部的现实性都被包含在世界及其起源的关系中,或者是用这种关系来度量。在创造的概念中,我们最多掌握了艺术作品的一部分,即它的开端。生命比世界及其生成丰富得多。同样地,在语言的单个环节的构建中,就像现在在艺术中一样,它们的内容之丰富,已经超出了创造的概念所能全部理解的范围。创造的新纪元只是开始——虽然是永恒的开始——甚至,尽管它可以在艺术作品的短暂的生命历程中得到忠实的表达。

艺术作品的普遍本性在无言的原型宇宙中设定了语言的独立价值,但是,除了在某一方面之外,后者对艺术作品的仅仅是"说出了的"现实性毫无影响。真正的语言的前提是,在无言的原型宇宙中获得了存在的诸多元素之间的内部转化,以及它们的个别的片断在可见领域的出现。因此它与启示之间是同一性的关系,就像唯心主义的基本教义中"思维"与"存在"的关系一样。艺术的基本元素是在原型宇宙的黎明中出现的,而艺术以同样的方式直接从这些元素中产生了。"神秘的"是像结构那样的自我包含的实体,它可以从自身之外的任何事物中产生存在;"可塑的"是内在形式之间的联系,它集艺术作品细微之处的全部丰富性于一身;"悲剧的"是赋予美以言说能力的人类的特性(content)[①]。

[①] 直译为"内容",但在这里指的是人类独有的内容,所以意译为"特性"。——译者

在这三根支柱之上的是可以加入到任意两者之间,并引导着一个靠近另一个,造就了艺术作品的拱顶。个别从整体中显现了出来;因此在实际上,一种饱含美学的丰富性的现实性被从它的前美学的先驱中创造了出来,而且,正是在这一显现、这一创造之上,栖息着艺术作品的生命历程,而基本概念的创生的序列也可以在此得到概括的表现。

天才

艺术作品的创造发生在作者身上。这并不是说作者创造了艺术作品;因为这将与柏拉图在《伊翁》篇所说的,并为唯心主义所强调的那种作品的无意识的产生是相矛盾的。但艺术作品的勃发是以作者的产生为前提的。尽管作者绝非作品的创造者,但他自身的被创造是先于艺术作品的创造,就像在另一方面,作品只有在其旁观者之间发生的事件中才能获得其完美的、真正的合法性。[①]作者不是现成的、从天上掉下来的,其他的艺术大师也是如此。天才绝不是天生的,他不像现在的自由的教育所认为的那样;相反,它会在某一天令人惊奇地降临到某个人身上,因为它靠的是自我,而不仅仅是个性。一个神童并非是一个天才,他不见得会比任何其他人更能变成天才,相反,天才一旦形成,就永远是天才;哪怕是堕落和疯狂的天才也仍然是天才。[②] 现在的艺术理论无须对

---

① 根据下文,应该是指作品与观众的关系。——译者
② 具体所指不详,但很容易令人联想起尼采和被他称为"第一个堕落的天才"的苏格拉底。——译者

个性和自我有任何知识；作者的进化以下述方式向它展现了自身：人的前存在的，就是说，先于天才的——即我们当作个性的——整体从自身出发把被我们当作是自我的非天才的属性集合体外化，并解放了后者，让它能够自由地产生艺术作品。

诗和艺术家

整个的人生履历依次在作者自身之内穿越而过，也就是说，在"天才"之内，而且，如下文将要证明的那样，也在艺术及其旁观者之内。天才如果仅仅是天才的话，那么它的意义极其有限；它必须从内部证明并完善自身。说某人是个天才，说他具有创造艺术作品的能力，这些就其本身而言还只是一个开端，它作为开端会带来新的开端。为了打破这一纯粹能力的封闭的循环，为了做一个产生者，他必须首先变成一个真正的创造者，一个原初意义上的诗人（poiētēs）。① 一个在含义上与单纯的"艺术家"相对的"诗人"，这样的诗人，在今天指的是相对于福楼拜的巴尔扎克，相对于胡赫（Ricarda Huch）的拉格洛夫（Selma Lagerlöf）。② 尽管事实上，没有哪个诗人不同时又是艺术家。创造能力必须释放出某种内在的多样性，释放出一个创造物、洞察力和观念的世界，上述三者无论如何都是彼此紧密联系，通过个人风格即艺术家的内在方式构成了一个内在和谐的集合体。所有的来自贝多芬、歌德、

---

① Poiētēs，希腊文的诗人，直译为"（在诗人这个词的原初意义上的）诗人"。——译者

② 理卡达·胡赫（1864—1947），德国女小说家；塞尔玛·拉格洛夫（1858—1940），瑞士女小说家——英译注

伦勃朗等人的观念、灵感、创造等等归根结底在它们自身中间构建了一个"家庭",一种家族相似(family likeness)把它们联结了起来,而不顾事实上,它们不是从外部被结合进了单个作品的单一性中。这就是天才的创造力,这就是"充斥于内心的形式"。这就是他的全部的现实性的核心基础。一个人如果不是一个创造者,如果从未被灵感所激动,如果灵感之泉不是永不枯竭的,而且如果就其全部灵感的取之不尽性而言,他的灵感不是跟上述家族相似联系在一起的——那么他就永远不过是一个"令人沮丧"的天才。

上帝之言

由此看来,艺术作品为我们提供了一个有关创造的类比。在此,为了推导出这一类比的结论,以及由之而来的艺术理论的最初的一系列基本概念,我们现在不得不预期一下本来应该在下文中才加以说明的概念。因为,艺术理论——在此,我们再一次突然发现,它同本章中所阐述的语言理论有着极其明确的区别——在家族树的类比中整个地系统化了。正是这一点解释了为什么艺术不能是工具,为什么它在这里是某些说出了的东西而不是言说。任何单一的概念,任何个别的人类的特性——艺术无非就是这些——都自然地以系谱的形式得到进一步发展。语言理论最多能够被赋予表格的形式,而即便是这种形式也只能表现回顾的次序,无法对应最早出现的范畴。因为,最早直接出现的范畴,其出现形式跟它们范畴化的实际过程完全吻合,用本文的话说,就是同创造吻合。范畴的序列在次第而来的每一步上都是完全不同的，它们对应着——事实上是回应着——每一步的特性；每一个范畴都在其他的步骤中有类似之物，但在同一步骤中却绝不会有。因此，原始素材很容易被表格化，但唯一的办法是给它发明一种形式化的秩序，后者在此不可能作为语言科学的相对独立的次级学科的素材出现，而只能表现为现实性的最早的符号系统，并且还是在相应的与现实性相"统一"的最切近的意义上才是如此。在此，语言不是根据内在系统而必然发展起来的独立的内容。毋宁说，它描述的是沿着世界历史的顶点运动的我们的行星的平凡的轨迹。换句话说，这一轨迹的要素产生于我们所熟悉的算术的符号系统。我们用我们所信任的词句来描述我们所信任的轨迹。信任这一轨迹是相当困难的，因为，在任何既定的时间，我们能够看到的只有当下正在经历着的个别的点。但语言确实是"更高的"的数学，它能够在我们自身所经历过的奇迹的个别的点上，把整个轨迹启示给我们。而且语言很容易获得信任，因为它是内在于和关于我们的；当它从"外部"触及我们时，它没有遇到任何困难，因为它使"外在"在"内在"中回响。听到的和说出的是同一样的词。上帝的道路不同于人的道路，但上帝的语言跟人的语言却是一样的。人类把在内心中倾听到的东西作为自己的语言，而这正是来自上帝之口的语言。创造一词，开始于来自无言的原型词的、作为其直接的、向上的回响的根词，结束于过去时态的完全宾格化了的表达形式，它[1]在我们心中回荡着，代表了我们的心声。所有这些同样也是上

---

[1] 指"创造"一词。——译者

帝说出的言语，而且我们发现，它们同样也镌刻在关于开始的篇章《创世记》中。

《创世记》第 1 章的语法分析

这一章记载了最初的工作，有一个词组贯穿了全文，它重复出现了六次，而且只是由一个单词构成，总是跟在冒号后面。这个词组说的是"好！"——过去是，现在是，将来还是——"好的"。创造就是由这种对被造物的实存的神圣的肯定构成的。这个"好"为每一天的创造画上了醒目的句号，因为它不是别的，正是它的开端的无声的原型词。

那被视为"好"的究竟是什么？这一神圣的六重肯定，肯定的究竟是什么？是每一天的创造的收获，事物不单单是事物，而是工作，是精心制造，是先于实存的实存。通过上帝之宣示自己的工作为"好的"，实存得到了肯定，他创造了它而且它是好的。他创造了——这种叙述方式贯穿着全章：他创造了、他说了、他分开了、他看见了等等。过去式和第三人称意味着双重客观性。在单一的、永恒的自我等同的神之外，没有任何主体。它不像其他的作为个别事物的主词一样，会融入作为普遍事物的谓词，并因此而使谓词主词化，使其个性化并进而使其非宾词化（dis-objectivizing）；毋宁说，它仍然是一个单纯的、无法触及的超越者，它产生了谓词，在平静的客观性面前保持着自己的自由。如果有两个事物做了同一件事情，那么这同一事情就不再是同一的。但是，当只能作为一个事物的事物做出了同样的事情时，这件事情就永远是同一的：神圣的主词是唯一不会赋予谓词以个性色彩的。为了保证"他创造了"的纯粹的客观性,创造者因此必定不会有一个名称;他只是"上帝",单纯而简单。

上帝创造了,而世界就是那个被创造的?它"生成了"。这个词一次又一次地回响着。就像《诗篇》所概括的那样,"他说了,世界生成了"①。创造对上帝来说是已经制造的,对世界来说是已经生成的。这个生成究竟是什么?它就像上帝所创造的事物一样。上帝创造天地。既然在这一章中,活动的主体的位置被上帝独自占据,那么其中的名词就都是宾格的,由上帝创造的宾词,或者,作为生成的事物,它们是被动结构中的主词。过去,犹太注释家把第一句翻成"起初,当上帝创造这天地之时"。"这"天地——此外的名词出现时所带的都是不定冠词,但这第一句把整个创造视为整体。它预先给予了创造性以明确的主动形式的过去式,并进而把作为时间的现实性给了它。它突如其来地赋予了被造物全体以恰当而确定的形式。每个单独的事物都是首先变成由不定冠词修饰的范畴的一员,然后再迂回地获得其定义。事物的全体——天地——归根结底并不从属于任何其他的范畴,它无需中介就获得了其定义。在此,定冠词用先于任何个别确证的空间形式给予了事物总体上的实体性。因此,同样地,最先给予全部已发生事件的实体性以时间形式的、确定的、私人性的、通常所谓的"他创造了",是先于第一个"曾经是"的。②另一方面,每个个别的、

---

① 无论是在希伯来原文还是在其古德文的译文(ward)中,"曾经是"(was)和"变成了"(became)之间的内在的双关性很难在英语中复现。——英译注(当然,对汉语来说恐怕是更大的难题。——译者)

② 参见上注。——译者

第一卷 创造或事物的不朽基础

私人化的事件,就是说,每个单独的行动,其可能性仅仅在于时间中的特别的证明,这种证明同样是迂回曲折的,只有经过了与系动词之间的纯粹的联系之后,才能得到证明。因此,它只能跟随在"曾经是"之后。

"这"天地——创造的总体性是其唯一特性,也是不需借助多样性就能获得其最初的个体性的唯一事物。此后的被造物都是以复数形式出现的,甚至那些给人以独一无二印象的事物和那些真诚地把自己个体化为神的事物[1]也是如此。因此,太阳和月亮在此都变成了"发光体",它们的个体性因此被带回到了一个身兼数职的范畴身上,它们在毫不知情的情况下被无情地放逐到了创造的事物的世界中去。

"起初,当上帝创造这天地之时,这地曾经是一片荒芜,渊面黑暗,上帝的灵运行在水面上。"[2]一个双重的"曾经是"。关于事物的世界的第一个句子以"一片荒芜"这样的形容性的形式出现,它同"是"和"曾经是"这样的系动词相联系。在此,这些系动词的用法同语言学上的用法相反,在原文中是作为直接性的词出现的。所有的词都是形容词性的。在这样的黑暗中,所有的质都变成了暗淡无光的一片荒芜,直到上帝吟诵出了他的"要有光"。光是像黑暗一样的事物。它本身就是某种质。对认识来说,"好的"是对意志的最高肯定。现在,上帝"分开"了属性的混沌,

---

[1] 指下文的太阳、月亮等被提升到神的地步。——译者
[2] 参见《创世记》的相关文句。——译者

当这种分离达成之后，当创造的开端在个别属性的可见性[1]中完成之际，那些呈现在光明中的事物发出了第一声回响："好。"[2]

然而，创造的个别对象从属性的集合中显现了出来，尽管是一片荒芜，在同一个句子中，第一个个别的行动同样诞生了：动作性的词（action-word）从事实性的词（event-word）中产生了出来，其形式是分词的形容词形式。他的灵"运行"——这是创造的神迹的开端。不是上帝在运行，尽管那已经是一种非人格化的行为了。但更为非人格化的是"上帝的灵"。因为作为"灵"的上帝在其长袍内穿了一件女性的服装，所以，在原文中还出现了更为强烈的非人格化。而"运行"是所有行为中最为模糊不清的一个行为，而这些行为是人类对创造——个体从范畴中的产生——的类比由以建立的基础，而偏偏又是某种女性的行为。一边是一片荒芜的黑暗，另一边是暗淡无光的运行。事物和行为同样呈现出质的形式，这些质偏偏又是从根本就不是事物或行为中产生出相应的事物和行为的最低的界限。

这正是创造的语言形式的词典。但为了这些词，让我们别忘了"这个"词。难道创造没有在语言中发生吗？上帝"说了"，不是吗？可不可以像我们所做的那样，在上帝的创造性行为中，逐一对他的"所说的"进行简单的计算？这是不可行的。确实，创造至少在一开始的时候要比启示更为宽泛。在创造中，还有好多东西尚未被启示为预言。没有人知道，需要多长时间，所有的被造物才

---

[1] 指个别属性被创造了出来。——译者
[2] 意思是说被造物的出现本身就是对上帝所说的"好"的直接肯定。——译者

能最终开口说话,并变成奇迹的可听闻的预言。只有启示的第一次闪光才达到了创造的第一个时刻,最少也是第二个时刻的高度,因为第一个时刻毕竟是属于不及物的"它曾经是",属于事物的、同样也是行动的黑暗而沉默的属性。但是,就在第二个时刻,"上帝说了"紧随着整个创造的创造性语言而爆发,变成了创造中的第一个行动性词汇,而"光"则变成了第一个可见的属性词,虽然仍然是沉默的。在上帝说这一句中,在所有的过去式和所有静止的陈述之下,首次以现在式的形式突然出现了命令语句:"要有……"这种现在性和突然性仍是由纯粹事件的非人格化的建构联系起来的。上帝说,但他的言词似乎仍然是内在于他的,似乎不是他本人在说话。他的话就像对他未来的言谈的一种预言,但目前为止他自身并未说话,并未作为他本身来说话。创造的言词自然地从他的本性中转化出来,就像一个它产生了另一个它。

上述情形一直持续到了上帝为创造的最后的行动开口讲话:"让我们造人。""让我们"——客体性的神奇循环第一次被打破了,"我"第一次替代了"它",在自创造以来一直言说着的独一无二的声音中回荡着。而且不只是一个"我"。与"我"同时回荡着的是一个"你",一个"我"用来描述其自身的"你":"让""我们"。有些新鲜事物被昭示了出来。新鲜事物?他所说的不是老生常谈的吗?他所说的跟以前记载的难道不相同吗?不正像在"他创造了"和其他类似的句子中所断定的那样,在自我中私下出现了某种制造?这些确实是有定论的,但如果它想从此变得清楚明白,那么就要逐渐消失在"它"之中。现在,它仍然是个性化的,它宣示的仍然是"我"。真的是"我"?现在,我们上升到了这样的边界上,它警告我们,即便是在第六天,我们仍然是在创造中,启示仍然在我们之外。

只要仍然身处创造之中,上帝就不会说"我",而是说"我们",一个绝对的、包含了全部的我们意味着在它本身之外、在复数形式的绝对权威之外再也没有"我"。正像现代的翻译所准确地表达的那样,这样的"我"直接包含着"你",它是一个只同自身,也只能同自身交谈的"我"。因此,它是一个非人格化的"我",一个封闭在自身之内的"我",它不会走出自身,走近"你",不会揭示自身,而是像原型宇宙中的形而上学的上帝一样,仅仅活在自身之中。创造者在创造的行动中揭示了自身。创造性的词,甚至是在最后的创造中的词,都不是能够揭示揭示者的揭示者。[1] 归根结底,它也只是创造者的另一个创造性行为。

作为最后的创造物的人又如何呢?让我们造人——一个人[2]:亚当这一个性化的名字在原文中同时是可听闻的。在全部生物的种类中,在仅仅以"各从其类"的形式创造出来的全部存在中,亚当是第一个个性化的名字。而且他确实是"按照上帝的形象"创造出来的——因此,他跟其他造物不同,无论有没有这个个性化的名字,他都禀赋了创造者甚至没有给予天上的星辰的东西:与上帝的相似、既不是来自范畴的普遍化也不是来自必然的多样性的个性以及自我。有些新鲜事物出现了。但却不仅仅是自我——是灵魂吗?生命的气息被吹进了人,但他真的也能散发出这种气

---

[1] 与之形成鲜明对照的是亚里士多德的神。——译者
[2] 即希伯来语的亚当。——英译注

息吗？他会讲话吗？他是无言的被造物。我们又一次遇到了那堵隔开了预兆和标志、预言和奇迹的高墙。

对奇迹的预言

但这里有预言。上帝最后一次关照了他的创造物。这次是：瞧！——"很好"。创造的根词从自身中显现了出来。它仍然是个形容词，仍然停留在自己本质的框架中。但它却再也不能定义简单的、个别的、无可比性的属性。它变成了一个可比较的东西；它进行着比较。在创造的普遍性的肯定中，包含着所有的个别性的东西，在其中，单列出了某个被特别地肯定了的领域，那是一个"非常"肯定的领域。同创造中的其他事物不同，它指向了创造之外。这个"非常"预示着在创造自身中出现了一个"超级创造"，在世界之内但又超越了世界的东西，仍然属于生命而且只属于生命，但又不是生命的东西，作为生命的极致而创造的东西，首次让某些东西推测出了超越了生命的实践的东西：这个"非常"就是死亡。创造物的天赋的死亡预示着一种高于创造物的水平的生命的启示。对每一个被造的事物来说，死亡是它的全部物质性的完成形式。它不知不觉地把创造变成了过去式，并进而把它变成了它的重生奇迹的沉默而永恒的谓词。这就是为什么在第六天时，不再说"好"，而是说"把它们视为是很好的"①。我们的圣人教导我们，"非常"——就是死亡。

---

① 参见《创世记》1：31，根据本章上下文译出。——译者

第二卷　启示或不断再生的灵魂

爱情如死般强大。① 同死一般地强大？但死亡向谁展示自己的强大呢？向那个被它抓住了的人。当然，爱抓住了两个人：爱者② 和被爱者，但被爱者却跟爱者有所不同。它起源于爱人的人。被爱者被抓住了，她的爱已经是对被抓住的回应：安忒洛斯（Anteros）本来就是厄洛斯（Eros）的弟弟。③ 起初，只是对被爱者来说，爱才如同死般强大，甚至自然早已宣判：只有女性而不是男性才可能会因爱而死。在严格而普遍的意义上，关于人及其自我的双重遭遇只适用于男性。至于女性，尤其是那些最具女性色彩的女性，在厄洛斯温情脉脉的面纱下掩藏着的死亡（Thanatos）④ 可以轻易地抓住她。她的生命比男性的简单，因为其中没有矛盾。她的心灵在颤抖着的爱中变得坚强。死亡的颤抖已经是不必要的了。一个男人只有在死亡来临时⑤ 才能平静地面对永恒，而一个女子在年轻时就能做到。没有哪个男人会像阿尔刻提斯（Alcestis）那样愿

---

① 《雅歌》8：6。——英译注（中译文根据上下文略有改动。——译者）
② 直译为"爱人"，此处根据上下文改译为"爱者"。——译者
③ 二神同为爱神阿佛洛狄忒所生。——译者
④ 希腊神话中的冥界三神之一。——译者
⑤ 直译为"死亡跨过了他的最后界限"。——译者

意代爱人而死。① 一旦被厄洛斯俘获，一个女人就会像有着浮士德式的百龄寿数的男人一样：平静地面对最终的遭遇——像死一样强大。

就像所有尘世间的爱一样，这不过是个类比。作为创造的顶峰，死亡首先在所有的创造物上留下了挥之不去的烙印：用"曾经是"这个词组来表达的被造性。爱只知道现在，只活在现在，只渴慕现在——它不惧死亡。阴郁的创造大厦中的拱顶石变成了光明的启示之家中的奠基石。对于灵魂来说，启示意味着对现在的经验，尽管它是建筑在在场的过去的基础上，但它却不会以之为家，而是在上帝之光②的照耀下继续前进。

启示者

隐蔽的唯一者

异教徒向着活生生的上帝哭喊着。只要他不是"睡着了或外出了"，他就会在创造性的活动中通过神奇的智慧将自身展现为有生的上帝（God of life）。在此，曾经在上帝神秘的生命力中出现过的无限的能力再次浮出水面。它本来是同无定性的飞逝着的时刻联系在一起的，现在却在本质上变成了持久的智慧。它曾经从上帝的"无"中挣扎出来，变成了对这一"无"的自我否定，现

---

① 阿尔刻提斯，色萨利国王阿德墨托斯之妻。她愿代夫而死，后被赫拉克勒斯营救。——译者

② 直译为"由上帝的脸发出的光"。我们知道，它就像上帝之名、上帝的宝座等词组一样，都具备可以指代上帝本身的含义。——译者

在它再次在上帝的活生生的"有"中浮现出来，但不再是自我否定，而是世界性的肯定（world-affirmation）。因此，上帝的生命力在某种程度上又变成了一个"无"，但这个"无"是更高层次上的"无"，对由它而来的事物而言它才是"无"，但就它本身而言却是丰富多彩的，简而言之，不是"无"而是"有"。它作为"无"的唯一可能是，在展现自身之际，它立即打破自身而形成了新的构型，其中之一，就是我们已经渐渐认可了的本质性能力。这些新的构型背后没有任何可能让它们得以出现的决定性的东西。如果有人想把上帝的生命力作为这样的背景，即，作为能使事物出现的创造性能力，那么，对此的正确的反驳必定是：如果这种出现依靠的是隐蔽的上帝的神秘的生命力的话，那么它根本就不可能出现，它只有在将自身转变为被启示者时才能出现。然而，这样的转变师出无名；可以说，它无非就是上述出现发生的地理坐标而已。

确实，即便在这种转变"之前"，上帝的生命力也只不过是这样的一个地理坐标，神圣的无的两个部分："元是"和"元否"在这里会聚；而且这种转变也只能从相反的两个方向去理解：一边是会聚，一边是分散。但是，发生在这两条线上的转变的结果虽然只是一个点，却是一个产生了能指定的、确定性的事物的"有"，就像坐标系中的点一样。另一方面，这个点仅仅被定义为不同方向的出发点，虽然像坐标系中的原点一样确定，但却没有明确的内容。[1] 在坐标系中出现的只是确证过程的源头。这就是为什么上帝

---

[1] 原文是"未被定义"。为了避免表面上的文字冲突，此处采用了意译。——译者

反而在异教中会有一个更高的、更具生命力的形态①，而且从未想到要去做一个隐蔽的神；然而，信仰却明确地感到，对一个不会现身的上帝，它将一无所知，对信仰者来说，这样的上帝是一个"隐蔽的神"，而对不信教者来说，同样的上帝，在他由暗转明之前，似乎根本不曾隐蔽过。异教的立场，就像我们在整个的第一部中所明确的那样，正是在与启示的直接关系中变得清晰可见：一方面，原初的"无"是原初的"有"的基础，另一方面，原初的"有"是原初的"无"的可见结果，尽管后者从不明示，封闭在自身之中。尽管并未明示但却可见的意思是，所谓的可见是对那些被包围着原初的有的黑暗所包围的人们的眼睛而言的，因为它们已经习惯了这种黑暗。

明示的唯一者

如果上帝——我们在原型宇宙中的其他两个要素那里的发现将在相应的下文中出现——除了启示之外是一个完全隐蔽的神，难道我们不正面临着失去上帝的基本的"事实性"的危险吗？本来，我们相信这一点在我们的掌握之中。但是，上帝在启示中立刻变得可见，就是说，他打破自身变成了他的"变得-可见"（becoming-manifest）的构型。如果上帝只是他的"变得-可见"的隐蔽的源泉，那么在启示中还剩下什么可以作为上帝在异教中所拥有的那种真实可见的现实性？但是，他真的拥有它吗？难道它不曾被坚不可摧的全能的"也许"一次又一次地打碎吗？确实，

---

① 直译为"面容"。——译者

事实性似乎不可能被也许直接触及。但归根结底,一个拒绝了对它的所有探究的事实性自己也不见得有多少自信。或许可以推测,一种放弃了所有的可能的认识上帝的基本的事实性的途径的启示,一种刻意把上帝隐蔽起来的启示,宁愿去寻找一个适合于自身的事实性,它自身不是建立在元素之上,而是在每一种现实的每一条轨迹上,这种事实性超出了所有的也许而达到了绝对确定性的高度。

事情就是这样。就像原型宇宙中的上帝初次从他的"无"中产生出来一样,隐蔽的上帝——只有这样信仰才能见到原型宇宙的结果——仅仅是已发生的事件的开端,我们已经在神创造世界的过程中看到了他最初的行动。对上帝来说,创造不只是创造世界,它还是在隐蔽的上帝自身之中发生的一个事件。在这种意义上,我们不得不把创造定义为已经发生在上帝身上的"变得-可见"。上帝是在上述过程中把自己宣示为一个创造者,也就是说,是在行动中,而这种行动不再有发展,不再成长,它在一开始就完美无缺了,因此,只要上帝是隐蔽的,那么这种行动就根本不是行动,而是属性。如果在创造"之外"有什么东西能够从上帝的隐蔽之处产生出来,并且能够一劳永逸地对神圣的创造能力的无限性构成补充,其补充的方式是把那种无限性结合进事实性的统一体中,那么在这种东西之内必定蕴藏了足够的动机,才能一步步地穿越遍布四周的神圣能力的无限性。这就是说,它必定具有内在的成长性,内在的自我确证性。它在哪里以及如何实现这一动机的问题现在暂不讨论,但在此,它有这样的动机这一点却是至关重要而且必须要明确起来的。

爱

此前,是神秘的上帝的原初的自由、无拘束的热情从隐蔽的上帝中迸发出来,在新时代的曙光中成就了神圣的创造性能力。同样地,上帝的命运,那命定的神圣本质,现在也在寻找一条出路。确实,上帝的内在"本性",他的存在的宽广而沉默的海洋,在他的行动的神圣而内在的自由的压力之下,被吸引并结合进了命运。但命运同样也是某种永恒的东西。命运从未改变自己的判决:尽管这一法令只有在时间过程中才会展现自身,但它从一开始就是有效的。命运是原始的法律;它的使者在诸神中是最古老的,因此,她们大多数是女性也就不是偶然的了。因为母性的东西总是那些早已存在了的;而父性的东西则是后来附加上的:女性从来就是男性的母亲。命运因此是永恒的和原始的,但是,这两种质却是它在冲破神圣的隐蔽的黑暗进入光明之时必须丢掉的东西。行动的自由在创造性能力中把自身明示为基本的、属性式的存在。然而现在,命定的存在必须在一个相应的颠倒中把自身明示为在这一时刻迸发出的、已然发生了的事件。命运在这一刻竭尽全力爆发了出来。这不是在过去就已经注定的。相反地,它恰恰是对所有来自过去的事物的否定,实际上,它否定的正是在这一刻之前的那一瞬间。这一瞬间在自己狭窄的空间内负担着命运的全部重量,这个命运不是"命定"的而是突然出现的,但这种突然性却是无可避免的,就好像是过去已经注定了一样。这个命运究竟是什么?参考那个比照上帝的形象造出的造物为我们指出了唯一的道路,我们必须沿着这条道路来命名这一"内在-神圣的、变成了命运的影响"

（intra-divine fate-become-affect）。就像上帝的无定性一样，这一时刻的诞生把自己变成了永恒的能力，因此他的永恒的本质将自己变成了——爱，在最近的每个时刻都觉醒了的爱，永远年轻的爱，永远是最初的爱。因为只有爱才能立刻以命中注定的方式控制它活跃于其中的心灵，而且它是如此新生的，如此原始以至于没有过去，如此在它所充斥的那个时刻中迸发出来，并且只能从这一时刻迸发出来。它是一种完全的冲动。用那位无论是在地狱、炼狱还是天堂中都产生了爱而且也被爱所产生的伟大的爱者的话来说，它是一个绝对"比我强大的神"（deus fortior me）。① 但是，在接下来的句子中，它的统治并未得到来自过去的命运的支持，也没有得到过它的前实存的永恒的"很久以前"（long-ago）的支持，反之，支持它的是它的让这个时刻到来的能力中的永远新鲜的"当下"（just-now）：那个比我强大的神会过来统治我（ecce dues fortior me "qui veniens dominabitur mihi"）。② 神秘的上帝的无定性在上帝自身中打破的恰恰就是命运的法令。而它们之间③ 的差别就像天堂与地狱之间的差别。因为它把自身从那个从"无"中出现的、作为单纯的"是"、作为单纯的"如此"、作为"因而是命定的"的法令变成了一种冲动。在隐蔽的上帝的暗夜中，这种冲动迸发了出来，变成了一个明示的"否"，一个永恒更新的自我否定，无论是可能在它之前的还是行将到来的，它都毫不

---

① 语出但丁的自传体著作《新生》。——译者
② 同上。
③ 指无定性和法令之间的差别。——译者

关心，它完全是当下的一瞥的（coup d'oeil）产物，存在于瞬间的生命。

在此发轫的是对神圣的自我宣示的那种补充，这种宣示仅仅在创造中有其开端，这一点我们在上文中已经说过了。上帝的"事实性"有迷失在他的隐蔽中的危险。为了重新获得它，仅仅在充斥着创造行动的无限性中让自己显示一次是远远不够的。在那里，上帝仍然有再次迷失在创造的无限性中的危险。他似乎会变成创造的纯粹的"源泉"，而归根结底，隐蔽的上帝再次随之出现，而这本来是他通过创造已经避免了的。

从他的隐蔽的黑暗中出现的，定然不仅仅是纯粹的创造能力，而是某些创造能力的行动的宽广的无限性借以获得可见形式的东西，以此来避免上帝再次后撤到这些行动之后，进入隐蔽状态。因此，获得某种外在的无限性，仅仅意味着这种扩展可以贯穿它的整体。但是，作为一种无限的扩展，能穿越它的只有一种无限的气息的力量，一种永无止境的力量。而且，不言而喻的是，这种力量同样是直接从神圣的隐蔽的深处迸发出来的。因为只有这样才能达到我们的要求：保证在创造中发生的启示不会退回到神秘的暗夜中去。恰恰是由于它的启示性的特征，创造中的第一个启示要求"第二个"启示的出现，后者是纯粹的启示，是在相当严格——不，是在最严格意义上的启示。

因此，这必定是一个不会"放置"任何事物，不会从自身中产生出指向空虚的任何事物的启示。因为这样的宣示，尽管同时也是变成宣示的过程，仅仅是偶然如此的；在本质上，它首先是创造。我们在此寻找的明示必定在本质上是纯粹的启示，舍此无他。

但这就意味着它可能仅仅是某些被锁住了的事物的开放，仅仅是无声的事物用响亮的词汇进行的自我否定，或是平静无声的永恒持续性在运动中的某一刻所进行的自我否定。那种改变创造物的颜色的能力在这一刻被照亮了，它把被创造的"事物"变成了业已发生的宣示的证明书，这种能力栖息在那光辉灿烂的一瞥中。每个事物都是一本这样的证明书，只是因为它是一个被创造的事物，因为创造本身就已经是第一个启示。但是，恰恰因为它是一个来自过去的被造物，因此，它作为业已发生的启示的证明书这一事实仍然深藏在它背后那片第一个开端的黑暗之中。只有当它在某个时刻被在同一时刻发生的启示——不是那种一劳永逸的发生——的光芒照耀之际，那种让它把自己的实存的根源归诸启示的境况才不再仅仅是它的"环绕着的姿态"——不再仅仅是它的事实性的内核。只有在这时候——当启示的表达在此时此地出现，并且不再是已经发生了的启示的证明书，事物才能从实体性的过去进入生机勃勃的现在。

这种"光芒"总是保持着新鲜性，它有足够的时间从一物转到另一物。当它这样做时，它把事物从它们单纯的被创造中解放出来。与此同时，它把创造从一直高悬其上的恐惧中解脱了出来：一方面是对退回到作为它的起点的"无"的恐惧，另一方面是对神圣的隐蔽的恐惧。恰恰由于它是这一时刻的无条件的产物，所以，启示是建构并巩固创造的手段。创造者仍然可能退回到创造背后的黑暗中去，这黑暗本身没有结构，但正因如此反而拥有了更为丰富的结构。这就是说，创造者总是有回到"开端"的可能，在那里，它"可以谦虚地躲在永恒的法律背后"。但启示者在其无例外的[①]现在性中,他可以在任何时候把自己固定在光明中、明示中、无遮蔽中,简而言之,固定在现在中。而且通过这样的行动,他把上帝的隐蔽性一劳永逸地沉入了过去。至此,上帝变成了现在,就像此时此刻的现在,就像每时每刻的现在,随之而来的是,他继续变成了一个"事实"——作为创造者,他从未真正是事实,甚至现在也只是刚开始变成事实,就像在异教神话的壁垒之后的诸神一样。

爱者

在此,只有爱者的爱,而不是被爱的人的爱,才能满足对启示者概念提出的所有的要求。只有爱者的爱才是不断更新着的自我牺牲,只有把自身投入爱情的人才会如此。被爱者接受了这一礼物。她所接受的是她的回礼(return-gift),但在接受时她仍是她,并且她的灵魂伴随着她自身而变得平静、满足。然而,爱者总是从自我的精髓中挤压出了爱,就像树木从自身中挤压出了树枝一样:每一个冲破了树干的枝桠都是对树木本身的否定,对它再也不屑一顾。但是,在繁茂的枝桠中,树仍然挺立着,虽然那些枝桠否定了它,但却是属于它的。树从来没有对它们不管不顾,它不会让它们像成熟的果实一样落到地上。每个枝桠都既是自己本身,又是树木的枝节。每个枝桠都是从自身的某个点上生出的,所有的都是如此,

---

[①] 该词的英文表面意思是"空前的",但这显然不是作者的原意。根据上下文,这里的意思应该是说启示者在任何时候都是"现在的""现成的""在场的",所以,将其翻译成了"无例外的"。——译者

但它却永远无法离开这个点。因此，爱者的爱同样植根于它开始的那一瞬间，这也是它否定其他瞬间、否定整个生命的理由。它天性不忠，因为它的天性是一个瞬间，因此它毫无疑问会在每个瞬间更新自身；对它来说，每个瞬间都会变成对爱的初体验。只有这种每个瞬间都具有的"完成性"才能让它掌握了被造的生命的完整性，但也因如此，它可能真去这么做。它可能赋予这种完整性以新的含义，它会用内在于这种完整性的各式各样的个别性来对这种完整性予以各不相同的阐述、说明。这种做法每天都会更新；它的需要是无止境的；它会在每一瞬间——因为它整个地在这个瞬间之内——都把自己放在一个除此之外别无他物的点上；它每天都会认识到，它从未像今天这样爱过这一部分的生命：爱对被爱者的爱，每天都会多一点。在爱情中，需要采取这种持续不断的方式来证明忠诚，尽管——并且因为——它本身是不可靠的；它只是一种在当下的、个别的瞬间的忠诚。走出无底的不忠的深渊，也只有走出这个深渊之后，它才能变成可信的忠诚。因为，正是因为瞬间的不稳定性才让爱有了相应的机会去在每个瞬间都有全新的体验，因此才能高举着爱的火把照亮了被造生命的黎明前的黑暗领域。它逐渐成长起来，因为它总想变成新的东西；它希望总是新的，以期有能力获得稳定性；它只有活在全然不稳定的东西即瞬间中才能变得稳定；如果爱者想变成有生命的灵魂而不仅仅是被抽走了热情的空空的容器，那么它必须是稳定可靠的。上帝的爱也是如此。

现在

但是，他还会爱吗？我们能给他爱吗？爱的概念不是意味着渴望吗？上帝能在渴望之中吗？我们能够不否认上帝是在爱中进行创造，同时却又不必把渴望加诸其身吗？即便如此，上帝应该通过爱来启示自身吗？

但是，我们否定上帝的渴望的理由是什么？是因为，通常认为他的创造是出自他的属性和永恒的本质，而不是无定性，不是那一瞬间的鞭策和必然性。而且，对上帝来说，渴望很难是他的属性或本质。但这样一来，爱也没有了这种资格。[①]那不是爱者的属性。爱者不是一个有爱的人；一个人有爱，不是对这个人的描述性的修饰语。毋宁说，爱是一个人瞬间性的自我转变，是他的自我否定。当他去爱时，他不再是别的，而是爱者。在任何别的地方都背负着属性的"我"在进入爱的那一瞬间烟消云散。人在爱者中死去[②]，又在爱者中复活。渴望会成为一种属性——而一种属性怎样才能为自己在瞬间的狭窄的恐惧中找到一席之地？如此一来，爱意味着渴望就是完全正确的吗？或许渴望在爱之前。但爱了解先于它的东西吗？唤醒了爱的那一瞬间是它的第一个瞬间。确实，从外部看过去，有的渴望或许还处在相当基础的层面上。但这仅仅是被造的实存的观点，它们还没有被爱的目光所顾及，仍停留在黑暗中，尤其是创造的黑暗中。这种黑暗是作为被创造出来的"基础"的无，它仍停留在自己的基础中。但是，在爱自身中，在它的瞬间的狭窄的铺板上，已经没有了渴望的余地。在它存在的那一瞬间，爱是完全自足的。爱者的爱总是"幸运的"。

---

① 直译为"那也不会是爱所是的东西"。——译者
② 直译为"死在了通向爱者的途中"。——译者

谁会对他说他需要的比爱更多呢？

因此，爱不是属性，而是事件，其中没有属性的任何余地。"上帝爱"并不意味着爱把他变得似乎有了属性，像创造那样的能力才会这么做。爱不是他①的基本形式，后者是固定不变的。它不是雕刻家从无生命的东西的面容中取出的僵硬的面具。毋宁说，它是一幅幅不停变换着、飞逝着的面容，是永恒的面容散发出的一道道永远年轻的光辉。爱犹豫着要不要给爱者画一幅肖像，因为后者将会把生动的面容还原成僵死的模子（mortis）②。"上帝爱"是现在的、纯粹的和简单的：爱本身怎能知道它是否会去爱？是否事实上已经爱过了？它知道这件事就够了，即：它在爱。它不会像属性那样进入无限的怀抱。尽管在智慧和能力方面是全知全能的，但爱却不是"全爱"（all-love）。启示很了解这位非"全爱"的父亲；上帝的爱在当下的这一刻总是完整的，并且能够完整地到达它所指向的那个点③，而且只有在无限的时间中，它才能一步步地到达一个又一个的点，并宣示了全。上帝的爱会在它爱的地方和人身上出现。对上帝的爱我们无权质疑，因为，总有一天上帝会给予怀疑者以爱，此时，他的问题就迎刃而解了，甚至是那些觉得自己被上帝抛弃了的人也是如此。上帝只爱那些他爱的人或物，但是，他的爱与"全爱"的不同只是在于"尚未去爱"：在上帝已经爱着的事物之外，上帝爱一切，只是有些事物尚未得

---

① 直译为"他的面容"。——译者
② 直译为"印刷术中的活字嵌槽"。——译者
③ 就是说，在当下的时刻，如果上帝爱一个人，那么将是毫无保留的。——译者

到上帝的爱。他的爱伴随着不断更新着的动机游遍了世界。今天是永恒而完整的，但是，逝去的过去和将来有一天也会被胜利进军的今天所吞没。这种爱是对死的永恒的胜利。死亡所成就的创造①也无法跟它抗衡，而只能屈服于它，每时每刻，因而最终是在所有的时刻，在永恒中屈服于它。

伊斯兰教：人类的宗教

因此，如同信仰所理解的那样，神圣的爱不像光线，不会作为一种本质属性四处传播。毋宁说，它像谜一样贯穿了诸多个体——人、民族、世纪、事物等。它穿越了无数的事物，而且可以肯定的是，它还将穿越那些目前尚未被穿越的事物。这似乎暗示着一个压缩过了的神圣的爱的概念，但这种表面上的狭隘思想却首先把这种爱转变成了真正的爱。只有通过让自己完全置身于每个瞬间中，甚至忘却了其他所有一切都在所不惜，它才能最终穿越一切。如果它一下子穿越了一切，那么它同创造有什么不同呢？因为创造也是在一瞬间创造了一切，从此变成了永恒的过去。一种从一开始就穿越了一切的爱同样只是个单纯的"来自源头"（From-the-first），只是个过去。爱的首创者并不是爱的构成者：（而是）现在，单纯的、未成熟的现在。

正是这样的一种过去决定了伊斯兰教中的启示概念。就像在第一部中的创造者的概念一样，在此，启示者的概念是从神话中

---

① 参见前文对《创世记》的语法分析。——译者

活生生的上帝那里直接得出的,而没有经过反复出现的"是"和"否"之间的颠倒。在那种情况下,创造的无定性不会凝结成创造的智慧。因此在这种情况下,启示仍然是种神圣的属性,神本性中的必然性。它没有变成自我否定的热情,这一刻从未到来。因此启示是有似于创造的,不是类似于伊斯兰教的、作为神的无定性的、自由而任意的行动的创造,而是有似于信仰的概念。在伊斯兰教中,启示从上帝中产生出来,其必然性、本质性和特殊性都像创造一样。

安拉的本质就是那个"全爱",它不会无节制地把自身置于每个爱的瞬间,而是像一个实在的现在一样从自身中给予人类以启示。这礼物不是无定性的,每个瞬间性的事物——而且无定性归根结底是瞬间性的——都离它远远的。上帝是仁慈的唯一:《古兰经》中的每个章节(Sura)都宣示了这一点。行仁慈是它的属性,普照着所有的人和所有的民族。《古兰经》从上帝的概念出发,拒绝承认对(比如)某个民族的特选。安拉为每个民族都派出了先知,而不仅仅是阿拉伯人。每个先知教给他的民族的都是信仰的真理的全部。当然,在今天,仍需解释的是为什么这种真理在这些民族中要么沉默不语,要么被有意歪曲。但解释是现成的:这些民族不相信先知。没能紧紧抓住真理是他们自己的错;安拉把真理给予了他们,就像现在给予了穆罕默德的民族一样。为了证明这一说法(fiction),有必要对过去的先知和他们的命运加以说明。其基本要求如下:安拉必定显示自身。这是他行慈善的本性,因此他显示了自身。人们可能不得不把《古兰经》的第一个单词翻译成"仁慈"。因为它正是在这里,从神圣语言的活的尸体中产生出来的,它可以用于人与人之间,也可以用于人与上帝之间,反之亦然，但却只限于最后被命名的、特殊的神学应用中。因此，它不再意味着一般意义上的爱，而是特指上帝给予人的爱，简而言之，仁慈。而且此种形式的启示从一开始就完成了：上帝已经将"伊斯兰教"颁布给了亚当，并因此传及了所有后代的先知们。列祖、先知、耶稣——他们都是"信仰者"，而且是在这个词的完全的、正统的神学意义上。穆罕默德的优越之处在于他的个人品质，而不是在于，比如说，神给予了他最多的爱。飞上七重天并不是神的恩典的证明，而是他自己作为先知而行的奇迹。① 这种爱的财富不会增长。它一劳永逸地给予了世界，再也不会增长。它跟所有"瞬间性"的事物所有蛊惑人心的"派性"立场截然不同，但这样它也成了昭示着真正的爱的永盲（ever-blind）的力量。信仰的上帝或许会当面告诉他的信仰者们，他是从负罪的人类中拣选了他们，为的是消解他们的罪；安拉却不会这么做。人类的缺点比他的长处更能获得神圣的爱，这种想法——信仰概念的核心——对伊斯兰教来说是一个无法理解的悖论。安拉怜悯人类的弱点，但却不会比对人类力量的爱更多；那种神圣的谦虚对穆罕默德的上帝来说是陌生的。

在伊斯兰教中，启示是一个上帝和人类之间的活生生的事件，上帝亲自进入了这一事件，甚至一直深入到了他自己的彻底的自我否定，他的神圣的自我牺牲。毋宁说，这是一个上帝放到人类手中的一个免费的礼物。似乎是为了表明这一点，伊斯兰教中的启示从一开始就是，在信仰中，它甚至发自内心地只想逐渐变成一

---

① 参见《古兰经》第15卷第17章《夜行》。——译者

本书而且是永无成书之日的一本书。启示给穆罕默德的第一个词是：读！[①] 呈现在他面前的是一本书中的一页；这是一本天使长在启示之夜从天上带给他的书。对犹太教来说，口传法比成文法更古老，更神圣，而耶稣没有留给他的追随者任何成文的东西。然而，伊斯兰教从开始以来就是一个圣书宗教；这本书是从天而降的。这一点，对上帝亲自"降临"、将自身交出、给予人的概念来说，还有什么比它更为彻底的疏离吗？他高坐在诸天之上的王位上，送给了人——一本书。

灵 魂

反叛

书是给人类的。他是启示中的另一极。神圣的爱倾泻到了他的身上。他准备如何来迎接神圣的爱呢？因为他必须做好准备。我们已经熟知的"元伦理学"的人是未准备好的。他没有听到，也没有看到——那么他怎么才能接受神圣的爱呢？如果他要聆听上帝的话语，目睹上帝的形象，他就必须首先从封闭性中打开自身。反叛与个性、傲慢与恶魔都融入了他，把他变成了一个无言的、封闭的自我。同样地，在此时此刻他从自身中浮现了出来，那形成了他的力量再次显示了出来。他们再次从沉沦中以与沉沦相反的顺序浮现了出来。自由意志的目空一切的骄傲已经用它永远澎湃的巨浪把存在着的个性融入了自我。它是第一个从自我之中产

[①] 参见前文的相关说法。——译者

生出来的。作为先行者、作为现身于外的开始，它必然以平静的方式传播，而不再像澎湃的巨浪那样在瞬间就达到了最高点。

一种平静的骄傲代替了目空一切的一往无前，这种骄傲只是单纯地存在着，而不会用令人震惊的威力扭曲人类的面容，它像宁静的水一样四散包围在人类周围，支撑着人类而不是把他们变得无法认识，简而言之，它似乎同反叛的骄傲背道而驰——这究竟是种什么样的骄傲？这种骄傲表现为长存人类之中的一种属性，但实际上却没有特殊的、个性化的人类学表达方式，它似乎不会用一种直接性的表达方式来创造某种特别的人——因为反叛的人是人的一种特殊形象，这究竟是种什么样的骄傲？这必定是一种不"因为"这个或那个东西而骄傲的骄傲。因为如果是那样的话，它实际上就成了一种属性，但却仅仅是诸多属性中的一种，而不是所有人都可以依托的本质属性。伴随着它有着太多的关于它的傲慢的说法，但确切地说，这种说法的真正的对象是那种目空一切的傲慢[①]。然而骄傲正好处于反叛和我们要寻找的它的反面之间。它能够"表达"自身，因而它会自动地变成目空一切的傲慢和狂妄。然而，它完全凌驾于表达的概念之上，它只是单纯的存在；舍此无他。但是，只是单纯存在的骄傲，人类可以依靠、可以托付自身的骄傲，毫无疑问是永恒再生的傲慢的反面。它是谦虚。

谦虚

归根结底，谦虚同样也是一种骄傲。只有傲慢和谦虚是矛盾的。

[①] 直译为"这种傲慢的真正的表达式是那种目空一切的傲慢"。——译者

当意识到了自己的存在是来自上帝的恩典时仍然谦虚,那就是骄傲,如果是这样的话,这种对来自上帝的恩典的意识本身就可以被认作是一种傲慢的意识。谦虚安心于那种受保护的感觉。它清楚没有什么可以降临到它头上。而且它清楚没有什么力量可以剥夺它的这种意识,这种意识随时随地伴随着它,永远地环绕着它。谦虚是唯一一种可以安全地抵御所有冲击,而且不需要任何表达形式的骄傲。对于拥有它的人来说,它是种完全的、本质的属性,他就生活于这种属性之中,因为他根本不知道是否还有其他的属性。但是,这种谦虚在其可敬的、可骄傲的事实性(proud-reverential matter-of-factness)中只不过是那种从无声的自我蕴含中产生出来的目空一切的傲慢。当这种傲慢将其可见的形式设定为悲剧性的傲慢时,它在成群的观众中引起了恐慌但却并未产生对它本身的丝毫感觉。如此一来,在经过了这种转变之后,轮到它感到自身被敬畏的战栗所征服、所压迫了;希腊悲剧理论家的术语跟启示学会了希腊文时所采用的术语是同一个:恐惧(phobos)。在悲剧的艺术事件及其表现形式中,英雄和观众是截然分开的;恐惧强行把他们又结合在了一起。现在,无生命的形象中充满了迄今为止它仅在观众中所唤起的生机,因此,它获得了生命。现在,它可以张开嘴巴讲话了。

爱的对象

一种混合了骄傲和谦虚的恐惧,伴随着依赖感和被保护的安全感,以及被庇护在永恒的注视之下的感觉,难道不也是爱吗?只是,确切地说,这并不是栖息于这种意识之上的爱者,而是爱的对象。

第二卷 启示或不断再生的灵魂

在此,我们正在描述的是被爱者的爱。因此,爱的对象明白自身是由爱者的爱所承载、所庇护的。被爱者知道的是永恒、永远的"是"(ever and aye),以及那对爱者而言的、总是要更新的瞬间。被爱者的爱"总是"记载于其上;它从未比它被激发的那一刻更伟大过;它再也不会成长,但也绝不会消失。它最多可能会死:被爱者保持着信仰。它呼吸的是被爱的空气。爱者的爱对他来说是长明的灯光;它被点亮的那一刻赋予了它的在场性。被爱者的爱静静地坐在爱者的爱的脚旁;它的在场性不是由个别的、常新的瞬间提供的,而是来自沉静的延续性。它清楚自己在每一时刻都爱过,原因只是它知道自己"永远"(for "ever")爱着。只有爱者对被爱者的爱才会与日俱增;被爱者在她被爱时是感受不到这种增长的。一旦被被爱的战栗所征服,她就会沉浸其中直到最后。她满足于被爱:天地与她何干?甚至爱者的爱与她何干?她唯一的报答是允许自己被爱。对爱者的爱,她的响应并非是感激之情。如果爱的对象表示感谢,她的感谢并非直接指向爱者的爱。毋宁说它要在其他方面寻找出路,比如符号性的出路。爱会带来感谢之礼,因为它感到自身无法提供感谢。至于爱者,它只会允许自己被爱,舍此无他。灵魂正是这样来接受上帝之爱的。

事实上,严格地说,上述说法只适用于灵魂和上帝的爱。在男人和女人之间,爱的施予者和爱的接受者的角色经常互换,他们之间的爱情之花开得越盛,它就能长得越高,像一棵真正的棕榈树那样远离自己地下的根,尽管性作为它的根总是不断还原着他们之间的那种毫不含糊的自然关系。但上帝和灵魂之间的关系却是亘古不变的。上帝从未不爱灵魂,灵魂从未不被爱。上帝的平静被赋予了灵魂,而不是相反。上帝把自身给予了灵魂,而不是相反。事实上,后者怎么可能呢?归根结底,只有在上帝的爱中,灵魂的花朵才开始从自我的岩石中生长了出来。此前,人曾经是一个无感觉的、沉默而内向的人,现如今他才变成了一个被爱着的灵魂。

忠诚

被爱?灵魂被爱吗?它能被爱吗?是不是没有什么东西可以分开灵魂和上帝的爱?它是否再也不能从上帝中被放逐出来?它是否总是伴随着他?他是否再也不能把目光从它身上转开?它之被上帝爱是否是一条如此安全的纽带以至于它绝不会想到上帝有可能会再次松开它?归根结底,被爱明显地是一种被动的属性。究竟是什么给予了这种属性以足够的力量,使它一旦完全地变成了灵魂的本质属性之后就永远也无法从灵魂中分离出去?通常情况下,像这样的被动的东西,归根结底不会是属性;它取决于是否有某种主动的东西会将其主动性施与它,在此,作为瞬间性的行动更是如此。但是,人们认为,它的效果是作为一种持久的属性被赋予了被动的东西。在此,我们的问题同样是:究竟是什么从一开始就把教义同灵魂的神圣的被爱性这一概念联合起来从而激怒了它?如果被上帝爱着的灵魂为自身寻求永恒的神圣的被爱性的话,它不会为上帝的能力设定一道无法否认的界限吗?上帝难道不是不得不需要从灵魂那里退回的自由吗?确实,当面对那些支持他的忠诚的面孔时,上帝剥夺了自己的上述自由是可以理解的。但是,如果灵魂仅仅是爱的对象,那么它如何能够心甘情愿地保持忠诚?

忠诚不是某种只有爱者才会信任的东西吗？而且即便如此，它也不是属性，而仅仅存在于爱者的不断更新的爱的行动中吗？忠诚有希望成为一种持久的、沉静的属性吗？事实上它可能吗？因为这样的属性也是爱的对象愿意拥有的。

灵魂在自我之中的神秘的史前史为所有这些疑问提供了答案。如果灵魂是一个事物，那么无疑它永远不会忠诚。因为如果一个事物同样可以被爱的话，而且甚至可以是常新的爱的忠诚的受惠者的话，它自身就不可能是忠诚的。但是，灵魂却是有可能的。因为它既不是一个事物，也不是从事物的世界中产生的。它产生于人类的自我。尤其是，它是那个出现在灵魂前面的目空一切的反叛，它在无休止的浪涛中宣告了个性的存在。它是灵魂的秘密源头，它给予了灵魂挺立于惊涛骇浪之中的力量。没有自我之中的反叛的风暴，就不会有灵魂之中的忠诚而平静的海洋。反叛是人的大恶魔（arch-evil）[①]，它起于黑暗之中；它是深埋地下的根，忠诚的汁液从这里向上流进了上帝钟爱的灵魂。没有阴暗的自我封闭就没有明亮的启示，没有反叛就没有忠诚。在被爱的灵魂中不再回忆反叛——这种反叛已经完全变成了内在的忠诚——而是有顶天立地的力量，被爱的灵魂保持着这种力量，以走向那使它得到爱的爱（the love with which it is loved），这种信任的力量原本与反叛的自我密不可分，是被爱的灵魂将其抽了出来。而且由于灵魂总是紧随着上帝，因此上帝也使自身被它所触及。因而作为属性的忠诚赋予了灵魂以力量，使之能够永远地活在上帝的

[①] 与大天使相对。——译者

爱中。因此它同样也是一种从爱的对象中生发出来的力量,不是那种不断产生新的冲击的力量,而是伟大的平静的光。在其中,那个总是掩藏自身的爱者的爱发现了在它自身之中无法发现的东西:肯定和坚持。被爱者的值得信赖的信仰肯定了爱者的瞬间性的爱,把它变得牢固而持久。这是报答性的爱:被爱者对爱者的信任。如果你想证明我,那么我是上帝而不是其他——喀巴拉的大师们让爱的上帝作如是说。[1] 在爱中奉献了自己的爱者在被爱者的信任中获得了新生,而且这次是永远的新生。当灵魂第一次被爱者的令人战栗的爱所征服时,它听到了发自内心而且绝非自欺的"直到永远"。它不会保持其内在性,而是通过把爱者自身的爱同瞬间中分离出来并一劳永逸地使之成为永恒,它证明自身是一种真实的、创造性的力量。灵魂安静地栖息在上帝的爱中,就像一个婴儿躺在母亲的怀中,现在,它能够越过"天涯海角"(the uttermost parts of the sea)[2] 而直达墓门——但却总是伴随着上帝。

伊斯兰教:事功的宗教

灵魂的这种平静存在于从反叛的黑夜里诞生出来的忠诚之中,它是信仰的秘密所在。伊斯兰教再次证明,在它表面上接受了这些概念的同时却缺乏内在的理解。它再次完全吸收了这些概念——但却是为了进行内部转换。因此,它再一次无法从根本上拥有它

---

[1] 语出 *Pesikta de-Rav Kahana*(公元3世纪左右成书的犹太解经著作——译者)一书中对《以赛亚书》43:10"如果你想为我作证"所作的解说。——英译注

[2] 参见《诗篇》139:9。——英译注

们。"伊斯兰"一词意味着顺从上帝，但歌德认为，这是个误译。伊斯兰并非意味着顺从上帝，而是使某人自身顺从上帝，服从上帝。在其神圣语言（希伯来文）的未经修改的原型中，这一词意味着上帝的平静的存在；然而，在"伊斯兰"一词中，它经由前缀变成了一个使役词（a causative），变成了一种制作、一种效果、一种事功。伊斯兰教的"默许！"（acquiesce!）并未融入"安静！"（be still!），它从未超越这种每时每刻都必须更新的默许。因此，同样地，启示直接指向了人，人的谦虚在伊斯兰教中保持着傲慢的自我的样子，保持着每时每刻都否定自身的"否"。"伊斯兰"并不是灵魂的一种条件或一种立场，毋宁说它是一系列的强制性行为。同样不正确的还有下面的理解：这些强制性行为的实行方式，可以说，只是以符号性的方式，或者是作为记号和可见的表达式等使灵魂达到安静的条件，或者是达到上述条件的手段。毋宁说，它们对自身有着自己的看法，而且事实上，它们都有大体上可以证明这种看法的或多或少的理由。因此，伊斯兰教达到了某种外在事功的伦理学。每件单独的道德行为都提出了自己的标准，因为顺从上帝的标准要求完成它。事情越难，对它的评价就越高，因为归顺上帝要求更伟大的事功。

另一方面，对信仰来说，这种单独的道德行为没有任何真正的价值。它最多可以看作是促成对上帝的谦虚的敬畏的全部条件的象征。在此，灵魂自己被放上了天平，去衡量一下它的信仰的真实性，它的希望的力量，而不是个别的行为。没有困难的和容易的强制性之分。所有的都是同等困难或同等容易的，因为它们都仅仅是象征。伊斯兰教因为对于困难的个体行为的看法而变成了异教极端的斯多葛派的不自觉的继承人；在另一方面，当它同样也变成了古董爱好者（virtu）[①]的前驱之际，上述异教伦理学也进入了今天的生活。安萨里（Al-Ghazzali），这位伟大的伊斯兰教改革者，提出了一个极其重要的论述，在其中，这种关系的全体以及可资对比的那些历史上的观点直接进入了人们的视野。他对比了耶稣的忠贞和穆罕默德的感性，并赞扬他的先知要高于拿撒勒人，坚持说穆罕默德由此证明了自身是更为伟大的，因为他对上帝的热情有足够的能量，甚至在满足了他的目的之后仍然绰绰有余，而拿撒勒的先知不得不优先考虑这种满足，因为他的仁慈太平静了，以至于有可能会熄灭。如果对人们来说这是可行的，那么所有的行为都将因此而由仁慈自身来衡量。而仁慈，这种最为内在的二元性，在此已经包含在了上述有关行为的观点中，衡量它的是被超越了的限制。

这就是伊斯兰教中面对着神圣的爱的人，不是在最后静悄悄地接受，而是在常新的事功中努力向前。但上帝的爱归根结底也不是真正的爱，而是四散传播的启示。因此，伊斯兰教对于爱人的上帝和被爱的人一样所知甚少。上帝的启示在平静中传播，人的接受却是在急风暴雨般的行动中无休止地向前。如果我们能够在这种联系中谈论爱的话，那么上帝将不得不变成爱的对象，而人会变成爱者。然而，随之而来的是，从上帝到人的启示在上述意义上将会是无效的。而事实上，在伊斯兰教中，正是人出于某种

[①] 此处可以有两种翻译，如果把 virtu 理解为 virtue 的拉丁文拼法，那么应该翻译为"……成了美德的预言人"。本文采取的是把 virtu 理解为英文的译法。——译者

上帝施与了仁慈的需要,为自己强取启示。关键在于,仁慈不是爱。伊斯兰教把被爱的灵魂融入了有着各式需求的被造物,就像它把启示者融入了创造者一样。在此,它仍然执着于那些异教世界指示给它的那些未经改变的形象,相信自己能够像现在这样通过启示的概念改变它们。穆罕默德由于把信仰变得易于为他的追随者所理解而感到自豪。但他把它变得太容易了。他相信他可以为他们也为他自己省下内在转换的需要。他并不知道所有的启示的开端都与伟大的"否"相关。原型宇宙的所有概念在进入明亮的真实世界之际都经历了一次转换,而这一转换恰好正是那个"否"。启示的标志是"否",而创造的标志是"是"。"否"是启示的原型词,是它的第一个可听闻的词,然而,它的"根词"却是"我"。

爱的语法(爱的语言)

根词

"我"往往是一个变得可听闻的否。"我"总是跟矛盾有关,然而,它总是被看重,总是被强调,总是一个"我"。即便它仍然是无法认识的,仍然将自身裹在自我确证的不加掩饰的长袍中——就像当路德向国会(Diet)坦承了他的信心、他的确信、他的自信时,这三者却都不是"他的"一样——即使是在此时,闪烁的眼光也暴露了伪装的国王,而世界历史在剥掉了伪装的那一刻强调的仍然是"我"的三重性。不管它愿意与否,只要是在"我"出现的句子中,它都是主语。它从不是被动的,从不会是宾语。严肃地问自己一次:在"你正在打我"或"他打我"这样的句子中——当然，假设你正在背诵而不是在读这些句子，"你"或者"他"是真正的主语吗？主语难道不是"我"吗？一般宾语所缺乏的那种在重音上的显而易见的强调难道还不够说明问题吗？但原初的"否"是作为原型词而被听闻的，它在每个单词中都是"不是别的"。从这一原型词开始，原初的可听闻性的道路直接指向了"我"。实际上，在此渐渐明了的是，我们为什么不能满足于立足于经院模式之上的"是与否"（sic et non）①，以及我们为什么必须坚持一个"如此"和"不是别的"，如此通过对不是别的的双重否定代替了"否"。

对话

"不是别的"马上遇到了问题："请问，不是别的是什么？"回答只能是"不是任何事物"。因为当我们将其定义为"如此而不是别的"之时，我们想把它跟简单而单纯的"任何事物"区分开来。而且实际上，它"不是别的"正是任何事物。它已经通过"如此"而被放置在了任何事物之外——"不是别的"以及与之相连的"如此"恰好意味着这一点，此外，尽管，它从不是同时外在于任何事物，因此，它有能力联结任何事物。那么"不是别的"在这种意义上究竟是什么？难道说"外在于"任何事物同时就是说"不外在于"任何事物？因为"任何事物"意味着"全"。它只能是同"全"以及每个个别对象的"存在"相一致，同"思想"相一致。也就

---

① 阿伯拉尔写过同名著作，但这里似乎指的是更为广泛的经院式的辩论术。——译者

是说，它能立刻同存在及其对立面相一致——简而言之，它就是"我"。在第一部中，我们发现了"好"变成了可听闻的"如此"。同样地，在这里我们发现了作为可听闻的"否"的"我"，"我"不是作为同类词中的一个，反而是作为对思维的问答比赛中的个别问题的个别回答。因此我们将从此出发，经过一个又一个真实的词，而不是像在描述创造时那样，经过的只是一类又一类的词。这样的做法是同语言的全部的实际应用相吻合的，后者可以说是本书的中心内容，在此我们已经有所涉及。只有在进行回顾时我们才会也把真实的词看作是其所属词类的代表——而且实际上我们必须这么做。但我们却并未发现它这样的作为某个类的代表的某个词，却发现，它是直接的词和反义词（response）。[①]

独白

对于"我"，上帝发自内心地回应了"你"。在造人时，上帝的独白中回响着"我"与"你"的双重声音。但"你"并不是真正的"你"，因为"他"仍在上帝之中。而且"我"也远不是一个真正的"我"，因为还没有"你"来面对它。只有当"我"把"你"作为外在于自身的某物来对待时，也就是说，只有当它完成了从独白到真正的对话的转变之后，它才变成了我们刚刚为可听闻的"否"所要求的那个"我"。独白中的"我"无论如何都不是一个"我"。它是一个未被强调的我，这个"我"只限于自我理解，因为它是

---

① 德语中的"Ant-wort"从语源学上来说，就是"反义词"（counter-word）。——英译注（因此，中译文也作了相应处理。——译者）

寄给自己的信。因此，它掩藏在第三人称的秘密中，并未将自身明示为"我"，就像我们业已在创造过程中上帝所说的"让我们"这句话中所见到的那样。只有在发现了"你"以后才可能听到一个真正的"我"，一个并非自我确证而是被强调、被看重的"我"。但"你"在哪里？这个"你"，独立而自由地面对着隐藏的上帝，而上帝在其中可以将自身作为"我"。物质的世界存在着，自我包含的自我也存在着，但"你"在哪里？是的，"你"在哪里？上帝也提出了这个问题。

问题

"'你'在哪里？"这正是对"你"的寻找。而在目前的情况下，还只是问它在哪里，尚未涉及它的本性，因为后者超出了目前的范围。总之，"你"在哪里？对这个"你"，我们唯一知道的就是对"他"的寻找。但这个问题已经足够让我发现自身了。对"你"和"哪里"的询问，甚至可以在"你"尚未进入"我"的视野的时候，就考验了"我"对"你"的存在的信心。通过这种询问，"我"将自己表述为我。通过询问"你"在哪里，我断定了"你"的存在，与此同时也发现了自身。

呼唤

"我"发现了"自身"——但"你"却并未发现。对"你"的追寻仅仅是一个追寻。人隐藏着，他不作回应，他仍然沉默着，如我们所知的那样封闭于自我之中。上帝最终从他那里得到的回应并不是回应。对"你"的神圣追寻不会把"我""我在""我做了"

等作为答案。作为回答的[①]不是"我"而是"他－她－它"。人具体化为"男人":恰恰是女人做到了这一点,尤其是当她被给予了男人时,全部的具体化完成了。而且她把诅咒转移给了终极的它:蛇。不确定的你是纯粹属于自然神论的,因此人类用来回应它的,也是纯粹的自然神论:女人、蛇。它被称呼语、被直接的称呼所代替,而且人也被切断了任何退回实体化的退路。人的普遍概念可以在女人和蛇那里找到避难所。与此不同,那个称呼向往的是那些无法逃到极端特殊性、极端非概念性那里去的东西,是那些超越了定冠词与不定冠词所能涉及的领域的东西——在这个领域中包含着所有只要是被普遍的、非直接的神的恩典所光顾的东西,是那些专有名词。这些专有名词还不是他的恰当名字,不是一个人武断地给起的名字,而是上帝自己为人所创造的,它是人唯一恰当的名字,因为它是创造者的创造。面对上帝"'你'在哪里"的呼唤,人沉默着,保持着反叛而封闭的自我。现在,他的名字被第二次叫到,其极致的确定性使它必定被人听到,因此,他作出了回应,敞开了一切,分开了一切,准备好了一切,一切都属于灵魂:"'我'在这里。"

听

在这里出现的是"我",个别人的"我",迄今为止整个地是善于接受的、完全敞开的、完全空无的,没有内容,没有本性,是纯粹的预备状态、纯粹的服从,全部都是听从。首先被专注地

[①] 直译是"回答之口所说出的……"——译者

听到的内容是诫律（commandment）。召唤人来听，是每条诫律的先导。它们以极其明确的形式引导着那条诫律，那条虽不是最高的，但事实上却是唯一的、所有出自上帝之口的诫律的总和和实质的诫律。这条诫律中的诫律是什么？

诫律

这个问题的答案是人所共知的。从早到晚，无数的声音确证着："你要尽心、尽性、尽力爱你的神。"[①] 你要爱——多么矛盾啊！难道爱也能被命令？爱难道不是一种跟运气、跟剥夺与给予有关的东西吗？如果它实际上是自由的，那么它除了自由还有什么？现在，它是被命令的吗？当然，爱不能来自命令。没有任何第三方可以命令或强取它。没有哪个第三方可以，除了上帝。爱的命令只能出自爱者之口。只有爱者可以说，并且确实说了：爱我！——而且他确实也这么做了。来自他的爱的要求并不奇特，它不过就是爱本身的声音。实际上，爱者的爱除了这一命令之外别无他辞。所有其他的都不再是直接的表达而是业已发表的声明——爱的声明。一个爱的声明是一个非常贫乏的东西；就像所有的声明一样，它总是姗姗来迟，而且既然爱者的爱是当下的，那么实际上，爱的声明总来得太迟。如果不是在对她的爱的永恒的信任中被爱者张开她的双臂迎接它，那么它将整个地落空。但爱者的"爱我！"却是对爱的完全、彻底的表达，是纯粹的爱的语言。它是强制性的诫律，是在一瞬间直接诞生的，并且在它诞生的那一刻就变得

[①] 《申命记》6:5。——译者

可听闻了。因为在这种强制性的诫律中，发出的和听到的声音是同一个。在陈述句后面蹒跚而行的是思想化的物质性，而它的纯粹的表现形式是过去式。但是，"爱我！"是极其纯粹的和未经准备的现在式；而且不只是未经准备的，更是未经预谋的现在式。这条诫律的强制性没有对将来的任何计划，它唯一能想到的是当下的服从。如果它想把自己投入将来，甚至是永恒，那么它就既不是诫律也不是命令，而是法律。法律需要时间，需要未来，需要持续性。那条诫律只晓得当下的瞬间，它在自身发布的同一时刻等待着回答。而且，如果它具有真正命令的声音的魔力，那么它就绝不会让自己的希望落空。

现在式

因此这诫律是纯粹现在式的。尽管单从外表上看，其他的任何诫律都有同样可能会变成法律，但是，可以说，如果追溯起来，单一的爱的诫律根本不可能变成法律，它只能是诫律。所有其他的诫律都可以把自己的内容倾倒到法律的模子中。因此，只有它独自对抗这种重铸；它只能容忍一种形式的诫律，只能容忍直接的当下性和意识、表达以及对实现的渴望等三者的统一体。因为上述理由，它作为唯一纯粹的诫律是所有诫律中最高的。当它占据了这首要的地位之后，其他的才变成了诫律，虽然从外表上看，它同样也可能是法律。上帝对灵魂说过的、使灵魂向他敞开的第一句话是"爱我！"而且正因如此，或许他以法律的形式启示给灵魂的所有的事情都会直截了当地变成他在"今天"所颁布给灵魂的命令。灵魂实现了爱他这一最初的诫律。所有的启示都包含在伟大的今天之中。上帝命令"今天"①，而"今天"有义务服从他的命令。爱者的爱正是生活在今天，生活在这个属于强制性诫律的今天。

启示

这种强制性只能来自于爱者之口，别无其他可能。因此，说者的"我"，即，全部启示性对话的根词，是一道封印，印在每个词上，是作为爱的命令的个别诫律的标志。启示始于"我，你的神"②，这是对隐藏的上帝的伟大的否定，上帝否定了自己的隐蔽性。这个"我"伴随着启示的每一条诫律。在预言中，这个"我，你的神"为启示创造了自身的工具和自身的风格。先知并非是人与上帝之间的中介，他的目标不是启示的接受和传递。毋宁说，上帝的声音是直接从他那里发出的，上帝说话时就像他自身的"我"直接说话一样。善于剽窃启示的人会让上帝说话，并把秘传给他的启示传递给茫然无知的人们。而真正的先知则不会这么做。他根本不会让上帝说话。毋宁说他是在上帝开口的同时也说话了。在上帝占据了他的嘴之前③，他不会加上自己的"上帝如是说"④，甚或是更短、更急促的"神谕"，后者甚至省略了口头的形式。⑤上帝的"我"是一以贯之的关键词，它像风琴奏出的主旋律一样

---

① 《申命记》6：6。——英译注
② 《出埃及记》20：2。——英译注
③ 此处如果意译为"上帝假他之口"，会同上文矛盾，所以采取了直译。——译者
④ 《出埃及记》11：4及以下。——英译注
⑤ 意即无声的。——译者

贯穿着启示；它拒绝被转换为"他"；它是一个"我"而且总是一个"我"。只有"我"，而不是"他"才能发出爱的强制性命令，而这个命令也只能是"爱我！"。

接受

但是，灵魂呢？准备就绪的、敞开的、彻底沉默着专心倾听的灵魂又如何呢？它拿什么来回答爱的命令呢？因为它必须给出回答。对命令的服从不能总是无声的。它必定也要变成可听闻的，变成词。因为在启示的世界中任何事物都要变成词，无法变成词的，要么是先于，要么是后于这个世界。那么，灵魂将如何回答爱的命令呢？

羞耻

被爱者对爱的接受是对爱者的爱的命令的回应。爱者并不承受自己的爱。他怎么可能呢？他根本没有时间这么做。他的爱在他承受之前就会消失，而不再存在于当下。如果他不顾一切地去尝试了，那么对当下的承认的内在的谎言就是对这种尝试的惩罚。因为一经认可的，就已经是知识了；此后它退回了过去，不再是着力于得到认可的当下。因为这个缘故，对爱者的认可很快变成了一个谎言。毫无疑问，甚至信仰都拒绝赤裸裸的承认，被爱者的灵魂尽管已经敞开，但在此情况下再次关闭了；这表明了所有这些对无意识有多么的依赖。爱者说出真理的唯一方式是对爱的要求，而不是对爱的承认。其他的方式是针对被爱者的。因为她的承认并不会变成谎言。她的爱，一旦诞生，就是静态的、不变的。因此她可以维持它，保存它。她的爱同样也是当下的，但同爱者的爱不同的是，它的当下性来自于它的持久性和它的忠诚。它被认可为像这样的当下的东西，拥有并继续寻求着持久性的东西。对认可来说，未来看上去一清二楚。被爱者对未来无欲无求，只想保持她现在的样子：被爱。但是回到过去，有一段时间她未曾有爱，这段没有人爱、缺乏爱的时间，对她来说似乎笼罩在深深的黑暗之中。确实，既然对她的忠诚的爱才能变得持久，也就是说，只有关乎未来时才会持久，那么在认可的那一刻到来之前，黑暗会笼罩一切。没有什么能够在缺乏认可的情况下把灵魂成功地带到天赐的被爱之中。起初，所有的一切都是无爱的，甚至是那种准备好了的状态——自我正是以这种状态在被叫到名字时向灵魂敞开了自身——也仍然被笼罩在阴影下。因此，灵魂很难承认它。在对爱的认可中，灵魂敞开了自身。承认一个人需要爱，并且将来只想要得到爱——接受这一点很容易，但承认一个人在过去没有爱却很困难。可是——如果那被感动了的、被捕获了的、枯萎了的灵魂并未意识到到目前为止它既没有被感动也没有被捕获的话，那么爱就不会变成像现在这样的感动、捕获、枯萎的经验过程。因此有必要在自我变成被爱的灵魂之前给予它一个打击。而且灵魂为它先前的自我而倍感羞愧，它并未依靠自己的力量来打破那限制着它的魔咒。正是这种羞愧阻止被爱者说出承认的话。由于想要认可它现有的和将来的福佑，被爱者不得不认可他一直以来的软弱。因此，当上帝发出了爱的命令以召唤灵魂时，它却羞于向他承认自己的爱，因为它只有在承认自己的软弱的同时，只有在以"我犯了罪"①来回答上帝的"你要爱"的同时才能承认自己的爱。

赎罪

"我犯了罪。"灵魂这么说并因此而消除了羞愧。这样的说法指向的是纯粹的过去,因此,它得以把现在从过去的软弱中解脱出来。"我犯了罪"意味着我曾是个罪人。然而,通过对犯下的过错的承认,灵魂扫清了通向承认"我是罪人"的道路。而这第二个承认已经变成了对爱的完全的接受。它抛弃了羞愧的冲动而把自身完全投入到了爱中。在这个承认中,曾经的罪人被赦免了。虽然他必须战胜这一承认所带来的羞愧,但是只要作出这一承认,羞愧就会随之而来。但现在他却承认,即便他已经消除了过去的羞愧,羞愧已经离他远去,他仍然是个罪人。他的承认不惧危险进入现在这一事实确实是它战胜了羞愧的标志。只要它仍逗留在过去,它就缺乏足够的勇气完全而自信地展现自身;对于曾经接近的答案,它仍然停留在满腹的怀疑之中。因为必须承认的是,经上帝之口到达灵魂的只有对人的名字的呼唤和对爱的命令,既不是任何"宣示",也不是任何形式的"我爱你"。而且如我们所知,任何类似的东西都不允许出现,因为爱系于其上的那一刻,正是爱者的爱的确实性所在的那一刻。承认或者不断的宣示只会贬低这种确实性。它确实会被贬低,贬到"基础层面"②,因为爱者的

---

① 新年祷词。——英译注
② 原文为"Debase to its 'base'",这种文字上的技巧确实很难用中文表达。——译者

爱是无基础的（baseless）。相形之下，被爱者的爱毕竟还有其基础，这个基础在爱者之中。因此，灵魂虽然愿意作出承诺，但却仍然怀疑自己的承诺是否会被接受。它的怀疑只是产生于它从对过去的承认向现在的承认的努力前进的过程之中。它承认自己的有罪性，但不是已经犯下的"罪"，而是尚未变成现实的有罪性。这样的承认使它对答案变得极有信心，以至于都不再需要清楚地听到那个答案。它从内部感知到了那个答案。需要洗清它的罪孽的不是上帝。毋宁说是它在上帝的爱面前洗清了自身。就在羞愧离他远去的同时，它对上帝的爱深信不疑，它把自己投入了自由的、当下的承认——其确信的程度，就像上帝亲自在它耳边说"我原谅"[①]，而这正是早在当它对上帝忏悔自己过去的罪孽时就一直期望的。它不再需要这一正式的赦免。就在它鼓起勇气承担起自己所有的责任时，它恰恰摆脱了自己的负担。因此，被爱者同样也不再需要爱者的承认，虽然后者是在她承认自己的爱之前的曾经的渴望。就在她自己勇敢地承认她的爱的那一刻，她对他的爱深信不疑，就像他在她耳边说出了承诺一样。忏悔过去的罪，从根本上是为了尚未变成现实的有罪性，但是对后者的认可并非意味着对罪的认可——罪就像对它的认可本身一样已经过去了，不会再有对无爱的过去的承认。灵魂宁肯这样说：即便是在现在，即便是在眼下的这一刻，我仍然不会像我所知的我之被爱的程度那样去爱。这种承认是它所能得到的最高的福佑，因为这包含着上帝对它的爱的确定性。这种确定性的来源，不是上帝之口，而

---

① 参见《民数记》14：20。——英译注

是它本身。

承认

因此,在这个自我承认的顶峰上,灵魂不再羞愧,并向上帝全面敞开。在这么做的时候,它所承认的不再仅仅是它自身,也不仅仅是它自己的有罪性。它的承认变成了,不,已经就是对上帝的承认。灵魂同羞愧断绝了关系,它勇敢地承认了自己的在场,并因此而对神圣的爱深信不疑:正是在这种情况下,它才能证明并承认这个它业已知悉的神圣的爱。对信仰的承认来源于对罪的承认。这种关系会变得无法索解,如果我们并不清楚对罪的承认——这开始于对过去的忏悔而结束于对当下的有罪性的承认——恰恰就是灵魂摆脱了羞愧的羁绊而进入了完全而自信的顺从时对爱的承认。承认了爱的存在的灵魂因而也明确地证明了爱者的"存在"。每种对信仰的承认都包含着这一种内容:在我被爱的经历中有一个被我认作是爱者的他——他"存在着"(he "is")。我的爱的上帝是真正的上帝。

伊斯兰教所承认的"上帝自是上帝"并不是一个对信仰的承认而是一个对非信仰的承认。这种同语反复所承认的,不是逐渐宣示自己的上帝,而是隐藏的上帝。库萨的尼古拉所言极是:一个异教徒或者是一个无神论者也能作出同样形式的承认。在对信仰的真正的承认中,往往会发生两个名字或两种本性的协调一致。它往往包含着这样的验证:虽然是一个人自己的爱的经验,但却必定会超出个体经验的范围;灵魂在爱中遇到的那个人是活生生的人;他绝不仅仅是被爱的灵魂所产生的幻觉或自我欺骗。当被爱者在天赐的承认中逐渐意识到了她的爱时，她无法再帮助自己：她必定会相信她的爱人是一个真正的男人；爱她的如果仅仅是上帝可不能使她满意。只有这样，灵魂才会对自己的被爱性确定不疑，才会确信爱它的上帝真的是上帝，是真的上帝。

在爱者对被爱者的信任中，爱者首次变成了一个真正的人。确实，灵魂是在去爱时才觉醒并说话的，但是它只有在被爱之时才获得了其自身可见的存在。正因为如此，上帝也只有在此，在信仰他的灵魂的确证中，才获得了自己的实在性。就他的隐藏性的一个方面来说，这种实在性是可见的和惬意的；就其隐藏性的另一个方面来说，他此前曾以别的方式在异教中拥有了这种实在性。灵魂在上帝面前作出了承认，从而承认、证明了上帝的存在；上帝也是如此，宣示了自身的上帝首次获得了存在："如果你承认我，那么我就存在着。"被爱的灵魂在承认上帝时说出了"我是你的"[①]，接下来，上帝该如何回答这一承认呢？

知识

在启示之内，在启示的基础上，上帝获得了存在。但是他只有作为宣示自己的上帝才获得了存在，后者是独立于任何隐藏的存在的。而且现在同样地，就他自己而言，能够宣示自身而无须面对经验的直接性和纯粹的当下性的危险。因为他所宣示的存在不再是超越了经验的存在，不再是隐藏的存在，而是完全可以在这种经验中获得成长的存在；它是完全敞开的。他为人所知并非

---

① 参见《雅歌》2：16。——英译注

是在他的启示之前,相反地,他必须首先宣示自身,只有这样他才能让自己为人所知。在灵魂承认他之前他不可能让自己为灵魂所知。但现在他必须这么做。因为这是启示得以初步完成的必经之路。启示的当下性是没有根基的,但是,现在它必须找到一个永恒的基础。这个基础在它的当下性之外,就是说,在过去之中,但就启示本身来说,它只能从经验的当下性中才能找到这个基础。归根结底,我们这里所涉及的是那个颇多争议的来自创造的启示。需要强调的是,启示不需要通过创造来解释,因为那样的话创造会被归结为独立于启示的某种东西。毋宁说,过去的创造是由现在的活生生的启示来确证的——所谓确证的意思是"指出"。在经过了启示的奇迹照耀之后,这个准备并预见了奇迹的过去逐渐显现了出来。在此,启示的经验性和当下性的特征得到了巩固,而且也只有在此才找到了自己的过去。但是在此它必须这么做。上帝并未回应灵魂的承认,后者只是"我是你的"以及同样简单的"你是我的"。毋宁说,他回到了过去,把自己确立为他自身和灵魂间的全部对话:"我叫着你的名字召唤你:你是我的。"[①]

基础

被爱的灵魂可以无根据地说出"我是你的",而且确实也只能是无根据地。在被赐福的那一瞬间,灵魂从生命之流中清晰地说出了这句话。如此一来,这就不仅仅是它发自内心的话语。它在世界万物之间,哪怕是在最狭窄、最内在的范围内,建立起了

[①] 《以赛亚书》43:1。——英译注

一种关系。因而这个世界只有在将自身置于世界的形式之内时才可能被言说。它的基础必须预先打好，而过去恰好可以作为它的在场的基础。因为这个在场已经不再满足于仅仅是内在的、直接的在场，它要成为在世界之中的在场。爱者对被爱者说出了"你是我的"，他意识到在经过了艰苦的努力之后，终于在爱中造就了被爱者和爱者。他清楚自己是被爱者的创造者。带着这种意识，在世界之中的他用他的爱拥抱着她——"你是我的"。

但当上帝这么做时，他给灵魂的启示立刻进入了世界并变成了世界的一部分。伴随着灵魂进入世界的，没有什么异于世界的东西，而是启示一边在记忆中回到过去，一边保持着彻底的当下性；它把自己的过去当作是逝去的世界的一部分。但它也因此给自己的当下性涂上了某种尘世间真实事物的色彩。因为以过去为基础的事物在其当下性中同样具有某种可见的现实性，而不仅仅是内在的。启示的奇迹的现实性现在是，将来也是它本身的内容，而它的历史性则是它的基础和保障。个体经验的信仰早已在自身中发现了天赐于它的福佑。现在，它又发现了它可能拥有的最大的确定性，但后者仅仅存在于它的历史性、它的"确实性"中。这种确定性并不先于那个福佑；相反地，它必定紧随其后。只有确定了它已经在很久以前就被叫着名字召唤到信仰面前之后，经验的信仰才会安下心来。确实，甚至是在这样的确定性面前都无法将其从上帝那里分割开来，原因只是：它在融入当下时看不到除它自身外的任何东西。现在，它终于可以放心地睁开眼睛，巡视环绕着它的世间万物了。没有什么能够将它从上帝那里分割开来，因为在世间万物中，它将自己的质性基础建立在了对历史事件的无可动摇的事实性的信任之上。灵魂无须在梦中就可以睁大了眼睛在世界中漫游。它现在可以，将来仍然可以居留在与上帝的亲密无间中。上帝对它说过的"你是我的"这句话为它划下了一个保护圈。现在它知道：它只需要伸出它的右手以便握住上帝伸向它的右手。现在它可以说"我的上帝，我的上帝"[①]。现在它可以祈祷了。

请求

祈祷是启示的最后一环。它是对灵魂的最高和最彻底的信任的表露。在此，对于祈祷的实现没有丝毫的疑问。灵魂用《诗篇》中的语言祈祷：不要让我的祈祷和你的爱离开我。[②] 它祈祷自己能有能力祈祷——因而，在神圣的爱中，她被给予了这么做的能力。有能力祈祷：这是灵魂在启示中获得的最珍贵的礼物。它只是祈祷的能力。但由于它是最珍贵的礼物，因此突破了这一限制。因为祈祷的必要性同祈祷的可能性是一起给予灵魂的礼物。它的信仰栖于对神的无限信任中，与神亲密无间，这种信仰的力量来自于上帝在"你是我的"这句话中给予的赐福，而它的基础则在过去之中。但它的生命却从未停息，因为它的信仰的基础只是世界的一小部分，并不是整个的世界。灵魂中充斥着的是它的体验，但历史事实作为对于创造的体验的基础并非就是全部的世界，它只是世界的一部分。由此，灵魂的祈祷由能力变成了义务。上帝的声音注入了最内在的灵魂，但却只是注入了其世界的一小部分——

---

① 《诗篇》22：2。——英译注
② 《诗篇》66：20。——英译注（译文略有改动。——译者）

足够让灵魂相信它自己在世界中的实在性,但却不足以靠这种相信而生活下去。启示的基本的奇迹发生在过去,而它的完全实现则需要一个未曾发生过的未来的奇迹。上帝曾呼唤过灵魂的名字;像所有的过去的事情一样,这是个"不变的事实",而且从未受到第三方的重视。而且有一天上帝必定会"再"这么做一次,但这次是在"众生的面前"。①

呼喊

因此灵魂必定会为那未来的王国而祈祷。上帝曾经建立他的王国并将其传给后人。灵魂所祈祷的正是这个奇迹的再次降临,这个曾经建立的框架的最终完成,舍此无他。灵魂呼喊着:哦,愿你分开诸天,降临人世。②在启示所使用的原初的语言中,诸如"哦,愿你……"之类的话是以最为深切的怀疑的方式,即"谁来保证你……"来表达的。③启示在一个未被满足的愿望、在一个悬而未决的问题中达到了顶点。灵魂之有勇气如此希望、如此要求、如此呼喊表明了寄托于上帝之中的完全的信任,这正是启示的功劳。但要满足这种愿望、回答这个问题、平息这种呼喊,却超出了启示的能力。当下呈现的是属于它自身的;但对于未来,它却只能提出愿望、问题和呼喊。因为除了上述三种,其实就是一种形式之外,未来不可能以其他形式出现。从这一终极的形式出发,祈祷虽然

---

① 语出犹太祭礼(Musaph)中的《神圣》(《密释纳》第5部——译者)部分。——英译注

② 英译本并未指明出处,从内容看应该出自《以赛亚书》64:1。——译者

③ 《约伯记》14:13以下。——译者

是灵魂的最高的可能，但却只是部分地属于它，只是一种祈祷的可能和义务，而不是现实的祈祷。对未来的祈祷永远是一种呼喊、一种叹息、一种请求。在此之外还有另外一种祈祷。完全平静的信仰，灵魂对上帝的"你是我的"的默许，灵魂在上帝的眼中发现的平静——这些归根结底都是完全属于启示的领域最后的事物。爱的对话止步于那里。灵魂在最高的、当下的实现的时刻所发出的呼喊超越了这一对话的极限。它不再来源于被爱的天赐的平静。它来自于我们仍然一无所知的灵魂更深处的新的不安。它的哭声虽然看不到，但却能感觉到，在越过了与爱者的亲密关系之后，进入了无限的黑暗。

启示的逻辑

语法附录

启示的语言说话，而创造的语言描绘、复算、确定（de-lineates, re-counts, de-termines）。在什么情况下一种得到了另一种的许可呢？在如流的对答中，我们几乎不可能以明确的方式找到上述那种情况。在此，让我们略去冗言，言简意赅地予以说明。作为行动的创造的基础在过去，而作为结果，其顶峰也在过去。对应于过去时态的是在此占据统治地位的现在式。启示是属于现在的，实际上，它呈现的是当下的自身（being-present itself）。启示同样追忆着过去的某个时刻，在那时，它给予了他的现在性以一种预言的形式。但是，过去得以彰显的唯一时机是当启示用现在之光照亮它的时候。只有在这样的回顾中才能证明过去居留于我中，是现在的经验的基础和预言。然而，预言是在过去之中并且属于过去的，它的出现并不像创造的出现一样，在一开始根本就不适用于经验。毋宁说，经验的当下性只能以命令的形式达到，它的产生、被说出、被理解以及被执行都是一下子完成的。命令性的东西属于启示，就像预示性的东西属于创造一样，只有它从未放弃我与你的界限。上帝在造人时说过的那句包含一切的、孤独的、独白式的"让我们"所预示着的东西在启示的命令性的"我"与"你"之中得到了实现。第三人称的"他-她-它"陷入了沉默。它只是"我"与"你"由以涌出的基础、土壤。动词不再用于表达已经发生的事件，而是用来表述经验。由此，名词从宾语转变成主语。它现在是主格而不是宾格。而作为经验的宾语，名词不再是物。它不再表现物，即万物中的某物的基本特征。它现在是主语了，因而变成了某种个别性的东西。原则上，它的表现形式是单数的。它是某种个别性的东西，或者毋宁说是个别的人。这正是在造人、造第一个个体、"上帝的形象"时所预示的内容。

专有名词

因此，不难看出，就我与你的本质性而言，它们都是直截了当的个体，不需要任何复数形式的中介。它们不需要通过"类"（the）而成为"个体"（a）。毋宁说它们都是无法归类的个体。在此，冠词的位置被具有直接的确定性的专有名词代替了。通过对专名的呼唤，启示的话语进入了真正的对话。通过专有名词，客体性的僵硬的围墙被打破了。拥有自己的名字的东西不再是一个事物，不再是某种共通性的东西。它无法再被归纳到某个类中，因为没有哪个类能够包含它；它是它自己的类。它也失去了在世界中的位置和出现在世界中的时机。它宁肯将自身的此时此地包含在自身之中。它在哪里，哪里就有一个中心，它在哪里开口，哪里就有一个开端。

在预示性的世界万物中根本没有中心，也没有开端；无论如何，是由我及其专有名词把中心和开端带给了这个世界。为了同时保持其作为造物的人和"亚当"的身份[①]，我自身之中内含着中心和开端。因为它需要世界中有一个中心和一个开端来作为它自己的经验的中心和开端。我渴望着明确的定位，它渴望着一个不再遵从旧的秩序的世界，一个不再沿着旧的道路回到过去的世界，一个建筑在外在秩序的坚实基础上的、能够支撑我的经验的内在秩序的世界。有了一个专有名词，就会要求更多的专有名词。亚当所做的第一件事情是给世界上的生物命名，而这同样不过是序言。因为当亚当给经过他面前的被造的生物以名字时，他所命名的只是类而不是个体。而且他是从自身出发给它们命名的，因此只不过表达了他本人对名字的需要。这个需要仍然未被满足，因为他所给予的名字并不是他自己可能会给予的；毋宁说，这些名字就像他自己的名字一样是启示给他的，它们是用来给个别名字的个别性打下坚实的基础的。因此，世界上不必充斥着各种各样的名字，但至少它必须包含着足够的名字以便为他自己的名字提供一个基础。一个人自己的经验取决于他自己的名字；因此，他的经验需要扎根在创造之中，我们已经在前文中把创造描绘为启示的

[①] 在希伯来文中亚当即"人"，作者在此充分利用了这一双重意蕴。——译者

创造和历史性的启示。经验以此种方式植根于世界之中，因此必定是植根于时空之中，这是为了给经验以占据了其自身的时空的绝对确定性。因此，通过这样的植根，经验被给予了中心和开端，即在空间的中心和在时间上的开端。最起码这两者必须得到命名，即便世界的其余部分仍然隐藏在无名的黑暗之中。世界上必须有空间，必须有一个启示由以散发出来的点；同样也要有时间，一个回荡着声音的时刻，启示在此时开口说话。两者必定曾经是一回事，尽管不是在今天，但它们却曾经像今天的经验一样紧密地结合在一起。因为我们期望把自己的经验建立在一个坚实的基础上。作为其后果，启示在空间和时间中的出现存在于今天的两种独立的载体中，前者在上帝的信仰者会众中，后者在上帝的话语中：然而，在某个时刻，两者却是一起出现的。启示的基础就在于中心和开端的不可分割，它是对神圣的名字的启示。被组合在一起的信众和语言诞生于对上帝之名的启示，其生命一直延续到了今天，延续到了当下，延续到了个体的经验之中。因为名字真实地存在于语言和烈火中，而不是存在于声音和愤怒中，后者是无信仰者在顽固的空虚中一次又一次地反复的内容。给予名字并承认：我信仰它，这是一种义务。

艺术理论（续）

新的类

启示就像创造一样根本。因为名字就像事物一样根本，而且它不可能从事物中"产生"出来，甚至即使对名字来说，事物是其名字的根本性的前提和无声的暗示。唯心主义的具有纪念意义的错误在于它相信"全"确实被整个地包含在其"产生的世代"之中。在第一部中对"全"的分解已经揭露了这一错误。在创造的概念中我们已经预见到并为包含在唯心主义中的真理划定了界限。对我们来说，可以确定的是，唯心主义的竞争对象并不是一般意义上的神学，而只是创造的神学。我们已经为创造找到了通向启示的道路，由此我们到达了光明灿烂的宇宙的正午。此时，被造物在宇宙的朝阳的斜晖中的阴影完全地消散了。当这些阴影在暗夜中沉睡时，曾经在梦中获得了生命；没有什么可以阻止它们进入被造物的领域，最少也会有类似的情况：歪曲事物的可塑的和多样的实在性，把它们变成暗淡无光的、无形状的模仿品。但是它们没有获得进入启示的名字的领域许可，它们全体都被禁止在这个领域之外。被禁止的还有如果和那么，一方面与另一方面，以及何时何地（no If and Then, no On-the-one-hand and On-the-other, no Anywhere and Anytime）。"客体"（object）发现自己的位置被名字（names）占据了，而"法令"（statute）则发现自己的位置被诫律所占据。因此，它们在困惑中从门前①蹒跚着后退了，它们的能力到此为止了。但启示的力量却刚刚开始。其实，它在创造的概念中已经有了同样的力量，只不过在这里才变成了它自己的。

因此，神学的诸"范畴"拥有着比唯心主义哲学更为广阔的外延。唯心主义的范畴最多，或者说最多试图覆盖第一重神学范畴的领域。而它试图超越这一领域的努力在一开始就失败了。在

---

① 指上文中的进入名字的领域的门。——译者

这一失败的努力中"创造-启示-救赎"的序列确立了自己的绝对性的特征。力量,只有力量才是概念的生存斗争中的决定性因素。如果某些概念同其他的概念相比而言是很无力的,那么它们很快就会失去其概念的特征。因为说概念拥有某种类型的特征,无非指的是它的概念对于存在的直接的指称,而不是间接地通过某种环境以先在的媒介的方式(如经验)来干涉它的指称。范畴是一种"详细陈述之申请"(bill of particulars)①,它预先假定某物已经"存在",而不是尚在为其存在而努力的某物。

当然,当我们把范畴的特征赋予了创造-启示-救赎的序列,并且否认这是唯心主义概念的特征之时,我们已经使用了唯心主义的语言。事实上,创造、启示和救赎并不是范畴。范畴从未在自身中形成过序列。最多它们可以为现实的序列的形成打下基础。然而,序列的形式是创造-启示-救赎,而创造、启示、救赎就其自身而言各自都有实在性,如果我们用逗号而不是分号的形式来表述的话,那就是对唯心主义思维方式的一种让步。但是,为什么我们会先行退让一步呢?我们认定所有真实的事物都包含在这二者之中,就像在现实中、在宇宙的真实的一天中一样。情况果真如此的话,那么无论这种"真实"是否服从于它们,甚至在它们应该仅仅是概念的情况下也服从于它们,对我们而言又有什么不妥呢?毕竟,被幸福而不是奴役注入要比臣服强得多。当被注入了启示的实在性之后,万物都获得了在臣服于概念时被剥夺

---

① 此词为法律术语,指原告或控方应被告或辩方要求出具的具体的诉由说明。——译者

了的自由。那么，这种让步的原因何在呢？

艺术和艺术家

可以肯定的是，所有真实的事物都被给予了自由，而半真的、次真的（second-real）则没有。换句话说，所有产生了后果的有，后果本身则没有自由。作品、产品，只有作品才能成为人的标志，因为即便是人也可以在某种意义上被认为仅仅是作品，也就是说，只有次级的实在性。之所以如此，是因为包含了所有最高等级的实在性的序列是一个实在的序列，铁路上次第延续的车站，就其自身而言，它变成了一种纯粹的范畴的复多性。它是半真的，它只有部分真的和作为整体的一员的真。对它来说，创造－启示－救赎的序列并不是家园，而只是明示其权限的法庭：它被召唤到那里不过是为了接受质询。同样的问题曾经被哲学逻辑学和哲学伦理学所遇到过，它们在实在性的序列中有着永恒的地位。这一点，我们已经在逻辑学以及类似的伦理学的问题中以"理智化"的方式有所涉及。简而言之，人在行使他的理性或者进行实践活动时是一个完整的人，因为这两种活动对任何人来说都是最基本的职责所在。但艺术家不是人：他是非人。这一点从不是任何人都会被命令着成为艺术家这一角度来看是很清楚的。艺术家只是人类的一部分，虽然是本质性的一部分，创造艺术作品事实上只是艺术家的义务，而不是所有人的义务。在同样的意义上，正在进行艺术创造的艺术家不是完整意义上的人。艺术家在人性方面的失败被其荣誉所抵消，而且他被赋予了"诗的特许权"和"艺术道德"。由此，人们公认他并不具备完全的人的存在。因此一个并非偶然的现象是,许多伟大的艺术家或迟或早会离开虚幻的艺术生命,将他们的艺术魔杖扔进大海,为的是去过一种人的生活,去做一个普通人,住在一个普通的地方。① 因为思想者总有一天会把自己的思想放在上帝面前,行动者总有一天会把自己的行为放在上帝面前,以此来等待上帝的判决。但艺术家却很清楚,他的作品不可能跟随着他,他必须把后者留在它们得以产生的土地上,就像所有并不属于整个人类的事物一样。

因此,实在性的地位,对艺术就像对其他任何经验的事物一样,变成了纯粹的范畴。在此可以说,艺术是所有的"经验"事物的头生子,可以作为后者的代表。所有对艺术有效的,对所有半真的和准真的(quarter-real)事物同样有效——归根结底,这② 正是永恒的、孤立的经验的特征,唯一例外的是,创造、启示和救赎等"概念"的绝对性一向只能在艺术中得到确证。因为在所有的经验性的事物,在所有的只有作为整体的一员的真实性的事物中,只有艺术是本质性的。如果没有鞋匠,人们就会赤脚走路,但他们仍然会走。但如果没有艺术家,人就会变成跛子。因为如此一来,人们将缺乏某种先于启示的语言,只有这种语言才能让启示在某一时刻作为历史性的启示进入时间,并在那一刻证明自身是来自于"是"的。如果人类真的准备在那个我们必定会认作是启示的历史性开端的时刻学着去讲话的话,那么启示将会变成它注定不会变成的事物:

---

① 直译为"将他们的魔杖和 Prospero 一同扔进大海……住在 Stratford 或其他的地方"。Prospero 是莎士比亚戏剧《暴风雨》中的人物,而 Stratford 是莎士比亚的故乡。显然作者在此是用莎士比亚来打比方。——译者

② 指半真或准真这种性质。——译者

一个不带有任何象征意义的奇迹。但是，实际上人类在艺术中已经拥有了一种语言，虽然那时他尚不能说出他心中的话；否则的话，艺术就仍然是一种无法言说的语言。因此，语言的存在是外在的，并且因此在创造中获得了其完整性。因此启示的奇迹的语言变成了神圣的创造的象征，而且也因此变成了可信的奇迹。因此，艺术家实际上是为其他人的人性做出了牺牲。艺术仍然是片断的，生命因此而可能变得完整。因此，艺术是一个本质性的篇章，虽然对我们来说只是这一部分中的一篇，而且不属于此外的其他的部分。在第一部中我们是这样说的：艺术是言语而不是语言（art is the Spoken, not speech）。现在我们必须加上：在所有的言语中，它是那种不应该保持沉默的。在第一部中我们已经开始描绘它的基本概念；现在我们在启示、在本部中所增加的"范畴"的基础上继续这一描绘。

作为感觉范畴的启示

就像在第一部中一样，创造的范畴必须通过直接返回那些我们在原型宇宙中发现的、它的本性中的要素，并在其对于艺术的重要性中得到确定，这样的做法对于现在的启示范畴同样有效。艺术法则的创造的概念肇始于"神秘"的东西对"可塑的"东西的影响，也就是说，肇始于个别从全体中的浮现，或者感觉上过分的真实从其前感觉的先行者的产生之中。它们之间的关系就像创造者跟被造物的关系一样：他自由地使它从自身中分离出来。同样地，艺术法则的启示的概念肇始于"神秘"的东西对"悲剧性"的东西的影响中，就是说，肇始于整体对于即将形成的精神性的部分的影响之中。这两种影响是截然不同的。灵感既不能被创造，也不能被释放；毋宁说它将自身从整体性中摆脱出来。前经验的整体必定会为了经验的启发性而奉献自身。启示的概念同样不可能来自于创造的概念；毋宁说它们二者同样是始源性的。创造的诸概念直接来自于那个相对于它们来说是前经验的整体。

作品

在此我们必须要加以考虑的概念间的最高的关系已经告诉了我们如下内容：作品像它的作者一样古老。作者本人只有在变成作品的作者之际才称得上是作者。如我们已经确证的那样，天才归根结底不是天生的。人的前经验的整体，他的"个体性"，他的"个性"解放了他在艺术创作方面的天才——与此同时，作品也诞生了。因为在个性中迸发出来的自我同作品的概念是如影随形的。根本没有"失败的"天才；这种事只有在作品比作者更年轻时才会发生。但他们是同时产生的。当天才觉醒之时，作品同样开始出现。因此，作品并非是在天才之中，或产生于他的，即便从概念上说，它预设了天才已经进入了人的存在之中。毋宁说，是作品本身进入了人的存在之中。天才是作为某个显著的特征，即天才的释放而出现的，它在此之前甚至无法被人的前天才的整体性所探测到。但是，作品则形成于当人的整体性将其自身置于在先的地位之时，它这么做是为了某种在它看来并非是来自于它自身之内的东西，而是某种它似乎要去面对的事物，而且是它通过现身于后者而用生命和精神来启发的东西。人类的整体性不加质疑、不加限制地将自己的爱过分地倾注在作品中；它似乎变成了作品的作者；它把自身从前经验的事物、未经加工的材料和纯粹的能力变成了受到启发的某物。材料变成了成品，能力变成了内容。很清楚，这种对于材料的启发，这种从能力到内容的转变并非来自于作为作者的人，而是来自于整体性的人。只有在后者中作者本身才能产生。这并不是说作者在作品中迷失了自身——根本不是这样——而是人作为一个多样性的整体牺牲了自己的整体性、闭塞性和他的忘我（unmindful of self），由此而沉浸于处于休眠状态的材料之中，直到有一天大理石获得了生命。[①]用启发的过程所需的标准来衡量，天才已经被限制得太多，以至于无法去爱了。作品的生命恰恰来自于人类的爱。作者的爱有多深，它所产生的作品的启发性就有多大。前者是一劳永逸地出现的，而后者以一种无法抗拒、也无法理解的方式抛弃了自己的永新的秘密，打开了人类的心胸。

艺术家

"诗人"的属性，在这一名称的原初意义上是创造性、他"内在的丰富的形式"，也就是说，是他的灵感的共通性和家族相似性。当我们考虑到这些情况时，我们认为它们对作者来说是根本的。它是来自于作者但作者却不知其所以然的东西，是某种更伟大的事物的根本性的前提。但是，同样地，必须加入这一根本性前提的事物不可能从这一前提中产生，而是直接从作者的特征中产生出来。天才或艺术才能在更为狭窄的意义上，并非来自于丰富的创造性灵感。只有灵感是不够的，"流汗"（Perspiration）同样

---

① 指形成了雕塑。——译者

重要。那些仅仅依靠前者，并期望它能带来一切的人必定会经历年轻的施皮特勒（Carl Spitteler）[①]所经历的事情：整整十年，他都不敢将自己的第一部作品的理念付诸文字，因为他认为后者也必定像理念一样"自己使自己"产生出来。确实，天才不等于勤奋，但它必定会变成勤奋，必定会把自身转变为勤奋。对于天才，这意味着自我牺牲。创造性不会改变他的本性，因为艺术形象自由地从他心中涌出，然后进入了空无。但艺术才能消耗了他的精力。作为作者，天才以一种平静的力量凌驾于它所产生的形象之上。但是作为艺术家，天才必须以忘我的热情将自身奉献给那些形象。它必须为了它所是的和试图变成的，即，作者而同它的整体性断绝关系。它必须将自身沉浸于它所遭遇的任何一种细节之中，而且它必须用只能从忘我的、用爱包围和填充着它的勤奋的作品中获得的生命来填满自身，把自身变成个别性的细节。反过来，那因此而获得了生命的细节也通过给作者以他对自身的意识而给予了作者投入于其中的、就像没有其他对象一样时时更新其行动的勤奋以相应的奖励。作为创造者，天才既不知道他做了些什么，也不知道他是谁；作为艺术家，他在无关天才的劳动即所谓的工作中觉醒了。确证他自身的存在的，不是他作品的丰富性，而是由他的爱所赋予了生命的个别形象。他的创造性就是他对自我的创造；在其中他早已是天才，但却对此一无所知。然而，在其艺术才能中，他的自我启示在他面前发生了。

[①] 卡尔·施皮特勒（1845—1924），瑞士诗人、小说家和剧作家，因长诗《奥林匹亚的春天》而获得1919年度诺贝尔文学奖。——译者

叙事的

让我们继续探讨作品并把它置于迄今为止我们已经相当熟悉的两个范畴之下。当然，任何一种作品，无论是哪种类型，都会呈现出某些完全普遍的"属性"。这些属性不是那种首先标志着作品的特点的完全普遍的属性，而是一旦被给予了作品，就可以更深入地描绘其本性的那些属性。它们全都会体现在每一作品中，尽管是以不同的标准出现的，而且作品的特殊性取决于所出现的是这一个还是那一个。作品是一个整体，它有自己的细节，包含着自己的精神：这三种要素都包含在它的属性中。作品从一开始就被认为是完整的，而且这种完整性体现在细节之中。因此，在这里出现了人们在任何作品中都可以认定为叙事的部分，在此使用的"叙事的"一词并非特指诗歌中的特定类型；在叙事诗中，这个"叙事的"本身不过是一种属性。大量的细节是任何艺术作品都有的。关于整体的理念既不在它自身之中，也不属于它自身，它只是一个"隐藏"的作品：作品的成形只是在这个理念产生了细节之后。相对于这些细节，理念仍然是高悬于它们头上的永恒的源泉，从经验的角度看，它是它们存在的唯一依靠。然而另一方面，理念不可遏止地要在创造这些细节的过程中实现自身，由此，它仍然是面对着它们的基础、源泉和经验的统一点。作品可以成为整体理念的任意的、充分的产物，我们也可以说这是它的"叙事的"属性。因为，我们所面对的是大规模出现的内容，而且人们不会无缘无故地谈论"叙事范围"。但内容并非先于作品；相反，它只是被完全地包含在作品之中的东西。这个或那个词，这句或那句话，或者无论什么碰巧在我舌尖打转的东西——这些是否在这部或那部作品中"出现"了呢？这是在我们在此对"内容"一词理解的基础上的、对作品"内容"的探讨。

抒情的

内容在另外的含义上是先于艺术作品的，尽管它在经验的意义上只能由艺术作品来启发。这样的内容，我们可以名之为"抒情的"部分，以有别于作品的"叙事的"部分。因为为了个别时刻而自我牺牲，忘记自身的整体性和事物的多样性正是抒情诗的特征。一方面，作品的这种整体性是大量细节背后的共同的经验的出发点。而在另一方面，它必须有能力遗忘任何的细节，而这一细节必定是这样的，即在它之外的其他细节都可以被遗忘。这种对细节的详细追究，这种唯一的美来自于整体的自我牺牲，而后者的做法依靠的是任何一种恰好被影响到了的细节自身变成了一个更小的整体。启发性的全部范围因此能够在这种自我牺牲中开启。实际上，这个时刻的"抒情式的"美要在艺术作品的整体中变得可能，只有在这个整体完全地将自身沉浸于这个时刻，进入了完全消失的状态时才能实现。但是，恰恰是在自我牺牲的行动中，它从其隐蔽状态进入了每一个个别的状态。因为当面对大量的细节时，它不过是一个"隐藏"着的整体。但是现在在细节的激励下，它向自己展示了自身：灵魂对细节的占有，是在整体的灵魂之外的占有，而这个整体正是在这一点上展现自身的，它在面对细节时，仍然是隐藏着的。

音乐与艺术

"叙事的"和"抒情的"在这种意义上属于所有的艺术作品，

尽管如前文所说,其比例各不相同。要区分不同种类的艺术,可以根据上述基本属性中的哪一种出现于哪一种相应的艺术形式之中来加以判断。视觉艺术主要是叙事的,理由很简单,它们的作品都是在空间之中的。因为空间的形式是并列的,因此,就这种形式的本质属性而言,全部的细节都一目了然,具有经验的直接性。由于与之相对应的理由,音乐主要是"抒情的",因为它的作品在时间之流中,而时间这种形式是不会容许多于一个的个别时刻进入意识的。① 相应地,这种形式的艺术不可避免地要在大量的细微的点上加以理解。孤立的美除了在音乐中之外不会在任何其他地方扮演同样的角色。对音乐的领悟能够被更确切地感受为"享受"。它导致了对自我相当彻底的遗忘,更不用说那种比从美术作品那里获得的更多的激情。这些情况反过来承认并确证了某种客观性的等级,这是享受范围内的等级,它本身可以用艺术的特点来加以解释。也就是说,它可以被解释为某种一目了然的经验性的整体,即某种真正的"客观的"事物。"鉴赏家"对艺术的熟悉程度就像"业余爱好者"对音乐的熟悉程度一样。当然,所有这些区分都不是一成不变的,它们有着足够的改变的空间。

美术:创造性的形象

由于需要某种确切的表达,我们想把个别艺术作品的基本要

---

① 意思是说,空间形式允许多个事物并列呈现,而时间只能一刻接一刻地被意识到。——译者

素定义为"形象",建筑于其上的作品,就像建筑在骨干之上。就其作为骨干而言,它从来不只是开始,不只是创造工作的第一天。那么,美术作品的开端在哪里?如果不是这个作品的整体一下子就作为在细节方面完全成形的整体出现在了艺术家的内在的眼睛之前,又是什么呢?他所看到的东西跟"自然"无关,即便整体的出现显然是在自然的面前发生的。相反地,在这个创造的时刻,"自然印象"必定会完全地涌出,其目的是给形象的出现开辟道路。人们甚至可以说,艺术家,甚至包括肖像画家首先要做的就是尽其所能地集中精力思考他的"主题",其目的就是超越这个或这些印象。因此,他注意它不过是为了在实际上忘记它。画面存在于艺术家之中,同时,他不再注意主体,而是去注意整体,后者自由地从任何形式的自然中出现,由方向、比例、亮度或用音乐的术语来说,由"音色"(forms)和"音长"(values)来构成。但是,客观地说,在目前的情况下,它已经有了完全的存在,自然已经没有任何贡献了。全部作品的完成已经在这个非自然的、或许可以说是纯粹装饰性的关于第一时间的观念中被预见到了。但这仅仅是预见,更确切地说,仅仅是暗示。因为现在作品的完成绝不是在印象中所创造的画面的简单的、机械化的完成;毋宁说,它的原初性就像创造性的印象本身一样。

美术:形式问题

作品的完成来自于自然,因此必定要同自然相协调。在这个过程中,"形式"进入了印象。所谓形式,就其技术性的含义来说是由希尔德布兰德（Hildebrand）[①]引入艺术理论的，它意味着自然形式向艺术形式的转变。因而这种形式预设了对"印象"的理解。事实上，如果没有这样的形式的话，也就没有必要要求艺术家必须同自然形式相协调，他无论如何都不必屈从于印象的基础。毋宁说现在艺术家直接面对着自然，似乎他已经忘记了印象。艺术作品隐蔽的整体性已经进化成了印象中的空间的多样性；现在，它不管是哪里，只要有可能展现自身，它就义无反顾地投入可见的自然之中。细节的进化现在不是在印象中，而是在与自然的直接联系中，事实上，它就是直接从自然中来的。工作意志（the will to work）[②]以全新的姿态整个地投入到了每一个可能在任何一个既定的时刻占据了艺术家的细节之中。这是艺术家们在描述某些"有感而发"的细节时自己所作出的最好的表达。因为有了它，他们就没有必要再借助于感情的、非艺术的感觉，甚至不需要感觉到创造性作品的整体性，而后者有可能已经存在于印象之中，尽管在此它确实保持着沉默；在此真正值得关注的是将自身沉浸于个别的自然形式之中并改变了后者的那种感觉。正是通过这种沉浸的力量，自然形式——是在自身之内并关于自身的，但却是昏暗难明的、暧昧不清的感觉，因而是不可见的，而且可以说是无声的——变成了艺术形式，后者是确定的、明晰的感觉，因此是可见的而且可以说是雄辩的。这是图形艺术在其发展过程中的

[①] 阿道夫·冯·希尔德布兰德（1847—1921），德国艺术家。此处提到的关于形式的思想主要载于他于1893年出版的《造型艺术中的形式问题》（*Das Problem der Form in der bildenden Kunst*）。——译者

[②] 显然，这个词借鉴了权力意志和生存意志。——译者

第二个行动。对自然主体的爱赋予了它以生命，它通过艺术形式变成了一种非自然的、可感觉的创造性的印象。

节奏

音乐的情况与此不同，这无非是因为我们在前面已经提到的，主宰这里的是时间，因此，没有可能在一瞬间发现所有的细节。在美术中，艺术作品成形的、可以加以内在理解的印象可以通过对来自整体的细节的排列组合来构成，但这一点并不适于音乐。因此，一下子发现全部细节甚至以内在的方式都不可能。先于作品的印象仍然保持着沉默，唯一的原因在于它的非自然性，至于其他的，作品已经成形的形式和色彩业已充斥于其中。然而，在此真正在先的确实是艺术的无声的部分。汉斯·冯·彪罗（Hans von Bülow）[1]的说法"起初只有节奏"[2]是完全正确的。全部的音乐作品是存在的，但却仍是无声的音乐，存在于节奏中——起初只存在于适于全体的情况中，但是后来同样适用于这种音阶的进化，这样的预示就像最粗线条的框架结构一样，最后变成了更为精致的、经过了修饰的、节奏化了的音乐语言。先于图形艺术作品的印象并非真的有一种视觉上的形状，而似乎是一种方向与重量的比例——平衡、不平衡、压力、广延、负担——之间的内在关系，换句话说，是一种静态的内在关系。同样地，节奏预示着艺术作品，但不是音乐形式的而是无声的——动力学形式的作品。一个人可

---

[1] 汉斯·冯·彪罗（1830—1894），德国作曲家、指挥家、钢琴家。——译者
[2] 参照《创世记》首句。——译者

以"弹奏"出一部音乐作品,就是说,一个人可以用一系列的动作,无声地表现其大纲。实际上,运动是唯一能把时间序列变得客观化的方式,其他的方式无一例外地导向了现在的时间点。音乐正是建立在这种客观性的基础之上。作为整体的整个作品的概念只有通过这种客观性才得以可能。单个的音符没有节奏,但即便是最简短的音符序列也有节奏。在节奏中,音乐作品的创造完全而确定地发生了。但在此同样地,尽管它在"开始"就拥有一切,但创造仍然无非是对于那个在声音中启示自身的奇迹的预示。

和谐

在此,启示也必须在作品中的个别时刻沉入盲目而健忘的排外性。它必须给予作品以启发,而且最初时只关心作品本身,无视与之相关的东西和危险。它必须把有生的生命赋予它。在所有的瞬间被谱写进节奏之前它是不可能出现的,但是它自身并不需要在某个时刻拥有某种节奏。它让这一时刻回荡在自身之中而并不在乎它是长是短。对细节的这种启发所获得的就是和谐。在节奏中,个别的时刻同整体形成了一种联系,但却是无声的联系;是和谐同时赋予了它以声音和生命。和谐使它能够发声,并且启发了它,给它定了调子,而且这一切都是同时发生的,就像启示同时给予了沉默的自我以语言和灵魂一样。艺术作品的个别的点必定是被"形成的"[①],但却不能被"看到";相反,形象却能创造性地预见所有的细节。同样地,音乐作品的个别时刻被属于自身的某个

---

① 直译为"形式化的"。——译者

音调的全部内容以和谐的方式激发了,这一时刻之作为这一时刻和为了这一时刻,似乎要将它完全地独立于节奏化的整体之外。

这就是到此为止我们所能解释的艺术的世界。在此,我们只是把基本概念用作范畴,并因此而在类似家族树的基础上对它们进行了建构。正因如此,我们的解释,即便关乎创造和启示范畴,也不可能在下一章之前达到结论。此外,还可以确定的是,艺术的整个的原则,归根结底不过是如我们这里所描述的一样,是一个纯粹的插曲。因此,现在就让我们撇开插曲,回到主旋律上来吧。

上帝的语言

在上帝的爱中,无声的自我变成了成熟的、雄辩的灵魂。这一事件被我们称作启示。如果语言不仅仅是类比的话,如果它确实是类似语——因此它就不仅仅是某个类似物——那么,在我们的我之中听到的生动的言说,来自我们的你,回荡在我们面前的生动的言说就必定"如其所写"的那样镌刻在启示所带来的那一伟大的历史性约定之上,而后者的本质性是我们用自身经验的当下性确定无疑地认识到的。再一次,我们在上帝的语言中寻找人类的语言。

《雅歌》

爱的类似语作为类似语充斥着全部的启示。它是永远重复着的预言的类似语。但它确实不仅仅意味着单纯的类比。而这样之所以可能的唯一情况是,它出现时不再是"这意味着",不再有所指,即不再被当作类似语而指示着什么。因此,仅仅用爱者和被爱者的微笑来解释上帝对人的关系是不够的。上帝的语言必定直接包含着爱者对被爱者的关系,即必定包含着不指向任何标记的指示。我们在《雅歌》中发现了例证。在此,那个微笑不可能再被看作"仅仅是一个微笑"。在此,读者似乎面对着这样的选择:或者接受"纯粹属人的"、纯粹感性的东西,并因此而不得不问自己允许这样的字句滑入上帝的语言是多么奇怪的一个错误啊!或者,承认在此处,就在这种纯粹的感性中,直接而且并非仅仅是在比喻的意义上,深藏着更为深刻的含义。

在经过了19世纪的反复斟酌之后,后者才变成了人们无可争议的选择。《雅歌》被当作是爱的抒情诗的同时,也被当作了"神秘的"诗。人们很清楚,人类的"我"与"你"之间的对话,同样也正是上帝与人之间的"我"与"你"的对话。人们清楚在语言中,所谓内在和外在的区分消失了。《雅歌》是"可信的",即它是"世俗的"爱情抒情诗;正因为这一点而不是其他的理由,它确实是上帝对人的爱的"灵"歌。他的人类的灵魂是上帝唤醒,并为上帝所爱的。

这种有关人类对神、世俗对灵性、灵魂对启示的关系的观点,在气质上是明晰的(temperamentally lucid),因为它植根于启示之中。这种观点直到18世纪末19世纪初仍然是模糊不清的。赫尔德(Herder)[①]和歌德均宣称《雅歌》是一部"世俗的"抒情诗集。在这个定义中,"世俗的"所表达的恰恰正是上帝不会爱。无论

[①] 约翰·赫尔德(1744—1803),德国诗人、文艺批评家。——译者

如何，这曾是一种真实的观点。即使人"爱"上帝是其完善的标志，但他也绝不应要求上帝对他的爱有所"报酬"。斯宾诺莎否认上帝会爱个体灵魂，这一点在德国的斯宾诺莎主义者那里大受欢迎。如果上帝必须有爱的话，他最多不过是"博爱的父亲"。上帝对个体灵魂的真实的爱的关系被否定了，而《雅歌》因此也被出卖给了"纯粹属人"的爱情诗。因为真实的爱而不是博爱，只能存在于人类之间。上帝不再说人类的语言。上帝再次退回了他的比"属性"的天顶还要高的、覆盖着层层的"方法"之云的"新异教－斯宾诺莎式"的隐蔽之处。

把灵魂的语言解释为"纯粹属人的"的确切含义只有到最后才能明确起来。赫尔德和歌德至少在无意中将传统的概念保持在如下程度：他们认为《雅歌》只是爱的抒情诗集，因此保留了它的主观性、抒情性和对灵魂的启发性。但从此以后，人们在这条路上越走越远。一旦《雅歌》被认为是纯粹"属人的"，那么从"纯粹属人的"到"纯粹世俗的"就只有一步之遥了。因而它的抒情化色彩被意志冲淡了。无论哪个方面的努力都是想把戏剧性的行为和叙事的内容加入到它里面。在此有一个奇特的难解之处，即"王"，他作为第二个爱者，扮演了一个可见的牧羊人的角色，这一点对上述解释构成了挑战，而且为所有的解释者留下了足够的空间。因而在19世纪充斥着这类解释，虽然它们彼此并不相同。这种对传统文笔的理解上的重新整理，毋宁说是新的混乱，这种事情圣经批评早就做过了，但却只是针对这一章。其一贯的目的是把诗中抒情性的我与你转变成叙事性－图解式的他和她。19世纪的精神在自己的意识中把所有的事物都重塑成客观和世俗的，对它来说，启示给灵魂的语言多多少少是难以索解的。对上帝的语言的否定最初发生在目前已经变得"纯粹"的人类语言的无节制的欢乐之中。[①] 但现在它自己却因人类的语言而遭到了报复,人类的语言在失去了同上帝的语言的直接而紧要的确切无疑的统一之后,被僵化成了第三人称的僵死的客观性。

此后科学自己又上演了一出反击的好戏。所有那些解释中蕴含着的绝望的不确定性和文本批评所冒的风险进入了"音乐剧"的客观性的领域,这使得有学识的人们能够接受一种新的观点。归根结底,这些解释者的真正困难在于,牧羊人和国王,以及书拉密(Shulamith)[②] 与两者之间的难以琢磨的关系。她忠贞吗?或者,她不忠贞吗?对一个人忠贞?或者对两者?依此类推进入了一种博学的色情狂(erudite eroticism)的好奇心所擅长的问题组合之中。根据牧羊人和国王是同一个,即上帝,这种简单的办法来解决前一个"神秘"问题,是相当古老的办法了。后来人们偶然发现叙利亚农村的婚礼直到今天还是以模仿皇室婚礼的方法进行的:新郎被当作国王而新娘被当作王后。交互并列的两者终于在突然间得到了解释:他们不过是一个紧随着另一个,牧羊人在他婚礼的一周之内有权利活得像所罗门王一样荣耀。随之而来的是所有用戏剧来解释的方法都落空了。现在,一切都再次被烙上了爱者和被爱者的二合一的抒情的印记。而且现在更重要的是,明喻回归了它在《雅歌》中的"最原初的"含义;在那里,感性的意义

---

① 指人类的语言不必借助上帝的语言。——译者
② 参见《雅歌》6:13及以下。——译者

被超感性的意义所替代，作为新郎的牧羊人被他感受中的国王[①]所替代。无论如何，这就是我们所想要的结论。爱不可能仅仅是"纯粹属人的"。它必须开口说话，因为除了生命的语言之外没有任何其他的自我表达。而且通过言说，爱已经变得超越了人类，因为语言的感性中充斥着它的超感性的神圣的意味。就像语言一样，爱是"感性－超感性"的。换句话说，明喻是其根本特性，而不仅仅是它的装饰性的附属物。"所有短暂的"都可能"仅仅是明喻"。但爱不"仅仅是明喻"，它在整体上和本质上是明喻，它只是在表面上是短暂的——而事实上，它是永恒的。在此，表面的东西就像真理一样是本质性的，因为爱如果在表面上不是短暂的话，那么作为爱它就不可能是永恒的。在这一表象的镜子之中直接映照出了真理。

《雅歌》的语法分析

时间上的短暂，即，作为现在，作为像箭一样飞逝的瞬间，是《雅歌》中所有以"我"为根词的词句的真正承担者，无论它是否可见。相对而言，"我"之一词在《圣经》其他章节中的出现频率并不像在这里这么高——这里说的不仅仅是非重读的"我"，更重要的是重读的"我"，后者才是真正的根词，是变得可听闻的"否"。只有在《传道书》中，被永恒否定的精神所侵蚀的他[②]才表现出了类似的对重读的"我"的偏好。这种基本性的否定的力量还表现

[①] 直译为"他被他感觉像个国王一样这个感觉中的国王所替代"。——译者
[②] 指传道者，参见《传道书》中的相关章节。——译者

在：在《圣经》的所有章节中，唯有《雅歌》以一个比较句开头——"比酒更美"[①]。出现在这里的是一种比较性的属性；这里的视角是一种否定了其他观点的"观点"；这不是一种纯粹限于能够使之获得其存在的实体性之内的质。这个"更美"直接拾起了创世时最后的"甚好"[②]所遗落的线索。因此，现在"我"这个字是音调中的主音（keynote），就像风琴演奏出的一个不变的音调一样，它穿行在女中音和女高音的旋律和和音的整体结构中，一会儿在这个音节中，一会儿在另一个音节中变成了你。在整个的章节中，它只在极短的一小段中保持沉默。恰恰是由于这一重低音部分的短暂的间断使它变得更为突出，在其他情况下，因为它的不间断性，人们反而极可能会忽略，就像人们只有在时钟突然停摆之际才会注意到它。这些语句是像死一样强大的爱的语言。我们指派上述这些词句去伴随着从创造到启示的转变并非是无的放矢。我们已经认定《雅歌》是启示的焦点之章；在其中，这些词句构成了唯一客观的时刻，唯一的理性化，唯一被宣示但却未被说出的章节。在这些词句中，创造以一种可见的形式向上扩展到了启示，而且以可见的形式在启示那里达到了顶峰。死是创造的极致和完成——而爱像死一样强大。这是有关爱的唯一可以宣示、预示和再次计算的。其他的一切都只能由爱自身来诉说，但却无法宣示它。因为爱是——语言，完全能动的、完全个体的、完全鲜活的、完全的——言说。所有关于爱的真实的判断都必定是来自其自身的，

[①] 《雅歌》1：2。——译者
[②] 《创世记》1：31。——译者

其承担者是我。唯一的例外是这句话,即它像死一样强大。在其中,爱不再述说自己;在其中,创造的世界被征服了,它匍匐在爱的脚下。作为一切的征服者的死和热衷于囚禁所有死者的地狱都扑倒在爱的力量和它高度的热情面前。它炽热的光芒,它神圣的火焰从过去之死亡的那一刻起就温暖着它僵死的身躯。上帝钟爱的活生生的灵魂则胜利地穿越了人类的一切,也穿越了可以客观宣示的有关它的一切。因为,关于灵魂本身没有什么可以宣示的,只有关于它与创造的世界之间的关系才有话可说。只有灵魂自己才能述说自己,被造物的世界是无能为力的。大地在她之下,不是被淹没的,而是拱起的(not submerged but surmounted)。[①]她在大地之上飞翔。

伴随着她飞翔的是"我"的短暂的声音。一个音符刚刚奏响就被下一个音符所吸收;不久它又再次回响起来,出乎意料地深奥难解,但却只是为了再次消失于无声。爱的语言完全是现在的:梦想与现实、沉睡的四肢和清醒的心灵[②],纠缠在一起无法分开。一切都同样是当下的,同样是短暂的,同样是活生生的——"就像山上的一只瞪羚或牡鹿"[③]。一场强制性的倾盆大雨落在了这片现在常青的草场上,并激发了它。强制性听上去似乎有所不同,但往往意味着同样的事情:"牵着我,向我敞开,上升,离开,匆忙"——它从来都是不变的爱的强制性。爱者和被爱者似乎在

[①] 似乎是说被淹没的大地无法给她以支持,而拱起的大地意味着可以支持她。——译者

[②] 参见《雅歌》5:2。——译者

[③] 参见《雅歌》2:17和8:14。——译者

此经常交换角色，而接下来他们再次明确地区分了彼此。他带着常新的爱的样子将自身沉浸于她的形象之中，而她则带着唯一的确信他是"万里挑一"的样子拥抱着他的全部。带着无限的温柔，爱者指出他们的爱的基础在创造的原型宇宙中，爱曾经遗忘了它和他的平静的、永远回响着的呼唤——"我的姐妹，我的新娘"（my sister, my bride）。[1] 由此，他的爱超越于短暂的瞬间之外。对他来说，被爱者"曾经由于他的姐妹或他的新娘而离去"。而且是被爱者再次在他面前自惭形秽，而不是相反。她满怀羞惭地承认太阳晒黑了她的皮肤："请不要凝视（gaze at）我（因为我的皮肤黝黑，因为太阳晒黑了我）；我同母的兄弟们为此而恼怒我。"[2] 但几乎就在同一时刻她却以同样的"黑皮肤"为美："我虽然黑，却是秀美，就像基达（Kedar）的帐棚，好像所罗门的幔子"[3]——并且忘记了所有的羞惭。因为她在他的眼中发现了宁静。她是他的，而且因此她了解了他：他也是她的。在这天赐的"我的"之中，在这完全的单一性中充斥着的是，她究竟为了谁而如此焦急不停地乞求她的同伴们："不要惊动，不要惊醒爱"，直到她自己清醒过来。[4] 她的爱不会变成爱的一个实例，诸多爱的事件中的一个，

---

[1] 参见《雅歌》4：9 以下。——译者

[2] 参见《雅歌》1：6 以下，King James 本作"... look upon... my mother's children..."中英和合本译为"不要……轻看我……"。——译者

[3] 参见《雅歌》1：5。基达是以实玛利的次子（见《创世记》25：13），其名字的意思就是"黑皮肤"。——译者

[4] 参见《雅歌》2：7, 3：5, 8：4。但各本文字都同此处的引文及下文有出入。通行各本《圣经》此处均为"不要惊醒……我的爱"，下文是"等他自己醒来"。——译者

其他人可以认可并确证的一个事件。它要变成她自己的爱,无法从外部唤醒,只能由她自己唤醒。而这正是如此发生的。现在她是他的了。

她是他的了吗?真的再没有什么终极性的东西能够在他们的爱的顶峰上把他们分开吗?——那东西甚至超越了爱者的"你是我的",超越了被爱者在他眼中发现的宁静,这个流淌在她心中的最后的字眼?就不会再有一个最后的分离了吗?通过暗示同胞之情这一隐秘的基础,爱者用博爱之名向她阐明了自己的爱。但这样的解释有用吗?生命所需要的,难道不比解释和呼唤名字更多吗?它不需要现实性吗?一声哭泣逸出了流淌着天福的被爱者的心,变成了语言,它犹豫着指向了某些未被满足的事物,某些在爱的直接启示中无法得到满足的事物:"哦,你就像我的兄弟!"[①] 被爱的爱者以星星点点的暗示的方式用姐妹之名来称呼他的新娘是远远不够的。名字应该变成现实。它应该回响在光天化日之下的"大街上",它不应是黄昏的薄暮中亲密无间、形同一人的两者之间、爱与被爱的耳边私语,而是应该在公开场合,众目睽睽之下——"谁来保证"这一点呢![②]

是的,谁来保证它?爱不再会保证它。实际上,"谁来保证"不再指向被爱的爱者。归根结底,爱总是停留在两人之间;它所知道的,只是"我"与"你",而不是大街上的人群。因此,这个要求不可能由爱来满足,因为爱是直接的、当下的经验,而且

---

① 参见《雅歌》8:1。——译者
② 参见上文有关上帝的启示的注释。——译者

只是在经验中才能宣示自身。被爱者的哭泣穿越了爱,超越了当下的启示,达到了未来。它们所渴望的如此这般的永恒的爱永远也不能从感性的永恒的现在性中产生出来。这种永恒性在"我"与"你"之间不会产生,它却渴望着在世界的全部当下性中找到自己的基础。被爱者乞求爱者去劈开他那抗拒着她的对永恒的爱的渴求的永恒的当下性的天空,如此她或许能够让自己变得像是他永远跳动着的心上的一道封印①,像是紧紧地套在他那永不停息的手臂上的一只臂环。婚姻不是爱。婚姻比爱多到无以复加。婚姻是爱自她从恍惚中得到内在天福后所达到的外在的实现,是不可遏制的渴望"哦,你是我的兄弟……"的外在实现。

奇迹的出现

这种实现永远也不能触及处于被爱状态中的灵魂。这一呼告也不会被爱者所响应。由血缘关系构成的自然群体中的非个体的共同生活的不祥预兆在我对你的爱中得到了美丽的应验。但是在此灵魂渴望着超越这样的爱从而达到兄弟之情的领域,后者是一种超自然的群体,它在经验中是完全个体性的,而在存在中则是完全世俗性的。对她来说,通过她多次在其中寻找其问题的线索的爱者的爱来为上述领域建立基础是没有可能的。如果这种渴望能够得到满足,那么被爱的灵魂必定能跨越被爱的魔环,忘掉爱者,自己开口,不是等待答案而是用自己的话述说。因为在世界上,被爱并不算什么,而且被爱者自己必须清楚,就是说,它

---

① 《雅歌》8:6。——英译注

所有的爱，而不是正在——爱过，但却是永恒地爱过（loved but eternally）——恋爱，都只是被扔到了它的未被爱过的内容上。只有在她内心的最深处，她才有可能紧握住那句古老的格言，后者在她从神圣的爱出发前往世俗世界的道路上给了她力量和尊严，使她有必要去重新收集起那些曾经在魔环中经历过的东西："既然他爱你，所以你也应爱他。"①

---

① 参见《安息日》133b。——英译注

第三卷　救赎或王国的永恒未来

爱你的邻人。① 这是犹太人和基督徒都向我们保证过的全部诫律的体现。在这条诫律下，灵魂变得成熟起来，它离开了神圣的父爱的家园，开始了迈向尘世的旅程。那是一条像启示的核心诫律一样的爱的诫律，是一条使所有个别诫律协调一致的诫律，一条最初创造性地把它们从僵死的律法转变为活生生的诫律的诫律。那条核心诫律之所以有能力要求爱，是因为它来自于爱者本人之口，它要求报答那个人的爱——因为它就是一个"爱我"。所有来自于原初的"爱我"的诫律最终都融进了涵盖一切的"爱你的邻人！"如果这同样也是对爱的要求，那么它将如何同下述事实协调一致：这个"爱我！"要求的是唯一可能被要求的爱。上述疑问的答案很容易在一个简短的单词中找到。让我们先用这一部分的全部的结论性章节来替换它。因为这个答案虽然简单，却在自身中包含着下面两章的全部内容。

---

① 《利未记》19：18。——英译注

爱的行动

隐蔽的"一"

灵魂在一劳永逸地说出了一个无尽的"是"之后就让自己拜服在上帝脚下。由此她从封闭的自我之中走了出来。这不是说她否定了自我。不,她只是从自我中走了出来,从封闭的自我走向了开放。现在她就在那里,完全敞开着。敞开着交出了自身,充满了信任——但她只在一个方面敞开了自身,只是把自己交给了一个人,只信任他。灵魂已经开启了自己的眼睛和耳朵,但在她眼中只有一个形象,在她耳边只有一个声音。她已经张开了自己的嘴巴,但她的话语只说给一个人听。尽管她不再沉睡在自我僵死的梦境中,但她只是被一个人惊醒,也只为一个人清醒。因此,即便是现在,她实际上仍然是既盲且聋的,就是说,对除了那一个人之外的一切,她是既盲且聋的。实际的情况比这还要严重。因为当上帝仅仅表现得像个单纯的创造者之时,他实际上就已经变得比此前在异教中所表现的更加无所定型(amorphous),而且有更加经常性的危险会倒退回隐蔽的上帝的暗夜之中。正因如此,灵魂也有同样的危险,只要她还只是被爱的灵魂,那么她就可能仍然是不可见的和无定型的,甚至比封闭在自我中时更加无所定型。因为尽管自我缺乏任何通往外部世界的动机和途径,尽管它唯一的欲望就像米开朗基罗的大理石一样"既不想看,也不想听"——但无论如何它至少变成了一个可见的悲剧英雄,它在其显而易见的沉默中变得可听闻了。然而,当灵魂能看见、能言说时,却只是向上帝敞开。

对其他一切她都仍然像以前一样封闭在自我中，这样走到极端她失去了看见性和可听闻性，失去了那已经成型的生命力，尽管后者曾被自我所占据，处于悲惨的僵死状态中。在上帝所赐予的爱中，自我仅仅是屈从了，而对世界来说，它变成了一具僵尸，除了上帝，它对一切都说不。既然单纯的创造者总是有着退回到黑暗中的危险，同样地，仅仅获得了天福的灵魂，在沉浸于上帝的注视之中时，也有着退回到封闭之中的危险。封闭的人类就像隐蔽的上帝一样，总是站在启示的边缘并把它从原型宇宙中分割开来。

古典悲剧

因为，尽管异教徒、自我都是自我封闭的，但他却不是像上面所说的那样封闭的。他是可见的。虽然他没有找到通向世界的道路，但世界却发现了通向他的大门。而且尽管他沉默着，但对他说话却是可能的。归根结底，古典悲剧中的合唱如果不是这从外部世界刮向英雄的飓风，如果不是对着这个大理石一样的角色的言说，还能是什么？这必须在舞台上呈现出来，把它留给观众去感觉是不够的。因为很明显的是，无论从哪一个角度考虑，观众在面对着沉默的角色时很自然地会保持沉默，而面对双目失明的英雄时会很自然地感到自己也变成了盲人。但这一点恰恰不该发生。人们认为，英雄应该是个可见的角色，他应该伫立在世界之中，即便是他本人既不知道，也不想知道这一点。而且对此的感觉正是如此——这一点被合唱强加给了观众，而合唱是注视着、聆听着并言说着英雄的。因此，当自我封闭于自身之内时，它却并未阻止世界注视着它的目光。沉默的英雄完全是由于他的沉默才伫立于世间。任何形式的世界都可能存在于异教之中,而无须考虑英雄的存在,这是因为英雄就在其中,而且这也是唯一的理由。因为,尽管这么做时像一块堵路的石头,但对此的后果他并非是完全熟视无睹的:隐身衣也好,隐身指环(Gyges' ring)[①]也罢,都是荒诞不经的,而且归根结底是有害的,因为它们阻断了任何同世界的联系。

神秘

然而,如果人们认为自我不过是启示的虔诚的接受者,那么隐身衣和隐身指环似乎是自我所穿戴的东西,就像异教的神一样,在奥林匹斯山上高枕无忧。但如果单从创造的角度来看,在这里完全鲜活和可见的一切,却消失在了隐蔽的上帝中。人如果只是为上帝所钟爱,那么就等于切断了同世界的所有联系,封闭了自身。对任何一种有关全部神秘主义的自然感情来说都是荒诞不经的,并且客观地说也是有害的,它变成了一种保护神秘事物的隐身衣。他的灵魂向上帝敞开,但由于它只向上帝敞开,它对整个世界来说都是不可见的,它切断了自身同世界的联系。神秘者带着傲慢的自信玩弄着手上的指环,同时他单独地同"他的"上帝在一起,与世隔绝。这之所以对他来说是可能的,唯一的原因在于他想做上帝的独一无二的宠爱,此外别无他求。要做到这一点,换句话说,要想只有一条连接他和上帝的纽带,他必须否定世界,但既然世界是否定不了的,那么他就必定会批判它。对他

---

① 直译为"裘格斯的指环",柏拉图曾在《理想国》中使用过这个比喻。——译者

来说绝非偶然，而且应该说是相当根本的事情是，他对待世界的态度——既然无论如何它就在那里——就像它并不真的"存在"，就像它没有本质，没有前存在一样。他必定会把它当作是未被创造的（因为归根结底那是它的本质），就像它不是上帝的造物一样，就像它不是为了上帝而设立的，而这同一个上帝正是他所宣示的那个爱他的上帝。他被允许，不，更确切地说是被迫把它当作是由恶魔创造出来的，或者毋宁说，既然"创造"的概念不可能应用到恶魔的行为上，人们或许不得不说，他被迫将它当作是（从未）被创造的，而是时不时地为他设立的，当他偶然出于无论何种需要而屈尊枉顾它之时，它会随时候命。因此，纯粹的神秘者如果想断言并保持其纯粹的神秘主义的话，那么唯一能说的就是，这种对世界的不道德的关系对他来说是极其根本的。世界必定会在人类傲慢的闭关锁国之前封闭自身。我们已经见过了人的开放，但他却没有变成对话中的活跃的一方，反而缩回到了封闭之中。

敞开

那么，这种封闭怎样才能敞开自身，成为构型呢？因为如果灵魂的敞开所需要的最根本的基础不会被否定的话，那么这样的敞开就是必须的。归根结底，这一基础是必须的，创造的秘密的原型宇宙需要它来将自身转变为创造的奇迹。沉默的自我必须变成敞开的自我。作为被爱的灵魂它似乎已经达成了这一点。但是现在对我们而言，被爱的灵魂甚至在获得完全的构型之前就突然退回到了非构型之中。这是神秘者致命的进攻：他在自我通向构型的途中阻击了它。如果仅仅存在于原型宇宙中，英雄就不过是个凡人。然而神秘者不是凡人，他只是半个凡人。他仅仅是承纳他所经历过的狂喜的容器而已。尽管他也说话，但他所说的仅仅是被动反应，而不是主动作用，他的生命只是等待而不是行动。但只有他才会变成一个真正的、完全的人，他的反应会成长为作用，他对上帝的等待会成长为与上帝同行。只有他才能成为英雄的伙伴，因为只有他才会像英雄一样突出，拥有同英雄一样多的构型。在此，上帝的情况也是一样："完善"于异教之中的构型并未立刻在内部的转型中产生出一个新的构型，毋宁说它最初产生的只是一种无定型的、纯粹附属性的行动：上帝的创造活动和灵魂的敞开。由此出发，这种非构型在被拖入了宇宙的轨道之后，才能达到构型；归根结底，对所有那些行将被激活的、集合在原型宇宙的完美构型之中的力量来说，这是唯一的途径。通过等待和行动，通过灵魂的经历和灵魂的行动，封闭的人被旋转成（is rounded out）[①]了一个完全敞开的人。因此，他预设了某种属于圣者（the saint）的构型。[②] 圣者之接近于人类的封闭，就像英雄之超越于人类的封闭一样；这就如同爱的宣示的上帝与只是活在自身之中的神秘的上帝的关系一样：神圣的隐蔽的暗夜是站在他们之间的隔离物。

现代悲剧

通过将自身敞开为一个完整的人，人具有了直接的可见性和

---

① 参见上文中的"被拖入宇宙的轨道"。——译者
② 原文为：Thereby he assumes a configuration which, to ancipate, is that of the saint. 其中"ancipate"不知是否是印刷错误。——译者

第三卷 救赎或王国的永恒未来

可听闻性。现在他终于能使自己被看到和被听到。他不再像古典悲剧中的英雄那样仅仅是个僵化的大理石雕像——不，他说话了。相应地，合唱也作为更为晚近的戏剧中的多余物而消失了。同样也没有必要再让观众注意到尽管英雄双目失明但却是可见的，尽管他既聋又哑但却是倾诉的对象。再也没有必要让他注意了：他自己会看。新近的悲剧中的英雄不再是古典意义上的"英雄"，他不再像一个"僵死的古董"那样去"接近"观众。他心甘情愿地被完全投入了熙熙攘攘的世界，他充满了活力，对敞开的坟墓①充满着不加掩饰的恐惧。这个英雄是个彻头彻尾的人。在死亡面前他浑身战栗着。他的欢乐来自于这个世界，这里的阳光照耀着他的悲伤。在观众面前，这个英雄在对话中获得了完全清醒的生命。在此，同古典的对话完全相反，一切都是意志，一切都是作用与反作用。将自身提升到瞬间之上的任何想法都毫无立锥之地。观众确实别无选择；他必须把他所看到的那个意欲着、行动着的英雄看作是活生生的人。在精神中②，他自己也被拖入了行动。但这并不是古典悲剧在观众中引起的那种英雄的自我意识，以及由此而来的恐惧和同情；毋宁说，舞台上的人迫使观众席上的人感到自己是他对话中的同伴。在舞台上发生的一切并不能促使他感到恐惧和同情，而是使他感到矛盾并且无法置之度外。在观众中所激起的，是同样的意欲，而不是事先警告的先兆。

现代的英雄们独自一人之时，是这样的区别最为昭彰之际。

---

① 意思是死亡随时等候着他。——译者
② 意思是一场戏剧中，英雄在舞台上、观众在精神层面上被拖入了行动。——译者

实际上，古典英雄仍然能在独白中活出自己的英雄主义——在此时比在任何其他时候更为合适。在此，他独自一人，他完全可以发自内心地蔑视一切，他可以将所有的一切都集合在他自身之中，他可以完全沉浸于自身之中，变成完全的自我。对现代英雄来说，独白仅仅是暂时的停顿，可以说是一个他走出实际生活的时刻，后者是他在对话中的生活，而此刻他像这活跃的生活一样激动；他在某个时刻成为了观察者。观察自身，将自身的存在融入世界，阐明决定，消除疑虑——这种现代独白往往意味着一段有意识的时期，而此外的时间则表现为行动和热情之中的无意识的悲剧的存在。然而，它却是这样的意识，它总是有限的，即便它是一种在现实中极其难于获得的、奇特的、彻头彻尾的明晰性。它从来都只是关于世界的一种观点，或者是一种世界之中的某人的观点，而且是从某个特殊的视角，即，从个体的、个别的"我"出发的观点。

这样的"我观点"（I-viewpoints）有好多，就像有好多的"我"（I's）一样。因为这是古典悲剧和现代悲剧之间最核心的区别，正是它无可争议地导致了相应的行动的悲剧和角色的悲剧之间的冲突。现代悲剧中的角色彼此各不相同，他们的不同就像每个人的个性都是来自完全不同的地方一样。因为归根结底，每个人的个性在最基本的层面上都有一种特殊的"个别性"，世界的一个特殊的、不可分割的部分，它在看待世界时同样相当自觉地采取了一种有利于自己的观点。古典悲剧的情况却与此不同。在这里只有不同的行为，而英雄，就其作为悲剧英雄而言，他总是以不妥协的姿态把不变的自我深藏在自身之中。现代英雄的意识必然是有限的，因此，这一点就同要求它在本质上，尤其是当他一个人独处时是有意识的相互冲突。意识总是清醒的，而且有限的意识是不完善的。因此，他确实需要一种有关他自身和世界的完善的意识。因此，现代悲剧追求的目标与古典悲剧大不相同：它所追求的是一种有关绝对的人及其同绝对的客体的关系的悲剧。那些无论哪一方面都把英雄描绘为哲学家的——哲学家对古典时期来说是一个完善而奇异的观念——哲学悲剧毫无争议地被我们当作是全部现代悲剧的顶峰：（例如）哈姆雷特、华伦斯坦（Wallenstein）①、浮士德。

但是即便是他们也无法让我们感觉到他们已经达到了本质（having attained the essential）。仍旧困扰着我们的是这里的英雄不过是个哲学家：他是个人，就是说，尽管他面对着"绝对"，但这仍然仅仅是面对着它；绝对的人必定应该生活在绝对中。因此，人们继续将一座新的皮立翁山叠加在这座浮士德的奥萨山上，沿袭泰坦巨人的想法努力去攀登真正绝对的悲剧的高峰。② 每个悲剧作家都想有朝一日写出自己的浮士德。基本上，他们都试图去做第一个作家曾经试图去做的事情：用唐璜来补充浮士德，把世界观的悲剧③放大成人生的悲剧。他们在这样做时并未意识到自己的目标：用一个绝对的角色去替代难以记数的多样化的诸多角色，

---

① 应该指的是阿尔布雷希特·冯·华伦斯坦（1583—1634），波西米亚将军，席勒曾以其为原型写作了《华伦斯坦》。——译者

② 泰坦巨人把皮立翁山（Pelion）叠加于奥萨山（Ossa）之上，借以攀登奥林匹斯山（Olympus）去攻打诸神。——译者

③ 参考上文，应该不是抽象的世界观的悲剧，而是从个人的角度看待世界所导致的悲剧。——译者

一个现代的英雄同古典英雄一样，他们自始至终是毫无区别的同一个人。这个将所有的悲剧角色收敛到一起的前提，这个不仅自觉地面对着绝对、而且经历过绝对的绝对的人，除了上述经历之外，现在还生活在绝对之中。对于这样的角色，浮士德式的戏剧只可以追求但却无法达到，因为它们至今仍然执着于有限的人生——而这过着这样的人生的人，无非就是圣者。

圣者的悲剧是悲剧作家隐秘的渴望。或许这是一个无法满足的渴望。因为极有可能在这个目标面前有一道悲剧无法跨越的鸿沟，而且，悲剧角色的这种统一性统治着所有可能的悲剧，后者在本质上是而且仍将是一种角色的悲剧。真如此的话，一个圣者能变成悲剧英雄的唯一原因在于他身上的那些世俗的、亵渎神明的残余物。但这一目标对于悲剧诗人来说是否仍是可达到的，并不真的重要。即便它对于作为艺术作品的悲剧来说是可望而不可即的，对于现代的思想来说，它无论如何都恰好是古典思想中的英雄的反面。圣者是完善的人，即绝对地生活在绝对中的人。他因此向"庄严"（the Sublime）敞开自身，并且融化于其中。相形之下，英雄被封闭在始终如一的自我的黑暗之中。他的自我的主宰在原型宇宙中所占据的位置被他的上帝的仆人在更新了的、并且是永远更新着的世界中的位置所继承了。

上帝的仆人

被爱的灵魂自愿消失在了神圣的爱中。它威胁着要消失在对上帝的彻底臣服中。为了保持其形式，它需要某些能扩大它的东西，后者可能会把它重新组合起来，而且更重要的是，它必须是一种能够在任何时间都能够把握住整个的将自身奉献出去的灵魂。所谓"在任何时间"和"整个"是说,只有这样灵魂才没有"消失"的机会,没有做"虔诚的白日梦"的时间。因此,一种新的力量必然会从灵魂的深处升起,它的目的是在圣者的热情(the perfervor)[①]中把灵魂曾威胁着要从神秘的热情中没收的坚定和结构再还给灵魂。但是发生这种情况的唯一可能是,在灵魂获得了形式之时,世界时钟的指针从启示向前移到了现在的救赎,而当上帝获得了形式之时,其指针则从创造移到了先前的启示。

如果这样的话,那扇应该开启的门如何能够甚至在他已经听到了上帝的召唤,并在上帝的爱中找到了天赐的幸福之后,仍然将人隔绝在世界之外?这让我们回想起那带着信任的形式从原型宇宙的黑暗中浮出,进入了光明世界的反叛,但它却不是独自进入自我的。除它之外还有别的什么。同火热的反叛相比,这个别的什么是一潭死水:它是静止的个性,人的特殊的本性。这种僵化的、受限的自我起源于上述特殊本性的不妥协的一再宣示。正是这一个性从古典的观念出发,无视英雄内心诸要素的特殊的排列组合,将其造就成了悲剧英雄。因为古代的人们并不认为出于不妥协的激情中的英雄以及对这种英雄的塑造是有罪的,他们更愿意执着于不均匀地混合的和缺乏和谐的特殊个性。如此一来,在其中占据主导地位的要素就会构成对完美的比例的破坏。只有这种天生的缺陷才会使英雄陷入悲剧性的罪。无论如何,每个人都有权利和义务成就其自我。因此,人陷入悲剧总比一旦被个性控制所带

---

① 似乎是印刷错误。——译者

来的不幸在道德上要好些。正因如此，观众会对悲剧抱有同情心。因而个性，这个人所拥有的恶魔试图寻找一条通向外部的道路。它同样需要以内在的方式颠覆自身。它不得不从某种一劳永逸地"确立了的"事物变成某种为了常新的、对自己的起源，即封闭的自我进行自我否定而不懈努力的事物。但究竟是什么样的个性需要它时刻不忘地进行否定，时刻不忘地加以新的变化呢？我们在第一部中已经看到了相当类似的东西，它跟启示自身的上帝是联系在一起的。它就是本质，它就是内在神圣的命运（intradivine fate），它在揭示自身的过程中形成了每时每刻更新着的、总是有着命定的力量的热情。那么，我们能说在这里找到了这种神圣的爱的人类的副本吗？

是，又不是！因为它诚然不是一个副本。人类的爱，人间的爱者就是那副本，不，远不止是副本，它与神圣的爱有着直接的一致性。但我们在此发现的神圣的爱的类似物仅仅存在于同瞬间的联系中，存在于常新的现在中，换句话说，仅仅存在于它所出现之时以"否"为标志的功能之中。但是，那既伴随着神圣的爱迸发，又伴随着人类的爱迸发的命定的强大力量使二者有了直接的一致性——它在我们现在所考虑的迸发中起不到丝毫作用。在它之后没有命运，只有性格，换句话说，没有本质性的强迫，只有同样本质的恶魔般的东西。那么，这个恶魔是什么，这个同个性不同的性格是什么？个性是一种内在的倾向性，而性格是某种突然征服了人的某种东西。因此，性格不是个性；相对于多种多样的倾向性而言，它毋宁说是一个分界线，或者更确切地说，是一个方向。一旦人被他的恶魔所征服，他就找到了他全部人生的"方向"。

现在他的意志注定要沿着这个指引着他的方向坚定不移地前进。他之找到了方向，实际上就是他的"得到了校正"（corrected）[①]。因为就人类而言，他的本质性的意志服从了这种校正，就会坚定不移地走向这个方向。

所谓坚定不移是说，除非发生了能再次打破这种坚定不移、使先前方向的校正失效的某事，即所谓内在的转变。而此事确实发生在了人身上，就像发生在上帝和世界那里的一样，其途径是从他们封闭着的原型宇宙和亚宇宙走向了光明的启示。现在，那意志的方向仍然是意志的方向，但它不再是坚定不移的了；毋宁说，它每时每刻都在死去，都在更新。这样的意志总是有能力更新自身，而实际上它也更新了自身，它对短命的不确定性一无所知；毋宁说，它在每个个别的行动中都把融进自身的坚持着自己的方向的性格的全部力量发挥了出来。我们该如何定义这样的意志呢？我们已经见过，在人类之中迸发出了一种力量，它绝不是命定的神圣的爱的对应物，虽然这种神圣的无力伴随着爱，而且是真正的爱，但它与这种除了爱之外一无所长的神圣的无力毫无瓜葛，它彻底地沉入了瞬间，无论过去还是将来，它都一无所知。因为这种力量根本不会给人以使他似乎获得了命定的优势的那种过分的力量。毋宁说，它对于人，每时每刻都是新的，每时每刻都会伴随着受过指引的意志的前进而从人的内部整个地迸发出来。它总是不断地以新的面貌从他的灵魂的最深处迸发出来。它不是命定的，而

[①] 字面上的意思是"被裁决"（judged）。本文的翻译试图保持原文"richten"的双重含义。——英译注

是由意志所承担的。那么我们该如何定义它呢？

爱邻人

答案并不复杂，如果我们还记得，这种力量是对爱上帝的诫律中所要求的奉献的一种补充。除了爱邻人，不可能是别的。爱邻人在每时每刻都超越了这种单纯的奉献，而与此同时，它又总是以后者为前提。因为如果没有这个前提，它就不可能与它的本性保持一致，成为它必须成为的东西，即从本质上无视——是的，无视——每一时刻对自身的更新。没有它，这种爱就会变成纯粹的"自由"，因为意志将变成它唯一的来源。它确实仅仅来自于意志，但人类只有在首先变成一个由上帝所唤醒的灵魂之后才能在爱的行动中表达自身。只有在上帝的爱中，灵魂才能使爱的行动超越单纯的行动，也就是说，才能使它满足爱的诫律。

诫律与自由

在此我们回到了最初的问题上。既然除了爱者本人没有谁可以要求爱，那么上帝所要求的对人的爱就是直接产生于对上帝的爱。对上帝的爱将自身表达在对邻人的爱之中。正因如此，才可能，而且也必须要求爱邻人。对邻人的爱来自于神秘的受指引的意志之中；它不同于所有的以上帝的钟爱为前提的道德行为，这一前提只有通过诫律的形式才能在上述起源的背后显现出来。道德法则不会满足于仅仅植根于自由之中——对邻人的爱也是如此，而是除了自由之外不承认任何前提。这就是著名的对"自主"的需要。这种需要的自然结果是，决定这一行为的法则失去了所有的内容，因为任何内容都会产生出破坏自主的力量。愿望着"某物"但却只是"普遍性的"愿望是不可能的。自主的需要要求人只有普遍性的和总体性的愿望。既然法则由于上述原因而不可能来自任何内容,相应地,任何单独的行动也不可能获得任何形式的保证。在伦理学中,一切都是不确定的,归根结底,一切都可能是道德的,但没有什么必定是道德的。道德法则必定是一种纯粹形式化的法则,因此它不仅含糊不清,而且对它的解释也多种多样。与此相对的是,爱邻人的诫律有着清楚而明确的内容。这种爱起源于性格中受到指引的自由,而这一诫律需要一个超越于自由之外的前提。"*Fac quod jubes et jube quod vis*"的意思是说,既然现在的诫律是去爱,那么上帝之"颁布他所愿望的"必定是以上帝"已经完成了"他所颁布的诫律为前提的。只有被上帝钟爱的灵魂才能接受并实现这一爱邻人的诫律。在人转向上帝的愿望之前,上帝必须首先转向人。

世间的爱

现在,上帝的诫律在世间的实现从根本上说并不是一个孤立的行为,而是一系列的行动。对邻人的爱总是常新的。它是一种不断的从头再来。它不可能被来自反方向的"醒悟"所改变:它之需要醒悟的目的在于以常新的面貌再次迸发出来。否则它就会被锈蚀,就会硬化为一种示意图,一种有机体的行动。在它之内或许既没有过去,也没有对将来的愿望,即"目标"。它必定是一种完全陷入了(当下)瞬间的爱的行动。醒悟可以帮助它走到这一地步,但只有通过一再地提醒它对抗对胜利的自然的期待,例如,它可能期待同过去的胜利相类似的胜利。醒悟使爱保持着健康。如果不是这样的话,如果上述行为是既定的意志导向的产物,这一意志导向建立在上述行为的、抱着清醒的目的,自愿地消散在无定型的实在的材料中这一基础上;简而言之,如果它表现为一种无限的肯定,那么它就不是爱的行为而是有目的的行为。如此它就不会再像瞬间一样活跃地从性格的意志导向中出现。毋宁说,它同包含着它的源头的这种导向的关系将会是一劳永逸地有用、确实而且具有最终的决定性。换句话说,它不会是来自信仰的爱的行为,而是安拉之路(the way of Allah)。

伊斯兰教:责任的宗教

"安拉之路"是一个与上帝之路大不相同的概念。上帝之路属于神圣的劝告的领域,它高于人类的事务。但行安拉之路则意味着,在其最严格的意义上,通过圣战的方式扩张伊斯兰的势力。穆斯林的虔诚通过顺从地遵循这条道路,通过承担其内在的风险,通过坚守揭示给它的法律而找到了通向世界的道路。安拉之路并非像天堂高于人世一样高于人类之路:安拉之路就是他的信徒之路。

这条路是有益的。这一点比它的内容与爱邻人之间的区别更大。圣战可能而且应该以一种完全"人类"的方式进行。在这方面,穆罕默德的法令以及建立在这些教诲之上的征战规则超越了迄今为止的军事行动,包括基督教的行动。在某种意义上,伊斯兰教要求并实践了"宽容",其时间远远早于基督教欧洲对这一概念的发现。而在另一方面，爱邻人却会导致诸如宗教战争和对异教徒的迫害——这样的结果不是偶然的，而是合乎其本性的发展，任何对于爱邻人的肤浅的观点都无法解释上述结果。因此，其间的区别并不在于内容，而仅仅在于内在的形式。对安拉之路而言，这种形式对由意志一劳永逸地建立起来的法令来说是有益的。对爱邻人而言，这种形式是一种经常性的破坏，即通过不断迸发的、无法预料的爱的行动去打破性格的不变的模型。正因如此，无论在什么情况下，人们都无法预见上述行动的构成。它必定是无法预测的。如果事先能预见到的话，它就不会是一种爱的行动了。

伊斯兰教自己非常清楚世界是如何通过遵循安拉之路而得到改变的。正是这一点证明了伊斯兰教的世俗行为是对一劳永逸地加于意愿之上的法令的绝对服从。上帝的诫律，只要它们是属于那块记载着爱邻人的第二块石板的，它们的词句就都是以"你不应该"这一形式出现的。它们无法以法令的形式出现，除非它们是禁令，或者是对那些无论如何都无法同爱邻人相协调的行为的界定。它们积极的一面，它们的"你应该"，只能以囊括一切的爱的形式出现。以积极的形式出现的法令的绝大多数是仪式法；它们是对上帝的爱的标志性语言，是对"第一块石板"的扩充。因此，世俗行为——更确切地说——最高的行为是无法计算的爱，它是彻底自由的，而在伊斯兰教中，它却要服从于早已确立的法令。以此推之，伊斯兰法竭尽全力地要返回到其创建者的直接宣讲中，因而真正发展出了一种严格的历史理论，而无论是塔木德法还是教会法（Talmudic and canon law）在说服别人时所援引的都不是对历史事件的实况调查，而是逻辑推理。因为推理在潜意识中是服从于推理的目标即现在的，因此，它给予了当下以凌驾过去的力量。而另一方面，调查则使现在依赖于过去。但是即便是在这个表面上纯粹的法律世界中，人们仍然能分清爱的诫律和服从法令之间的区别。

因此，在伊斯兰教中，世俗行为意味着服从的行为。在此，它关于人的思想变得一清二楚。因为在此，服从的世俗行为的前提就是"伊斯兰"，（在其最初的意义上）那种常新的、不变的、残酷的、困难地将灵魂奉献给上帝的意愿的行为。这种奉献是自由意志的行为；实际上，它是伊斯兰教所知的唯一行为，而且也是伊斯兰教所以得名的行为。这种奉献并未包含世俗行为的源头，它包含的是它的前提。因为在这里，后者同样包含在性格中，而性格决定了服从。勾勒出了人类全部的同上帝和世界的关系在伊斯兰教中跟在真正的信仰中有着完全相反的标志。因此，结论也是完全相反的。在伊斯兰教中，自由地将灵魂奉献给上帝是需要不断地奋斗才能达到的，随之而来的是世俗中的直截了当的服从的行为。在启示的领域中，灵魂之融入了神圣之爱的平静中，被一劳永逸地、谦恭地证明了，随之而来的是永远突然出现、永远无法预料的爱的行为。在圣者的领域及其虔诚的形式——这是一个充满了矛盾的形式，它超出了所有的预期，使所有的预想显得荒诞不经——中伊斯兰教拥有简单的、虔敬的生活的典范。每个圣者都有其特点，圣者的形象是同他的传说分不开的。在伊斯兰教中，没有什么同圣者相关；他的记忆得到了尊重，但这一记忆却没有内容：它只是虔诚本身的记忆。这种直截了当的、服从的虔诚的基础是通过不懈的努力而重新获得的自由的自我否定。令人惊奇的是，它在相当晚近的、自由地同普遍法相协调的世俗的虔诚中发现了一个精确的副本。例如，康德及其门徒的伦理学以及普遍性的意识，发展出了这样的虔诚，以对抗圣者的神奇而无法计算的狂喜。

天　国

邻人

因此这种行动是指向世界的。如此一来，世界就是爱邻人所努力指向的另一极。上帝的创造，这一观念已经包含了一个暗示，暗示着他所创造的某物；他启示自身的观念就暗示着某种别的东西，上帝正是对这个东西启示自身。因而在这里同样也有一个对某种人类所爱的事物的暗示。这个事物在诫律中被定义为邻人。更确切地说，在希伯来原文中，就像在希腊文中一样，这个词指的是在爱的时刻中离我最近的人——这个人离我最近，至少目前如此，他以前和以后会怎样暂不考虑。因而邻人不过是个代表。他不是因为他本身，不是因为他的美丽的眼睛而得到了钟爱，他不过是因为碰巧就在那里，就在离我最近的地方所以才为我所爱。别人同样可以轻易地占据其位置——正好在离我最近的位置上。邻人就是这个别人，他在"《圣经》七十子希腊译本中是邻居"，在荷马史诗中是"近邻"（*plesios allos*）。因此，正如上文所说，邻人不过是个代表（*locum tenens*）。在它当下性的飞逝的瞬间中，爱的对象是离它最近的那个代表，因此，实际上也就是爱着包含一切不断地出现在这个最近的邻居的位置上的人和事物的概念。最终，爱的对象是所有人和物，是整个世界。关于它是如何做到这一点的，我们目前暂不讨论。让我们首先转向另外一极，即世界。

未完成的世界

在此我们将面对一个显而易见的困难，但是，这个困难的解决将为到目前为止已经开辟的道路指明继续前进的方向。用世界时间（world-time）的术语来说，无论是对于上帝还是对于人类，"是"的出现都要早于"否"。因此，上帝"首先"创造，然后"启示"自身；人"首先"接受了启示，"而后"才为世俗行为做准备。这就是说，每次都是一劳永逸地发生的事件要先于那些瞬间性的事件。但在另一方面，对于世界来说，这种临时性的关系恰好是相反的。就是说，世界首先是在创造中造就了自身，它在每时每刻都进行彻底的更新；它把自己变成了"造物"，而把造物主变成了天意。既然启示不是直接针对它的——启示是上帝与人之间的事情，因此，留给它的只有救赎，而它只能对救赎说"是"。对上帝和人来说，他们的存在的横扫一切的迸发是先于救赎的，而他们自己的行动必定会从内部巩固他们的存在，并使后者结合为一体。然而对世界来说，这些是在它之后的事情。在此，自我否定的行为首先到来，它宣示着自己的瞬间性，即它在每时每刻都有完成性。然而，它的存在在全部时间中的完满性却仍然有待将来。用自相矛盾的方式来说：世界宣示自身为创造中的造物，但这一点的基础结构却是其自身——"启示"必定要等待其存在——在救赎中的"被创造"。或者更确切地说，既然上帝和人在本质而不是现象上是在先的，那么，作为现象的世界在其本质被拯救之前就被创造出来了。

未来世界

在本书第一部和第二部之间的"转换"部分,我们为世界的这种例外情况给出了理由:人就像上帝一样,他们已经是即将到来的世界。世界尚未完成。欢笑和哭泣仍在其中。泪水尚未从"每个人的脸上抹去"[1]。为了掌握生成的和未完成的这一条件,有必要颠倒一下上述那种临时性的关系。因为过去已经完成,它从头到尾都是现成的,因此,它可以被重估:所有的估价都要从序列的开端那里开始。然而,对未来的把握只能借助于预期。如果人们同样想重估未来,那么他必定会把未来变成僵死的过去。这正是将来的要求所预期到的。未来只能在企盼中经历。在此,"最后的"必定是"思想中最先的"。在通常的顺序中,身份的获得是从内到外,从本质到现象,从创造到启示的。由于世界是未来的,因此这种秩序必须被颠倒过来。对它来说,身份的证明必定开始于自我否定的现象而终结于简单而完全肯定的本质。上帝和人的灵魂的生成是由内而外的,但世界的生成正好相反。世界从一开始就是自我启示的,而且到此为止仍然没有任何本质。就像它的基础结构、它的"本性"一样,它是完全敞开的,同时又是敞开的秘密——秘密的原因在于,它在它的本质存在之前就启示了自身。因此,它每分每寸都是生成的——不,它本身就是生成。它就是将要生成的。它就是未来的王国。

只有在未来的王国中,世界才能建构得像异教中的可塑的世

---

[1] 参见《以赛亚书》25:8。——译者

界、宇宙一样清晰可见。这是一种矛盾的状态,对我们所熟悉的上帝来说,就是神秘的上帝对敞开的上帝,对人来说,就是英雄对圣者。因为被造物也不是无条件的构型,能够在宇宙中坚守自身。对纯粹的被造物来说,如果说尚不足以达到前文中被上帝钟爱的灵魂和处于创造的潜能状态中的上帝的情形的话,那么情形大抵如下:它处于消失的威胁之中,对其独特的概念即"否"来说,它确实与上述两种情形不同。因为,创造的潜能威胁要将自身再次隐藏到创造背后,用伟大的自由思想家席勒的话来说,这是一种"谦虚的"的行为。被神所钟爱的灵魂的热情却总是在诱惑之下傲慢地让自己与世隔绝。而被造的世界却绝不会有退回到它所抛弃的原型宇宙中的危险。它所有的依赖性都浓缩进了它存在的那一刻,而从这种依赖性向后回顾,会发现可塑的宇宙似乎是某种巨大的僵化的东西,栖身于自我之中,无欲无求。从创造向后回顾,上帝是隐藏着的;从启示向后回顾,人是封闭着的。这个宇宙绝不是属于上述这些事物的,它既不像隐藏的上帝那样不可见,也不像封闭的人那样无法接近。然而,它却是无法理解的,它是一个令人迷惑的世界。

令人迷惑的世界

此前,这个世界在其自身中曾经是完全可理解的。只要所有的生命都包含在它之内,它就会一直如此。现在,一种新的生命开始了。世界退回到了原型宇宙的、乌有乡的阴影中。与先前的可以理解相比,现在的世界似乎拒绝了任何来自新生命的接触。归根结底,过去的关于世界的观点没有一丝一毫的神奇,它完全可以自我证明。因为人在这个世界中会感到习惯，而且只有在这个世界中它才能有完全熟悉的感觉。但是，先前曾经熟悉的关于过去的世界的观点，一旦进入启示的世界，柏拉图－亚里士多德式的宇宙突然变成了陌生的、离奇的宇宙。现在，可塑的宇宙对那些不再居于其中的人来说似乎充满了不解之谜，是一个令人迷惑的世界。在这个令人迷惑的宇宙中，在这个令人迷惑的世界上，魔法首次真正地变成了巫术——而这一点，只要宇宙仍然是自我证明的，就不可能发生。此外，在从创造关于启示的观点看去之前，神秘的上帝不可能变成一个隐藏的上帝，而在从启示的观点看去之前，悲剧的人不可能变成封闭的人。

去魔化

在古代，魔法和占星术就像现代世界中的技术一样绝非是离奇的。它们之所以变成这样，只是在当古代关于世界的概念开始面对另一个新的概念的时候，人们并开始生活在后者之中，而且与此同时，他们还要努力保存那些失落的世界中的元素——因为现在的世界正是这样一个失落的世界。正是这个作为创造的世界的概念首次把上述那些学科笼罩在有罪的阴影之下。因为实际上上帝的眷顾无法融入魔法的强制性干预和人为的间接的审查。从17世纪开始，关于世界的新科学开始从旧的宇宙论中分离出来，因此，令人迷惑的世界也开始渐渐淡出了人们的视野。但与此同时，世界却被片面地理解为存在，而且仅仅是存在，仅仅是瞬间性的存在，只能用空间中的相互关系来理解——因为相互关系是新科学的世界观的真正的基石；实体和因果性仅仅是处理材料的辅助性概念——因此，无依无靠的关于被创造的世界的概念变成了一个可塑性的、多重构造的宇宙。确实，存在的概念排除了退回到令人迷惑的宇宙的可能性。但是，它却远不能给这个世界以支持，不能让这个世界自身独立，而后者正是古代的宇宙的特征。存在是如此地易于理解以至于它经常陷入蒸发为纯粹的想象的危险。去魔化在这里所导致的危险就像上帝的再次隐藏和人的再次封闭一样。这是去魔化，而不是魔化，而且这一点是跟下述事实联系在一起的：被造的世界宣示自身的标志是"否"，造物主和被其钟爱的灵魂则以"是"为标志。因此，被造物仅仅凭自身的话，确实是一个"可怜的造物"：一旦它冒险走出了神的眷顾，它所表现出来的只有物理性质，而且在现代科学关于世界的总体的概念中，它往往会陷入虚无——因为仅就其自身而言，它没有本质或存在。因为被造物要想变成结构，变成未来的王国而不仅仅是维系于瞬间的表面上的存在，那么它就必须获得本质，必须为它的瞬间性、为它的存在找到持久性——那么，什么才能满足它的要求？

本质化

精神上的存在和现象上的丰富归根结底只是范畴性的和个别性的。它们都融入了可塑的宇宙。正如我们此前在流行于此处的未来的概念的基础上所作的解释一样，它们不是如人们可能期望的那样模仿上帝和人重新融入了可塑的宇宙，而是以一种完全相反的顺序，就是说，再现了它们过去融入可塑的宇宙的时候的顺序。因此，这恰恰意味着一种颠倒。范畴，即普遍的东西，已经融入了被造的世界，但却是以"否"为标志，因而其形式是一刻不停的不断的自我否定：在每一瞬间都包含着被造的世界的全部丰富性，但却仅仅局限于这一瞬间。世界是存在的——它只存在于它存在的那个地方，除此之外别无可能。现在，其他的质也必须出现：内容，个别的东西。如果它已经在诞生的巨大的震惊中融入了可塑的世界，那么它就是某种瞬间性的事物。而现在它必须重新表现为某种持续性的、经常性的事物，那么它会是什么呢？它会是某种持续性的内容、某种包含着永恒的东西的个别性，还是某种一旦存在就永远存在的东西？个别性想要如此的话，通常情况下只有通过其他的个别性对它的界定。因此，它从根本上是不经久的，因为构成它的基础不在它自身之内，而是来自外部。换句话说，它不是自身界定自身的。那么，有没有一种个别性是自己界定自己，它的大小和形状来自于外在的限定，但它只会受到外在的约束，但不会被外在所决定呢？在世界中确实有这种个别性。它是分散的，但却不是在任何地方都能加以严格的分离，而且它的第一次出现就像创造本身一样古老。它的名字是"生命"。

生命

有机生命本质上正是此物，它出于某种原因从最古老的开端起就存在着。当然，它肯定不是来自——套用唯心主义的术语来说——关于世界的单纯的实体性存在。它不过是生命概念的一个可见的标志，它把自己的影响范围扩张得远远超出了有机生命的界限。一切，是的，实际上一切都可能是有生命的，不仅仅是活着的事物而且包括公共机构、社会团体、感觉、事物、作品。那么，活着作为单纯的存在的对立面，究竟意味着什么？它仅仅意味着我们刚刚曾说过的一种属于自己的形式，它内在地形成了自身，并因此而获得了持久性。植物、动物以及同样的所有的"有机物"在隐喻性地扩展了的意义上都不仅仅是诸种力的交汇的产物；毋宁说，当它们一旦出现，它们的存在就会在所有的力面前竭力保持自己的形式。生命会作抵抗，它所抵抗的是死亡。这一点使它同纯粹的存在区分开来，纯粹的主体只会向认识屈服。在此，人们已经能够看出生命拓展了存在。通过那些自身使自身坚强、可靠、有机的存在，生命为被造物的弱点提供了支持。尽管生命是丰富多彩而且包围着一切的，但它考虑的却只是其自身。相对于存在的"现象"而言，活的存在才是真正的"存在"。对存在的认识就是对其转变的认识。而对于生命的认识则是对其保持的认识。

但是，如果生命通过抵抗来保持其持久性，那么这说明它并不完全等同于我们在此所要寻找的东西。我们毕竟不是在一个在其他方面都毫无生气的世界中寻找永恒的点、生命的焦点。毋宁说，我们正在为世界本身寻找持久性，我们寻找的是一种无限的持久性，它能够在不断的瞬间性的存在背后发生，并为其打下基础。我们寻找的是一种立足于自身的无限；我们已经发现了所有种类的有限，它们在数量上无限多。我们发现了某种有限的东西，而且它在本质上是有限的，因为它的持久性来自于它对其他事物的抵抗。

矛盾就这样得到了解决，就像到目前为止我们所处理的所有似乎是有矛盾的事情一样，办法是通过一个简单的概念，即我们在此所寻找的东西不是现成的，而是将来的。我们寻找一种无限的生命，而找到的只是有限的。我们所发现的生命仅仅是尚未无限的。世界必定会变成一个完整的活物。它必定会作为整体而活着，而不是变成分散的生命的一个个焦点，就像点缀在蛋糕上的葡萄干一样。存在必须在每一点上都是活的。它的尚未完成并不仅仅是再次重申世界尚未完成，这一点我们已经注意到了，也不是说它尚未进入存在的概念。这么说的原因在于，存在总是瞬间性的，因此，它超越了"完成"与"未完成"。因为瞬间除自身外一无所知。它的基础以及支撑它的存在都来自于那些持久性的事物，它们一旦如此就永远如此。一旦它被建构了起来，它就会意识到，那些未被认识的不过是尚未存在的。更确切地说，它是作为尚未变成不存在的某物而存在的。生命和存在是不一致的——迄今为止如此。

倾泻进宇宙中的现象的丰富性，个别性的无法表述的多样性：这正是将其自身转变为内在于活生生的事物之中的那些持久性的、建构性的、固定性的东西。这种丰富性的起源以"否"为标志，因此，它自身是短暂的。相反地，活的东西的标志是肯定，它需要永恒性。它希望靠自身的结构而持续存在。如果没有那种充斥于宇宙的丰富性，就不可能成就生命的丰富性。如果这种丰富性仅仅是像唯心主义者所说的那种僵化的"材料"，那么它就不可能作为原型宇宙的基础让未来的王国在其上生长起来。因为所有宣示的出现都必定是一种内在的转换。因此，只有那些总是运动变化着的事物才能从僵死的东西中生长出来。生命力——平静地持续着，在过去和未来之间改变着自己的形式——只可能从常新的丰富性中成长起来。只有可塑性的宇宙在其全部的丰富多彩的实在性中才能将自身转变为一个未来的王国，而不是从普遍的、理智化了的法则中产生出一个无生命的存在。英雄的坚定的反叛是可能产生出将自身给予上帝的同时又能直面世界的圣者的信仰的唯一的源泉。而神话中的活生生的上帝是启示中的充满爱心的上帝的唯一源泉。正因为如此,上帝之国唯一可能出现的地方就在奥古斯都大帝(the Emperor Augustus)[①]所统治的世界大帝国中,也就是在异教的关于世界的可塑性的形象的政治上的实现之中。

上帝之国的成长

世界从一开始就注定以生命为指向。有机事物的开端消失在了模糊的过去之中,这似乎是其命运的象征;它们再也无法被人们掌握,甚至连推测都无法做到。唯一从一开始就非常重要的是作为焦点的生命。因此,生命必定是成长着的,它出于某种内在的必然性而逐渐成长。这种必然性同样也是非常重要的。世界确乎并未在一开始就被创造得十全十美,它注定要、必定要变得完美起来。世界的未来的完美是同世界一起创造出来的。这种强制性的完美并不适用于存在,后者无须完美,它只需不停地更新自身。因此,仅就它所负责的那一部分世界而言,未来之国,那给存在以活力的,自始至终都是一个"将来"。因此,它的成长就是本质性的了。它总是有待将来,但同时将来总是等待着它。它总是已经在存在中了,但与此同时又有待将来。它不是一劳永逸地存在着。它是一个永恒的未来。永恒并不是一个很长的时间,它是一个完全可能是今天的明天。永恒是这样的未来:如果它不是未来的话,就只是现在。

[①] 罗马帝国第一任皇帝(公元前27年—公元14年在位)。——译者

然而，永恒却是一个总想着超出今天的今天。如果未来的王国因此而是一个永恒的将来，这意味着既然成长是它的本质，那么它成长的速度就不是固定的，不，更确切地说，它的成长跟时间毫无关系。某种存在一旦进入了未来的王国，它就不可能从中退出；它已经进入了永恒之物的行列，它已经变成了永恒。

不朽

然而，未来王国的必然性的成长并非简单地等同于生命的成长，这一点在此变成了必然。因为，当生命同样希望持久，它发动了一场内容并不确定的斗争：如果不是出于必然，至少有足够的经验表明，所有的生命都会死去，这是一个事实。因此，未来王国成长的基础或许会以生命的成长为基础。但此外它也要依靠其他的事物，这些事物最早保证了生命为自身所寻求的不朽性，而未来王国为了生命也需要这些事物。生命只有变得不朽才能保证其在未来王国中的地位。为了获得显明的形式，世界除了其内在的成长——这种成长是不稳定的，因为它从未有过确定的持久性——之外还需要某种来自外部的效果。这种效果对生命的作用体现在救赎的活动中。至于其具体形式，我们将在下文涉及。

伊斯兰教：进步的宗教

让我们最后一次把伊斯兰教作为比较的对象。对我们来说，生命概念作为未来王国的理念的基础会因此而再次变得更加清楚。伊斯兰教同样也在其个体性，即救赎的对象中制造出了世界。安拉之路引导着信徒们变成了真正的时代中的真正的民族。那么,在此该如何理解这些民族和这些时代呢?在未来王国中他们融入了生命的一种持续的但却无法记数的成长之中。我们无法确切地说某个民族、某个时代,或者某个事件、某个人、某件作品,或者某个团体真正地获得了不朽;没有人了解这些。但是内在的形式尽管在最后再次潜藏了起来,却包含着生命的增长,尽管可能不是永恒的生命。因为这形式在记忆中延续着,就像它在后果①中的延续一样,归根结底,这些后果最终会在某时某地发现其通向未来王国的道路。

另一方面,在伊斯兰教中,所有世俗性的个体性都仍然由其原型宇宙的标志,即"否"来标示。它总是新的,而不是逐渐成长的。在此,每个时代都真正地直接面对上帝,而且不仅仅是每个时代,通常情况下,任何一种个别性的事物都是如此。因此,正是在伊斯兰教的土壤上生长出了从古代以来的第一种真正的历史性的兴趣,这种兴趣真正而确切地符合现代意义上的兴趣,它没有任何隐藏着的"历史哲学"。相形之下,在基督教世界中占主导地位的是以上述哲学为背景的兴趣。其历史性的说明取决于下述想法,即在上帝之国成长的基础上,把上帝在历史中的出现变成对人类而言显而易见的事实。这种决定与被决定的关系一向如此,而且将来也不会改变,无论这种关系曾经遭受过多少打击,因为许多事件的过程一次又一次地表明上帝之路是无法被发现的。作为未来王国的这种出于内在的必然性的成长的对立面,伊斯兰教发展出

---

① 指上一节最后一段中的效果。——译者

了一种引人注目的教义，有关伊玛目（Imam）的教义。从穆罕默德起的每个时代，每个"世纪"都有其"伊玛目"，有其精神领袖，他会给予他所处的时代的信仰以正确的领导。因此，在上述形式中，时代与时代之间没有任何的相互关系。一个不会成长为另一个，没有（黑格尔式的）的"精神"贯穿了它们，把它们结合为一体，而且，除了借助从穆罕默德那里继承来的原理之外，对每一个时代——上述原理并不符合时代的需要——而言，能做的只有去求助于整个团体的共同意见，即公议（或公意，Ijma）。人们相信穆罕默德曾经许下诺言："我的信众绝不会在错误上达成一致。"因此，这种一致性同样是完全属于现在的。这无法同教会无错这一观念进行简单的类比，后者只是在作为上帝赐予人类的教诲的守护者的意义上才是无错的。它毋宁说是上述观念的反题，就是说，它同样也是拉比们关于口传律法的概念的反题。这一概念的意思是说，拉比们认为，口传法可以归结为根据当下的实际情况所作出的决定，后者可以通过纯粹逻辑的方式达到西奈山的启示本身这一直接的源泉。但是上述一致性同历史上特定的"现代的""进步"概念以及其中的"伟人"的地位有着相当明显的一致性，这一点在此就像在伊玛目教义中一样明显。

不过，由于上文中所提及的"他者"所导致的后果，未来王国的必然成长是无法记数的。所以我们所说的一致性的实质是，关于未来的观念作为成长的对立面从其根源上就遭到了毒害。因为未来首先是某种预期中的事物，这就是说，在任何时刻都不应该忘记目的。只有如此，未来才会变成永恒的时间。因为正如一般意义上的时代是借助于它们同现在的关系来区分彼此一样，现在时刻只有在这里才会获得永恒的礼物：它从过去那里得来的礼物是永恒、持久，从现在本身那里获得的是永恒的存在。任何一刻都可能是最后的一刻。正是这一点使它变成了永恒，而且更确切地说，使它变成了未来的起点，而在这整个的序列中，每一刻都是从开始就预见到了的。

所谓未来王国就"在你们中间"，它就在"今天"来临[①]，不过是关于未来的这样的概念使当下的一刻变成了永恒。而且正是这个概念在时代的概念中终结了，无论是伊斯兰教的还是现代的时代概念都是如此。确实，时代在此形成了一个没有终点的序列，但没有终点并非就是永恒，它只是"永远还有"（evermore）。伊斯兰教的时间概念隐藏在伊玛目的教义和公议的概念中。在其中，时代的序列扩展成了一个没有终点的冷漠的序列。因此，每个个别的时刻或许都是瞬间性的，但人们如果把它们累积起来，它们的总和所代表的是过去而不是将来。对于那些已经蜕变为寻找过去事物的纯粹的工具的历史学家来说，一个可信的概念是：事实上，所有的时代都被看作是直接通向上帝的。而且实际上，至少粗看起来，互相联络、成长以及必然性似乎同样地存在于进步的概念和上帝之城的概念之中。但是，前者通过没有终点这一概念迅速地将自己的真正本性封闭了起来。即便是我们可以谈论"永恒的"进步，但实际上那只是意味着"无限的"进步。那是一种

[①] 参见古犹太议院文集（Sanhedrin）98Aa：（拉比约书亚·本·列维，Joshua ben Levi）对（弥赛亚，the Messiah）说：你什么时候来？他对他说：今天。以利亚（Elijah）说：那就是他对你说的，今天——如果你仔细倾听了他的话语的话。（《诗篇》95：7）——英译注

永远沿着自己的道路前进的进步,在此,每一个时刻都得到了保证,将来总会轮到它;在此,它就像确定自己是一个已经存在了的时刻一样,同时确定了自己在将来还会变成存在。未来王国的信仰者之所以使用"进步"一词,无非是想借用当时的术语,实际上,他意指的是未来的王国。把他跟进步的真正的信仰者区分开来的切实的理由是,他是否不会拒斥这样的预期和责任:在每个下一个瞬间去预期"目标"。没有这种预期和指向它的内在的冲动,没有这种"让弥赛亚在眼前降临的愿望"和"让上帝之城存在起来"[①]的冲动,未来将不是未来;没有这些的话,它将不过是一个无休止地、预先计划好了的向前行进着的过去。因为如果没有这种预期,瞬间就不会是永恒;它不过是某种沿着长长的时间轨迹拖着自身无休止地前进的东西。

痛苦的语法(行动的语言)

成长和行动

因此,对未来之门的叩击来自两个方面。生命在拒斥任何形式的记数的难以索解的成长中压迫着世界;灵魂荡涤着自身的污垢,在心灵热切的倾诉中寻找着通向邻人的道路。世界和灵魂都叩击着禁闭的门,前者通过成长,后者通过行动。归根结底,所有的行动指向的都是未来,而灵魂所寻找的邻人总是"先于"她,而

---

① 参见《中门》(*Baba Metsi'a*) 85b:我相信他们因此会在祈祷中变得强大起来,并把弥赛亚带到他们的时代。——英译注

且唯一能预见到的邻人，正是那个恰巧在那一瞬间在她之前的人。由于这种预期，成长跟行动一样都变成了永恒。那么，它们所预期的究竟是什么？无非就是它们彼此双方。灵魂的行动完全转向了当下的行为中的邻人，而意识希望在预期中见到整个的世界。而未来王国在世间的成长满怀希望地预见到下一时刻的目标——在这下一个时刻，它所等待的除了爱者的行动之外还能有什么呢？归根结底，世界的这种等待本身同强制性地得到的行动是一样的。如果未来王国真的只是无声地、无感觉地、强制性地成长，总是前进着，一直进入了没有终点的时间，在这种无目的性之外没有任何目标的话，那么行动在实际上就是残缺不全的。如此一来，终极的东西就会遥不可及，而且因此切近的东西，邻人同样也无法接触。然而，实际上未来王国在世间前进的步伐是无法计量的，而且每一时刻都必须准备着去承担全部的永恒。相应地，所谓终极的东西就是在次第而来的每一个时刻都期待着的东西，而所谓切近的东西就是在每一个时刻都达成了的东西，因为它不过是终极者、最高者、"全"的临时代表。

如此一来，人和世界以一种不分彼此的交互性作用和反作用于对方。实际上，这种交互性正是所有行动都无法割舍的要素，好的东西之所以存在的唯一可能是它已经处于一个好的世界之中，个体不可能在全体都变好之前变好；另一方面，借用一位普鲁士王妃的名言：除了好人的所作所为之外，世界上不会有什么好。这是个无解的悖论，因为世界不可能跟人分开。行动将行为从人那里释放出来，但它同样也把这些新近释放出来的行为反馈回世界中。而等待将未来王国从世界中释放了出来——因为，如果世界不去等待，它就会逐渐进入无目的性，那么未来王国将永远不会来到——但以上这种等待同样将被释放了的未来王国释放给了人的行动。因此，它们自身没有能力将自己从这种交互的释放中释放出来，因为在释放自身的过程中，它们只是一次又一次地将自身释放给对方。它们无法通过自身将自身从对方那里释放出来，它们只能双方彼此一起被释放出来——由第三方释放，一个依靠另一个，一个凭借另一个才能释放出来。在人和世界之外，只有一个第三者，只有这个第三者才能是它们的释放者。

方法论

双方彼此在一起——这一点只适用于这里。从上帝到世界，从上帝到人——每一次都是一个方向不明的过程。世界——上帝必须创造它，如此它才能作为不再神秘的创造物栖息于天福的羽翼之下。人——上帝必须呼唤他的名字，如此他才能作为无蔽的灵魂开口说话。只有在此，这两极才能从一开始就指向对方，而任何出现于它们之间的东西都同时出现于两者之中。客体的发现来自于从客体性的根词不顾一切地进入了完成的客体的语言的序列之中。[①] 灵魂，就其本身而言，是在对话中被唤醒的，这个对话始于"唤醒了她的他的根本性的我"（the awakening root-I of him who woke her up）。但是，通过客体救赎灵魂以及通过灵魂救赎客体，是在同一时刻发生的，它们都发生在两者的二重奏中，发生在回荡着两者共同语言的音符之中。在救赎中，伟大的"和"

---

① 从根词到完成的客体是一个序列，在这个序列的语言中，发现了客体。——译者

完成了全的架构。

这个"和"就其自身而言并非是一个基础的词，它本身不过是一个沟通了两个基础词即"是"和"否"的桥梁。相应地，在"和"中产生不出根词。先于语言的"和"并不在根词中宣示自身，它在根句，即在一个由两个根词构成的句子中展示自身。让我们在它所扮演的角色的基础上回想一下，相应于原型宇宙的三种元素中的每一种，和都不是原初性的。没有任何事物来自于它；它不像是和否一样之间跟无相连；毋宁说，它是处于那些起源于是和否的事物之间的、贯穿于完成了的形式的成长的过程的标志。因此，它同唯心主义的"合题"完全不同。人们最多能在后者的历史性源头，即康德那里发现这一点，因为在康德那里有一种真正的、对于只是简单"给予"的无生命的"材料"的创造性的综合。在唯心主义运动的过程中，这种综合最终重建了正题，就是说，最终变成了辩证法的实际上的创造性的原理。反题被归结为仅仅是正题的建构和重建之间的桥梁。在正题的这种不断回复中，认识的过程进入了更为宏大的认识之中，以这种方式无休止地实践着柏拉图式的认识即回忆的基本信念，同时，把它变成了一种绝对唯心主义。因为柏拉图仍然在完全非唯心主义的意义上思考这一信念，把它作为非被创造的存在的思想之中的再创造。因此，合题的（新）概念必定意味着反题会被还原为桥梁；反题变成了从正题到合题的纯粹桥梁，它本身并非是原初性的。例如，人们只需要想一下黑格尔的三一式原理，就能明白这种关系。对他来说，重要的是意识到上帝即精神；对他来说，上帝-人只是意味着在上帝和精神之间的这种平等究竟是如何的。或者同样地，在他的哲学全书的基础性的三部曲中，自然不过是逻辑和精神之间的桥梁，他强调的所有的重点都在使二者结合这一点上。

然而，对我们来说，"否"最起码也在原初性上同"是"相当，而启示在"事实性"（factuality）上同创造相当。这是我们不变的出发点。只有如此，我们的合题，即"和"，相应地必定要承担起某种完全不同的任务。恰恰因为人们认为，正题和反题就其自身而言应该是"创造性的"，所以，我们的合题必定不是创造性的。它只可能得出结论。实际上，至于其他的，只有"和"，只有拱门上的拱心石才是以自身为支撑点的。因此，它不可能再次变成正题。拱心石不可能将自身变回为奠基石，而黑格尔认为它必定会变回去。任何辩证的过程都没有完成。只要这个独特的世界时间的序列还有着概念的意义，那么这些概念只是在过去的意义上才是概念。它们是衡量和进一步细分实在性的准绳，而不是推动自身前进的内在的动力。在严格而且直接的意义上，根本就没有普遍概念的序列，只有一个唯一的和特别的关于"创造－启示－救赎"的序列。终点就是终点，而如此一来，它同两个过程之间在一开始并没有任何在先的联系，最多只有同起点本身的联系。救赎之于启示的关系并不比它跟创造的关系更密切，反之亦然。它跟人之间的关系更为密切，因为从人出发，创造和启示才达到了上帝。上帝在更大程度上是救赎者而非创造者或启示者。因为，尽管在创造中他把自身变成了创造者，他是在那里创造了万物；尽管他在启示中把自身变成了启示者，他在那里把自己启示给了灵魂。然而在救赎中，他却不仅仅是一个救赎者，而且，因为创造的工作和启示的行动在某种意义上已经被置于他的背后了，而且它们就像他并不存在一样只是在彼此间相互作用，所以，正如我们以后仍将看到的，他归根结底拯救的是他自身。

根句

但我们却有所预见。让我们在此暂停在下界的和在进入上面的语言的世界时所设定的形式的根源，即根句上。一般说来，根句结合了创造和启示两个根词，那个"好！"无非是表达意愿，那个神圣的"我"无非就是主体。而且它必定会变成这样的句子：它必定会被从两个方面，用两种声音同时肯定地说出。因此，这个我不可能仅仅是我。人和世界必定能够同时歌唱。只有上帝本身才能说出神圣的我。它的地位必定会被神圣的名字所取代，人和世界同样会把后者记在心间。而至于它，必定会被说到的是：他是好的。

合唱形式

这是救赎的根句，是语言之家的屋顶。它是内在正确的句子。无论它是指向何方，也无论什么人说出，它都是正确的。例如，2乘2等于4有可能是错的，如果有人把这样的知识教给鹦鹉，它是会这么"说"的；但对一个鹦鹉来说，数学是什么？但在任何可能的语言中，"上帝是好的"这句话却不可能不对。所有其他的语言形式都必定能联系到这个句子上。从创造这个根词开始，这些形式就在客观地进步的序列中，像一个故事中的个别句子一样相继发生，而启示的根词则开启了一场对话。然而，在这里，所有的语言形式都必须合力解释一个句子的含义。它们必须全都变成能够解释连接句子的两个部分的关系，并且使它们的结合更为安全的形式。句子的低音部分在任何形式中都必须是可听闻的，而这些形式本身必须以持续增强的方式提升整个句子。这种时间的语法不是作为从叙事者到内容的叙述的过程而出现的，也不是在两者之间振荡着的对话，而是一种随着每个小节增强的圣歌，而且是一种原型圣歌，并且总是由许多部分构成的。它不是独唱。这样的歌曲只有在成为了由许多部分构成的歌曲之后，才能以回溯的方式补充叙述和演唱；只有如此，它才能变成一首吟游诗人在王室中演唱的歌谣，或者爱的歌谣。然而，在最初的时候，圣歌是由许多声音构成的，后者是靠音调和呼吸来相互区分的，因此，共同的形式主宰着所有的内容。实际上，内容本身无非就是其形式的理性化。合唱并不会为了某种特殊的内容而出现；毋宁说，人们会为了合唱而寻找某种共同的内容。如果根句想要变成合唱的内容，它只能变成这种共通性的理性化了的形式。"他是好的"必定表现为"因为他是好的"。

训词

那么，首先以这样的方式确立起来的会是什么呢？唯一的可能是圣歌的团体，而且这不是一个已经完成的事实，也不是一个预见中的事实，而是一个刚刚确立的事实。因此，圣歌的内容必须由这样的团体的建立进而变成训词，这就是说，大家一起歌唱、一起感谢、一起赞美"他是好的"。这种歌唱、感谢和认同是非常重要的，因为所歌唱者、所感谢者和所赞美者不过是其关系。有鉴于此，毋宁将此翻译为：这是一种有关歌唱、感谢和赞美的训词,"因为他是好的"。就训词本身而言,它必定不是强迫性的,不是从训话者到被训话者的训词,不是为了去满足训词的要求。毋宁说,团体的标志的基础就是这个训词本身。训话者本身必定同时又是被训话者,他必定要把自己包含在训词之中。训词必须表现为群体性的,而无须顾及这种强制性的区分是否具有外在的可见性。即便是最表面化的训词,比如"谢谢你!"也必须限于"让我们感谢"这样的意思。训话者参与到了感谢之中。实际上,他训话的唯一目的就是自己能够参与到感谢中来。当召唤他的灵魂和内在于他的一切来赞美时,训话者同时直接召唤着世界上的一切,海洋和河流,所有异教徒和敬畏上帝的人:赞美你的主!即便是内在于他的东西乃至也是以他为目的的东西,因为它"是"外在的,是他必须呼唤的首要的东西。此外,即便是最远的东西乃至整个的世界都不是外在于他的,而是同他兄弟般和谐相处,共同赞美和感恩。

集中

赞美和感恩,既是灵魂的声音,由于同整个世界的和谐而得到了救赎,也是世界的声音,由于同灵魂共同感受、共同歌唱而得到了救赎——这两种声音是如何合而为一的呢?除了在将它们统一起来的,它们所歌唱者、所赞美者、所感谢者之外,这两种独立的实体又到哪里去发现对方呢?是什么将他那向整个世界发布训词的声音统一了起来?他与世界上的一切都不同,他们是两种不同的主体,两种不同的主语。他所拥有的和他所看到的统一也不同于整个世界所拥有和看到的,那是两种不同的对象、两种不同的宾语。只有他所感谢的那个他才是整个世界所感谢的；他不是他的宾语，因而也不依赖于他；他是某种"超越"了他，也超越了所有可能成为他的对象的某物。独立于这个世界的心灵的那些声音在超越了一切的与格中发现了彼此。与格是那约束者和包含者。在此，那个被给予了，感谢的人并不因此就变成了被给予他的那个东西的所有物。他仍然是超越于给予者之外的，而且正因为他超越了个别的给予者，所以他能够作为统一所有的给予者的中心。与格是真正的约束者。正因如此，它才能真正地拯救那些错误的和非本质的约束。它能成为救赎性的"感谢上帝"。

赞美

所有的感恩都统一在与格中，感恩所感谢的是礼物。通过感谢上帝，人们赞美作为给予者的他，并把他认作是祈愿的满足者。个体之为个体，不可能超越个别的祈祷和个别的悲伤。祈愿的满足是超越性的，除非它发生在个体灵魂的内部，在此祈愿作为祈祷的能力已经是其满足了。所有的祈祷，甚至是个体的悲伤，在下意识中都是对未来王国的企盼，都是只有在灵魂的至圣所（holy of holies）[①]中才能经历到的经验的可见的再现。但未来王国不会在启示中出现，因此，祈祷仍然是黑暗中的一声叹息。现在，祈愿得到了直接的满足。上帝之城实际上无非就是灵魂与整个世界的结合。这种灵魂与整个世界的结合发生在感恩中，上帝之城来

[①] 耶路撒冷圣殿中存放约柜的地方。——译者

自于这种结合，所有的祈祷也在这种结合中得到了实现。对于每个祈祷的实现的感谢先于所有的祈祷，除非后者是出自灵魂靠近上帝时所产生的双重的孤独而带来的个别的悲伤。整个团体对上帝父亲般的慈爱的赞美是所有的共通性的祈祷的基础。个体的悲伤来自那些孤独而迫切的需要，它的实现恰好是通过灵魂的祈祷能力来努力开辟出一条解脱之路。但是教会的祈祷总是在它被祈祷之前就被满足了的。它的满足在赞美和感恩中已经预见到了。教会的祈祷已经是所有可能的团体性祈祷的实现，而这一点的实现无非是为了借助于团体的，即未来王国的强制性力量来使所有的个别祈祷能够有勇气去直面上帝。团体性的忏悔和赞美作为团体性的祈祷的实现必须先于后者。

但是，毫无疑问的是，这种实现仍在前方，它只是被预见到了。如果只能为未来王国而祈祷的话，那么这种在感谢中所预见到了的实现就不会是预见，而且赞美和感谢也就不是第一感：它们会是唯一的感觉。这样的话未来王国就是已经存在的了，祈祷它来临也就没有必要了。祈祷将在它的第一个词，即赞美那里就结束了。但事实并非如此。它尚未实现，对团体以及团体中的人来说，并非只有祈祷未来王国的来临。这个祈祷仍然会被其他的乞求所混淆，比如乞求对罪的宽恕、乞求大地的丰收等，简而言之，所有那些拉比们非常明确地定义为个体需求的乞求。这些确实是个体的需要。如果个体如他在赞美和感谢中所预见到的那样已经同世界结为了一体，那么他就不再有所有这些需要。它们意味着，所谓从需要的禁锢中解脱，仅仅是在他的灵魂在赞美和感谢中、同世界万物的普遍的结合中所预见到的，这意味着，救赎完全是、仅仅是将来的事情，它就是未来。

预见

因此，未来在此的意义就像现在之于启示、过去之于创造的意义一样。但现在对于启示来说是一个基本的概念，所以在"对话"的一开始它就出现了。另一方面，未来是在半路上（medias res），而且几乎是附带地出现的。简而言之，对未来而言具有决定意义的是它能够而且必须被预见到。因此，预见，这样的今天，这样的对上帝之爱的永恒的感恩——因为它永远持续着；而我们所认为的永恒并非是"非常长的时间"而是"平凡的今天"：这才是唱诗班开篇（the opening cola[①]）所唱的真正的旋律，在其中，未来只是以主旋律的有规律的伴奏的形式出现的。

邻人

如果事情果真如此，那么所有的救赎性的联合体都会打上未完成的标记，唯一可能产生的后果是：目的是用时间中的现在时来代表的，而普遍的和最高的目的是用近似于它的类似物来代表的。人与世界之间的那种完美的、救赎性的连接开始于邻人，而且总是从邻人——几乎可以说是最近的人——开始。因此，两种个体的声音——我的和邻人的——所唱出的歌在此加入了全体的合唱。

[①] 字面的意思是 strophe，指在古典的希腊戏剧中歌咏队从一侧转到另一侧的起始动作。与之相对的是 antistrophe（反舞咏唱）：歌咏队随首节并以与首节同格律进行的舞动，当舞动与首节方向相反时进行咏唱（或 refrain，即副歌：一首诗重复演唱部分的音乐）。——英译注

这样的复数形式包含着代表各自种类的个体；而在单数形式中，灵魂经历了自身的诞生。在此，双重性占据着主导地位，它在语言中只有短暂的形成，在其后的发展过程中它就被复数形式所吸收。因为可以肯定的是，它要想保证自己的安全的话，最多只能到那些每次都是成对地出现的事物中去寻求庇护。否则的话，它就会从一个载体流浪到另一个载体，从一个邻人流浪到另一个邻人。在走遍创造的整个轨迹之前，它不会停下自己的脚步。但是，它这样做似乎只是对复数形式的臣服；实际上，在它流浪的过程中到处都有它的痕迹，它将一种单数性的标志带给了它在每个地方曾遇到过的复数性的事物。在复数性达成了的地方，在某人或某物变成了灵魂的邻人的地方，那里的世界就变成一种前所未有的事物：灵魂。

行动

然而，它流浪全球时所遵循的轨迹却是极其难以确定的。回应起床号的往往是来自离它最近的声音，但这并非是喇叭手自己的选择。他能够看到的仅仅是离他最近的邻人。实际上，他甚至连邻人都看不到。他只能感觉到那充溢于他的爱的行动。但对他来说，呈现给他的是来自整个的肯定回答中的哪一个，以及它有什么特殊的属性，都是无关紧要的。每种肯定都有其特点、有其特殊性，对他来说，需要知道的具有唯一的、主体性的和实体性的事情是，这一切都需要借助于从他的内部流溢出的行动的力量。动词本身是一个不确定的系词，它连接起了句子，因此，它首次为谓语的形容词性的普遍性提供了名词性的确定性和唯一性，同时将实体转化成了主体。一旦动词将定义认作是内容，那么它作为标志行动的词就以同样的方式在主词的指引下指向任何置于它面前的客体，它除了将客体从被动的僵化状态转变为运动，将主体从自我封闭转向行动之外别无选择。

实现

因此，不确定性就成了一种标志，在这个标志下，爱的行动在其诸多对象中产生出了一个邻人。在创造中，确定性是在非确定性的背景中，通过两种冠词（定与不定）的共同努力才得以达成的。在启示中，所有的召唤指向的是个体的正确的名字，个体是完全而独特的确定的实体，它有着独一无二的方式，这一方式仅仅是属于它自己的。而现在可能是任何人的某人出现了，他是不确定的，并不像在创造中一样有着相应的指称物，即它的特性。但它确实指向某种确定性。只不过这种确定性是高于而不是低于它。如果"某人"是完全不确定的，它也只是由于相对于某种完全确定的东西来说才变成了不确定的。但是没有哪个个体是完全确定的，只有事物的整体才是确定的，只有全才能拥有完全的确定性。爱"邻人"的结果是"某人"和"世界上的一切"因此而拥有了对方。此外，对于救赎的世界来说，由此产生了一种现实性，它通过那些在有限的意义上是普遍的事物与那些在有限的意义上是特殊的事物的协作，从而在整体上等同于对创造产生了影响的实在性。对于救赎的世界来说，绝对的现实性来自于下述事实：无论谁是我的暂时的邻人，他都以一种完全合法的形式代表着对我而言的整个的世界；现在，它融入了整个颂歌中的结尾的部分。在颂歌的开始部分，单独的声音已经彼此召唤着,以一种轮唱的方式表达了感恩之情。现在,它们集结在了"我"这一神奇的集合之中。

目标

这个"我"往往意味着"我们所有人",最起码也是"我们聚集在这里的所有人"。实际上,"我"这个词只有在伴随着某种表示时才能得到理解。如果有人说"他",我知道他指的是某个人;如果我听到有人说"我"或"你",我即便是在黑暗中也知道他的意思。但如果有人说"我们",我即便是看到了他也不知道他是什么意思:他自己和我自己?他自己、我自己和其他人?他自己和除我之外的其他人,还是其他的哪些人?"我们"每次都包含着最为广泛的含义,它需要某种表示或更进一步的说明——比如我们德国人、我们语言学家——来把这个最大的圈子缩小到可能的当下情况。"我们"不是复数性的。复数起源于第三人称单数。这种人称体现的是性别的区分,这一点绝非偶然,因为尽管是神话中的过分简单化,但世界万物的第一种概念性的秩序却是以性别的方式出现的。由此复多性第一次得到了彰显。另一方面,"我们"却是从双重性中发展而来的整体性。它只能被进一步细分,而不能继续扩展,而作为个体性的我及其同伴的你却只能被扩展。因而救赎大合唱的结尾从我们开始。在合唱队中,它开始于对出现于合唱中的个体的召唤以及合唱对此的回应,而在二重唱中,它以两种声音的赋格曲的形式继续进行,并加入了越来越多的乐器。最后,在多声部的终曲用统一的合唱曲调把一切都召集在了我们之下。在此,所有的声音都变成了独立的,每种声音都歌唱着属于自己的灵魂的旋律,而每种旋律都使自身适应于同样的节奏,统一在一种和弦之下。

界限

因此有生世界的声音都集合了起来,但却仅仅为了许多词,为了词而集合的。词所唱的是我们。作为圣歌它应该是某种处于结尾的东西,某种彻底的结尾。但是作为词,它不可能比任何词更具终极性。一个词永远不会是终极性的,永远不会仅仅是被说出的,它总是被看作是正在说出的东西。归根结底,它本身的这种生命正是语言的秘密之所在:词在说话。因此,在我们高唱圣歌时进行言说的是被说出了的词,它说的是:你们。我们包含着所有它能掌握和达到的东西,最起码是它能看到的东西。但是对于那些它不可能达到也无法看到的东西,它必须把它们从它的光明的、旋律优美的圈子中剔除出去,放逐到令人恐惧的、冰冷的"无"中:为了它自身的排外－包容的统一性,它必须对它说:你。

判决

是的,"你"是可怕的。这是判断。我们不可避免地要面对这种判决,因为只有有了这种判决,它才能给它的整体性的我们以一种确定的内容。这种内容却不是特殊的,它并未从我们中减去任何东西。因为,这个判决未区分出某种不同于我们的独特的内容,这就是说,除了"无"之外没有区分出任何其他的内容。结果,我们接受了除了"无"之外的所有真实的、实际的内容。因此,我们必须对"你"说话,而且它的声音越大,发自"你"之口的回答也就越响。我们必须对你们说话,尽管它只能以预见的方式说,并且不得不等待着某个终极的肯定,来自此外的终极之口的肯定。这是一种决定性的预见,这是一个深刻的判决,它判定未来的王国确实是正在来临,而且永恒因此变成了事实。上帝的圣徒必定会预见到上帝的判决,他必须把自己的敌人视作上帝的敌人。对他来说这是很恐怖的,因为在他这样做时他是让自己臣服于上帝的判决之下,"主啊,请审判我吧,请看顾我——请你审查我,了解我,试验我,了解我所想,看看我的灵魂是否犯了错误。"①

结局

上帝必须亲自说出那终极的词,而后者或许不再会是一个词。因为它必定已经是结局,不可能再有预见,而任何一个词都仍然是对下一个词的预见。对上帝来说,我们的就像你们的一样:都是他们。但他却不会说他们:他是完美的。他做到了。他是救赎者。在他的他们中,我们和你们重新回到了那单一的、炫目的光明中。每一个名字都消失了。全部永恒所预见到的终极的判决在肯定了区分之后又消除了它,并且征服了地狱的烈火。在上帝以自己的名义所颁布的最后一个判决之后,所有的全都融入了他的整体性,全部的名字都融入了他的无名的一。救赎开始于午夜的钟声响起之时,而伴随着同样的钟声,它让世界的一天的最后时刻既超越了创造,也超越了启示。但对于这第二个午夜来说,正如《圣经》

---

① 《诗篇》139:23。——英译注(亦可参见《诗篇》26:1—2。——译者)

中所写的那样,确实是"有了他,黑夜也充满了光明"[①]。世界的一天在最后的时刻将自身表现为它最初曾经是的东西,即:作为上帝的一天,作为上主的一天。

救赎的逻辑

"一"和"全"

救赎在其最后的结果中有某种东西可以把它从单纯的创造和救赎的比较中提升出来,这就是上帝本身。我们早就说过,作为救赎者的他要远远重于作为创造者和启示者的他。因为他不仅仅是救赎者同时也是被救赎者。在人救赎世界以及世界救赎人的过程中,上帝拯救了自己。人和世界在救赎中消失了,但上帝却完善了自身。只有在救赎中,上帝才变成了唯一的和所有的。这正是人类的性急的理性最初到处寻找、到处断言,但却从未找到过的。原因很简单,它根本无处找寻,因为它尚未存在。我们有意地打破了哲学家们的"全"。在此,在完美救赎的令人炫目的光照下,它最终,是的,最终融入了"一"。

上帝之城与俗世之城

信仰的创造概念与唯心主义的产生概念之间存在着竞争。但在上帝之城和俗世之城之间并非如此。这一点在此变得很明显,救赎就像创造一样,其发生都与世界相关,而与此形成对照的是,

---

[①] 《诗篇》139:12。——英译注

启示只与人相关。然而救赎的发生也与人相关。因此，上帝之城一点也不比俗世之城更世俗化，其外在性并不比内在性更多。这一点本身就昭示着在这两个领域之间有可比较之处。它们从来都不是平行无涉的。上帝之城由于变成了贯穿于世间的东西而遍布于世界之中。无论在何种情况下，在这种无可比拟性中上帝之城的来临似乎只有一个部分可以理解，即只有中介的部分：爱邻人的"双重性"。能够听出和谐的音调的世界之耳并不是为了开端部分的"感谢你"而张开的，同样地，有远见的眼睛也不是为了结尾部分的"我们"而睁开的。因此，世界的目光所及只有爱的行动，并将其与自己的行动相比较。而且，尽管在此它在看，也在听，却是视而不见，听而不闻。确实，它在此看到了某些事情正在发生——在"感谢你"以及"我们"中它是看不到的，但它看到的却并非是真正发生的：世界中的生长着的生命的勃勃生机。从有利于世界的观点看来，这样发生的事情是不可见的。因为这样发生的事情、这种生机的起点是人类的灵魂，而对此，世界为了看到正在发生的事情就不得不获得去看的能力。它不可能做到这一点，因为灵魂是在人中觉醒的，而直到世界在救赎之中获得了生机之后，人才会属于世界。

邻人与自我

归根结底，人的爱的行动仅仅是一种表面上的行动。上帝并未告诉他应该像对待自己一样去对待邻人。这是"爱邻人"这条诫律的实践形式，它被用作一条行动规则。实际上，它只定义了较为低级的否定性的限制，它不允许行动超出这条规则。因此，即便是对其最外在的形式来说，否定也是较好的表达。毋宁说，人去爱像自己一样的邻人。像他自己一样,你的邻人"像你一样"。人并不是去否定自己。在此,在爱邻人的诫律之中,他的自我确证了自己的位置。世界并非是作为无穷的混乱抛在他面前的,也没有谁用手指着整个混乱对他说:那就是你。那就是你——因此不要把自己同它区分开来,进入它,融化在它里面,在其中迷失自己吧。不,情况绝非如此。从无穷混乱的世界中,一个最近的人,他的邻人被置于他的灵魂面前,对此,而且几乎只是对此,他被告知:他就像你一样。"像你"因此就不是"你"。你仍然是你,不会有什么不同。但对你来说,他却不再是他,那样的话他对你的"你"来说(for your's You)只是个它。毋宁说,他像你一样,像你,一个像你的"你",他就是"我"——灵魂(Rather he is like you, like your You, a You like You, an I—a soul)。

灵魂与世界

爱由此让世界获得了灵魂,变得生机勃勃,这样做并非是它应该如此,而是出于爱。与此同时,某些事情确实发生了,即便没有任何实际的行动,某些事情确实被完成了。这不再是给予人,而是给予世界的,因为世界所朝向的正是爱的行动。事物朝向人类的爱的行动的顺序中有一条法则在起作用。只有对人来说,这条法则才是不可见的。对他来说,身边发生的任何事情都只是"某事",是任何其他、所有其他事情的代表。他从不会问,也不会去分辨:它是离他最近的。但从世界的观点看来,恰恰相反,不曾预见的、不曾期盼的巨大的惊喜正是人的爱的行动。世界在自身之中蕴含着生命成长的法则。这种生命自然而然地在它那里产生了,而且在新增加的每一个成员中显示了其持久性。但是，它如何能够获得确实的持久性，以及它是否能够达到不朽，这些从世界这方面是看不清的。世界所知道的是有生必有死，或者说它自认为知道这一点。而如果它要求永恒的话，它这样做所期盼的是有某种外在的影响能够给予生命以不朽。对成长的法则来说，确实，世界的根每天都被存在的常新的喷泉所滋养着，它在自己的日久年深的树干上产生出了生命的枝叶和花果。只有在某时、某地，爱邻人的气息超越了这种成长着的、活生生的存在之后，它们才能够获得来自生命之外的，而且生命不能给它们的：生机、永恒。

因此，爱的行动似乎首先作用于"某个"的混乱之上。它虽然在实际上并不知道，但它却预设了世界，它所面对的所有世界都是成长着的生命。世界有着生物般的存在，这对爱的行动来说无论如何都是不够的。它要求的更多：作为法则的持久性、互相联系、连接方式、成长——简而言之，所有它在自身行为的无约束的自由、直接性和当下性中似乎都否定了的事情。正因为它有意地否定了它，所以它无意地预设了它。灵魂要求某种联系在一起的生命，由灵魂激发了生机的客体也需要它。它在这种生命中感受到了自由，激发了它所有的个体成员的生机，在寻找名字、生机勃勃的个体性以及不朽的过程中到处传播着这一活生生的结构的种子。

建设与革命

因此，血缘关系、兄弟关系、民族性、婚姻等，总之所有的人类的关系都是在创造中建立起来的。除非在根本上就有在先的东西，否则没有什么可以存在。一切在动物世界中都有其原型，通过启示中灵魂的复活，所有的事物在救赎中首次获得了由灵魂而来的生机。一切都植根于血缘团体中，后者是它们中最为切近的救赎。在救赎中获得了生机以后，它们都以婚姻的寓意为模仿的对象，而后者是它们中最切近的救赎：灵魂的秘密获得了对所有人都完全可见的存在形式，联系在一起的生命同灵魂融合到了一起。正因如此，在爱的巅峰上，灵魂渴望着爱的被创造的团体；她不可能找到救赎，除了在命定的——不，应该是上帝给予的，在婚姻之中的，爱与血缘的连接。越过同时性的、人类之间的相互关系，我们会发现：俗世之城的内部有着相互联系在一起的按照自身的法则而成长的事物；从内部推动自己前进的历史过程；由法律和公共秩序重重包裹起来的民族生命——这正是救赎为了上帝之城而急需的基础。爱带着明显的破坏性进入了这种复合结构，并在它所到之处分离出单独的成分，赋予其独立的生命，以这样的方式动摇了整体的统一性。然而，实际上，并非是由于爱的力量捕获了某个整体的成员并把它从生命的背景中剥离出来，使之进入永恒。不仅仅是这一点与爱无关，进一步说，成长的法则是由创造者赋予这个世界的，就像四处流淌着的爱的冲动是由启示者给了爱本身一样，而且这种法则无论人是否意识到，都决定着爱的方式和对象。只有在已经发芽的情况下，爱的盛开的花朵才能够达到生机盎然的爱。因此，救赎始于上帝，而人并不知晓其具体日期。他只知道他要去爱，而且往往是爱最近的邻人。至于世界，它自己成长着，表面上依靠的是自己的法则。世界和人发现对方是在今天还是在明天？究竟是在哪一天是无法计算出来的，无论是人还是世界都无从知晓。只有每时每刻都救赎着今天，并将其变成永恒的他才知道具体的时间。

结局和开端

因此救赎是结局,在此之前,一切都开始重新回到了其开端。只有如此它才能变得完美。直接地附加在其开端上的,无论是什么,在其完整的意义上,都尚未变成现实,因为它所起始的那个开端会将其收为己有。这一点对于那些开端于否定了"无"的"是"(Yea of the non-Nought)的事物以及那些开端于对"无"的否定的事物来说是确定无疑的。确实,持续性总是进入了未来的、与未来相关的持续,而不是过去总是如此的那种持续性:而世界就是总是如此的;它也不是总是更新的:经验才总是更新着的;它只能是永远正在来临的:王国。事物并不能避免重回"无"的危险,行动也是如此,只有事实例外。

艺术理论(结论)

"和"的这种建构型式、现实化的力量,在第一部分中建立起"诸元素"的时候就已经为我们所熟知了。在那里,就是说在原型或亚宇宙的层面上,已经发生了上帝、世界和人这些单独的要素内部的一种自我创造、自我启示、自我救赎。这一点尽管我们想说,但在那里也无法说出。而现在,就像在那时一样,我们仍然无法说出。我们现在能肯定的是,对救赎来说,我们那时在"和"中所发现的东西同样适用,即:只有在救赎中才有所谓的完成。因此,如果我们现在在这本书中同样回到那个我们的基本范畴仍然只是范畴的真实性的世界,即艺术中,上述关系就会变得更加明显。

作为美学范畴的救赎

在艺术中,救赎的范畴同样包含着完成。创造的范畴跨过了在某种意义上是预设的整体而进入了属于艺术世界的复杂的细节,从而整个地建立起了宽广的基础。而启示的范畴接着描绘了一个新的跨越,后者同样来自于预设的整体,而这次跨越达到的是由此而变得有意义的个别的细节。而救赎的范畴则跨过了第三条鸿沟,它借助于某种有生气的、逐渐获得了存在的显而易见的相互联系,以及某种因此而在美学的意义上完成和终结了的东西,从这个个别的、生机勃勃的内容达到了所有个体性构成的整体。

艺术的观众

艺术作品是独一无二的,它远离了自己的源头,它的生命力毫无神奇之处,而这种生命力虽然被生命所充满但却是生命所不熟悉的。是的,它确实是无家的[①](毫无神奇之处)。它确实不知道到哪里去找一个可以安身立命的范畴。它是独立无依的——它是属于自己的类型,属于自己的范畴,没有任何其他的事物能够接近它,甚至其他的艺术作品都不能。它甚至无法在自己的源头那里找到栖身之处。他已经转向了其他的作品,因为她并非仅仅是他的作品:无论出现了什么作品,他都是全部的维度。只有在他被个别

---

① 字面上的意思是"无家的"。——英译注

的作品所占有的时候,作品才是他的;当他跟它脱离了关系的时候,它也离开了他。他确实仍然能够欣赏自己的作品:他几乎无法借助自己的薪柴来取暖。例如,只有翻译才能为诗人提供必要的距离来欣赏自己的作品。那么,究竟有谁能够来作为沟通作品及其作者的桥梁呢?因为,所谓的作品只不过是个单独的作品,作者不过是个潜在的作者。情况表明,艺术世界只有同时在两者之中才能够发生。那么,究竟谁会建立起一座桥梁?作品可以通过这座桥梁从无家可归的孤独中进入一种有家的状态,进入人的家。而在这个家里,它不再背井离乡,在这里它会碰到自己的许多同类,它们能够永远彼此相伴地生存下去。在这里,作品在美中建立起了广阔的、生气勃勃的、持久的存在,在这里个别作品的生机本身逐渐使人类生命的丰富的整体获得了生机,这个地方就是观众。

在观众这里,作者的空洞的人性同有着丰富的内容和生机的作品的非神奇性结合了起来。如果没有观众,作品就是无声的,因为它不会对作者"言说":皮格马利翁(Pygmalion)[①]徒劳地试图赋予他自己所雕刻的雕像以生命。这只可能是单纯的被言说,而不是言说,而且只是对观众的"言说"。如果没有了观众,它不会对现实产生任何持续的影响。归根结底,艺术无法通过画布、雕刻刀或者写过字的纸穿透真正的生活。"汪达尔人"除了死的东西之外没有破坏掉任何事物。毋宁说,为了进入现实,艺术必须重新塑造人。但在艺术家群体中极少数不幸的、分散独居的人

[①] 塞浦路斯国王,他雕刻了一个女子的塑像然后陷入对她的爱恋中,阿佛洛狄忒赋予了她生命,名叫加勒提阿。——译者

们则无法重新创造。唯一的原因在于，他们作为作者，就像世界的被造的存在一样，只有在个别作品创造出来之时才能变成现实。基于同样的理由，艺术家的艺术风格似乎只有在不同的个别作品中才能区别开来，而且还必须在新的作品中仍然保持着。艺术几乎不会在艺术家之中、在大城市的波希米亚区（Bohemian quarters）[①]或所谓的艺术家村中以及在作品集或演唱会中宣示自身。它只有通过教导人们成为观众，通过创造一个永恒的"观众"才能实现自身。瓦格纳及其作品的生命力无法由拜罗伊特（Bayreuth）[②]来证明。实际上，能证明的是像埃尔萨和埃娃[③]这样的名字变得为人们所熟知这样的事实，以及为德国几十年来的男性主义带来不同的色彩的作为救赎者的女性的概念。艺术一旦变成了公共财产就不可能再独立于世界之外，但当作品仅仅是作品、作家仅仅是作家之时，它们的存在就是极不稳定、朝不保夕的。

艺术家中的人

让我们再次回到被我们认作是创造者和艺术家的作者。两者存在的互相依存再次得到证明。在"艺术家"有意创作的作品中，个别时刻的内容获得了意义，而这种意义必须散播到"诗人"的创造性的想象的全部领域之外。只有当创造者不再像火山那样盲目地喷射着一幅又一幅的作品之后，只有当他所有的内容都充满了

[①] 引申为"随便、放浪的人"，借指艺术家。——译者
[②] 拜罗伊特：德国中东部城市，1872 至 1883 年瓦格纳居住于此。——译者
[③] 应该是瓦格纳作品中的人物或其作品的演绎者，具体所指不详。——译者

象征性的重心之后，他才不仅仅是一个有意识的艺术家，才不仅仅是一个盲目的创造者。只有在此之后——虽然是局限于艺术碰巧为人设定的界限之内，他才是一个人。让我们举例来进一步说明，但这样仅仅是为了更加清楚。比如，从狂飙突进运动（*Sturm und Drang*）的观点看，莎士比亚徒具创造者的形式，而根据莱辛在《汉堡剧评》中的观点，他仅仅是徒具艺术家之名。但在格奥尔格·勃兰兑斯（Georg Brandes）的笔下——他描述了一种想象的艺术和意识的艺术的关键性的统一，这样，前者就能在内在生命的发展中成长为后者——莎士比亚却是一个人。

作品中的"戏剧性的"

原则上，我们已经为每种作品确立了"叙事的"和"抒情的"概念。借助前者我们理解了艺术作品的物质性素材，它们被形式的统一性所限定。借助后者，我们理解了艺术作品的精神性素材，它们突破了形式的统一性。对于形式而言的这种正相反对的关系已经昭示着，关系双方在第三种因素出现之前都不可能获得稳定性。就在这第三种因素中，全部"叙事性的"素材与"抒情性的"的当下性结合了起来，后者是易冲动的和不稳定的，而全部的叙事性的内容都由它激发了起来。如果我们称这第三种因素为"戏剧性的"，那么这个名词可能意味着"戏剧性的"交响曲或者戏剧性的绘画、背景、歌曲等，它几乎不需要进行进一步的解释。

艺术中的诗歌

当然，诗歌在本性上比美术和音乐更为接近这种"戏剧性"。

这是因为，美术的本性在于空间，只能在"纵深"方面发展，就是说，它本身就倾向于"叙事的"，而音乐由于是在时间中，所以倾向于强调和满足每一个别瞬间的感情。另一方面，诗歌根本不在时空之中，而在于时空的共同的内在源泉，即概念性的思想中。不过，诗歌并不是认知的艺术。思想是诗歌的要素，就像空间之于美术、时间之于音乐一样。空间，"叙事地"扩展着的广延，是外察的世界；时间，"抒情地"延伸着的深度，是内省的世界。诗歌借助概念从思想中产生出来，最终也把上述世界暂时划归己用。它因此而变成了真正重要的艺术形式，人的一定程度的成熟对伟大的诗人来说甚至比对画家和音乐家更为重要。对诗歌的恰当的欣赏是以某种程度的人生体验为基础的。绘画和音乐或多或少仍然是抽象的；前者似乎在某种程度上是沉默的，而后者则在某种程度上是盲目的。这样的后果之一就是，从摩西开始的口传启示在面对绘画时，以及从柏拉图开始的满足于其结构的异教主义在面对音乐时，都不无疑虑。但它们却从未怀疑过诗歌；《诗篇》第90章的作者[1]和短诗《阿斯特尔》(Aster)的作者[2]在诗歌艺术的实践中相遇了。因为诗歌既提供了结构也提供了论说，而采用的方式即概念性的思维，却超出了二者。在其中，两者融为了一体。由于诗歌是最具生命力的，因此它是最重要的艺术形式。并不是每个人都有必要拥有对音乐和绘画的鉴赏能力，也不是每个人都有必要成为绘画或

---

[1] 即摩西。——英译注
[2] 即柏拉图，据说柏拉图曾为一个叫阿斯特尔的朋友写过一首同名的短诗，阿斯特尔的意思本来就是星。——译者

艺术方面的创造者或再创造者。但是，每个成熟的人都必须有诗歌方面的鉴赏能力；实际上，他自身确实不得不成为一个业余诗人。最起码他也得曾经写过诗。即便在紧要关头一个人无须作诗也能成为人，但如果他一次也没作过诗的话，他就不可能变成真正的人。

艺术中的结构

显而易见，在艺术中，无论是想象还是形式都无法凭借其本身而构成艺术作品。想象是最终呈现于观众面前的作品的纯粹的隐居幕后的背景，只存在于艺术家的心中。形式实现于它与自然的关系中，它每次仅仅指向一个特定的细节，它的感觉沉浸于细节之中。除了借助于心灵的想象之外，它既没有规律，也没有方向。只有当它的全部范围都满怀爱意地超越了上述情况时，艺术作品才会变成可见的结构。在有着大量的与指向形式的与意志相关的想象的地方，结构就仍然面临着仅仅是装饰物的危险。另一方面，在与朝向细节的形式化的自然冲动相关的形象比较弱的地方，结构就仍只是个模子：作品将无从"物质化"。

音乐中的朗诵调

在音乐中我们拥有了节奏，它的无声的运动渗透到了整体之中，我们还拥有了和弦，它用声音激发了各个细节。同样是在这里，在运动和声音中同时响起了朗诵调的和弦。朗诵调是音乐中的活的部分。要想在音乐作品的"个性和基调"（character and mood）之外保存更多的东西——通常情况下，这就是说在其节奏和和弦之外——就意味着保存朗诵调的全过程。某个作品对其他的节奏的暗示，或者对其他的和弦的预设都被正确地当作是单纯的"关系"而非不可接受的剽窃。但主旋律对一部音乐作品来说是本质性的，对它的哪怕是轻微的借用，我们也会很容易地认为那是剽窃。

诗歌的风格

一般说来，诗歌的基础是韵律，如果后者有着更为宽泛的含义的话。诗歌的理论中缺乏音乐中旋律和节拍之间的那种区分：有旋律必有节拍，但反过来却不行。因此，韵律无非仅仅是对我们乐于称之为风格的整体的可以外在度量的、片断的表现而已。韵律是诗歌的基础，它是包含着一切的最初的概念。它既是节奏的韵律也是色彩的韵律。这就是说，它是穿越一切的运动，就像元音和辅音之间的关系一样。在此，我们所面对的是任何一种作品的真正的、基础性的特质，虽然我们对它几乎毫无意识，但它却在任何进一步的区分之前就将一种作品与其他的作品区分开来。真正敏锐的听力哪怕仅仅是依靠"韵律"，也必定能够区别出某个有着极其普通的内容的句子是出自席勒还是出自克莱斯特（Kleist）①，或者某个句子实际上是出自席勒的《唐·卡洛斯》还是他的《华伦斯坦》②。简单地说，一位优秀的演员在说出"马鞍已经备好"③这句台词时，必定要考虑其不同的出处，是出自克莱斯特的《彭忒西勒亚》

---

① 海因里希·冯·克莱斯特（1777—1811），德国作家。——译者
② 分别是席勒最早的诗剧和后期作品。——译者
③ 然而事实上，这个句子出自西奥多·科拿（Theodor Körner）的《海德薇格》（Hedwig）。这个句子被作为不重要的配角的典型台词而广泛引用，因为它是该剧中的一个仆人的唯一的台词。参见布赫曼《熟习引语》（Büchmann, Geflügelte Worte）第 200 页。——英译注

(*Penthesilea*)还是歌德的《私生女》(*Die Natürliche Tochter*)。

诗人的措词

因此,韵律决定了整体的性质。与之相伴的是对细节的投入,后者发生在词句的选择之中。这正是任何一首诗歌中被称之为特殊的"措词"的部分。我们对文字越是熟悉,就越容易从外在的角度去发现措词。因此,发现它的时间要远远长于发现韵律的时间。这同样是属于个体的,但能够明白这一点的,只是那些牢记着诗人的教诲"不要读而要唱"的人。

诗歌中的观念

然而,无论是韵律还是措词,仅靠它们是无法构成诗歌的。韵律之美有可能仅仅是听觉的盛宴,而措词之美有可能仅仅是空洞的词句。是"观念"首次将生命赋予了诗歌。而且诗歌确实有其"观念"。恰当地使这种表述变得可疑的,仅仅是它在音乐和绘画方面的应用。因为实际上艺术作品的唯一的"观念"应该是其结构,对音乐作品来说就是其"朗诵调"。对我们来说,观念不是隐藏在作品背后的东西;相反,它是作品中可感知的感觉的和感情的部分,是作品的有效的和有影响力的部分。因为思想之于诗歌的意义就像眼睛之于绘画和耳朵之于音乐的意义一样。观念是诗歌向观众"说话的"东西,就像音乐作品中的旋律以及绘画作品中的构图一样。观念隐藏在诗歌的字面之下,但并不在诗歌之外。就此而言,诗歌同样属于那种自由自在地进入了生命的市场而且无须担心自己的尊严的诸多艺术中的一种。因为它赖以生存的要素正是生命在绝大多数时间中所面对的东西;同样地,比起音乐和绘画的高级语言来说,生命更为经常地以思想的散文式的语言讲话。

生命的艺术形式

在救赎这一范畴之下,我们业已注意到,在艺术的原则中,随处可见这种向生命的回转,其意义只有留待将来才能完全为我们所知。因为通常情况下,艺术发生在听众、观众中。那些倾倒进了艺术作品中的东西在受众中再次被激活了,而被激活了的它流入了生命之中。艺术在受众中激发出的诸多概念最大限度地填满了后者的灵魂。观众就像内在于作者的创造性的元素一样,"内心中充满了形式"。当他转向个别的细节时,他变成了鉴赏家,他的意识觉醒了。在此,观众同样发展出了同作者的艺术意识相当的东西。就像创造者和艺术家几乎不可能独自生存一样,想象和意识也是如此。丰富多彩却毫无组织的艺术概念在任何时候都必须由意识贯穿起来。否则,艺术对观众来说将会是一种无关紧要的、甚至是令人不安的、偶然获得的概念,而它应该是灵魂的宝贵的内在财富,是在长长的一生中收集起来并加以整理的。由此,个体的艺术之门向着生命之路敞开了。

总结

归根结底,这样的事情在过去就已经发生了。创作的范畴往往有个多少是自然主义的基础,而那些特别地"感受到的"、职业化的、困难的、只能通过魔法和力量而获得的东西则往往属于启示;真实的、可见的、最终的结果,那些由于其自身的原因而先于其他事物的东西则总是属于救赎的范畴。作者、天才必定是自存的。任何人都无法通过强制的手段令其存在。天才所拥有的创造性的想象就像观众所拥有的理解性的想象一样，如果不是开放性的，那么任何事情都不会发生。就艺术作品本身而言，"叙事性的"材料是其素材，无论是在人类的历史中还是在个体的发展中，形象艺术恐怕都是最古老的艺术形式之一。概念的重要性的真正内涵仍然是想象、节奏和音调；它们是一劳永逸地确定的，任何事物都无法加以影响。另一方面，艺术作品是艺术世界得到外部认可的直接性的东西。作者和观众都不是直接的标志，因为天才和大众同样处于艺术之外。而且，对艺术的意识以及鉴赏力分别是作者和观众所缺少但必须获得的东西。在艺术作品的所有性质中，"抒情的"部分是最重要的；在所有的艺术形式中，音乐被认为是最困难的，因为它有着高度发达而成熟的理论，因而也是最容易教授的。艺术中的形式、和谐以及措词等只有"受过训练的"艺术家才能够掌握和应用；相反，即便是普通人也可能，应该说迟早会巧遇诗歌中的内在的视觉形象、乐旨（the rhythmic motif）和音调中的核心灵感。总之，我们已经发现了一切是如何在生命中、在它们以完全的可见性令人信服地实现了自身，并再次走向了终结——一般意义上的艺术实现于观众及其对生命的穿越中；天才实现于他的善意中；一般意义上的艺术作品实现于其"戏剧性"中；诗歌艺术、不同形式的艺术实现于结构、朗诵调和观念中。

前景

但在此我们先抛开在本章中曾不断涉及的这一插曲——如果

我们仅仅将其当作是一个插曲的话。如果我们现在再次遭遇艺术的话,那么它就不再是插曲了。因为插曲的最高的智慧就是意识到它不能满足于一直做插曲。人们认为艺术的不公开的一面在关于自身的无生命的世界这一点上欺骗了唯心主义,而它自己则渴望着自己的生命。皮格马利翁自己无论怎样尝试,都无法靠其自身将生命注入他的雕塑中。只有在放下了雕塑家的工具,回复到匍匐在地上的可怜人时,文艺女神才会来到他面前。

神之语

在本章中,创造对我们来说已经不再是原型宇宙,而是启示的内容。基于同样的理由,救赎尚未超越宇宙。毋宁说,我们同样只是把它作为启示的内容。对我们来说,作为启示的内容,创造从世界变成了事件,变成了已经发生的事情,而救赎同样从超宇宙的东西变成了某种事件,变成了即将发生的事情。因此,启示把一切结合进了它的当下性中;它不仅意识到了自身,不,"一切都在它之中"。就启示本身而言,它被当成了介乎两者之间的、直接的、抒情性的独白。在它看来,创造是否变成了叙事性的,而启示变成了预言性的呢?不,预言用自己活生生的现实性把下述所有世界结合了起来:共同的宇宙和双重的宇宙的奇迹,这正是我们心目中的启示。而正因如此,创造和救赎才变成了启示的奇迹般的内容,以及感觉不到的、破碎的事实性的原型宇宙和超宇宙。同样,就作为启示的本质内容的救赎而言,它是维系于创造的原型宇宙之上的,是对隐藏在这个原型宇宙中的种种征兆的解释。因为救赎把先前在真正的救赎中发生的、并未对个体灵魂显现的、所有活生生的事件带到了光天化日之下。

《诗篇》的语言

因此,预言并非是救赎可以作为启示之内容的确定性形式。毋宁说,这需要一种只属于救赎的形式。它必须能够表现尚未发生但就要发生的事情。但这却是集体的赞美诗的方式。集体不是,或者说尚未是全体。它的我们仍然是有限的,仍然维系于与之同时产生的你们。但是它依然宣称自己就是全体。这个依然是《诗篇》的常用词,它把大多数的诗篇变成了集体赞美诗,尽管它们是以第三人称单数的形式出现的。因为虽然《诗篇》中的我确实是个体的我,带着一颗被悲伤所缠绕的心和一个被苦难所困扰的灵魂,但它依然——是的,依然是集体中的一员,不,应该说不仅仅是集体中的一员。"上帝依然善待以色列人"(Withal God is good to Israel)[①]是《诗篇》的主题句,这句话被认为是整章中最为个别的句子。我可以是完整的我,完全可以沉浸于孤独的自我——当诗篇的作者呼唤他的灵魂时,而这仅仅是因为,作为这样的我,它敢于用集体之口来讲话。它的敌人就是上帝的敌人,它的困难就是我们的困难,它的解放就是我们的解放。这种从个体灵魂到全体灵魂的增强是前者得以表述自己的苦难的最初动力。这是因为,它的苦难确切地说并非是作为个体的它的苦难。在启示中,灵魂默认了自己的个体性,它承受着自己的个体性,因此它的个体性才有可能被宽恕。他是被上帝之爱所挑选的,他听从了上帝的命令,

---

① 《诗篇》73:1。——译者

挑起了压在他肩上的重担，向着上帝应许给他的土地出发了，由此，他失去了自己的意志、朋友和家园。但是，正因如此，他才走出了迷人的启示之域，走进了救赎的新天地。正因如此，他才扩展了在启示中默默承受着的我，使它变成了代表着全体的我们。如此一来，那些曾经属于他的再次回到了他身边，然而，它们却再也不仅仅是他的私人财产，不再是他的家、他的朋友、他的亲族，而变成了上帝所指示给他的那个新的集体的财富；它的苦难变成了他的苦难，它的意志变成了他的意志，它的我们变成了他的我，它的"尚未"（not-yet）变成了他的"依然"（Withal）。

因此，正是在《诗篇》中才出现了纯粹的我们的诗篇。在其中，诗篇的最为深刻的含义变得清晰可见。这正是犹太人在节日时所歌唱的诗篇中的第111篇到118篇的内容（the Great Hallel）①，而其中所反复歌唱的诗句已经被我们认定为救赎的根句。实际上，在神圣的语言②中，"诗篇"的意思正是"感恩的歌"，它跟"Hallel"有着相同的词根。而它在这些诗歌中的顺序恰好位于中间，即第115篇。

《诗篇》第115篇的语法分析

在全部《诗篇》中只有它③以强调式的、重读的我们起始和终结。起始处的我们是与格的，而且是与格的最基本的形式，就是说，

---

① 对于 the Great Hallel 的具体内容有多种说法，这里只是其中一种。——译者
② 指希伯来语。——译者
③ 指第115篇。——译者

它直接地紧跟着动词"给"。由于这里的我们就等同于他们自身，而他们以荣耀的神圣之名所祈祷的对象，就是那个荣耀的、可见的权威，因此，祈祷的内容就是上帝之城的降临。他们的祈祷采取了唯一合法的方式，即同时公开否定了上述等同："不是给我们，哦，我主，不是给我们，而是归于你荣耀的名字！"[①]因此，他们同时通过跟神圣之名的直接等同而达到了我们（We）的最终实现，而这样的结局又把我们变回到了尚未到来的现在——"不是给我们而是"。然而，这种等同，这种从我们出发的与上帝同在的意义却是相当客观、相当明显的。上帝之所以实现人们的祈祷并非仅仅是"出于他的坚定的爱"——归根结底，在他的为我们所熟悉的单-双向（duo-solitude）的爱中，上述等同已经由启示给予了我们——而是"出于他的诚实（Truth）"[②]。诚实对所有有生命者来说都是显而易见的。因此迟早有一天会得到荣耀就是我们对于神圣的诚实的要求。

但既然荣耀尚无法在当时就给予他们，简而言之，既然我们尚未是我们全体，那么他们就是在我们自身之外区分出了你们。由于《诗篇》预见到了与上帝同在，那么他就自行从上帝的角度看待"我们"（We），他们[③]因此而变成了"他们"（They）。只有在这样的背景下，《诗篇》才采取了那种循环往复的预言性的主题：嘲笑偶像。因为在后者中，活生生的神圣的爱被变成了

[①] 《诗篇》115：1，根据英译直译。——译者
[②] 《诗篇》115：1，根据英译直译。——译者
[③] they，指我们。——译者

迟钝的、无言的化石。伴随着僵死的偶像的是一个"像它们一样"僵死的世界，而主宰天地的活生生的上帝起初呈现的是一种战斗的形象。但是，在信任的胜利进军中[1]，这个形象消失了，随之消失的还有对偶像的嘲笑。充满了希望的信任是关键词，它预见到，未来变成了瞬间的永恒。对你们的信任遭到了背叛，但经过随后的三个步骤，又产生了对抗这种信任的我们对上帝的信任，上帝对每个步骤都是"帮助者和保护者"：第一，对以色列人的信任，我们的集体作为上帝的长子栖居于他的爱中[2]；对亚伦家族的信任，这个集体是祭司的集体，它使你们的道路穿越了时空；对"敬畏上帝的人"的信任，这个固定词组指的是改宗者，那些相信弥赛亚的、即将到来的人类的集体，即我们全体。信任的胜利进军预见到了它将来的实现，在这样的进军之外，以同样的次序产生了对这一实现的祈祷：以色列人、亚伦家族和全体敬畏上帝的人，他们"既渺小又伟大"。

现在，合唱队歌唱着这个实现了的我们：祝福一点点地增长着，越来越多，一个接着一个，一代接着一代。"愿主使你生养众多，包括你和你的子孙！"[3]因为祝福的这种不断的增长在最初的创造的神秘中就已经初露端倪："愿你得到创造天地的上帝的祝福。"[4]但人类在土地上的爱的劳作仍然自由地对抗着这种沉默地、自发地成长着的创造。人类与这种爱紧密相连，似乎从未曾有过创造，

---

[1] 指上文中上帝的诚实和人们对上帝的信任。——译者
[2] 参见《圣经·出埃及记》4：22。——英译注
[3] 《诗篇》115：14。——译者
[4] 《诗篇》115：15。——译者

似乎创造从未在他身上增长过:"天堂属于上帝,但他把大地给了人之子。"① 他把大地给了人之子——而不是给了以色列人,以色列人知道只有他是被上帝所钟爱和信任的,但在爱的行动中,他知道他只不过是一般意义上的人之子,他知道的只有某人,一般意义上的其他人——邻人。

因此,爱的行动像世界一样自由地进入了被造的世界及其不断的成长。但这种生命归根结底是由死亡来完成的,因此,它从被创造的那时起就屈从于死亡的权威之下。或者情况并非如此?死者再也不会加入到救赎的赞美诗中。死者再也不会,但是——在这个但是中,合唱扩展出了一种包含全体声音的无限的意象,这些声音齐心合力将未来的永恒性代入了当下的瞬间的存在:"不是死者",确实不是——"但是我们,我们会从这一刻起赞美上帝直到永远"②。这个压倒性的"但是"——"但是我们是永恒的",是我们的主所宣示的有关他的智慧的最终的结论,当他最后一次面对众人时,他道出了他的我们和他的世界之间的关系。这个我们是永恒的;死亡在这种对永恒的胜利的呼喊中归于虚无。生命在救赎的永恒的赞美诗中达到了不朽。

永恒的奇迹

这是一种瞬间的、眨眼间的永恒。关于人们所见到的光的记载

---

① 《诗篇》115:16。——译者
② 《诗篇》115:17—18。——译者

是这样的:"由于你的光我们才见到了光明。"① 按照拉比们的说法,这种光正是上帝在创世之时所分开的光②,他们(因此)还在救赎的概念中建立起了创造和启示的深刻的联系。因为经文中说:"上帝分开了光。"③ 这意味着上帝在创世时就把它分别了开来,放在一边,以待他的信众在未来的世界中可以享有它。因为只有如此,拉比们才敢于描绘那未来世界的永恒的福佑,后者不同于孤独的灵魂在神圣的爱中发现的永远更新着的平静:信众们坐在那里,头上戴着皇冠,凝视着清晰可见的神性的光辉。

---

① 《诗篇》36:10。——英译注
② 参见《祭品》12a。——英译注
③ 《创世记》1:4。——英译注

界　限

摘要重述：旅程次第

新的统一

在沉入了地下的世界——其中的人们孤独地散居着，彼此并不相识，只是一个个"全"的碎片——之后紧跟而来的是上升到可见的天堂的拱顶上。在下沉的过程中分崩离析的碎片在上升的过程中又重新结合了起来，但这个结合绝非是哲学曾经寻找过并因此而预设的那种结合，也不是在任何地方都会回复到自身的空间之中的结合。因为哲学希望将"存在"视为空间，或至少是一个圆圈；它从一开始就带着天真的坦率直陈了这一观点，此后，一直到它在黑格尔那里终结为止一直受到后者的控制。即便是黑格尔的辩证法也相信自己能够且必须通过回到自身来证明自身。现在，全的碎片所进入的统一体却大不相同。重回自身的统一，重回到自身的起点的统一，在结束的意义上的无限，而这个结束立刻将自身转变为一个新的开端，因此它永远无法被把握，无论是在物理还是心理的层面上都无法将其把握为结束——这样的统一只存在于我们的世界的界限之外，只存在于双重的午夜的钟声响起之际。就是说，无限的海洋只有在开始之前和结束之后才会有所扩展。开始自身，第一个小时，确实是在开始之际，而结束本身，第十二小时，确实是在一天的结束之际。无论是第一小时还是最后一小时中的哪一个都仍然属于生命的白天，就像活生生的经验的正午（the living noon of experience）一样。实际上，与上述类比不同，生命的正午不是它最神圣的时刻而是它最后的时刻；那确实是"超过了时间"（high time）。正因为如此，午夜的开端是黑暗，但结束的开端则是（纯粹的）光明。

新的全体

当它在我们的上升过程中融入了我们之后，世界并未绕着圈子再回到自身。毋宁说，它从无限中喷薄而出，又再次沉入了无限，每个无限都是外在于世界的无限，世界由于它而变成了有限的世界。另一方面，圆圈，甚至是球体都将无限包含在自身之内，或者，实际上它们自身即是无限。因此，其中的任何一种明显的无限都出自于它自身的无限并再次融入了其中。这种无限性不会再折回自身；从（唯心主义）哲学的观点看来，这是"恶的"无限。相应地，我们必须打碎唯心主义的折回自身的无限以便使（我们的）无限重见天日。我们的工作是去除无从参照的那种完全由人们自己的单一的点所划定的小圈子，而代之以相互独立的点，其中的任何一个都不可能为其他的点提供明确的参照。因此，我们努力通过这三个点，也仅仅是通过这三个点建立起一种联系。我们这样做时并未遵循某种建构原则，以建立起理想化的、绝对真实的关系来连接处于上述联系中的"任何给定"的点以及某种可资参照的普遍性的点。归根结底，这种关系将本身是"恶"的无限变成了

"好"的无限。这就是说，由这种关系而来的公式把敞开的无限，比如双曲线，变成了封闭的无限，而后者恰好可以用公式来表达。

新关系

我们发现上述三个点是彼此独立、两两相互连接的，只能以一种武断的方式将它们连接起来，而且这种联系极易变化，具有偶然性的特征。我们发现的这种特征已经决定了无法在此找到可以将它们联系起来的公式化的曲线。如果在这些独立的点之间存在着什么关系的话，那么显然那不可能仅仅是几何曲线。而且实际上，我们在本部的三卷中用以连接起最初出现在第一部中的点的线索，并不是几何意义上的线；毋宁说，它们出自各个点，并经过了转化，尽管它们是建立在这些点的历史性的起点之上的，但在其自身中并无基础。因此，它们确实并不是数学上的线。但是，究竟该如何来形容这种现实性、这种彼此连接的线的实在性呢？

新的相互关系

正是因为它们从根本上必须是"线"，那么除了明确地推翻数学上的线的概念——两点间最短的距离——之外几乎不可能有其他的办法。如果这一切的发生同样具有数学的明晰性的话，那么事情的发生必定是这样的：线自身是由其自身的更远的点所定义的，尽管作为数学上的线，有两点就足以决定了。此外，如果最初的三个点对应的要素是上帝、世界和人的话，那么新的三个点就必定代表着创造、启示和救赎之间的轨线，而它们所形成的三角形就必定被置于这样的情况之下：它不会在第一个三角形之内终结。否则，这三个新的点似乎只能接受一种无关系的、自发的状态，而这种状态恰恰是它们所没有的。相反地，从一个点到其他两点的联系必须自身就是最初的三角形中的线，如此一来，两个三角形才能互相联系。然而，如此一来确实会产生一种尽管是几何学所构成的"形"（figure），但它却与几何图形不同。简而言之，它根本不是一种"形"，而是一种"构型"。因为这正是区分开构型和图形的地方：尽管构型或许是由数学图形构成的，但实际上却并未遵循数学原则，它是建立在超越数学的基础之上的。而这个基础又是由下述观念提供的：它把作为元素的点之间的联系描述为真实发生的事情的象征，而不仅仅是某种数学概念的现实化。

新秩序

由此产生了一种星形的结构，它通过追溯的方式将构成它的几何要素转变成了构型。但是像点和线这样的简单的几何结构只有从作为数学的基本要素（life-element）[①] 的地位上提升起来才能达到构型。也就是说，要从一般意义上的相对性中提升出来。数学一旦超越了它概念的界限，它就不会晓得任何绝对的量（quanta）；一个特定的数字所指称的现实完全取决于这个数字所代表的单位的大小，一条线的方向完全取决于一开始时武断地设定的可资参照的线的方向，一个点的位置完全取决于最初武断地确定的坐标系的原点的位置。如果我们在此所面对的两个三角

---

① 直译为"生物元素"。——译者

形的边和角会变成非数学化的构型，那么它们必定会获得绝对的位置和绝对的方向。而这也正是我们在第一部和第二部之间的"转换"部分所不能给予它们的东西。

这正是我们现在能给予它们的，实际上，我们确实已经给予了它们。因为我们已经承认上帝是创造者和启示者，我们也首次承认，世界是被造物而人是被爱的灵魂，并且确信，上帝超越于所有的可能性之上。此外，上帝既是创造者也是启示者，他在两方面都是原初性的。因此，同样可以确信，代表着世界和人的两个点必定可以通过代表上帝的点而达到，尽管方向是不同的。还有，人与世界间的距离跟它们彼此到达上帝的距离是一样的；相反，相对于人接受启示，上帝在世间的所有作为仅仅是他从自我中浮出的另一面。这一点，就像世界上生命的成长之于它的被造性一样。因此，对这三个点来说，唯一可能的形式是等边三角形。而且既然原型宇宙的第一个三角形就是等边的，那么无须赘言，第二个或者说宇宙的三角形也是等边的。因为第二个三角形的角恰好象征着第一个三角形的边。而且，如果上帝必然高居于原型宇宙的三角形之巅，那么救赎必定因同样的必然性而处于宇宙的最底端，而且出自创造和启示的线必定在它那里交汇。对于空间位置来说，上和下在数学上几乎毫无意义，有价值的是其创造性的构型，后者才确立了原型宇宙的要素，并在与其他二者的关系中确定了轨线中的每一段：如果它是在上的，那么它就是起源；如果它是在下的，那么它就是结果。

与原型宇宙的关系

在第一部中阐发的内在的、"秘密的"原型宇宙的诸要素的史前史，那些神的谱系、宇宙的谱系、心灵的谱系，只有迟至现在才让我们完全理解了它们的发展过程。它们是上帝、世界和人的自我-创造、自我-启示和自我-救赎的内在历史。它们自身已经遵循着同样的道路从作为起点的"无"出发一直走到了它们在其终极构型中的最后完成，而这也是它们彼此相伴着出现时所遵循的道路。原型宇宙中暧昧不明的道路的种种谜团被解开了：它们是世界宣示自身时所遵循的道路的征兆。第一部中光芒四射的三角形——它最终昭示我们，在通向浮士德式的母亲们的道路上，我们处于最底层——同样照亮了我们在第二部中所遵循的回到超宇宙的道路。

前景：永恒的上帝之日

唯一的永恒

我们已经说过：这是条通向统一的道路。哲学代表全将这个统一认作是一个自我证明的前提。然而，对我们来说，这是终极的结论，结论中的结论。这个点[1]远远超出了上述"道路"，就像它的神圣的起源（origin）远远超出了它的起点（beginning）一样。因此，实际上统一只是"变得统一"（Becoming-unity）；它是什么取决于它会变成什么。而它只会变成上帝的统一。只有上帝是——不，确切地说：只有上帝变成了一种使万物变得完美的统一。

---

[1] 指上述结论就像一条线的终点。——译者

永恒的上帝

但世界如何？人又如何呢？二者是否只有被纳入上帝的"世界日"（world-day）这样一种统一呢？创造、启示和救赎之对于二者是否跟对于上帝的意义一样呢？因为那个时刻[①]对于上帝来说实际上是他本人的经历；对他来说，创造世界意味着他变成造物主，启示意味着他变成启示者，救赎意味着他变成救赎者。因此，直到最后他一直是生成。对他来说，无论发生了什么，都只是生成。而且所有发生的事情都是同时发生的，实际上，启示并不比创造晚，而且正因如此——如果不是因为其他理由的话，救赎也不比其他的晚。相应地，上帝的这种生成对他来说也就不会是改变、成长或者增长。毋宁说，他是那个从开始就有的，他存在于每一个时刻，而且他是一个永远正在到来的。他的存在同时是永远持续着的、存在于任何时代的和永恒的，而正因如此，整体才必须被定义为一个生成。因此，当我们说上帝是永恒的生成时，我们无非是说：上帝并非只是在某个时刻存在过一次，而现在则谦虚地隐藏到了永恒的法则背后，或者上帝并非仅仅存在于某个人得到了完全的福佑、感受到了来自天堂的光辉的时刻；我们当然也不会说他"仍然是有待将来的"。永恒所做的是让瞬间变成永恒，它本身就是某种永恒化的力量。因此，"上帝是永恒的"对他来说意味着永恒是他的完成状态。但问题仍然是：这些是否同样也适用于世界和人？

[①] 指上文中的世界日。——译者

当然不。为了获得永恒的生命，它们确实必须融入上帝的世界日。它们只有在上帝中才能获得不朽。但它们的完满最初并非是建立在救赎的永恒性之上的。永恒的生命之树确实是在那里成长的，但它却植根于完全不同的土壤之中。

可以明确的是，永恒之树植根于很普通的基础上，只有后者的坚固性才能承受非连续的甚至是连续的关于"是"和"否"的表达。事实明确表明，上述诸要素[①]之所以采取临时性的形式，因为这对它们来说无非是一条通向永恒的道路。如果是这样的话，那么分离的可能性就必须由联系的必然性来支撑；那么上帝的世界日就必须早已在自身中包含着走向上帝的永恒之日的倾向。对上帝来说，救赎不顾自我启示的临时性而为永恒性提供了这种保证。救赎用启示连接起了创造。这不仅仅是对永恒性的保证，同时也是其自身的永恒的完全现实性的保证。而且正因如此，对上帝来说，他的世界日立刻变成了他自己的时日。但这种对永恒的保证和永恒的实现的直接的等同并不适用于其他的"元素"。实际上，正是这一点使它们变成了"其他的"而上帝成了唯一者。实际上，对我们来说，这是唯一能够说明在前述等级秩序中上帝"在上"而世界和人永远地臣服于他的真正理由。

人的永恒

人的永恒植根于创造的土壤中。爱和被爱是他生命中的两个时刻，这两个时刻在上帝面前是分离的，但却在人那里得到了统一，

---

① 指上帝、世界、人。——译者

而创造正是连接起它们的那个"和"。人被上帝所爱,这种爱同时又转向了世界。有什么别的理由能说明它们对他来说只是一个吗?如果他在最初和内心的最深处并不知道邻人是上帝的造物而他对邻人的爱就是对造物的爱的话,那么还有什么别的理由能够说明他意识到了通过爱邻人而爱上帝吗?他怎样才能意识到他被上帝所爱并不等同于他爱邻人中的那个他自己?上帝由自身的形象而造人,而这一形象对他和他的邻人来说是共同的,就是说,后者是"像他的",所以他们"都是人"。除了这样的说法之外还能有什么说法?他是上帝的造物而且是上帝的副本,这就是基础,在这个从创造时就打下的基础上,他才能在爱上帝和爱邻人的暂时的、交错的潮流中建立起自己的永恒的生命大厦。

世界的永恒化

对世界来说,纯粹的存在和活生生的成长是完全的两回事。只有在世界中这两者才能联系在一起,前者为其提供了现象的材质,而后者为它提供了持续性的骨架。为了前者,被造的世界信心十足地转向了天意;而为了后者,生命对人充满了期望,因为只有后者才能够"赋予它持续性"。因此,世界似乎不断地瞻前顾后,一会儿到创造者的永恒的臂膀中寻求庇护,一会儿又想从创造的尘世的主宰那里获得一切。而世界,只要人仍然栖居于其中,是它的居民,那么人就会一直伴随着它。对神圣的造物主的信仰似乎跟对人的行动的期望处于永恒的矛盾之中,因为所谓的自然就是文明化(nature is to civilization)。世界似乎注定要处于这种永恒的矛盾中。但事实如此吗?我们知道,对于世界来说,这个矛盾将消失在永恒的上帝之日和将要来临的救赎的王国中。因此,这并不是一个永恒的矛盾。但是人类的行动本身之作为行动如果不是来自上帝,如果上帝的创造性的工作不是在警醒人的过程中扩展并完成了自身的话,人类的行动和上帝的工作的同一又从何而来呢?因此,上帝给人的启示也是为了救赎而给世界的抵押物。在此基础上,世界才能确信它的困惑终将得到解决——而所有的困惑无非就是在对创造的信任和对行动的期待之间的犹疑,而这一困惑的解决将有利于世界的成长。对世界来说,启示是其能进入永恒的保证。

永恒中的时态

因此,对世界来说,它在光明中的存在(Being-in-the-light)似乎深入到了启示和救赎之间;对人来说,他在光明中的存在占据了创造和救赎之间的全部距离,只有上帝在其纯粹的光明中独自生活在救赎里。或者换句话说,上帝在永恒中过着自己纯粹的生活,世界存在于任何时代,但人却总是那样。所有的历史无非都是史前史,而对人来说,却根本没有史前史:荷马时代的太阳依旧照耀着我们。言说,这一奇迹般的礼物,是在创世之初就为了人而创造并创造给了人的。人并未给自己制造语言,语言也不是在人那里逐渐生成的;在他变成人的那一瞬间,人开口说话了;在他开口的那一瞬间,他变成了人。然而,对于世界以及对于作为其中的居民的人来说,确实有历史。如果人被造成超人的话,那么世界在上帝对人的启示中也会变成超世界。而在这种启示进入世界的轨道之前,后者遵循的是发展的法则,这个法则使超世界性变成了成熟的世界的标志。因此,所有世间的事物,在任何时代都有其历史:法律与国家,艺术和科学,所有可见的东西。上帝给人的启示回响在世界的"它"(It)中,只有在此时,临时性的碎片才在永恒的不断复活的死亡中死去了。然而,言说是属人的而非世界的,因此,它既不会死去,当然也不会死而复生。永恒沉默着。然而,上帝本身既未将其永恒的幼苗种在时间的开端,也不在时间的流逝之中,而是彻底超越了时间从而进入了永恒。对他来说,在播种和收获之间并无间隔。在他的永恒中两者是一个。他的救赎完全超越了所有的世界,就像他自古以来的创造完全先于所有的时间一样。人的自古以来的被造性仅仅先于给他的启示这一事实,因此,它仍然处于时间之中;世界自古以来的被造性只有在它得到了救赎的完满状态中才会消失,而这发生在时间最外围的界限中;但上帝自古以来的被造性在他消融于他的创造性的行动中之前就已经存在了。我们在第一部中已经处理了存在于上述三种元素中的这种原初的被造性(arch-createdness)。同样地,在第二部中我们处理的是它们的自我宣示。这就是为什么在有关创造的章节中,涉及创造者的内容要少于涉及世界——它处于天意的福佑下,并在其中更新着自己的每一天——的内容;在有关启示的章节中,涉及上帝的爱的内容要多于人的被爱的内容;在有关救赎的章节中,涉及人的爱邻人的内容要多于世界的正在成长的生命的内容。我们沉入了原始的、被造的原型宇宙,又从宣示性的世界中升起,如果现在我们追寻被救赎的超宇宙的前景的话,我们知道在此会有什么样的景色。对来自女性的男性而言,我们会发现他的每一种特殊性和私心都被彻底地拯救了,并拥有了上帝的形象。① 对于世界,有血有肉、有木有石的世界,我们会发现它被从全部的物质性中拯救了出来,变成了纯粹的灵魂。而对于上帝,我们会发现他从创世的六天的全部工作和对我们的悲惨的灵魂的全部的爱的忧伤中拯救了出来,变成了我们的主。

然而,这样的前景,将不仅仅是奇迹。它不再需要进一步的预言,而无论在哪里它可能被赐予我们,我们都是自己走在光明中。原型宇宙的神秘再次沉入了黑夜,环绕着我们的世界的诸多象征失去了光辉,超宇宙的光辉将神秘的黑暗的影子和象征的多彩的光芒吸入了自身。我们上升到了超宇宙的门口,这是一扇从奇迹通往启示的门。

---

① 《创世记》1∶26。——英译注

第 三 部

构型或永恒的超宇宙

导论：通过祈祷升入天国的可能性

向暴君开战！ ①

论引诱

有论断说人能引诱上帝，这大概是信仰带给世界的许多荒谬论断中最荒谬的一个。根据这个信仰的论断，上帝是创造者，在他面前，各个民族就像沧海一粟；还是根据这个信仰，人简直就像爬蛆；人子就像蠕虫；他们竟然能够引诱他——上帝。即便是在这种思想中，人们想到的不是大能的创造者，而更多地想到作为启示者的上帝，但即便如此，即便上帝真是有爱的上帝，人难道就可以想象他会受到人的引诱？这样一来，岂不是说上帝受到了自己的爱的限制，受到了人的行为的限制？而且这样一来，上帝岂不是无论如何都会像上述信仰所断言的那样，失去了无限的自由，不再仅仅服从于自己的爱的驱动？或者说，归根结底，这一信仰所断言的人可以引诱的，真的是救赎者吗？或许我敢说的是，只有救赎者能够引诱人。根据信仰的观点，相对于救赎者而言，

---

① 拉丁语，军事用语，命令向暴君发起攻击。——译者

人的确具有一种作为上帝的造物和孩子所不具有的自由，这就是去做祈祷的自由，至少决定去祈祷的自由。而恰好是在祈祷中，犹太人和基督徒不断地重复如下祈求："不要把我们引入诱惑。"于是就有了它的反面：在上帝面前产生出对天命和神之父爱的双重否定。正是他能够允许自己玩那渎神的游戏：引诱他的造物，他的孩子。假如祈祷真的是引诱上帝的机会，那么，这个机会也是严重受限的，因为祈祷者一直心存敬畏，当他认为在引诱上帝时，自己已经被引诱了。换言之，是否可以说那个引诱上帝的机会是建立在上帝引诱人这样一个事实上的？一方面，如果在那个可能的机会——注意：仅仅是可能——中，人表明自己至少具有相对于作为拯救者的上帝的自由（尽管不是相对于创造者和启示者的上帝），那么，尽管人之被造和自己的意志无关，尽管启示降临于他也和他的功绩无关，但如果"和他无关"的话，上帝却不会拯救他。另一方面，如果这一祈祷的自由具有引诱上帝的可能性，那么，人被上帝引诱岂不成了他的这一自由的必要前提？

　　的确如此。一则拉比传奇故事说，在遥远的地方有一条河，那河水是如此虔诚，以至于在安息日停止了流动。如果这条河也像美因河那样流经法兰克福的话，那么毫无疑问，生活在那里的整个犹太社区都会严格地遵守安息日。但是，上帝没有给出这样的信号。显然，他为这样一个结果感到不寒而栗：恰好是那最少自由、最有敬畏感、最弱小的，才是最虔诚的。上帝显然只要那因为自己而自由的人。但是，为了区分自由的人与受奴役的灵魂，单凭上帝的规则的不可见性几乎是不够的。因为有敬畏感的人，在犹疑的时候，其敬畏足以使他选择这样的道路：在任何情况下都不会伤害人，甚至可能——50%的概率——会主动提供帮助。因此，为了把小麦与糟糠区分开来，上帝不仅没有什么优势，而且必定是伤人的。所以说，他没有选择。他必须引诱人；他不仅一定会把他的统治隐藏起来，甚至还会在他统治这件事上欺骗人。他一定会让人感到难以甚至根本看不到他的统治，这样人才会有机会自由地相信他，真正信靠他。另一方面，人也必须想到这个机会，即上帝只是"引诱"他，以至于在每一个引诱中，人仍然拥有保持其信靠的冲动，而不听信约伯的妻子那不朽的话语，她要约伯"弃掉上帝，死了吧！"[1]

因此，人必须知道，他是以自由的名义不时被引诱的。他必须学会相信他的自由。他必须相信：在上帝面前是没有限制的，即使可能在别处有限制。刻在石板上的上帝的诫命是为人规定的，用古人不可翻译的俏皮话说，就是"石板上的自由"。那里的意思是：每一件事情都掌握在上帝手里，只有一件例外，这就是对上帝的敬畏。这种自由，比之人的确可以引诱上帝这一点，不是得到了更大胆的表现吗？因此，人对于上帝和上帝对于人的相互引诱的可能性就在祈祷中交会了；祈祷被束缚在这两种可能性之间；一方面害怕被上帝引诱，另一方面这种害怕就是引诱上帝本身的力量。

天国的权能

但是，关于祈祷的力量我们又可以说什么呢？人真的有加诸上帝的力量，以至于在祈祷时能够附着在创造者那伸开的巨臂之上，

---

[1] 《约伯记》2：9。——译者

把他的律法强加于对启示者的爱上面吗？如果说以直接的方式，那几乎是不可能的，否则创造者就不是创造者，启示者就不是启示者了。但是，就创造者的活动与启示者的行为都可见于救赎中而言，那又是可能的。可能会发生这样的情况：人严重干预了神的力量和爱的主权；救赎毕竟不直接是上帝的活动或行为，但是，正如上帝给创造以自身有机成长的力量，他也在他的爱中给灵魂以爱的行动的自由。

行为与祈祷

但恰当地说，并不是那爱的行为的自由干预了神的行为。它毋宁说是上帝本身所希望的。它就是上帝那爱邻人的诫命。实际上，诱惑上帝的可能性仅仅存在于爱的行为与世上变动不居的生活的关系之中，不存在于任何别的地方。而这个关系是通过祈祷，即通过那孤独的心在孤独时刻的祈祷建立起来的。爱的行为本身仍然是盲目的。它不知道，也不希望知道在做什么。它比知识反应迅捷，它做最切近的事，做它认为的那最切近的事。但是，祈祷却不是盲目的。祈祷把祈祷的行为、时刻以及决定了的意愿（最近的过去和最近的将来要做事）一起放进神之面容的光照之中。祈祷就是呼求光照。让我的双眼发出光亮——只要我的手忙忙碌碌，我的双眼就是盲的。探索的眼睛没有发现什么事、什么人是最近的，但摸索的手却发现那人就站在跟前。爱行动起来不仅像上帝不存在，而且还像世界也不存在。对于爱来说，邻人就代表了整个世界，也遮住了眼睛的视线。然而，祈祷通过恳求光照而看到了——不是最近的过去，而是超越了最近，就其为了邻人祈求光照而言，祈祷看到的是整个世界。因此，祈祷使爱解脱了摸索之手的局限而教导它怎样用双眼去追求最近的东西。那迄今离它最近的东西也许要远去，而原来全然不知的东西会突然呈现。祈祷建立了人的世界秩序。

人与神的世界秩序

祈祷建立了人的世界秩序——但它也建立了神的世界秩序吗？显然，上帝创造了唯一的世界但却把自己给予了许多人，因而为如下的事实打下了基础：存在着两种秩序，二者不可能被简单地看作是同一的。对于单一的成长着的生命秩序来说，与之相对的有许多秩序，它们都是从被上帝唤醒的灵魂的"我在这里"（here-I-am）产生出来的。因为它们是多样的秩序，所以如果没有付出更多的力量，是不可能成为和神的秩序同一的秩序的。为了成为同一的秩序，它们首先必须使自身层面的秩序成为一个。但是，只要多样秩序中的每一个仍然回复到那孤独灵魂的孤独祈祷，就没有办法做到这一点。当然，孤独之人的祈祷汇入了为了天国的到来而做的众多祈祷之中，但是，尽管如此，孤独之人的孤独依然如故。他的"我站在这里"（here-I-stand）仍然是"他不能另有所为"（Can-do-no-other）的理由，他只能祈求上帝的帮助，他本人既不能摆脱自己立场的孤独性，也不能出于建立自己的世界秩序的压力而做祈祷。

但是，这里有哪种危险呢？如果祈祷能够在祈祷中为人打开一扇朝向世界的窗户，而让世界以某个特殊的秩序向他显现，那将会对神的世界秩序本身产生什么后果呢？祈祷具有暴君般地干涉创世以来就存在的来自上帝的世界进程的力量吗？假如祈祷无非是对光照的呼求，而光照就是崇拜者通过祈祷之力而能获得的最高奖赏，那么，祈祷又怎么被认为是可以干预事件进程的呢？光照似乎只发生在正在祈祷的人身上，他的双眼被开启了——而这对世界有何相干呢？

爱的行为与有目的行为

处在进程中的世界并不在意是否得到光照。光照也不产生立竿见影的效果。产生的直接效果不是世界，而是爱。爱是不会没有效果的。爱邻人的行为是不会沦为"空无"的。因为行为是盲目实现的，它必须在某处表现出效果来。某处，是很难预料的地方。如果行为是明眼所行的，犹如有目的的行为，那么，它就可能会消失得无影无踪。因为，有目的的行为不是宽泛的，它公开地进入世界，不隐藏、不审慎，而指向一个可见的确定目标；由于它也看到了通往这个目标的道路，所以，有目的的行为本身也一定会把这个道路计算进来。除了指向其目标外，有目的的行为还力求隐藏其不设防的侧翼，为的是排除任何可能的偏离、远离任何妨碍的影响，这些都是在它专注于前行的道路的过程中可以预见的。这样一来，它就变成了一个有指向、有意图而且隐蔽的行为。如果实现了目标，那它就成功了。它的下一步命运取决于已获成功之事的命运。如果后者死亡，那么，其行为也随之死亡。有目的的行为越纯粹，也就越完善；因为它尽可能隐蔽地踏上了通往目标的路，因此，作为行为本身，它仍然隐而不显，而且实现目标的确定性越强，目的性也就越强，无须对道路施加任何不必要的影响。

与此大不相同的是爱的行为。爱的行为几乎不可能实现它所竭力奔向的目标。因为它是盲目的，只有那触摸到最近的事物的感觉才能为它提供有关对象的知识。它不知道哪条路是通向目标的捷径。它在路上，盲目地追求着最近的东西，既没有后援，也没有向导：这不更可能迷路吗？这岂不是说，爱的行为无疑会达到某处，但由于爱不止朝着一个地方进发，它将绝不可能看到原先意向的目标？

说爱的效果实际上总是会带来某些附带的效果，也许并不过分。爱从来没有完全摆脱这样的效果，与此不同，在有目的行为的情况下摆脱此第二位效果，是可以发生而且是被孜孜追求的。每一个客体都和别的客体联系在一起，最终联系着无限多的客体，其联系之紧密以至于每个行为不可能没有一个效果，此效果在作用于其对象的过程中，总归会同时作用于其他客体，因此，要想阻止这种附带的效果，就只能像有目的行为那样，要靠走最切近、最隐蔽的路来完成。那些感受到行为之效果的客体，多数或大多数都会以牺牲道德为代价，因为它们尚未成熟到激发爱的效果的程度，而通过所有客体的无间断的联系，其效果会让当时正在"最近处"的客体受益，不管它是不是那个盲目摸索的情感所追求的客体，还是别的客体。于是，这个客体，因其是最近的，就成熟到了能够接受灵魂的程度。这个最近的客体，因为是最重要的东西所依赖的爱找到的，在世界上方兴未艾的生命中，走得如此之近，以至于因为它的缘故，时间，它的时间应运而生——这个最近者也被永远地真正找到了。只有在一种情况下它或许不会被发现：当爱不是作为被情感驱使的盲目的爱而从人那里一步一步流露出来的时候，它就会抓住一个在跳跃中突然发光的对象。那一跳就跳过去了。如果在那被跳过去的东西里有时间来临，那么，爱的行为就确实沦为"空无"。因为回头路是一条无论如何都不能走的路。祈祷中就存在这样的危险。

最近的与最远的

因为在祈祷光照之时带给眼睛一个最远大的目标。但是，由于祈祷之人是以自己的人格站在那个确定的立足点上的，所以，那个人所共有的远大目标就退居到了个人视角的前台背后，这视角恰好就是该立足点的视角。因此，最近的事物的切近性是可以感受到的，而最远的事物的距离是可以看得到的，当下的经验所诉说的之所以不是切近的事物而是遥远的事物的直接性，是因为它不会呈现在由目的指导的充满了渴望的意志而打开了的双眼面前，而是呈现在了被祈祷的感受性（receptivity）而光照的眼睛面前——这个直接性就使为这个客体而准备的爱成为可能。它距被光照着的眼睛很近，就如同感触到最近的事物一样。但是，由于在光照之时路也同时因它而被照亮了——相对于目标的一般性，这条路是特别适用于个体的个人之路——因而爱首先是为这条路上的诸多站点准备的。它朝着那些可见的站点尽可能快速地行进，唯恐耽搁，因为它确实想到了耽搁中的所有危险性。感触中最切近的东西被跳过去了；在光照中辨识出的站点，作为通向远方路上的第一个站点，此时取代了最近的站点。爱打算用一个跳跃就达到第一个站点。第二最近站点取代了爱的最近站点。第二最近站点把最近站点从爱中驱赶出去。为了在强有力的跳跃中从一个站点抵达另一个站点，爱既看不见，也听不到。因为它是爱，而且因此而总有结果，也一定是成功的。

祈祷的魔力

因此，本身并无魔力的祈祷，在照亮爱的道路时，获得了产生魔力之效果的可能性。它可能破坏神的世界秩序。它能够给爱以方向，使之趋向于那还没有成熟到有爱、没有成熟到被启发的某物。当祈祷呼唤遥远之物时，它就可能受到指责，因为人忘记了并且实际上是否认了离他最近的点，至少拒不承认距自己最近的点，如果不是距别人最近的点的话。这样，至少他应该为不再为自己去找一条回到最近站点的退路而受到指责。由于祈祷未来王国来临的祈祷是个人的，所以它就陷入了宁要第二最近站点而不要那最近站点的危险之中。但是，这种优先性实际上是诱导未来的优先性，在未来尚未变成下一个时刻之前，它把未来拉近了，拉近到近乎成为永恒的程度。个人的祈祷，在得到回应并因此而使祈祷者得到光照之时，总是处于诱惑上帝的危险之中。

天国的暴君

因此，引诱上帝的可能性并不与神性世界秩序相矛盾。只有在人真正拥有爱第二切近者的能力，并借之把自己转化为永恒的情况下，才会出现矛盾。但是，事实不是那样。在祈祷中被光照的人或许会要求在注定的时刻到来之前出现天国，但是天国并非是靠强迫催生的，而是逐渐成长起来的。这样，当祈祷者个人的魔力游离于最近者的时候，它就沦为"空无"。祈祷的力量也想达到第二最近者，但不被接纳。因为个人的魔力既不能在他身上发现根基，也找不到从他那里回来的路，于是，前行的路也被拒绝了。为能前行，它必须首先切实感到脚踏实地。这就是爱的不幸——对第二最近者之爱的不幸。尽管它的确发生了爱的行为，但还是和它所达到的目标一起死亡了，犹如有目的的行为一般。这是违背了自己所宣称的东西所带来的恶果。狂热分子、宗派成员，一句话，天国里所有的暴君，与其说加速了天国的到来，不如说使之推迟。通过让爱离开最近者，而趋向第二最近者，他们与那些前行的众人——他们朝着宽阔的前方，寸步寸地，靠近距他最近的那个——分离开来，去征服、占领、激发灵感。他们的排他性的、对第二最近者的个人偏爱，并没有给任何的后继者做出前导性的榜样，因为这样的偏爱始终是没有结果的。可耕的土地，因被狂徒提早耕耘而结不出果实。只有当时机来临——那时候也是为它而来的，只有到了那时，它才结出果实。但到了那时，全部耕种的劳作都要重新开始，先前播下的种子已经腐烂了，它必然要求学者的愚钝和执拗——在见到残存的腐烂物时——宣称：这"事实上"而且"已经"是与后来成熟的果实一样的东西了。时间、时机的力量比人所知道的那些要大得多。

恰当的时间

上帝的时间

时间和时机，只是在上帝面前才软弱无力。当然，对他而言，救赎与创造、启示是一样古老的。就上帝不仅是救赎者，而且还是被救赎者而言，救赎就是他的自救。任何暂时生成的表象，正如厚颜的神秘主义、冠冕堂皇的非信仰企图归之于他那样，都是对他的永恒性的试探。不是为了自己，而是作为世界和人的救赎者，上帝需要时间，而且也不是因为他需要时间，而是因为人和世界需要它。对于上帝来说，未来不是预告，因为他是永恒的，是仅有的永恒的"一"，绝对的永恒的"一"；在他的嘴里，"我在"（I am）就是"我将在"（I will be），从其内部即可找到说明。

世俗的时间

但是，对于人和世界而言，生命原本不是永恒的，那时的人生存于纯粹的瞬时或宽广的当下，未来，只有在被迟疑地拉近即向前、拉近到当下时才被把握到。这样，绵延对于他们就变得最为重要了，正是因为它，未来才不断增强，因为未来是在瞬时中预见到的。因此，对于祈祷者来说，每一事物都带有这样的意义：天国的未来被它或者提前了，或者推迟了。或者更准确地说，因为提前或推迟两者只有在人和世界的眼里，而不是在神面前，才有意义。人和世界并不根据外在于或高于他们的尺度去测量时间，而是相互依靠，人依靠世界成长乃至成熟，而世界依靠爱源源不断地注入其腹地。因此，对于祈祷者，这不啻在说：那射入未来黑暗中的光线，即最终以卷曲的方式不断抵达遥远距离的光线，在初次显现的瞬间，在开启祈祷者的最近点上，急促前行，或在爱的前面，在它背后，或与它并驾齐驱。只有在最后一种情况下，祈祷才得到回答；只有在"吉日良辰""蒙恩的时刻"，祈祷的回应才会发生；用这个我们刚开始有所理解的奇怪的说法来说，就是，信仰把那连异教徒都当作死知识的观念复活了：人能够问诸神要的，仅仅是他们愿意给予的，而在人可能提出了某种"不恰当"的要求的情况下，他从一开始就不得不准备着得不到答案。

罪者的祈祷

信仰把恰当时机的观念提升到了空洞的"恰当"祈祷内容这一观念之上。祈祷本身并无错误的内容。那看上去显然不当的内容以及祈祷的目的，对于虔敬的异教徒，也是可恶之物，为了自身利益的祈祷，即自私的祈祷，就其内容而言并非是错误的，因为上帝希望人拥有他的所有物，上帝承认他的生存所需，甚至更多：他认为的生活必需品，甚至包括他希求得到的所有东西。所有这些都是上帝答应他的。因为上帝同意给他，所以就真给他；实际上，在他提出要求之前，上帝就已经给他了。至于内容，任何祈求都是无罪的。例如，即使一个罪犯祈求别人去死，上帝也已经在祈求者做此祈求之前回答他了，因为上帝创造了那个行祈祷的个人。无需任何祈祷，事情就已经这样了：别人一定会死。因为只有别人才会死，只有作为别人，作为一个他，人才会死。我，无法想象自己的死。对于死亡的恐惧，就是对于变成他在死去的他者那里亲眼见到的东西——一个死了的他，一个死了的它——的恐惧。人并不害怕自己的死，因为在神启里觉醒了的我，一点也不会在想象力中想象出本然的样子，一定会想到各类创造物，而想不到自己的尸体。每当看到一个死人，他，一个鲜活的人，就被战栗缠住,而一想到他自己、他、一个鲜活的人,成为一个死人,他就被那战栗吞没了。严格地说,死人绝不可能被设想为其"自身",而只能总是被想象成"他者"。某人自己的自我,某人的寿限长于他人,所有的他人;因为他人,每一个他人,已经作为他人而死去了,从世界一开始就死去了。他被创造成了一个他人,而且作为一个被造的人,他已经完结了,即滑到了死去的被造者那里;作为一个被造者,他的命运最终被确定为不会比任何别人活得更久。因为,生命并非是创造的最高成果,他的目的是死亡而进入超越;是死亡,而不是生命,成全了被造物,使之成为一个单个的、独一的东西;死亡赋予生命最大的单独性,使之得以成为事物中的事物。这样,祈祷他人的死亡就要求他人永恒地——从世界的开始:被造物,即他人——持守住他已经是的东西。然而,人想成为"自己",觉醒到自己的生命,于是,求长寿,比所有永恒存在的"他人"更长寿。在我和所有的他人之间矗立着一道永恒的墙,使彼此分离开来。有一座让我通向他、神启通向创造的桥梁,其上写着这样的字:爱你的"他人",因为他不是一个他人,不是一个他,而是一个像你一样的我。"他就像你"——祈祷别人死亡的我拒绝在这座桥上行走。就像神秘主义者——他的奥秘使诚实的罪人、罪犯去犯罪,他公开表示,要彻底地守住神启,而把创造留给"他人";结果,罪人、坦诚的罪犯,就像神秘主义者那样,拒绝了救赎。救赎不过是:我学会对"他"说"你"(the I learns to say Thou to the He),此外还有别的什么吗?

这样,希望他人去死的祈祷在祈祷之前就有了答案,因为从世界产生时起,人就已经得到了属于他的东西。所以,它并不是那有罪的要求之中的内容。如创造所显示的，祈祷别人的死一点也不违背上帝的意志；但是，人没有把他的祈祷内容当作是有了答案的，没有因他自身的存在而感谢上帝，而他自身的存在是以"是他人"为条件的；作为人和被造物，而不是作为所有的他人，他需要那种祈祷，把它看作仍然是没有答案的东西。因为这个缘故，他祈祷而时间不当；也许在他被造之前，他就需要那种祈祷了。在被造之后，他只能因自己的所有而感恩。如果他祈祷是为了别人去死，那么他就错过了"蒙恩的时刻"，即不能通过祈祷获得他当下需要获得的东西；在祈祷中要求早在创造和启示的时候就给过他自己的东西时，他就让那个时刻溜到了这样一个地方，在那里他应该为了他的最近者而祈祷。那搜索的光线也切近地投射到他的对象上面，就是说，仍然局限在自我所拥有的那个圈子里，而没有投射到那不再是"自我"的自己，而是"像"自己的，像他，即那最近者上面。

狂热者的祈祷

在祈祷落在了爱的后面，即当我们中的罪人祈祷时，情况就是如此。罪人以这种方式祈祷，而这样的祈祷由于驻留在自己的东西之内，使自身排斥了丰盈的爱，而这恰好是它所等待和需要的时刻，因而延迟了天国的到来。我们在狂热分子的祈祷中看到了相反的情况。在试图加速实现天国的未来，使之提前到来的努力中，在这样的一个点上，即他的祈祷的寻求之光作为最近者向他显示的那个点上，永远是个第二近点上，他们力求抓住天国。他的祈祷以及他的爱在自身中枯萎了。因此，他也从丰厚的恩典——它等待他的和别人一样的行为——中抽身出来,因而延误了天国的到来,而他原本要加速其到来的。所以说,只有那恰逢其时的祈祷才不会延迟天国的到来。但是,怎样做这样的祈祷呢?有没有不延误的祈祷呢?狂热分子就完全错了吗?难道就不可能有不是推迟,而是加速天国到来的祈祷?难道他的祈祷,用卡巴拉的话说,只引起神的不耐烦,就像罪人的祈祷诱导神的耐心吗?当我们,而不是罪人和狂徒,启唇祈祷的时候,我们的心里就没有别人了吗?在我们的心里就没有别的声音在祈祷吗?

歌德的生命

祈祷中的人

"啊!我双手的劳作给予我能实现的莫大幸福。"[①] 乍看起来,青年歌德的这句祈祷似乎与摩西——上帝之人(the man of God)——的祈祷没有多少差别:"是的,你会加快我们双手的劳作。"然而,它们又是不同的,就像我们马上就要发现的两类祈祷之间的差别。歌德——生命之人(the man of life)——的祈祷,关心的是他自己的幸福,他脚踏实地靠双手做自己的日常工作,他要求的是他自己就能实现的东西。这就是这个伟人的祈祷,他年复一年,几十年不变而每一次又变换着语词重复着这样的祈祷,直到他取得了伟大、可见的成就。人为自己的命运所做的祈祷里面有什么呢?谁是这个命运,使他在这个命运面前低下了自由的

[①] Goethes Sämtliche Werke (Vol. 1) in Tempel ed, p. 153.——英译注

头颅，而且使他的心屈膝臣服呢？

人自己的命运

假如有人希望，比如说，对于"命运"这一概念，人们看到的不过是对神圣的唯一者——他祈祷的对象，所有血肉之躯的由来——某种隐晦的表达，那么这种解释是一种无法接受的新的发明。准确地说，并非所有的人都趋向这个命运，并在它面前安排双手的工作，只有孤独的个人才得以攀登其上，那回答祈祷的上帝也只是为了这个孤独的个人，仅仅是为了他，而不是为了别人。这个命运如在祈祷的人一样是属人的，准确地说，它确实就是那个在祈祷之人的命运。这祈祷一定会得到回答吗？这祈祷必须在"吉日良辰"去做吗？难道它不是那种为了自己去做而又总是为时已晚的祈祷吗？谁的蒙恩时刻寄居在世界变化的时刻之中？那种东西是永远不必再回答了，因为在呼求之前早已回答过了？但是，不！因为，祈祷是为了自己的事情吗？难道祈祷不是在他内心里吗？他自己的事情或外人的事情是否变成了他的生命和他的爱的内容，难道这不让祈祷中的人担心吗？他仅仅关心的是，在他自己命运的圣所里，什么东西流进了他的生命，什么是他被允许给出的东西，什么是自己的，什么是外人的，什么是外人的，什么是自己的。为此，他祈祷。他一点也不希求保持自己的所有，随时都愿意向外漂流，以便把自己狭小的此处存在扩充到永恒，而且他这样做了。但是，在这样的愿望中，他感到自己就像一个自己命运的奴仆。他准备好要放倒个人的围墙——他不认为能够做到——而把自己命运的神圣领域留下来。于是，我们再一次发问：人自己的命运中究竟有什么呢？

小宇宙

人是那个由许多部分构成的世界的不可分割的一部分。世界成长于岁月流年。它有自己的命运。人的命运是世界命运的一部分。但是,人的命运又不是分割进了宇宙而没有任何剩余。它是不可分解的。它确实是部分,但又是不可分解的一部分。人就是一个小宇宙。因此,他的命运存在于世界的命运中,后者随着年龄的增长而成熟,前者则像在时间流逝过程里一个确定的时刻。他不能被取代,不能被消除,不能被分解到河流整体之中。他又是这个整体的一部分,一个不可分解、不可分割的一部分。他是世界年轮的一刻,或者更准确地说,是一个钟点。这个命运充满了各色内容,这是一个一闪即过的钟点,人就是在这个时间里进入了天体符号的进程,犹如一个固定的物体,一个装有自己经验的器皿,其中最微小的元素(被占用而非己有)也只是一个瞬间,仅此而已。他自己的这个在成长着的世界中的钟点,这个对他来说敲响了的钟点,正是那个在祈祷自己命运的人所把握到的。因为如此,他的祈祷总能得到回答。因为做了祈祷,这个钟点就被汇入了世界的命运,再没有错误的地点,不会成熟过度,也不会不成熟。因为祈祷总是在自己的钟点里发生,而不会在一个素不相识的人那里发生,也因为那是对自己命运的祈祷,而不是对素不相识的人的命运的祈祷,所以它总是发生在吉日良辰和蒙恩时刻,一经祈祷,即有回答。这里的回答始于世界的开始;因为人在这个时刻进入了自己的命运,而人在同一时刻就进入了时间之始的状态,即进入了创造。

唯一的基督徒

在人的历史中，这是一个伟大的时刻，正是在这个时刻，人第一次抬起双臂为自己的命运而祈祷。人如歌德，面对这样的伟大时刻，没有无动于衷；在他那里，这个时刻石破天惊。他知道这个时刻，而且作为一个沧桑老人，以极其大胆的话语表达了出来，直指事情的根底。他这样想，他或许是那个时代唯一符合基督要求的基督徒。这一近乎渎神的疯狂言辞究竟何意？当说自己"或许"是那个时代唯一的基督徒时，他给自己——"尽管你把我同样视为异教徒"——一个基督教历史上独一无二的位置，超越了一切认识和理解的可能性。成为一个基督徒，并不意味着接受任何教条，而是指在另一个生命即基督的生命的统治下过自己的生活，而且一旦这样做了，过自己的生活就是由他流动而来的力量的唯一结果。如果歌德自诩或许是他那个时代唯一的基督徒，那也只是说，从基督流淌出来的所有力量"在当下"都集合到了他的身上，这一活生生的、从基督而来的力量以某种形式和他以及他的显而易见的异教倾向关联起来了。有这样一个前提：基督的生命在世界上是独一无二的，它产生了一系列的后果，而所有这些后果都以基督的生命为源头，这些后果汇成了一条不断流淌着的河流，其中充满了它们的无意识的生命力——这与个体的有意识的确定性是不同的，但后者无关紧要。这样的前提是唯一的可以把自己置于基督生命之下的方式，尽管归根结底，在某种程度上这一前提会导致对教条及其推论的无动于衷。在这个意义上，基督的生命当然是一，这毋宁说是基督教的一个教义。按照基督教教义的经典形式，即三位一体论，基督的生命（歌德的这个例子因之而起），往后看，在被造的世界里有其独一性；往前看，其生命作为连续不断的力量施于人类使之得到救赎。这些构成了这一教义的唯一内容。考虑至此，我们再来看，歌德那句把其异教倾向与对基督的模仿相关联的话究竟是什么意思？

模仿基督

古代世界

模仿基督，首先必须意味着，如果基督徒也要像基督那样获得无限的生命，也把自己和世界的命运相联系，他就首先要创造这种生活的外部可能性。这是因为，当基督教带着这样的生命意志进入世界时，它首先看到的是，这个世界上的国王拥有全然不同的生活法则。当然，与基督降临之前以及之后的几个世纪所发生的相反，基督教进入的不是一个分裂的世界：其中各个民族、部落、城邦各自为政，各部分作为部分隶属于各自的生活条件，而与世界格格不入。而是这样一个世界：基督教的使徒们至少可以在西方世界一路前行，世界统一于恺撒的权杖之下。不过，这样的统一体显然仅仅是表面上给予了基督教有利的土壤。这样的统一体不是一个世界统一体，帝国的疆界没有包括尚无人口的区域。这样的统一体不知羞耻地口吐狂言，想以此来欺骗自己，让自己进入信仰，但与此相反，帝国的疆界并未包括无人居住的世界。事实上，基督教的使徒们之所以没有这样做，并非因为他们不曾具有充分的这样的意图（而这是他们的基本意图）。而是因为这个政治大厦的构建者奥古斯都皇帝在其基石里引入了这样的观念：为已经获得的领土确立界限。只有那些以确定疆界为目的的修正才会得到允许。越过疆界出生的鹰，其目的无非是为了清除邻国人民对于受到攻击的感觉，如同远东的庞大帝国认为自己对于世界的其他地方也拥有主权一样，恺撒的地中海帝国利用遍及内陆的城墙和护城河确保了它的存在，而与地球上的其他地方争雄，后来则放弃了征服。

就这样，整个帝国对世界的命运都感到无可奈何了。同样，个人的命运也只是在表面上与整体的命运相联系。正如一个省的首府的历史不再是那个省的历史，个人的生活也几乎不被集体的生活所触及。一个绝非偶然的事实是，由于帝国的历史往往是世俗的历史，所以成文私法仍然存在：罗马帝国的公民很少因其帝国而遭罪，他也同样很少影响到帝国。他唯一受益于整体的事情是其私人立法范围的划定与保护：这实际上是一道保护屏障，在他和其他所有人之间划定了界限，正如边境的护城大河确定了帝国与世界其他地方的边界一样。正是借助于这样一个虚幻的形象，这样一个世界帝国的镜子，基督教恰好走向了反面：从外部看，全世界人民推倒了帝国，护城河与城堡统统无济于事，而基督教却凭借其组织在帝国的崩溃中幸免于难；它幸存下来，进入了我们的时代：罗马教会。

彼得教会

彼得继承人的使者们穿越了界限：他们走出去向所有人宣教。罗马教会不再像以前的帝国那样为自己划定界限。基督教原则上不满足于任何边界，它不懂得放弃。外在地，它抛出了保护之袍并罩在了整个世界命运之上；同样，在其腹地，没有一个人能够持守住自己。它要求每一个人随时牺牲他的"自我"，但它同时又回报给每一个人母亲般的爱。每一个人都是宝贵的不可替代的孩子，不管多少人，每个人都是独一无二的。因此说，通过教会，个体生命直接依赖于整个世界的生命。犹如教会本身那样，人要与世界命运相连接，其间的纽带仍然是爱。传教士给予那些处于黑暗中的人以爱。他的爱把外部的界限推后了，外部的、可见的大厦被扩展了。通过可见的牺牲——虔诚的劳作，通过可见的奉献——物质的和精神的善行，爱把人团结起来，并且和整体团结起来，这爱也存在于教会的心脏里。借助这样的做法，彼得教会创建了可见的身体，先是为了它自己以及那些作为其成员的人们，只要他们仍然是其成员。但是，教会的目标也指向了外面的世界，这外面的世界是它逐渐全面塑造并统治着的。在各国国王联合起来的帝国里，在各等级、各行业与个人构成的大厦里，彼得教会最终也把人跟教会自身联合起来，尽管人仍然在外面，教会也可以使之因联合而变成其内部的成员。那么，在教会里，基督徒生命的可能条件得以实现了吗？还需要更多吗？人尽其所能地将自己嵌入世界的整体之中，以至于其行为的命运与整个世界的命运不可分割地交织在一起了。当然，这里说的是他的行为的命运，而不是其思想的命运。

中世纪的双重真理世界

当然，罗马教会已经进入生民的有形世界而在反击新月之地的人数众多的异教的战斗中获得了胜利。在这里，教会确实为自己创建了新的世界，它的新世界。但是，在应对内部的，或者准确地说是内在化了的异教时，即应对以回忆的形式出现的异教思想时，教会仍然处于防守之势。只是在从教会兴起的时代一直到教父时代的结束期间，即异教思想不只是记忆，而是鲜活经验的时候，教会才依靠进攻征服了异教。在中世纪经院哲学家中，没有人像奥古斯丁那样敢于以胜利者的姿态对待希腊智慧。对于反击异教哲学家，爱是有效的。在反击异教哲学时，这个武器却不灵了。那些已经成为基督徒的权威人士让雅典的哲学学园关门，标志着牧道之古代（ecclesiastical antiquity）的结束和牧道之中世纪的开端；换言之，这就是教父时代的终结和经院哲学时代的开始。因为从此以后，对于教会而言，异教的古代就变成了敌对者，它如幻象那样不可触及，又像挂在墙上的画那样生动可见；对于它，行动的力量——这里就是爱的力量——就不足以取得胜利了。爱怎么可以改变一幅画呢！因为画不具有生命。如果画被改变了，就意味着它必须首先完全进入一个被俘者的眼睛，被一个完全动摇了的灵魂所摄取，因此，唯有一个异端分子的灵魂可以被皈依到信仰。在墙上的画前面，中世纪的经院哲学挂上了一块时而敞开、时而关闭的帷幕，在最可怀疑的思想——精确地说是基督教意义上最可怀疑的思想，因为它是通向使命途中的障碍——面前，它是一块遮挡双重真理，即理性真理和与之相对的信仰真理的帷幕。只有当画里的人物从墙上走下来，并作为活生生的异教之记忆而汇入基督徒队伍中的时候，只有在那时，爱的力量才得以在对抗它们的教会里重新焕发生机。

现代人

但是，由于这些新的异教徒（new pagans）从来不只是新异教徒（neo-pagans），不只是在已然基督教化了的世界里的异教徒，不只是在已然基督教化了的外部环境里的内在化的异教徒，不只是在基督教化了的世界躯体（world-body）里的异教徒灵魂，因此，那旨在使他们皈依的力量，必须是这样一种力量，它不再像爱那样用灵魂作用于肉体的外表，而必须是用灵魂作用于灵魂的力量。因此，灵魂之作用于自身的内在活动，即自我皈依（self-conversion）的人，把双眼从这个世界移开，目的是去赢得灵魂，唯一的灵魂，孤独的灵魂，个体的灵魂，而不顾及这个世界。

保罗的世纪

世界被一种力量抓住，这种力量所采取的形式是保罗的世纪。这种形式从根本上说如同教会那样不可见，而只有像时间、世界历史的时代、一代人的时间那样才能变得可见。就是这样的世纪。在这样的世纪里，由彼得教会建立的世界统一体似乎全方位瓦解；异教在各地再一次焕发生机；各国纷纷试图推翻基督教，诸侯国取代帝国，个体取代阶级，知名人士取代专家。基督教的世界身体似乎在这三个世纪里解体了，如果把余波计算在内，实际上是四个世纪。这是灵魂基督教化的成功所付出的代价。灵魂基督教化指的是那从未完全死亡而现在觉醒了的异教灵魂的"后天"的改宗。当这个时代结束时，将不再有双重真理；在爱失败的地方，信仰获得了成功，即灵魂的受洗；这样的洗礼不在世界内，不可见，是记忆性的。现在，灵魂把全部的记忆即所有的内容都作为不可见的祭品献给了上帝（就像在彼得教会里，它献给上帝所有的当下、它行动的背景）；而从上帝那里领回了不可见的信仰。于是，灵魂现在摆脱了一切藩篱和围墙，生活在无限之中。

分裂的现实中的现代生活

但是，这不过是使灵魂进入今世生活的"信仰而已"。只有灵魂才能过这样的生活。正如彼得教会曾经揭示了它的弱点——在双重真理的邪恶思想中的过度物质性本质，同样，在三个世纪结束时，德国的唯心主义运动宣布了信仰本质的弱点：太强调灵魂中心了，或者说得好听一点：那时仅仅有精神。精神认为它太"独一"了，以至于真的能够从自身产生一切，一切皆从其而产生。信仰显然完全忘却了精神中的身体。世界从信仰的旁边溜走了。当然，它完全抛弃了双重真理的教义。但是反过来，它面对着双重现实，也就是说，信仰的纯内在的现实和渐次世俗的世界这一纯外部现实。这两者的关系越紧张，新教的感觉就越好，因为新教的主要信条认为它们是彼此对立的：信仰反对世界，世界反对信仰。换言之，新的教会放弃了旧教会的活动，事实上它曾经是旧教会最伟大的活动，而现在又变成了新教会的最伟大活动了，这一活动恰好与新的活动相反，这就是传教。当路德宗的一支率先表示，异教徒皈依的工作已经恢复。这是一个信号：在虔敬派那里，某种新东西产生了。旧的抗议宗（the old Protestantism）的丧钟已开始敲响。

未来的基督教

肉体与灵魂仍然是分离的；它们彼此归功于对方某些东西：肉体把真理归功于灵魂，灵魂则把现实性归功于肉体。整体的人是两者，而且多于两者。只要整体的人没有被皈依，而只是部分地皈依，

导论：通过祈祷升入天国的可能性

只要情况依然如此，那么基督教就仍然处于准备阶段，而尚未开始它自身的工作。人是个小宇宙。在其内的就是在其外的。人在肉体和灵魂之上，比两者更高，被两者所承载，上面画着生命的曲线。生命，不是作为肉体或者灵魂的生命，而是作为自为的东西把肉体和灵魂都揉进了自身，进入了它的命运。生命就是生活的过程。人的真正本质既不是他的肉体存在，也不是他的精神存在，它只有在其生命的整个过程中完成。它不是存在的，而是生成的。属于人最多的恰好是他的命运。他具有肉体和灵魂，这与他人没有什么不同。但是，他的命运却仅仅属于他自己。人的命运对于肉体和灵魂来说只有一次。就是这个：存在于"某人自己的肉体——经验里"。同时，因为它使人统一于自身，所以可以保证人与世界的统一。他的身体是被造世界的一部分，其灵魂是神启的子嗣（co-heir），但他不以这样的方式与世界分有其命运。他的命运完全存在于世界之中。他在世界之中，因为他的命运在世界之中。他成长为世界，因为他成长为自己。生活的每一天获得其意义，是因为命运置入了个人生命的整个过程之中。今天过后是明天、后天，它们和今天一样好，一样有早晚。[①] 当然，生命可以随时终结，但是，个人的命运则直到最后才消失，从外面看，它是偶然的，完成了的。假如部分与整体的关系只存在于生命的单个时刻与生命过程之间，那么，这个生命就不是别的，而仅仅是异教徒的自我。但是，这同一条内在的纽带也连接着作为整体的生命与世俗生活的整体。这恰好就是命运。由于生命被看作命运，由于个人的命运不仅仅被认作是可经验到的东西，

---

① 此处句式及用词明显借用了《创世记》第 1 章。——译者

而且还是人可以对之祈祷的东西，它已经是某种新东西了，它存在于纯肉体与纯灵魂之间相辅相成的关系之外。与此相伴，一个新时代已经开始，这就是基督教完成的时代。

歌德与未来

非信仰性祈祷

这一次和前两次是不同的。在前两次，异教徒以个人身份面对基督教，起先是身体性的外在异教徒，后来是在记忆中的精神性的内在异教徒。但是，在这里，行皈依者和被皈依者是同一个人。实际上，歌德就是伟大的异教徒，同时又是伟大的基督徒。他是他"自己"，因为他是"别人"。人在为个人的命运祈祷时，他同时会感到完全回归于自我，也正是因为这个原因，他也感到完全回归于世界。这是一种非信仰性的祈祷，它同时又是完全的信仰性的祈祷，就是说，它是一种天生的信仰，因此，每一个基督徒都做这样的祈祷，尽管他们不像歌德那样只做这一个祈祷。此后，人们，包括所有基督教的世俗团体，也都做这一非信仰性祈祷。现在，他们都明白，他们的生命是个人的生命，是被精确地置入世界的运动之中的。他们也都在其命运的生命力中证明了自己的存在。我们看到，基督徒们仅仅出现在现在，与此不同，保罗时代有世俗政权，而在彼得时代各民族隶属于一个神圣帝国。邦国和部落需要生命的补给。有人在个体的信仰和"神谕"（Word）的服务功能中发现了这样的补给，而另一个人则在帝国和可见的教会里发现了它。只有这样，它们才成为播种基督教的肥田沃土。只是在现在，各个民族的人才在自身中具有了完整的生命：从此以后，每个民族都知道而且相信，这个民族具有"历史之日"（its day in history）；如果他们仍然需要一个"历史性的日子"之外的世俗的完成，那么，倒是有一个也是纯世俗的、完全是现世的概念送给他们，这就是"社会"。

希望

正如生命因其自身，或者说因其自身的不完整性而持续生长，以至于变得完整起来，现在，生命的赐予，即它得到的回报，已经不再分为两类了。从外貌上看就是异教徒的异教徒献出了自己的躯体，而换得了爱；而在内化了的记忆中的异教徒则献出了自己的精神而得到了信仰。但是，活着的（living）异教徒，伟大的异教徒，却献出了自己的生命，而得到了这样的东西：被允许而且能够做出牺牲。但是，从上帝的观点看，被允许而且能够牺牲生命，乃是信靠的礼物（gift of trust）。对于他信靠和希望的人而言，不存在什么放弃某种东西意义上的牺牲；他献出牺牲是完全自然的事情。他知道没有别的路可走。爱是很女性化的，信仰则很男性化；只有希望总是孩子般稚气。只有在希望里，"像孩子那样地变化"才开始在基督教中得到实现。因此，歌德总是孩子般稚气。他信靠他的命运。他对于自己的前途充满希望。他从未设想诸神会不让他完成自己手里的工作。他希望，如奥古斯丁爱、路德信仰一样。这样，整个世界就带有了这个新的标志。现在，希望变成最伟大的了。陈旧的力量在希望中调和了；信仰和爱也作了自我调整。他们从孩子意义上的希望中获得了新的力量，以至于又一次变成了像雄鹰一样的年轻人。它就像一个新的世界之晨，犹如一个从头开始的伟大开端,就像此前从来没有过什么东西。信在爱中证明其真,爱则把信仰置于心腹之中。现在,它们一起被希望的翅膀带着飞入高空了。在数千年里,信仰总是渴望在爱中成真,而爱总是带着真的信仰进入普遍的世界之光。人说的是:我希望去信仰。

约翰的成全

希望仅在人拥有它的时候才给予人。与此不同,爱恰好给了那些心肠刚硬的人,而信仰则给了异端,上帝只把希望给予那怀有希望的人。因此之故,希望并不建立新的教会。这是因为,这里没有新的异教徒出现,只是有人把微小的、具有异教倾向的肉体与灵魂、与大的生命的异教倾向联合起来了。这样的联合,也就是异教的出现,标志着他的皈依。约翰的完成并没有具体的形式。它不再简单地是一段工作,而是迄今未竟事业的完成。因此,它必须以旧的形式存活。当然,在我们的时代,第三种基督教教会连同其信徒已经进入基督教之内,这个教会与另外两个同样古老——它们只是表面上前后相继而实际上它们一样古老——这就是东方教会(Eastern Church)①。然而,它并未作为基督教的新教会复苏,而成为旧教会,是信与爱的力量在阿廖沙·卡拉马佐夫(Alyosha Karamazov)②的俄罗斯的延续;俄罗斯的教会证明是无限希望力量的肥沃土壤,但只是对它自己的人民,而且处于垂暮之境。在教会史上的其他伟大事件中,如果不考虑俄罗斯之进入教会领域,

---

① 东方教会即东正教。——译者
② 陀思妥耶夫斯基的小说《卡拉马佐夫兄弟》中的主人公。——译者

基督教世界里犹太人的解放与被接受，就没有新的形式产生新的效果，有的只是旧教会的复苏罢了。毫无疑问，源于上帝的孩童稚气以及对永恒的希望，流向基督教之民众，他们与其说谙熟希望，不如说更熟悉爱和信，而希望是新的完成了的世界的首要力量，因为在这个时代，不是基督徒必须去皈依异教徒，而是基督徒必须直接皈依自己；这样，在异教徒自我完成的时代，犹太人很可能被吸纳进基督教世界，而他们要去皈依基督教中的异教徒。因为，只有在犹太人的血里，希望才能像血一样生存，爱乐于忘却，信仰认为自己可有可无。但是，这样的皈依也发生在旧教会里面。约翰的教会并不需要可见的形式。它没有建起来，而只在成长。然而，有人曾经尝试去建立教会，例如共济会（Freemasonry）及其相关组织。信仰力量的入口被封住了，而爱仍然活跃其中，它只在旧教会的讲坛那里找到了日用的食量。唯有希望可以靠自己养活自己；它可能借助一个有意义的错误进入共济会那圣化了的新建筑，其意义不是对使徒约翰而言，而是因为在前基督教时期有一个和它相同的名字。因为除了自身外没有别的内容，希望就消失在漫无边际的、空洞无力的自恋中："我希望，永远继续着希望"，即使它知道真理在上帝的右手里，却谦恭地进入他的左手。

在这无形体、必然得不到认可，因而也必须依赖组织性教会的约翰教会里，歌德可谓第一个教父，尽管他一定被看作异教徒——而且他实际上就是异教徒。在他为自己的命运的祈祷里——现在大家都效仿他的祈祷，死者复活后又死了，而这是进入永恒必不可少的前提条件。在肉体为爱的祈祷里——愿上帝对我慈悲，我是个罪人；在灵魂为信仰的祈祷里——我怎么会找到慈悲的上帝，存在着部分的诸部分①,在诸部分的汇聚中,这个部分使他不可分离,每一个都恢复了生机。

在歌德的那个祈祷里,人变得不可分割,这就是说,那是一个由肉体和灵魂构成的整体,因为他已经拥有了它,即他的命运,现在,这个整体的单一性本身也被复活了。它寄居于所有的事物中,但仍不失为单一性。哪里说出了这一祷文,哪里就激发出天生的生命的生命力,而这一生命则由于永恒的神圣之命的突破而得以成熟。

歌德与尼采

在那句祷文被说出时,它就使一个生命成熟而趋向永恒。但是,它并不使那个生命成为永恒,只是使它富有生机。歌德终生都是个异教徒。这个事实划出了这个世界的历史分界线,对此,他用我们开始时说的那段话作了公开陈述。如果不敢拼上性命,就没有人能够模仿它。歌德一生行走在两个深渊之间的山脊上:他一生每时每刻都脚踏实地地行走在坚实的道路上。而别人,那没有被神爱的手臂抓住而飞向永恒的人,必然会坠入深渊;两山之间的距离很宽,他须付出毕生的时间才能爬上来。为自己的命运而祈祷是虔诚的,而罪者却认为他可以祈祷任何事情,两者之间是有分界的。狂热分子的祈祷,因其祈祷遥远的东西,在祈祷的时刻表现出必要性,而他却只想到这一个祈祷,别的一切,最切近的一切,都禁止去想。歌德从来没有落至这样的山坡。他穿行而过——"让某人做同样的

---

① 靡菲斯特:我是诸部分的一部分,那个部分在严格意义上就是全部(Ich bin ein Teil des Teils, der einstmal alles war)。——译者

事情吧"！在山脊上矗立着一个小小的告示牌，上写"像查拉图斯特拉那样拒绝并消失"。它表明一个人如何变成了一个打碎了所有石版的非道德主义者，变成了一个暴君，他为了第二个切近者的缘故而对邻人（如对自己那样）施暴；为了更新的朋友的缘故而对朋友施暴——集罪人与狂热者于一身。这个告示牌告诫每个已经爬到山脊的行人，如果只相信自己的脚步，而没有信与爱的翅膀，就不要重走歌德走过的路。他是这个地球的纯粹的儿子。

革命

从这里滑向时间的两种错误是：罪者的祈祷太迟了，而狂热分子的祈祷过早了；而歌德的祈祷，即非信仰的祈祷，却无法得到保护。歌德的祈祷无疑抓住了准确的时间，即蒙恩的吉日良辰。只是在其祈祷之后，时间才开始真正实现。只是在其祈祷之后，上帝的王国才进入时间。现在，对于上帝之王国的要求第一次变成了对时间的要求，这不是偶然的。在此之后，所有解放的工作才开始进行，这些工作并未建立上帝的王国，而只是王国来临的必要条件。自由、平等、博爱——从动人心扉的信仰言词变成了时代的口号，也加入了这个惰性世界里发生的战斗，连同血与泪，憎恨与激情，加入了尚未结束的战斗。

传教

只要旧的彼得教会是唯一的教会，它就只在空间中生长——"在世界各地"。只有在空间的生长中，时间之手的位置才能被辨认出来。这样，像但丁那样，当他发现在圣徒云集的天堂里只有少数几个座位空着的时候，就认为可以得出结论：世界的末日现在已经结束了。他不曾设想，占满这些空位子也许比迄今为止填满那么多位子需要更长的时间。于是，教会就习惯于通过阅读传教的版图而获悉王国的成长情况。与这种将时间扩张为空间的做法相比，保罗教会简直忘记了信仰会在空间上扩张，而实际上，只有在空间扩张之上，时间才是可以读出来的；因为没有表盘，就没有钟表。约翰教会在为命运所做的祈祷中第一次创造了有生命的时间，就像一条流动的河，不是一会儿就被注满了，而是流向海洋；不是向四周渗透，而是流过去，通过万千个支流流走。

歌德的局限

在这个生命的时间河流里，生命的时间性得以完成。假如生命在这样的河流里完全蒸发了其时间性，假如为了命运的祈祷因此而成为最伟大的并且是全部的祈祷，那么，通过这一祈祷而降临的王国——当然降临的时间总会适逢其时——就既不能被提前，也不能被推迟，而是——请强调我的话：假定我们可以说那祈祷是唯一的——被关闭了。从这个瞬间——在这个瞬间，造物的祈祷可以单独说出——从歌德的生命及最美好的人生来看，时间真的停止不动了；从上帝之城那里，就像从沉没的维纳塔城[①]那里，只有已经停止了的钟声的微弱回声轻轻触及着生命的表面。但是，时间性不是永恒性。歌德生命中的纯粹的时间性，乃是孩童般的

---

① 维纳塔（Vineta）：沉没于波罗的海的一个城镇，伊苏王国（Kingdom of Ys——传说中的布列塔尼城市，由于罪恶满盈而被海浪吞没——译者）的日耳曼版本。——英译注

最富生气的时间性,其为纯粹的时间性也只是在一刹那,只是一模仿的时间性,而且对生命是危险的。时间性需要永恒性的支撑。但是,当然只有在生命完全变成时间性之时,换言之,在时间完全拥有了生命之时,有如一条真实的河流通过了瞬时之上的广袤空间那样,永恒才能降临于时间。生命,所有的生命,一定完全是时间性的,在进入永恒之前一定是完全活的。纯粹生命的精确时间性总会适时而至,总会找到准确的时间点,既不早,也不迟,在此时一定有一种使其加速的力量加入到这种时间性之中。

今天

也就是说,永恒性必须提前,必须早日来临,甚至"今天"来临。只有通过这样的力,它才是永恒。如果没有这样的力,没有这样的能够加速王国到来的祈祷,它就不会产生永恒性——永恒性就不会到来。那么,什么样的祈祷真的可以加速王国的到来,而不像狂热分子的祈祷那样软弱无力、暴君般的狂野而只能走向自己愿望的反面呢?某人的祈祷如何、何处、何时说出来,对于它,诸神会沉默不语,而上帝一定给予回答:有人在纯粹生命面前借助对于永恒生命的追求而增强了无信仰者的诚心,他的祈祷就是信仰者的祈祷吗?

正确的祈祷

正确的时机

据我们现在所知,这种积极的加速只能以一种方式产生:王国必须是可以预见的。事实上,在个人的光照中,永恒必然得以展现，但还不是切近可及的。在狂热者的光照中，他个人通向永恒的站点被照亮了，如同最近的东西那样可见。但是，当其爱的魔力靠近这个最近者时，实际上是第二最近者时，他的力量就消磨至空无，从一个有力的加速者蜕变成一个未来的退后者。这种凌驾于天国的暴君般的个人力量，是与我们这里希求的力量背道而驰的。不可能把信仰者的祈祷仅仅附着在善良意志上。由于被期待的非信仰者的祈祷，总是适逢其时，总是在创造者的蒙恩时刻，而且总是在这样的实行中产生效果，于是，可以对它提出的最低要求是其到来既不早，也不迟。

永恒时刻

但是，人们要求它更多，就是说，它确实实际上实现了非信仰者的祈祷不希望实现而狂热者的祈祷不能实现的东西：加速了未来，把永恒变成非常切近的事，以至于近到今天。这样一个对于未来的预见必须真实地把永恒变成今天。这个今天是什么样子呢？首先，它不能消亡。即便对于信仰我们不知道别的什么，我们也确信：它是不会消亡的。如此看来，那接近永恒的今天，必须首先通过无限的"现在"而符合这个命运。一个永不消亡的今天，难道不像所有的瞬间那样如同箭矢般飞走吗？它是不消亡的吗？出路只有一条：我们正在追求的时刻，因其已经飞逝，又在同一个时刻开始了。在沉没的同时，一定也重新开始了。其消逝同时也是一个重新开始。

时刻

因此，一直重新开始是不够的。它必定不能以新的面目开始，它必须再次到来。它必须是同一个瞬间。生生不已的可能性并不能改变世界的可灭性，甚至加速了它的可灭性。如此看来，这个瞬间不能只是瞬间，它必须有更多的内容。这个瞬间所昭示的是，每当眼睛睁开，某些东西总是新的。但我们所追求的一定是永恒，而不是飞逝的瞬间，一定是一个固定的瞬间。这个固定的"现在"，与瞬间不同，被称为"时刻"。因其是固定的，时刻自身就已经包含了旧与新的多样性以及瞬间的丰富性。时刻的结束可以再一次流进其开端，因为它有个中间，或者说在其开端和终结之间有许多瞬间。因为有开端、中间与终结，时刻可以变成那新瞬间的单个序列无法变成的东西：可以流回自身的圆圈。它自身充满了丰富的瞬间，但一次复一次，仍是那同一个。在一个时刻结束时，不只是一个"新的"时刻开始，使之作为一个新的瞬间取得了那旧的，而是在那里开始了又一个时刻。然而，这个开始又不可能是为了这个时刻的，如果它只是许多瞬间的连续，这个连续只在其中间；只是因为这个时刻有开始和终结。是钟表的敲击声，而不是钟摆的摆动声，造成了一个时刻。这个时刻完全是人造的。"创造"对此一无所知，只有在救赎的世界里，钟表才开始敲响。也只有在救赎的世界里，为了时刻的言词才开始和那为了时间、时间段（此前它们是一起的）的言辞分离开来。

时间之周期

在时刻里，瞬间在其或可消亡之际，变成了总是再次开始的东西，因而变得不可消逝，变成了永恒（*nunc stans*）。根据人造的时刻形象，人在其中摆脱了瞬间的易逝性，他现在改变了创造赋予其生命的那个时间。日、年、周、月这些按阳历、阴历计算的时间也变成了人生的时刻。它们也接受了开端和终结，而且一旦终结就又马上变为开端。这不是一大一小两个光照的周期，这大小的光[①]是在天上为了人指示时间的。一个周期，如果没有固定的开端与终点，就仍然只是一个瞬间的前后相继罢了。只有通过那个固定的点，即节日，那个在通过这个周期的历程时发生的重复才会引人注目。它不是天上的周期，而是地上的重复，它把时间变成时刻，变成时间中永恒的担保人。在与人类缔结第一个也是最普遍的契约的基础时，上帝曾经向新人类之父许诺，播种与收获、寒冷与炎热、夏季与冬天、白天与黑夜，这些都不会停止，都会有新的重复，他把天上的时间变成了"时刻"：通过睡眠与觉醒，我们可以从天上领悟最小的时刻；通过播种与收获，我们懂得最大的时刻。那比太阳年更大的时间不再是被觉察到的决定地球和人类重复性变化的时间了。大地日复一日、年复一年地重复其劳作，使人感受到了他在人类共同体中的尘世的永恒性。这是在共同体中，不是作为个人感受到的；而作为个人，他在年龄、物种和出生的循环中更充分地感受到了这种永恒性。

星期

星期处于日和年之间，其根据是月球运行的天体活动。但是，尽管月球仍在做圆周运动，而且人们仍然将其用作测量时间的尺

[①] 参见《创世记》1：14。——译者

度，人们早已不再考虑这一点而使之成为属于人的纯粹的人的时间了。纯粹属人而不考虑其创世的时间，例如由睡眠与觉醒而来的一日，由播种与收获而来的一年，只是在比喻的意义上与《圣经》中的创造相联系；纯粹属人的时间被转化成对人而言的永恒者，有如工作日与休息日、劳动与沉思的轮换。因此，带有休息日的星期，就是人的自由的恰当象征，《圣经》中也解释过这个象征，只是在那里它不被说成基础，而被说成目的。"时刻"在人类生命的时间里，正是只为人确定的，它排除了地球上的世界周期，确然成为大地与其产出之时间流转的法则。它必须有节奏地规范大地的产出、耕耘之劳，把它描述成永恒的缩影，描述为一个不断重复的现时、永恒，在那里，开端与结束相遇，是今天之中的不可消逝者。人自由创造了为人服务的大地的耕耘法则。在一周里，永恒性也是被描述为尘世的永恒性。但是，"耕耘"（cultivation）与"礼拜"（worship）并非是无所指的，前者用于大地，后者用于上帝，指的是土地的耕耘和王国的耕耘，它在神圣的语言里是同一个词。星期的意义不止于人为规定的耕耘法则：它是永恒者在地上的譬喻。作为神规定的礼拜法则，它把永恒者引入今天，不是象征性的，而是实际如此。可以说，星期是礼仪的萌芽，因为它是耕耘后初熟的果实。因为它是那飞逝的瞬间在纯粹的人世间的要塞，所以，一切神性的、超越的、地上的不灭性都从瞬间而生。日与年也从它而出，因它而成为时间性的栖息所在，永恒者才被引入时间性之中。在每日、每周、每年的连续不断的祈祷的周期里，信仰使瞬间成为"时刻"，使时间随时可以接受永恒。永恒性，因其被时间接受，本身也像时间那样处于变化中。

礼拜

但是，为什么说祈祷有这样的力量，以至于它可以迫使永恒接受邀请？难道礼拜不止是准备食物与饮料、摆好桌子、让信使通知宾客光临？我们足够清楚，永恒性可以在仪式中变成时间，但是，我们怎么理解它一定变成时间，必须借助于一种魔力变成时间吗？我们是怎样知道的？即使礼拜可以建造一个房子，上帝可以接受其为居所，但是，我们怎样迫使尊贵的客人入住其中呢？是的，礼拜可以做到。因为准备永恒性造访的时间，不是个人的时间，不是我的、你的或他的秘密时间，而是大家的时间。日、周、年一视同仁地属于每一个人，存在于大地的世界进程中；大地耐心地承载一切，而且根据一视同仁的劳动法则发生作用。时钟的敲击声传入每个人的耳朵。准备仪式的时间对于所有人都是一样的。信徒的祈祷在信仰团体之内举行。在集会时，他们赞美上帝。光照——正是在这里发生在所有人身上。因此，在光照之际，因光照发生在所有人身上，所以被光照的东西对于所有人也一定是一样的。然而，如果排除一切个人的观点以及所有以此不同观点为条件的各色视角，那对于所有人都一样的只能是一个东西：所有事物的结束，即最后的事物。所有躺在路上的东西对于每个人都是不同的，因为他所站的地点不同；每一天对于每个人都有不同的内容，因为他生活的日子不同。唯有日子的终结对于所有人是相同的。祈祷的探求之光为每一个人点亮那为每一个人照亮的东西，那光照每一个人的东西：那最远的东西，天国。

天国的切近性

事前的一切都处在黑暗中；上帝之王国在最近处。由于在永恒之距离处的一颗星如同最近者一样闪闪发光，变得清晰可见，所以，一切爱的力量都转向了这颗星，靠近它的光芒，带着超凡的力量通过未来的夜晚进入祷告团体的日子之中。仪式性的祈祷唯一希求的是王国的到来，其他所有更近的希求都包含其内，而且是为了这一希求的；这一祈祷向爱表明，最近者就是永恒者，在时间之中永恒者的救赎之降临就得到了实现，这时，不可抗拒的爱邻人的力量洒向了祈祷。上帝也只能这样。他必须接受邀请。因为信徒的祈祷就发生在信徒的集会里，它补足了非信徒的祈祷，因为后者总是个体的祈祷。

联合祈祷

非信徒只能要求自己的命运得到神的眷顾，只能要求他被允许完成手头的日常工作。只有那"比最近更近的"（more-than-nearest），即属于他自己的东西，才能通过他的祈祷展示给他的爱。探索之灯把光射到他自己拥有的循环上。在罪者那里，循环的边界是狭隘且固定的。与之形成对照的是，其循环的边界从狭隘的"这里"拓展到了永恒。祈祷的人在祈祷中去爱那个比最近更近的人，即他的"自我"，不是封闭的、僵化的自我，而是一个把自己的命运与世界的命运交织在一起的人格。如果他没有为得到允许以完成自己手头的事情而祈祷，那么，他所需要的很可能已经实现了；因为他只要求那已经成熟并有待实现的事情。别人也是一样，他只要求自己的目标能够实现。但是，永恒的实现却不会从这些个人的实现中生长出来；永恒的生命也不会从个人的生命中生长出来。在时间里成长的生命之树无论如何也长不到天上，这一点我们早已知晓。但是，团体的祈祷，不是为了个人的命运祈祷，而是为了那永恒的唯一者祈祷。永恒的他所推动的不是我的、你的、他的手头的事情，而是"我们"手头的事情，这样一来，他而不是我才有可能完成这一事情，团体的祈祷超越了每一个人的事情而关注——并且仅仅关注——所有人共同的事。只有这样的祈祷才强有力地把永恒引进瞬间，也只有这样的祈祷才能将永恒之光断断续续的火花带给生命的个别片段，使之体现在个体的生命时段里，它也就变得完全活在非信徒祈祷的瞬间里，就像一盏永恒之灯断断续续的火花，虽然这些作为永恒生命种子的火花一直存在于那些片段的生命之中，而后者仅仅活在非信仰的祈祷的瞬间。

礼仪与姿态

因此，为王国来临而做的祈祷是介乎启示与救赎之间的；更准确地说，是介乎神的创造及启示和救赎之间的，就像在创造与启示之间的作为其标记的奇迹一样。启示的世界内的这一关系同时也描述了原初的宇宙与宣示了自身的宇宙之间的关系。这样一来，它也描述了下述两者之间的关系：一方面是显明了的世界，它正是通过奇迹这一方式将原型宇宙吞没到自身之内；另一方面是得到了救赎的超宇宙。祈祷是一种这样的力量，它从神秘而出进而抵达了生命自身成长的门槛；从与话语相连的爱的奇迹而出，上升到了静默无言的光照，从中看到了正在实现的整个目的。因此，在这第三部中，礼仪就处在了与逻辑体系同一个层次上，就是说，犹如第一部里的数学工具和第二部里的语法工具那样。不过，思维工具与由之而被理解的存在之间的关系，一定不同于数学工具与语法工具之间的关系，也就是说，它们和借助它们而被理解的东西的关系是不一样的。

数学的符号仅仅是符号；它们是神秘中的神秘，是静静地放在神秘的抽屉里面的钥匙，而这个抽屉就在原初世界自身这片圣地之内。这些符号被推到远处，处于事物之内与背后，它们认为原初世界是某种已经消逝的东西，是先天的从创造之前流传下来的传家宝。与此相反，语法形式直接表达了奇迹，它们不再隐藏在属于它们的世界的神秘背景之后，而完全是与之合一的。在奇迹里，语法形式本身就是奇迹，是显明了的世界里的显明标记。它们与世界完全处于同一时间内；有世界存在，也就有语言。从来不存在没有言辞的世界，世界只存在于言辞中；如果没有言辞，世界也就不存在了。然而，礼仪形式与由之而被理解的东西之间却没有这样的共时性。礼仪形式能预见，它把未来变成了今天。因此，它们既不是它们的世界的钥匙，也不是其嘴巴，而是一个替代者。它们以知识替代了被救赎的世界，那知识只知道它们，而不能超越于它们之外；永恒者隐藏在它们背后。礼仪形式是灯，我们从中看到光亮，它们是预见，是对那个在未来的缄默无言中闪闪发光的世界的预见。

原初的世界只包含缄默的元素，那星的轨迹由之构成。这一轨迹自身是一个实在，但肉眼却从未看见，因为穿过该轨迹的这颗星从不静止不动。只有持续不止一刻的东西才可以眼见，只有通过逐渐趋向永恒而关闭的那一刻才允许眼睛看见其中的构型。因此，这个构型就不仅是元素，不仅是真实的，而且是可以直接感知的。如果我们仅仅知道那星的轨迹的元素及其规律，我们的眼睛就看不到它。它只是在空间运动的一个物质的点。只有当望远镜和分光镜把它拉向我们时，我们才知道它，就像我们借助熟悉的视觉感知一个使用的工具或者房间里的一幅画那样。在那样的感知里，事实性才得以完成，于是，关于事物与行为的事情，人们就再也听不到了。

可以看见的东西是语言的替代品，可以减掉语言的负担，它处于语言之上。灯不说话，却发射光芒。它自身绝不是内向型的，其发光不是向内而是向外的。其发光也不像语言那样交出自己；灯不交出自身，不似语言那样在表达自身时摆脱自身；它在完全自动调谐时是可见的。准确地说，它不是向外发射，只是持续发光；它发光不同于喷泉，而像人的脸，像发光的眼睛，那眼睛不用启唇说话即雄辩有力。此刻产生了一种无言的缄默，这缄默不像原初世界的无言——无话可说，而是一种不需要言辞的缄默。它是一种完满理解的缄默。在这里，眼睛稍稍一瞥就说出了一切。语言的多样性再清楚不过地表明：这个世界尚未得到拯救。在讲同一种语言的人们之间，很可能只需一瞥就足以使别人理解自己；就因为他们拥有同一种语言，所以就减轻了语言的负担。但是，在不同的语言之间充当媒介的只有结结巴巴的说话，姿态不会像眼睛的一瞥那样立刻带来理解，而沦为姿态语言的结巴，成为理解的蹩脚的时间性桥梁。结果是，礼仪所达到的高度不是共同的话语，而是共同的姿态。礼仪把姿态从蹩脚的语言奴仆的锁链中解放出来，使之成为某种高于语言的东西。只有在礼仪姿态中，我们才可以预期那"净化了的嘴唇"向操不同语言的众人许诺"那一天"。在这样的姿态中，非信徒的干巴巴的缄默变得雄辩有力，那信仰之心的口若悬河般的健谈也沉默了下来。非信仰与信仰都进入了祈祷中。

真理

它们在礼仪姿态的缄默中进入了祈祷。但是，在世俗的世界里，它们从来没有加入其中吗？难道没有一项正在进行着的工作——哪怕只是单一的工作，只是一个有关共同归属的见证——在那里，生命之人与上帝之人作为两个祈祷者能达成完全和谐一致吗？让我们回顾一下在前一部即关于神学与哲学部分的导言里曾经说过的话。在我们看来，它们是相互依赖的。两种学问之间需要交流。这不是多余的吗？从事某种学科的人的确比他所从事的学科更为丰富。哲学家一定比哲学丰富。我们早已知悉：他必须成为一个有血有肉的人。但是，仅此是不够的。作为有血有肉的人，他必须从被造物的角度进行祈祷，即为了自己命运的祈祷，正是在这样的命运中，被造物在无知的情景下承认自己是被造物。智慧寓于他们之中，即他们的血肉之中——是上帝使智慧成了他内在的东西。现在，它就像挂在生命之树上的成熟的果子。神学家一定比神学丰富。我们早已知悉：他必须是诚实的；他必须爱上帝。但是，他仅仅在他自己的小房间里做到这些是不够的。作为他所当是的孤独的爱者，他必须为上帝的儿女做祈祷，为敬畏上帝的共同体做祈祷，此时，他是在有知的情景下承认自己是不朽之团体中的一员。上帝通过他的爱之启示，唤醒了那寄寓于神学家那里即他那敬畏之心里的智慧。这智慧就像一个来自永恒之光的火花由他脱口而出，随时准备在集体祷告时赞美上帝。

神性的真理隐藏在那只用一只手去获得它的人背后，不管是哲学家的实在论之手，还是神学家的盲目之手；前者把自己想象成无需任何前提、凌驾于一切事物之上者，后者为其经验而自豪，并与世界相隔绝。其实，这两只手都要利用。那用信徒与非信徒双重的祈祷去呼唤真理的人，将不会被拒绝。上帝把智慧赋予某个人，如同赋予其他人，赋予信徒，如同赋予非信徒；但是，上帝只在这两种人于他面前联合祈祷时，才赋予他们。一个人可以怀着双重的祈愿，无信仰的世界之子与有信仰者的上帝之子可以是同一个人；这个人一定会怀着双重的感恩来到上帝面前，是上帝把智慧的礼物赠予了血肉之躯，一如赠予了那些敬畏他的人。

第一卷 火或永恒的生命

永恒之诺言

赞美他,是他把永恒的生命植入了我们之中。

火,在星的中心燃烧。正是从中心的火里,光放射出来,不可抗拒地流射出来。火的中心必定燃烧着,永不止息。其火苗必定永恒地自我补给,无须从任何别处汲取养料。时间只能放过它,对它无能为力。那火一定会生出自己的时间。它必定会生生不息。它必定会使其生命永恒,一代又一代,其中的每一代都生出下一代,而自身又是上一代的见证。那见证就发生在出生过程中。生出与做见证(bearing witness)具有双重的意义和单一的效果,在二者相互关联中[①],永恒的生命变为现实。过去与未来,二者互不相识;当其中的一个到来之时,另一个就退出了——它们在这里成为一体。未来之出生是对过去的直接见证。儿子降生了,他于是见证了过去的其产生者的父亲。孙子延续了祖父的名字。父辈们称后辈的名字,那也是他们自己的名字。在未来的黑暗之上燃烧着希

---

① "做见证"的德语是 bezeugen,"出生"的德语是 erzeugen。——英译注

望的星空：你的后裔将要如此。①

永恒的民族：犹太人的命运

血缘与精神

有这样唯一的一个共同体，其永恒生命的关系是靠从先祖到子孙来传承的。这个共同体不能只用"我们"来表述其统一而听不到其核心内部的作为前者补足语的"是永恒的"。它必须是具有同一血缘关系的共同体，因为只有血缘才可望使未来保证现在。任何别的共同体，任何共同体都可以不靠血缘繁衍生息而使"我们"永恒，它做到这一点仅靠确保未来有个位置。一切非血缘的永恒性都是建立在意愿和希望的基础上的。即使在今天，唯有同一血缘的共同体可以感觉到，其永恒性之保证正在通过其血脉而温暖地流淌着。因此，时间并非应该限制的敌人；也许——也许不——但希望如此——血缘共同体（不过是儿女、子孙）将会在时间上得胜。对于其他共同体而言是属于未来的东西——因而在任何情况下，现在总是在另一面——对血缘共同体而言已经属于现在了。只有对于血缘共同体，未来的东西才不是异己的，而是已经属于自身的，是某种在子宫里就有，而且每天都能够生出来的东西。如若达到永恒，别的共同体必须作出安排，以便越过现在的火炬而进到未来。与此不同，唯有同一血缘的共同体无须对其传统作出这样的安排；它无须烦劳心智，只要通过身体自然的生殖繁衍

---

① 《创世记》15：5。——译者

就可以保证其永恒性了。

民族与其家园之地

一般来说，一个民族是具有同一血缘的家庭的联合体，面对精神的共同体，我们民族的看待方式是独特的。在大地上的民族中，犹太民族，如其在每一个安息日这一生命制高点上所做的那样，总是这样称呼自己：那唯一的民族。世界上的各民族不会满意于由同一血缘构成的共同体。他们追根求源至大地之夜——大地是死的但给予生命——从大地的永久性寻求自己永久性的保障。他们将永恒性与土地联系起来，与土地的主宰性即领土联系起来。他们后代的血在家园之大地上流淌，他们不相信血缘共同体，因为它没有维系在坚实的大地之上。只有我们信靠血缘而与领土分离。以此方式，我们保存了宝贵的生命体液，它保证了我们的永恒性；在地上的所有民族中，唯有我们从每一个与死亡密不可分的共同体中唤醒了我们鲜活的生命。大地养人，也牵制人。当一个民族爱其家园的土地胜过其生命时，危险就要临头了——临于世界所有民族之头。爱可以九次成功地抗击敌人、挽救土地，或挽救土地连同其上的人的生命，但是，在第十次的时候，如果仍然爱土地胜过爱生命，那么，人民的生命就要在土地上付出了。最后，民众归属于领土的征服者。当人们更多地系于土地而不是一个民族的生命时，情况只能是这个样子。这样，那将自己的恒久性托付给大地的恒久性的民族就被大地出卖了；大地依然存在，其上的人民却亡故了。

圣地

出于这样的原因，有关永恒之民的部族时期的传说恰好是从原住民开始的。只有人类的始祖——只就其身体而言——是生自大地的；以色列的祖先是移民。如《圣经》所记，他的故事开始于神命令他离开出生地而进入上帝将显现给他的那块土地。那个民族之变为那个民族，正如其最初的黎明伴随着历史的曙光那样始于流放，先是流放于埃及，后是巴比伦。在故土上，一个民族开始有家的感觉，继而在其上耕耘，长此以往以至于几乎忘记了作为一个民族不只意味着固守在土地上；对于一个永恒的民族，家园从未在那种意义上为他们所有。总是安睡在家园中是不被允许的。它总记得旅行者那缺少约束的自由，它就像一个骑士，浪迹天涯且思念离去的故乡时，比他在家时更加真切地像一个骑士。国土在最深层意义上只有作为渴望之地，作为圣地时才是国土。这恰好说明为什么犹太人和其他民族不同，即使身在家园，它对家园之地的完全归属权也是存疑的。这个民族只是其土地上的陌生人和寄居者。上帝对这个民说："那地是我的。"该地的神圣性只要能够植根于土地，就取消了后者的自然状态。这种神圣性无限地加剧了这个民族对于所失之地的热望，以至于从此以后，在任何别的国土上都不会真正产生家园之感。这种状况迫使这个民族积聚起它渴望的最大力量去达到这样的高度，尽管这一高度对于世界上其他民族来说不过是诸多高度中的一个，但对它来说却具有真正而彻底的重要性，这就是血缘的共同体。在这里，成为一个民族的愿望与任何无生命的手段无关，它只能通过这个民族自身来实现，这个民族之所以能够成为这个民族，凭借的只是它自身。

民族与其精神的语言

但是，难道自己的土地、领土是一个民族建立共同体除了血缘之外的唯一基础吗？无论各民族的后代会将他们自己带向何方，难道他们没有带着一个更为重要的、使他们有归属感的标记，即他们的语言吗？世界各民族的语言并非与死的、外在的东西联系在一起。只要人活着，它就与人活在一起，与整个人在一起，与他的灵肉一体的生命这个不可分离的统一体在一起。因此，语言并非必然与任何外在的实在相联系。那么，语言就不朽了吗？如果语言直接与这个民族的生命相联系，那么，一旦其生命停止，语言将会发生什么？只要这个民族生存着，其语言就不会发生什么。语言是与其民族生死与共的。语言以极其微妙的形式随民族命运的改变而变化，但是，这就给语言带来了这样的命运，即与其民族一起死亡。语言因其民族而活，也因其而亡。永恒性是给语言的一个不祥礼物，只是因为语言不是永恒的；只是因为它忠实地反映了民族在其成长历程中所经历的时代变化以及作为诸民族中的一个的该民族的命运；正因如此，语言才有资格被称作是那民族所具有的最具活力的东西，甚至就是其生命本身。因此，人们为语言而战是对的。但是，他们应该由此知道，他们并非为永恒而战，他们在战斗中赢得的是永恒以外的东西：时间。

神圣的语言

恰好，永恒的民族丧失了自己的语言，到处都在说着外在命运的语言，即他们侨居国的语言。当这个民族不再要求受到善待的权利，而只是生活在一块封闭的定居地上的时候，它就会说那个民族的语言，由之获得了继续定居的权利，但是它从未将拥有这一语言视为自己的权利，从未把它置于同一血缘归属的基础上，而总是视之为移民的语言，例如巴尔干地区的"犹太－西班牙语"（Spaniol）、东欧的"意第绪语"，就是今天最好的例子。所有其他民族都认同于自己的语言，都会在不再作为一个民族存在时让自己的语言萎缩。与此不同，犹太民族从未完全认同于它所说的语言；即使它在说宗主国的语言，其自身的词汇或者至少从共有词汇所作的选择、自身的字序、自身对于所说语言之美丑的感觉，都不是所说语言自己的，所有这些都背叛了这个语言。

很久以来，犹太民族自己的语言就不再是日常用语。其日常生活用语不断受到干扰这一点表明，它不过是个死语言罢了。但是，在这个民族自身看来，它不是死语言，而是"神圣语言"。这一语言的神圣性与其土地的神圣性具有同样的效果。它使人的情感不再执着于平常的每一天，它防止这个永恒的民族完全沉迷于时间。事实上，通过将终极的、最高的生命、祈祷置于神圣语言的保护之下，这一神圣的语言阻止它完全自由、正当地生活。因为生活的一切自由与公开性，都基于人能够畅言其所想与所知。在没有这些的地方，它就会陷于折磨人的沉默无语，因为，在只有诗人可以说他如何遭罪的地方，不仅人们的语言能力中断了，其公开性也被阻止于无望。①

因为犹太人对上帝说话时采用的语言跟对其兄弟说话时的语言并不一致,所以,就是这最后、最明显的生活的公开性也被拒绝了。因此,他完全不能对其兄弟说话。对于他,眼睛的一瞥比言辞更能够表达信息;怀疑言辞的力量而从心里相信缄默无言的力量,是犹太人的深层特性。他用以祈祷的神圣语言的神圣性,不允许他将自己的生活植根于自己语言的土壤中。一个事实根据是,他的语言生命总是有自我疏远的感觉,知其语言的家乡在别处;在日常语言不及的神圣语言领域,至少是在缄默无声的《圣经》语言的元音里,潜在着这样异乎寻常的语言环境,即语言的生命总在寻求与那在日常生活中早已不用的神圣语言的联系;而世界各地的其他民族却大不一样,他们的语言在文字湮灭后残存下来,而不是相反,即不是语言不再日用却保有文字。正是在缄默中,在言说符号的缄默中,犹太人感觉到,日用语言在其节日使用的神圣语言中有其家园。

各民族及其生活律法

因此,处在时间中,在转换与变化中,因而也必然是可亡的各民族是以语言为载体或先驱的。与此不同,语言迫使这个永恒的民族回到他自己的生命,即回到无需外在生活而运转的生命,

---

① 歌德说:当人在痛苦中沉默时,我有一个上帝,可以诉说我所受之苦(Und wo der Mensch in seiner Qual verstummt, /Gab mir ein Gott, zu sagen, wie ich leide)。引自歌德《托尔夸托·塔索》第5幕第5场。——译者

也就是说，只有在肉体生命的血管里，它才是不死的。假如自己的土地和语言被隔断，那么，对于可见的生活而言，将有更多的东西被否定，以至于世界各民族皆根据自己的习俗、自己的律法而生活。一个民族就是生活在这两者，即习俗和律法里，也即生活在被习惯的力量从昨天转化过来而又为明天固定下来的东西中。在昨天和明天之间存在着一天，这一天和所有的生命都保存其生命力，这一点可见于下面的事实：一日被明日所取代，日复一日地变成昨天，所以，这一天不是静止不动。因此，当各民族连续不断地把今天变成新的习俗，即一个新的昨天之永恒（new eternal-of-yesterday），同时又以今天为明天制定新的律法时，这些民族仍然可以存活。于是，今天就像离弦之箭那样在各民族的生活中飞逝而去。只要这支箭在飞，新风俗就会取代旧风俗，新律法接续旧律法；只要生命之河在一个民族中流淌不息，这个时刻就没有固化而是不断超越边界——不断积累的过去与取而代之的未来之间的边界——并前行。生活在时间中的民族也是这样。他们在继承和耕作中享有时间。在日积月累的风俗习惯和不断更新的律法之中，他们因其土地和语言而获得了自己生命的最后、最强的保证：自己的时间。只要一个民族计算自己的时间——根据仍然存在于习俗与记忆中的财产的年代计算，根据立法权、首领与国王的更迭计算——只要这个民族未亡，它就是时间的主人。

神圣的律法

需要重申的是，永恒的民族是以时间性的生命为代价而购买其永恒性的。对于这个民族，时间不再是它的时间，不再是一块由它耕耘并分享遗产的土地。对它而言，瞬间被固化了，被固定在一个可增益的过去与一个静止的未来之间，因此而不再飞逝了。习俗与律法，过去与未来，变成了两个不变的尺度。在这样的变化中，它们不再是过去与将来，而是固化了，成了不变的现在。习俗与律法，由于变得不可增加与改变，而流进了一个现在有效、永远有效的盆里。一个集习俗与律法于一体的独特的生命形式充满了瞬间，并使之永恒。但是，这样一来，瞬间也必然从时间之流中释放出来，自从生命变得神圣，它就不再是活的了。与此不同，其他民族的神话不断变化，过去的部分不断被忘却，另一些则被记住而编入神话，于是，神话变得永恒，而不再进一步改变。有些民族处于革命中，而革命中的律法是不时蜕变的。与此不同，在犹太人这里，律法不诉诸革命，它可以隐而不用，但不会改变。

由于神圣律法的教导部分——"托拉"一词包含教导与法律两部分内容，二者合为一体——把这个民族从生命的时间性和历史相关性中提升出来，因而也取消了它对时间的支配权。犹太人不计算自身年表的年岁。不论历史的记忆，还是立法者的法定时间，都不能变成时间的计量单位，因为历史的记忆只是过去的固定点，一年复一年，这过去就更是过去了；但是，记忆总是同样近，一点也没有过去，而是永恒的现在。每一个人都把《出埃及记》里讲的出埃及当作自身也经历了出埃及，这里不存在立法者在时间的历程中更新律法的问题。即便根据实际情况所作的一个变动，也必须做得看起来早已写在了永恒的律法中，早已在启示中显示出来了。所以，这个民族的编年史不能是其时间的计算。它适合于所有时代，它没有时间。但是，它必须根据世界的年岁计算年岁。

还有，这是第三次说，我们从这个民族与其历史的关系中看到，正如此前从它与语言和土地的关系中看到，出于永恒生命的缘故，这个民族是如何拒绝了时间性生命的。再说一遍，它不能完全地，也不能创造性地和世界上别的民族一样过历史的生活。它总是处在世俗与神圣生活之间，在任何给定的时间里都彼此分离，因此，它就不像世界上其他民族那样过一种有国家的生活，即不像他们那样可见地置身于世界某处，置身于一种可以高亢地表达其灵魂的大众语言里，置身于一块坚实的、与大地密切关联的、属于某个民族的土地上。相反，它独一无二地置身于某种在穿过时间时可以确保其民族的连续性的东西之中，即生命的不朽性之中：在隐晦朦胧的血缘中创造自身的永恒性。

命运与永恒性

但是，因为它只相信那创造自身的永恒性而不相信世界上任何别的东西，犹太民族的确相信其永恒性，而世界上所有其他民族，就像某一个体一样，确信自己会在时间中的某个时刻死亡，不管它是多么遥远。这可以说明为什么其他民族对国家的爱充满了由死亡之当下而带来的甜美。只有对有死的东西，爱才显示出绝对的甜美；只有在死亡的痛苦里，才蕴含着这终极性甜美的秘密。所以，世界上其他民族看到这样一个时间正在来临，在这个时间里，他们国土上的山山水水仍然在太阳下延伸着，但他们的土地上居住的却是别的民族，那时，他们的语言只埋藏在书籍里，其习俗和律法也将失去生命活力。只有我们不想象这类时间，因为在很久以前，作为其他民族存在之根的一切，都已经从我们这里取走了；

土地、语言、习俗和律法都已经离开了我们生活的领域，而我们已经从生存提升到了神圣。但是，我们仍然活着，而且永恒地活着。我们的生命不再纠结于任何外在的东西，我们扎根于自身，作为在大地上无根的永恒的流浪者，深深地植根于自身，植根于自身的肉体与血液里。植根于自身，只植根于自身，乃是我们的永恒性的保障。

一个民族：犹太人的本质

个别性与普遍性

植根于自身是什么意思？这里所说的个体或民族不在外在的东西中寻求存活的保障是什么意思？精确地说，在这种关系的缺乏中才变成永恒是什么意思？它恰恰是在说：单个的东西就是一切。对于全来说，自身是单个的东西并不是永恒的，因为整体在它之外，它作为部分，只有靠适合整体才能在个体性中确证自己。因此，一个希望成为永恒的个体，也必须容纳宇宙于自身中。这里的"必须"意味着，犹太民族在内心里会聚了上帝、世界和人的要素，这些当然也是构成宇宙的要素。说一个民族的上帝、人和世界就是这个民族的上帝、人和世界，只是基于这样一个事实：它们区别并独立于诸神、人和诸世界，犹如这个民族一样。正是在这单个民族与别的单个民族的自我分离中，它才和它们联系起来。每一个边界都有两面。当某物划定了边界，它就和别的某物分开了。但是，当一个民族拒绝成为单个民族而希望是"这一个民族"时，情形却非如此。该民族不再把自己圈入边界以内，而是包含诸边界于自身内，因为边界具有的两面性，结果是这个民族变成了别的列民之中的单个民族。因此，准确地说，是它的上帝、它的人，它的世界。这些要素也一定不是相互区别的，但它却必须让自己的边界里包含区别。上帝、人、世界必须自身包含区别，通过这些区别，它们才变成这一个民族的上帝、人和世界，这个民族一定是独一无二的民族。它们必须把相反的一极隐藏起来，以便自己能够成为单个的、确定的、特殊的某物，即单个的上帝、人类、世界；而每一个事物同时也是上帝、人和整个世界。

极性

上帝在自身内把自己分离为造物主、启示者，成为至为正义的上帝以及仁爱的上帝。人自身分离为被上帝所爱的灵魂，成为被邻人所爱的爱人者。世界在同一时间里包含了渴望被上帝创造的被造物的存在，包含了朝向王国成长并将进入王国的生命。至此，所有这些分别，在我们看来还不像分别，而像是一个正在进入伟大的上帝之日变奏曲中的一连串高音。它还不是分别，恰好相反，是合唱，是和声中的一致性。对我们来说，这才是迄今最重要的东西。当我们确定不把永恒性看作世界之钟的第十二下敲击，而看作是与现在的时刻相巧合的东西时，这些连续的高音才第一次对我们变成了反差。在纯粹的当前，时刻返回了。它们不再可能陷于相互反对，不可能进入和弦乐章，而是相互对立，要么起作用，要么无效。

犹太人的上帝

我们的主上帝被他的人民同时看作因果报应的上帝，也是爱的上帝。他在同一个呼求中被称为"我们的父"和"我们的王"。他希望得到"战战兢兢"的敬拜，但在其儿女克服了对他的神奇符号的恐惧后他又很喜悦。《圣经》在论及他的"崇高"之后，紧接着述说他的"谦卑"。他要求可见的祭祀符号、呼喊其名的祈祷以及在他面前的忏悔。与此同时，他又对此不屑一顾，只喜悦不留姓名的邻人之爱与公正，因为它们发生时无人留意，纯是为了他的缘故，乃出于内心的善念。他选择了他的人民，但又惩罚他们所犯的一切罪行。他希望所有人在他面前屈膝跪倒，但又被以色列人的赞歌所感动。以色列在他面前为有罪之人说情，他就让那些病倒的人得到医治。他的仆人以色列人和列王一并站在他的面前，痛苦与罪责、爱与判决、罪与赎罪，这些纠结在一起的东西不可能由人的手解开。

犹太人

人，乃是按照上帝的形象造成的；当人靠近上帝时，后者就是一个矛盾的港湾。以色列作为上帝钟爱的人，知道他是被上帝所选中的，切不可忘记：并非只有自己与上帝在一起，上帝也知道其他民族。不论以色列人是否知道埃及人与亚述人，上帝清楚地说过后者也是"我的人民"。以色列人知道自己被上帝所爱，于是会说：世界与我何干？在幸福的孤独——只与上帝在一起——中，以色列人或可将自己等同于人类，当世界力求提醒他并非每一个人都有上帝之子的直接体验时，他惊奇地环顾着四周。另一方面，没有人比他更清楚，成为上帝的爱人只是一个开端，而且仅仅实现了这个开端，人仍然没有被拯救。以色列人，是永恒地被上帝所爱之人，永恒地诚信、永恒地完全的人，与之相对还站有一人，他永恒地降临，永恒地等待，永恒地流浪，永恒繁荣，这就是弥赛亚。与开始之人即人之子亚当相对，还站着一个终端之人，他就是大卫王之子。与那从泥土造成并接受了神的气息的人相对，还站着一个从受膏的王族而来的苗裔。与先祖相对，还站着一个最终的后裔；与那被包裹在神爱之中的第一个人相对，还站着最后的人，拯救由他而在大地的终结之处出现。与最先的奇迹相对，有最后的奇迹，据说，这些奇迹比最先的奇迹更伟大。

犹太人世界

这世界，即犹太人的世界，作为一个完全被剥夺了物质的东西、完全受永不停息的对所有事物都说过的祝福话语的力量所启示的世界，也拥有一个双重关系，一是与"这个"世界的关系，二是与"来"世的关系。这两个世界，即这个与那个世界的"一起性"（togetherness）决定着一切事物。那个在祝福中受到启示的世界具有双重的决定：在"这个"世界，它发挥其功用，与那些没有被启示的民族几无不同；但与此同时，它已经变成了一块作为来世基础的基石。祝福将世界分别，其目的是在未来再度联合它们。现在，只有分别清晰可见。分别弥漫在生活的各个方面：神圣与平素、安息日与工作日、"托拉与世界之道"、灵性生活与工作事务，这些都形成了对照。就像以色列人的生活被分裂为神圣与平素，全世界也分裂为以色列人与别的民族。但是，这并不意味着神圣将平素弃之于外，而是说，这对照完全进乎其内，犹如祝福施之于一切普通事物，使一切普通事物不再普通；它使一切变得神圣；

与此类似，各国的虔诚智者也都一下子分享了现在看似只为犹太人所享有的来世生活；被祝福的人们自身变成了祝福。

本质的问题

当人们试图把犹太人的生活要素视为静止的要素时，矛盾之乱就产生了。本质的问题只有通过揭示矛盾所在才能解答，但并非所有的矛盾都能这样解答。但是，生活并不问及本质。它只是活着。在生活中，它自己解答所有问题，甚至在问题提出之前就解答了。在检验本质时看似具有的矛盾之乱，被归入生命的年轮而变成了透明可见的圆舞。返回自身的生命年轮，在宇宙之天上——在一次性的不可重复的上帝之日的期限内——的人的眼里，就变成了人眼不可测度的生动形象，成为一曲合奏，它将在倾听星球之伟大铃声的耳朵里再度响起。

神圣的民族：犹太年

因为永恒中的世界在和谐聚会的缄默中停止了存在——我们只在缄默中团结；言辞也团结，但是那被团结起来的人变得缄默无言了——所以，在渺小的年轮里聚集永恒之阳光的聚光镜，即礼仪，就必须把人引入缄默。当然，在礼仪进行中，彼此的缄默只能在最后，此前的一切不过是这个后来者的预备学校罢了。在这样的教育中，言语仍然起统领作用。言语必须把人引进门，使之能够学会如何变得彼此缄默。这种教育的开端就是：他应该学会倾听。

民众社会学：倾听

似乎没有比这更简单的了。但是，除了对话中的倾听外，这里还有另一种倾听。在对话中，那严肃的倾听者也在讲话，这不仅仅指他在严格地说话时的讲话；当然，他在实际讲话时是在讲话，同样地，当他通过倾听把言语提到嘴唇，通过对正在讲话者的赞赏或质问的眼神，他也是在讲话。这里的意思不是说眼睛在倾听，而实际上是说耳朵在倾听。因此，它是这样一种倾听，它不鼓励讲话者说出当时学到的东西，而只是一种无矛盾的倾听。在倾听的通常是多数人。这样一来，那讲者就不能是自己话语的讲者，这是因为，除了从其听众的说话的眼神里，他还能够从哪里汲取"自己的"话语呢？即使那面对大众的演讲者，只要他真是一个即席的演讲者，就只是一个谈话者罢了。不仅如此，正是那听他讲话的民众这个多头的怪物，不断向公众演讲者发出信号；赞同与不赞同，打断与扰乱，以及各种情绪，这些都在逼迫着此时的演说者不得不在上述立场中加以选择。如果演讲者想让自己独立于听众，那么，他一定不要直截了当地随便讲什么，而是"扣紧"预先准备并记在心里的讲稿，尽管这会冒让听众昏昏欲睡的危险。直截了当地讲话，越直截了当，就越能唤起听众中的对立的双方，这一点恰好是与所有在场者中那些没有矛盾、相互倾听的听众相反的。这就是"演讲稿"的本质，即是"俘获"，而不仅仅是言说。不论以什么为代价，集会在这里都被看作是万众一心的。演讲者必须把自己转化成早已准备好讲稿的宣讲者。此时，相互倾听就变为仅仅是听，是把一群人都变成"耳朵"的那种听；这样的听不是宣讲者造成的，而是源于在宣讲者背后的积极演讲人的回避，他不仅仅在宣讲者背后，而且在读出的话语背后。讲道必须有文本作基础，这是一个事实。只有与文本的联系才能保证大家"专心致志"地听。布道者所说的直截了当的话根本不会产生这样的专心；此类的话一定会像一种离心力涌入听众的耳朵。但是，文本，即被参加集会的人认为是由上帝的话构成的文本，才能为宣读它的人产生出所有人相互倾听的效果。当他竭尽所能解释文本时，他就在整个布道中保持了实实在在的相互倾听。一个布道，如果会招致打断，或者说，在布道时听众强忍住而不去打断，或者说听众的缄默——不是在相互咏唱时——被打破了，那么这个讲道就是不成功的。与此相对照，如果一个政治演说中间未被打断，没有"听！""听！"之类的喊声，没有掌声，没有笑语与噪声，就不是一个好的政治演说。一场布道，就像被大声读出来的文本一样，目的是在聚会者中间产生相互缄默。它的本质不是言说，而是释义；读出写好的文字是其要务，仅此就足以在所有集会者中产生倾听的相互性以及这一相互性的坚实基础。

安息日

只被产生，只被确立。但是，就是这样一个基础变成了圣日礼仪的焦点；在循环往复的安息日里，蕴含着精神之年。在每周一次的《托拉》阅读过程中——每年通读一遍《托拉》——灵性之年被大步迈过；这个过程的步伐就是安息日。每一个安息日都大致相同，但是，所读经文的不同把它们彼此区分开了。正是通过这样的区分，犹太人知道它不是最后的环节，而是一个更高的秩序即年的单个环节,因为只有在年里,那区分单个环节的东西才又一次构成了一个整体。是安息日造成了年的存在。这一存在必须每个星期重新创造一次。这个精神之年在当下的一周里总是部分性的;它只知在那一周里"发生了"什么,但是,正是通过每周经过的这一段时刻而变成年的;正是在安息日的系列中,年被编织成为一个花环。正是安息日前后相继的规则性以及每周阅读的经文部分,正是一个安息日与别的安息日相似这个事实,使安息日成为年的基石;那披着精神之装的年最先是通过它们被造出来的。安息日产生一切,其中也包括未来才有的东西。它们踏着稳健的步伐和所有别的节日并肩前行,就在这众多的节日之中;起伏跌宕的喜悦与悲伤、痛苦与幸福与这些节日相伴,安息日之流也与之同行;安息日的沉稳之流首先使灵魂之涡流成为可能。年的创造(Creation of the year)就发生在安息日,因此,安息日本身早已在礼仪中有其地位,而且是礼仪首先确定了它的意义:纪念创世的圣日。

创世的圣日

上帝用六天创造了世界,在第七日就休息了。因此,第七日作为"休息的日子""安息日",就成为"起初的劳作之纪念"的庆祝日。更准确地说,这起初的劳作就是完成"天地和其上的芸芸众生"的劳作。安息日将创世反映到年里。正如世界在任何东西进入之前总是在那里,而且完全在那里,安息日的秩序也在所有的圣日之先,它代表着任何一个圣日,甚至不间断地贯穿于它们之中。世界在很久以前就被造出来了,但却通过每天早晨的更新完全实现，这个事实说明创世并没有枯竭无力；与此相似，安息日作为创世之圣日不能一年只有一次，而必须伴随周而复始的周期而更新；安息日是一个圣日，但因每个安息日经文阅读的不同而有分别。正如创世早已完成，因而启示并不能赋予它原先不隐含的预见，作为创造的圣日，安息日也早就拥有了启示节日的所有内容；从晚上到晚上的内在期限中，隐含了所有的预见。

周五之夜

与工作日不同，一天重复三次的安息日主祷文包含了诗歌吟诵，它在简单的重复中建立了连续不断的期限。周五晚间的祈祷作为安息日惯例的附属与创世联系起来。创世故事的最后一句话——"就这样成了"——在此时说出；从公共圣事结束而回到家中，在家庭的神圣氛围中也说这句话；这神圣创造体现在安息日烛光里，体现在对面包与酒的祝词中，面包和酒乃是神赐的地上的礼物，与之相伴随，整个一天被圣化为一个创世的圣日。面包和酒当然是人的极其完美、无法替代的产品，不能把它比作别的产品——人的发明心智把自然的礼物集合起来，进而使之超越而升格为卓越的人工作品；但是，面包和酒不过是大地之礼物的精华。一个是所有生命力的被造基础，另一个是所有人生喜悦的根据。二者在世界的开始，从有人的时候起就完成了，因此都不会变得陈旧。每一口面包、每一口酒尝起来很甘美，犹如第一个品尝者所尝到的味道；第一次在田地里收获面包、从树枝上摘取果实的人在品尝面包与酒时感到滋味美妙，我们现在品尝时的感觉也不亚于他们。

安息日早晨

如果说安息日之夜主要是庆祝世界的创造,那么,安息日的早晨则是庆祝启示。穿插在安息日主祷文里的诗歌,唱出了摩西对于神圣安息日礼物的喜悦。上帝与伟大的启示接受者面对面讲话,犹如一个人与其朋友说话,上帝知道他是最伟大的先知,好像在他之后以色列就没有先知了;紧接在庆祝摩西接受启示之后,是在会众面前阅读每周一段的经文,阅读者是会众中的一些代表。如果说周五晚上与地上所有事物的创造及其圣化的经文有关,那么,在安息日早上,人们则意识到由托拉之礼物和植入活动——该活动发生在该民族的永恒生命的礼物之中——而带来的民族的神选性,通过前者,人们意识到神选,这时,有人被召唤上台去读启示书;通过后者,人们意识到永恒的生命——他转过身来,又消失在民众中。然而,由于这一永恒生命的意识,他甚至在安息日爬升到了那分别创世、启示与救赎的门槛。安息日下午的祈祷则变成了救赎的祈祷。

安息日下午

在这一祈祷的间奏中,以色列感觉到自己不止是选民,它是"一""唯一"的民族,是作为"一"(One)的上帝的民族。一种用神圣的字眼"一"迫使王国降临的热情在祈祷着的犹太人那里复活了。在早晚各一次的祈祷中,犹太共同体被创造出来了:先是被召唤去"听"①,随后是说上帝是"我们的上帝",这里见

---

① 指祷文"以色列啊,你要听",见《申命记》(6:4—9),这是犹太人每天早晚必须诵读的经文。——译者

证了上帝的直接临在，还把"唯一性"（Oneness）呼为上帝之超越所有名字、所有现存之物的永恒的名。我们知道，这一"呼出"不止是一个游移的词，在其中，由于个体"把天国的枷锁戴在了肩上"，上帝与他的民族，即他在人类中的民族之间的永恒统一性就建立起来了。这一点也回响在安息日下午的祈祷中，回响在"一"（One）之一民（one people）的赞美诗中。在黄昏降临之际，人们唱起了"第三餐"（third meal）之歌，此时白发老者与孩子们围在早已摆就的桌子旁，完全沉浸在弥赛亚将临的氛围中，这未来的确被拉近了。

安息日之结束

在单个安息日的一天循环中，这一上帝之日的全部历程就结束了；但是，它只不过是一个在具体的圣日进一步实现的日子的预演罢了。该日的实现并不发生在安息日本身。安息日仍然是一个休息与仔细反省的圣日。它仍然是一个年里的安息之所，通过它，除了接续不断的每周经文以外，圣日的周期借之率先活动起来了。如同一个装饰品，在其框架上似乎早就铭刻着启示意义的预先解释，这意义注定作为前后相继的形象固定在这个框架里。安息日本身又不只是个单纯休息的日子，它至少是一周内的一天。安息日的确定显然不同于其他的圣日；它不是依年而定，恰好相反，年实际上是为它才有的；安息日是依星期而定的。因此，它可以被置入一周之内。正如信众欢快地向它致意——新郎致意新娘——一旦进入上帝之家，它就像每一天做的梦那样隐而不见了。人制定的最小的周期，即一周内的工作日，又开始了。一个儿童抓住了一块由老人点燃的木头，手里拿着最后的空酒杯，双眼紧闭，从由第七天之圣日织成的完美之梦里惊醒过来。在神圣与平常、第七天与第一天、完成与开始、老人与儿童的选择之上，年得以建立，生活得以建立。安息日就是那样的完美之梦，但仅仅是个梦。正因为它是这两者，才真的变成了生命的基石，它作为完美之圣日，总是不断更新着"创世"。

安歇

这就是最后者。与其确立的机制相符，安息日首先是纪念起初之劳作的日子，是精神之年的持久、坚固的基础。然而在另一方面，它被置入创世之中，则已成为启示的第一个标志。但是，在其构成的言辞中，《圣经》似乎第一次遮掩起已被开启的上帝之名。但是，安息日最终由两种东西所构成：创世和第一次启示的标记以及——首先是——救赎的预示。救赎不是别的，正是启示与创世的调和！这一调和的首要的不可或缺的先决条件不是别的，正是人在世界上劳作之后的安歇！他已经劳作了六天，安排了他的一切事务，而在第七天休息了。在六天里，他说了很多有用无用的话，工作日要求他那样做，但在第七天，他尊重先知的禁令而让舌头休息，停止了日常的闲聊而学会安静与倾听。通过安静地倾听上帝的话语而将一个休息日圣化，一定是整个家庭彼此默许的。它不应被命令的噪音所干扰。即便是男仆女婢，也都要安歇；恰恰因为他们安歇了的缘故，安息日才被确定下来。这是因为，如果连奴仆都安歇了，那么，整个家庭就会在休息中真正得到解放，免除了工作日里的喋喋不休。

完成

救赎的意思应该是休息，而不是为了新劳作的沉静。工作总会又有其开始，第一个工作日就是一周的第一天，而安歇的日子是第七天。创世的圣日就是完成的圣日。当我们庆祝创世的圣日时，我们就越过了创世与启示。在安息日的主祷文中，那些与"个人需要"相关的祈求被删除了，其中不仅包括好年景、好收成、好身体、健全的理性、良善的政府之类的祈求，还包括有关上帝的孩子希望免罪和最后得救的祈求。除了祈求王国的到来与和平外，祷文仍然包括个人的祈求，因为会众乃由他们组成，它们只是对上帝的赞美与谢恩。在安息日，犹太会众在他们的盼望中，感觉就像已经得到了救赎，而且就是在今天。安息日是创世的圣日，但是，创世是为了救赎的缘故才发生的。安息日是在创世结束时作为创世的意义和目标被启示出来的。基于这样的理由，我们不是在创世的第一天，而是在最后一天，即第七天庆祝这个圣日。

团体社会学：用餐

安静地倾听只是相互分享的开始。在这里，我们总是从中发现，原初的基础是那不断回落的东西，其目的是通过号角的召唤去聚集来自原初深处的新生力量，以进行一次又一次的创造。但是，团体的灵性生命力并非已经蕴含在这个起源，即安静的倾听之中。生命首先诞生于更新之中，此外再无别处；更新不是曾被创造的开端的重复，而是本质性的更新；不只是新的创造，而是在瞬间活动中的创造，其方式是转瞬即逝的。由此而诞生的共同的生活（mutual life）是一种安静的生活（silent life），即活着的静谧（living silence）。这样一来，我们就只能期待在肉体生活中去发现这种安静的生活。以另一种方式进行的创造，即转瞬即逝的材料的交换，只发生在吃的饭中。对个体而言，吃喝已经是肉体人的新生了。对团体而言，一起用餐也是借以产生意识生命的做法。

倾听与服从的安静的交互性已经建立了最小的团体，这就是家。在家中，听从父亲的话是家赖以存在的基础。但是，家里的相互性生活并不在于相互服从，而在于吃饭，吃饭时，所有的家庭成员都围坐在桌子旁。此时，所有人都是平等的，每个人在独立生存的同时，又与所有别人协调一致。餐桌上的谈话不是这种团结的原因，就像在国家里，此类谈话不仅不是团结的原因，而且常常相反，事实上很不礼貌；在任何情况下，餐桌谈话都不是团结的原因，而充其量只是其表达。说话可以在偶然相遇时如在大街上、市场里。与此相较，一起用餐则总意味着有一个真实的、实现了的、积极的团体；在一起用餐这个世俗的相互性自身中，相互性表现为真实的灵动生命的共同分享。

在哪里用餐，哪里就存在这样的共同分享。在家是如此，在修道院、客店、赌场、聚会，无不如此。有些地方缺乏共同分享，例如在教室或大学的课堂上，甚至在讨论课上，就没有这样的分享，尽管共同分享的基础即相互倾听的确是存在的。只有建立在这一简单基础上的集体活动，例如学校组织的旅行、晚间讨论课，才有真正的共同分享的生活。在原始人那里，谦虚是与一起用餐的观念相对的；喜欢独自一人用餐的怪癖，以及在饭店占下很大的空间而又一个人边吃饭边读"他的报纸",这两类人要么是属于又绿又酸的不成熟,要么就属于熟过了,甚至烂掉了一半。作为甘甜熟透的人,在肉体生活的更新过程中,恰好需要人与人之间的相互性;否则就仍然处在相互服从的状态,犹如一个疲倦、孤独、独自吃饭的野蛮人那样不敢违反部落的规矩,也像饭店里那个固执的单身汉那样不敢违反其职业规则。但是,这里所缺乏的是一种自由的感觉,即只有在那从未消退的相互交流的过程中,一种相互性的生活才能够产生出来。这样一种蕴含于一起用餐中的共同性生活也不是最后的一站,犹如一起倾听那样。但是,在通向此一最后一站的教育过程中,彼此缄默是第二站,而倾听是第一站。在安息日,以及在所有的节日,一起用餐至为重要。但是,作为这个节日的真正土壤,我们只在第一个节日相会,而在后续的节日里,在年的坚固的框架里,让那永恒行进在世界中的民族的流浪形象显现吧。

启示的节日

有三个朝圣节,过节时,每个人都从乡下来圣殿一次。它们是关于从埃及得解放的节日逾越节(Passover),启示十诫的节日律法节(Shavuot),以及在旷野扎帐棚的节日住棚节(Succot)。这三个节日一起构成了这个民族作为启示载体之命运的形象。在启示中,被启示的还有创世和救赎;创世乃由于启示的缘故而发生,因此在严格的意义上,乃是启示的创造。救赎,由于启示教导我们如何去等待它,所以,在因启示而被选的民族的命运历程中,过节的那段时间也是围绕着实际接受启示的那个时刻和日子的,这个民族就是在这样的时刻意识到自己作为启示接受者的命运的。这一命运在该民族的三个阶段——民族之创立、接受神启的话语、携带着接受的《托拉》流浪于世界的荒野——显示出来。在两天的节日即律法节前后，有两次庄严的静默（meditation），每次持续八天，即在从埃及得解放的节日或逾越节，以及住棚节。在这三个节日中，永恒历史的脚步迈得更大，即比在和安息日连在一起的永恒之年的土壤里的脚步更大。它们看上去只是纪念性节日，实际上，其中蕴含着充分浓缩了的当下，而且，对第一个节日的参与者所说的话也完全适用于所有节日的参与者：他必须庆祝这些节日，就像他本人从埃及得解放一样。这一民族历史的开端、中间和终结，这个民族的组建、凝聚力和永恒性，通过每个新一代实现；通过每个新的当年，更新了过去的时代的每个新年，这个民族一切都得以新生。

解放的节日：逾越节

这个民族之成其为一个民族始于它的解放。因此，民族历史开端的节日是一个解放的节日。所以，即使安息日也可以成为出埃及的适时提醒者。在安息日宣布的奴隶和仆人的自由，通过作为民族成员的人从埃及的奴役中得到解放而确定下来，每一条有关尊重自由，甚至是奴隶、寄居者的自由的神性律法，都在这个民族中保持了这样的意识，即神所要求的自由与神所带来的该民族摆脱埃及人奴役之间是相关联的。即便是该民族的创立，如一般意义上的创世是为了创世而发生，也早已在自身中承载着最终的目标或最终的目的。在民族感情上，这一节日在三个节日中是最生动的，它本身包含了另外两个节日的意义。

在精神之年的所有晚餐中，逾越节的晚餐才是严格意义上由一家之主、父亲借以团结家庭的真正晚餐。这是唯一一次这样的晚餐，晚餐自始至终都在描述圣事的行为，自始至终都有礼仪程序的规定，的确，它被称为"Seder"，即"服侍程序"。"自由"一词从一开始就照耀着晚餐。其他时间用餐也拥有自由，在哪里都一样自由，但是逾越节晚餐的自由则使"这一夜不同于所有别的夜"：坐着就是"斜躺着"（leaned）；这一点不仅仅表现在一家人在宴会期间围在桌旁，更为生动的是最小的孩子也有权说话，一家之主在餐桌上所说的话是围绕这个孩子的举止和成熟程度而展开的。这是真正自由欢宴的标志，与所有的教诲形成对照；别的场合总是被设想为属于一个主人，从不合作，一个人站在圈子外围发布命令，控制着谈话的水平。在逾越节晚餐，他必须参与进来，凡身体参与进来的人在精神上都不被排除在外。合作团体的自由总是所有成员的自由。这样一来，逾越节晚餐就成了呼求自由的象征。这个呼求只是一个开始，只是民族的建立，这一点又一次表现在让最小的孩子也参与进来的另一方面的重要性上：由于要求孩子独立发出属于自己的声音，因此，仪式的整体就预先设定了其形式是教育性的。一家之主发言，全家倾听，只是伴随着夜晚的进行而逐渐要求相互的依赖，一直持续到晚餐之第二部分唱赞美诗和餐桌歌曲；晚餐的这一部分笼罩在半神秘半醉意朦胧的取笑的氛围里，此时，晚餐中一直存在的主人的支配性的秩序已经完全融入相互性之中。

从该民族建立起，它就已经预见到了未来的命运，然而这只是个预见罢了。它的命运似乎都在其起源中准备妥当了。不仅在今天，而且在出埃及后的每一代中，都有反对我们、消灭我们的动乱——上帝在每一代人中挽救了我们。而且，那时他所带给我们的，即从奴役中得到解放，对我们就足够了。但是，对于他，我们由之感到足够了的他，却是不够的：是他引导我们到西奈，又进一步到圣所的栖息之地。在节日的最后几天，人们在大声朗读《圣经》文本时，从其根源上，从该民族创建的根源上揭示了这一观点：该民族的起源里就隐含着启示与最后的拯救。朗读《雅歌》导向启示，遥远的救赎之点由于以赛亚有关耶西之根萌发的新芽的预言[1]而不再遥远——这新芽将用其口里的杖击打大地，此时狼将与羊羔同住，大地充满了上主的知识，犹如水充满海面；但是，这新芽将崛起，它是这个民族的旗帜，异教徒也响应顺服。"来年再会于耶路撒冷"。参与被解放者晚餐的人们在分别时所说的这句话，其最深刻的意义也在于此。对于先知以利亚来说——他也预见到了那个由耶西之根生发出来的苗裔，而后者总是能把父亲的心转向孩子，让孩子的心转向父亲，以至于血缘之流在未来之晨到来之前的长夜里流淌——在每一个用以举行晚餐的房间里，都放着一个装满的酒杯。

启示的节日：律法节

在启示之民的三个节日中，严格意义上的启示的节日只持续短短两天。因此，启示作为现在的时刻，正处于过去的永久持续和未来的永恒来临之间。启示与创世密切关联，以至于完全包含

---

[1] 这个长句的内容详见《以赛亚书》第11章，中译文根据英文直译。——译者

在创世之中；另一方面，创世也为了它的启示的部分而像预言那样指向作为其实现的启示；同样，这个民族的启示的节日直接跟随着这个民族之建立的节日。从解放节日——既开始于上帝之所也发生在世俗之家——的第二天算起，一直数到启示的节日。启示的节日本身完全沉浸在西奈的双重奇迹——上帝降临于民与十诫之颁布——的气氛中。在民族根源的节日自身内就承载着一切。与此相对照，启示的节日对自己之外的任何东西几乎一无所知。启示之前与启示之后都还隐蔽在阴影中。这个民族和上帝两厢子立，之间隔着不可逾越的鸿沟。即使那需要读出的先知书部分也没有提供有关的反省或观点，而只能让那原本只知内视的眼睛更深地内视。《以西结书》中记载了神秘形状的神车异象，《哈巴谷书》里有关于上帝雷震世界的风暴般的歌声，前者是存在秘密的暗示，后者则是对不可抗拒之事件的描绘；但是，两者都不出启示这一伟大时刻的范围。所以，最近时代有关这一节日的祷文有不足之处，它未能对以常新的篇幅诗意地去描写启示的伟大内容，即十诫给以足够的重视。

住棚节

上帝用保护的阴影笼罩住西奈山，所以，犹太人可以和他单独在一起。但是，这个民族不可以在此保护阴影下徘徊不前。它必须离开这个隐秘的由它与上帝一起组成的两人团之孤独而步入世界。它必须开始在旷野里游荡，而且在游荡结束之际，现存的那一代，即曾经站立在西奈山下的那一代，将不再存活；只有后来出生的一代得以在旷野游荡结束时在神圣的家园圣所找到栖息之处。住棚节同时是流浪与定居的节日。因为是对于长期流浪和之后最终找到居所的追忆，有房可住的居民不在通常的房间里，而是到一个简易搭建的棚子下聚餐，从那里可以仰望天空。在这里，人们会记住：在任何给定的时间里，人们今天居住的房子是那样诱人且安全的定居之所，而帐棚只允许人们在长达数世纪的旷野游荡过程中临时栖息；因为栖息只在游荡结束时才留下标记。在游荡结束时，第一圣殿的建筑师说过：赞美他，是他给予他的民栖息之所。这正是人们在过这个节日时读的文字。

事实上，这个节日具有这样的双重意义，它又是三个启示节日框架里唯一一个与救赎有关的节日，因此，此时庆祝救赎不过是希望和确定未来的救赎；当然，这个节日是同一个月里另一个节日的邻居，而这两个救赎节日有真实而确定的边界，不是相互重合的；另一方面，如果下面的证明仍然有必要的话，住棚节所读的先知书经文说的就是这个意思。在节日的第一天，人们读的是《撒迦利亚书》中很有力的最后一章，那里借助预言讲到了上主的日子，每天的圣事结束时人们读的就是这段预言：上帝将是全地的王。在那一天，上帝将是"一"，他的名字是"一"。正如这个希望的最高表达是每日聚会的最后话语，它也同样被安排在精神之年结束时。在节日的其他几天里，和它相衔接的经文是所罗门在祝福圣殿期间说过的话，在圣殿里，流浪的约柜圣所终于得以安息，那时的人民已经生活在约书亚时代，所罗门最后用一句妙语带来了对一种知识的希望："在所有地上的民中，永恒的一就是上帝，无他"，它也提醒一个民族：你们的心与永恒的"一"完全在一起。正是由于这一以行为为载体的众心统一的内在一体性，上帝的一体性、各民族的一体性在与这一节日相关的《以西结书》的几个段落里找到了经典的表述；正是这几个一体性，把犹太教的最内在基础铸就在通过人民、为了人民而圣化神名的观念中。祈祷文，尤其是其中关于三重圣化的那段祷文，即"卡迪什"（Kaddish），当然有其《圣经》的渊源：我提升自己、圣化自己、让众民知道自己，这样他们就知道我是那永恒的"一"。

这样一来，住棚节作为让人休息的节日，同时也变成了最高希望的节日。但是，至此我们只能说这个休息日自身也只是个希望。救赎并不存在于这个救赎的节日中。它只是希望得救，是一个在游荡中等待的节日。因此，这一节日，正因为它没有看到，或者说没有让救赎看到自己的王国，而仅仅是来自启示之山上，因此不能是最后的话。正如安息日导回到工作日，这个精神之年的结尾不必是一个享受生活的结尾，它必须直接返回到开端。紧接着《托拉》之最后话语的是为《托拉》而欢欣的节日（Simchat Torah）[①]的开头语。以社团名义主持这一过渡的老者不叫作"丈夫"，而一直被叫作"《托拉》的新娘"。但是，说那本专门怀疑道德的书《传道书》特别适用于住棚节，也不是毫无根据的。当人们最后一次呼吸着芳香之气，以此结束了安息日时，当工作日以不可间断的力量宣示自身时，随之而来的就是警醒，这种警醒被原封不动地带入了节日，而方式正是通过阅读《传道书》。尽管住棚节是为了休息而庆祝救赎的，它仍然是一个有关流浪荒野的节日。

[①] Simchat Torah 意为"与《托拉》同乐"，是犹太人在每年结束阅读经文时的庆祝活动，也是一个新的读经周期的开始。——译者

在共同度过的节日里,在共同聚餐的盛宴上,人们几乎不会停留在相互倾听的节日中出现的、由最终的沉默而带来的交互性上。在共同话语的话语中人们彼此分享,在这种分享的纯粹的基础以及它之对于交互性生活的纯粹的影响之外,一定有更高者存在,这一更高者也许就在共同分享的最外边界上,是超越交互性生活的交互性。

整体社会学:致意

在相互倾听中,交互性生活的前提条件得以建立起来。人们用一个相互作用的名字来称呼这种交互性,在听到这个名字时,共同体就在那里了。现在,共同体可以在生活的餐桌旁团团围坐。但是,聚餐只是在人们参与到聚餐之中来时才能将参加者聚集起来,而且它聚集起来的也只不过是这些参与者而已。参加聚餐的总是那被邀请的人。接到邀请的人才如期而来。他来进餐之前并不认识别的客人。他接到了邀请,每个来的人都分别接到了邀请。只是在进餐时,他才认识了别的客人。接到邀请的人都缄默不语,仍然是每个个体的缄默不语。只有在餐桌上,只有坐在餐桌旁展开的谈话才使他们彼此相识。此时如果有人离去,他也不再是陌生人了。有人碰到他时,会向他(无声地)致意。这个致意是最大的缄默符号:他们缄默不言,因为彼此认识。为了让所有的人,包括同时代人,死去的人,尚未出生的人都相互致意,正如俗语所说的那样,他们必须同吃过一小罐盐。但是,这个前提条件是无法实现的。这种所有人对所有人的致意,乃是最高层次的相互分享,此时缄默将不再遭到扰乱。从专致的缄默之外传来了那些未接到邀请的人的声音；他们无意识地走在街上，从灯火通明的窗户旁经过；此时，室内的平静的餐桌因为传来的噪声而变得几无价值。只有一切都缄默无声，那缄默才是完美的；共同的分享才是共同的。所有人对所有人的致意，其中彻底的共同静默自身，是建立在共同倾听和共餐的假想之上的，正如每一个致意都至少包含某人说些什么，寒暄几句。但是，何以设想这种所有人对所有人的致意会发生呢？

这种致意何以会发生？在发生的地方，如在军队里，它是怎样发生的？当然不会发生在两个士兵相遇时的相互致意中；这里，如果涉及高级军官，致意简单说就是相互倾听的符号，因为只是一方面在听。如果涉及同志之间，那就是一种有关行动和遭难的共同提醒：共受饥饿，共同防卫，共同行军，共临危境。"利索"的招呼是军规纪律，无处无时不有，乃是整体的基础；"作为同志"的致意是有关共同生活的问题，它并非绝对无时无处不在，而是在需要的时候就有，另外的时候则撤销不用。比较两者，从不松弛的演习和同志般的感情容易唤起，前者是持续不断的，后者则是一种良好的精神气质，军队借以维系和更新。这是两种由它构成的源泉，但这精神之整体在此两种致意中尚不可见，它仍然只是整体的一个要素。

事实上，人莫不隶属于整体；这个整体只有在被检查时，在向旗帜敬礼时，在受最高战事司令官检阅时的行进中才体验得到。这里，人们向司令官敬礼，而他自己不再必须面向任何人，或者，一个人就像那一面旗帜，不会做任何事情，在此，单纯的下级服从上级这样的事情不再出现，这里表达的只是这支军队的所有成员在任何时候都具有的共同性；战士感觉到了旗帜和别的喜庆装点以及皇室血裔不仅比活着的事物更为年长，而且还会活得更久。这里没有任何生活之共同性的意蕴。因为，旗帜不倒，国王也不会死去，这里所意指的只是那些参与到礼仪之中的人的命运，这些人虽然只是在当下相互敬礼，但这种充分的交互性则贯穿始终。现在，我们知道，所有人对所有人的致意只有一种可能性，它跟活着的人们为了准备这种致意而在迄今为止的日子里参与了多少次语言上的交流和聚餐、做出了多少准备无关，它也跟这样的事实，即全体人民在任何时候都能进行互动永远都无法实现无关，这样的致意只可能实现在这样的时刻：那些准备好了做出致意的人通过上述那种双重交互性的参与而将自身共同匍匐在作为全部时间之主的上帝脚下。共同匍匐在作为世界万物和居于所有肉体之中的灵魂的主人的上帝脚下，为这种交互性的参与——当然，这仅仅是为了它以及参与进来的那些个体——指明了道路，这条道路通向的是普世的共同参与，此时，所有的人会彼此相识，彼此以无声的方式致意——彼此面对。

救赎的节日

"敬畏之日"（Yamim Nora'im）作为节日是自成一类的，它们处于民众共同分享的一些节日中一个节日的入口处，其内容为休息。这些节日之区别于所有别的节日在于这样一个事实：在这里，只有在这里，犹太人才屈膝下跪。犹太人拒不向波斯的国王下跪，不向任何凌驾其上的地上的权力下跪，甚至在任何平素的日子以及生活行为中不向自己的上帝下跪：此时，他跪倒了。事实上，不是由于忏悔者有罪，也不是由于祈祷者要求赦免罪责，尽管在这个节日中他们主要沉浸在忏悔和祈祷里，而是由于他们看到了上帝的切近，而被提升到了超越当今之俗世的境界；在平素的安息日，主祷文省略了祈求免罪的部分，道理也与此类似。可见，这个赎罪日（Yom Kippur），作为休息十天之救赎节日的顶点而被称为安息日中的安息日，是完全有理由的。在纪念活动中，在对往昔圣殿仪式的描写中，尤其是当祭司在聚集在圣殿里的人们下跪时毫无障碍地说出那平素从不说出的上帝之名时，会众顿时产生出上帝临近的感觉。祈祷的人们一下子进入并沉浸在这一感情之中；旋即又进入对于未来的诺言中；在未来，所有人都将跪倒在上帝面前，偶像崇拜从地上销声匿迹，世界在上帝之王国里得以加强，所有肉身儿女将呼求他的名，地上所有不信他的人也都转求于他，世上的一切都属于他的王国。在平素圣事结束时也有的这一程式被赎罪日的祈祷超越了；对于未来降临的祈求在赎罪日成为主祷文，这几天众人大声呼喊着未来的日子，那时所有的被造物都拜倒在上帝面前，并立下一纸全心全意执行上帝意志的约书。但是，平素仪式结束时说出的祷文压过了在这几个庄严的日子中所做的呼求，在当前，人们完全意识到，自己的会众并非持有那所有造物的唯一圣约，这种意识正好把握住了永恒救赎的时刻。在一年中平素的日子，会众只是说说而已，在这里却变成了行动：人们跪拜在万王之王面前。

审判

这样一来，敬畏之日，即由新年日和赎罪日构成的日子，把永恒的救赎置于时间中。在节日高潮时吹响的羊角号使之成为"审判日"。在末日才施行的审判此刻一下子成为当下的事。因此，被审判的不可能是那个世界，而是当前的世界！毋宁说，审判所判的是个人。每一个个体的命运都根据其行为决定了。对某人的过去和来年的判决是在新年日写就，而在赎罪日封印的；从新年日至赎罪日的"忏悔十日"至此得以完结。年绝对变成了永恒性之完全合法的代表。在一年一度的"最近"的审判中，永恒性摆脱了与彼岸世界的任何距离，此时此刻，对于个人而言，永恒性可以用强壮的手去接触和把握。它不再存在于永恒民族的永恒历史中，不再存在于永恒变化的世界历史中。不必等待计算，没有什么隐藏在历史背后。个人直接被审判。他（He）就站立在信众中。他说"我们"（We）。但是，这个日子里的我们不是历史民族中的我们。我们会祈求宽恕，但需要宽恕的罪不是违反了将这个民族跟地上的万民区别开来的律法。而是说，在这些日子里，个人以其赤裸的个体性，带着人的罪行，直接站立在上帝面前。在可以列举的"我们所犯下的"诸多罪行中，只有人的这种罪是可以命名的。在这里，"列举"一词包含更多的意思：敞开胸怀的所有隐秘之处，坦白说出那隐藏在同一颗心里的罪行。

罪

我们出现在交互性的分享中，我们中的个体的人在上帝面前捶胸顿足，他袒露出自己纯粹的人性，在忏悔着的我们之中，个体的人感觉到他那有罪的自我似乎从未在自己的生命中出现过。这样的我们不可能是一个比人性团体本身更为狭隘的团体。正如年在这些日子里直接代表了永恒性,以色列人也在这段时间里直接代表了永恒性。以色列人意识到是"和罪人一起"祈祷。意思就是,不论他希望什么,那模糊不清的公式的起源一定是:包括每一个和大家一起的人类整体。大家都是罪人。假如上帝赋予人灵魂时对人来说是纯洁的,那么,现在它已经在内心中存在的两种冲动的争斗中撕裂了。假如他在常新的、目标明确的意志的指引下开展统一和净化其分裂之心的工作,那么在两年相交这一意味着永恒的时刻,所有的解决方法对他来说都会变成无效之举,每个圣化活动都变得适得其反,每句求助上帝的誓言都会变成空话,此时上帝的已经知晓了善恶的儿女所开始的工作只是向那被欺骗了的人展现他们的宽恕①。

死与生

一个完全可见的标记识别出敬畏之日的主调,因为在整个过程中,对于个体永恒的东西,一下子转化为时间。礼拜者在这一天穿着寿衣。当然,人们早已披上祈祷披肩——古希腊的大衣和古装长袍——让人每一天都想起永恒生活的最后外衣,上帝此时把灵魂包裹进祈祷披肩里。于是,从每一天,从每个安息日,有如从创造之中照射到死亡之上一束光线,这束光线就是创造的皇冠和目标。但是,整个寿衣即上衣与裙子——内衣和正装——都不是平素的衣裳;死亡只是最后的一次创造,只是一个界限。创造

---

① 显然是指伊甸园中的亚当和夏娃被蛇欺骗而吃了智慧树上的果子从而能知善恶。——译者

本身看不见它。启示首先知道这一点,作为最先的知识知道这一点:爱与死亡一样强烈。这就是为什么个人在活着的时候业已穿过寿衣的原因:在婚礼华盖之下,新郎在新婚之日从新娘手里接过它。婚姻第一次使他成为完全意义上的民族成员,这不是无缘无故的,因为父亲在他出生时就祷告说,要把他带进《托拉》,带进婚礼华盖和好的工作。学习《托拉》并保存它是犹太人生活的当下基础;完全的生活的开始是与婚姻相伴随的;只有在此时才真正会有"好的工作"[1]。事实上,只有人才需要《托拉》作为意识的基础。当女儿降生时,父亲只祈愿将她带入婚礼华盖和好的工作。这是因为,即使没有对男人必需的有意识"学而时习之",女人也具有犹太生活的基础;男人在自然土壤里的根并不如女人牢固。根据一则古老的权利公则,犹太人的血脉难道不是通过女人繁衍的吗?不仅犹太双亲的孩子是犹太人,只要母亲是犹太人,孩子一出生就已经是犹太人了。

因此,在个人生活中,正是借助于婚姻,犹太人的存在才与灵魂真正结合起来。犹太人的心就是家。创造与死亡一样强烈;启示与死亡相对照,与创造并驾齐驱;当启示警醒创造中的某物时,它也创造了新的造物——灵魂这一生命中的超自然的部分;在婚礼华盖之下,新郎以寿衣为结婚礼服;在他完全进入永恒的民族之时,向死亡宣告——死与生一样强烈。但是,个人生命中的这个时刻,也是精神之年的永恒时刻。在这里,一家之父也穿一次寿衣,当然不是作为寿衣,而是作为婚礼服:在启示节日的第一天,

---

[1] 参照《创世记》中上帝对自己工作的评价。——译者

在晚饭之际，人们呼求自由。此时，寿衣标志着从纯粹的创造到启示的过渡。在三天节日中的第一天穿寿衣，而葡萄酒、食物、孩子们的兴高采烈和幸福的轮唱，在这里则是对死亡的挑战。

赎罪

但在敬畏的日子里，礼拜者的着装是不同的。这里没有婚礼服，而是真正穿寿衣。正如一个人在穿上寿衣后独处一天，在祈祷的这些日子里也是如此。他被置于孤单状态而直接面对上帝的宝座。正如上帝有一天会根据他的行为、他内心的想法审判他，独自审判他一人，不会问是谁对他发布过命令、哪些功过与他相关，而只审判他一个人。如此一来，他就进入了完全寂寞的状态，是活着的死人，是人性集合体的一分子——在其中，每个人都像他一样——在活着的时候就被置于坟墓之旁了。一切都被置于他的背后。在最后的日子开始之时，过去的九天只是准备，在宣布所有的誓言、所有的祝福与所有的善意全部无效的祈祷中，他的祈祷所表达的是纯粹的谦卑，此时的他不是那个已知善恶的上帝的孩子，而是他的受骗的孩子，上帝要赦免他，"就像要赦免以色列人整体以及所有寄居在他们中间的陌生人一样，因为遭到欺骗的人都会这样"。现在，他已经做好准备在上帝面前为其罪愆而反复忏悔。当然，在人面前他就不再有罪了。如果他仍然不能释怀，就事先一一对人诚心认错，以期从中解脱出来。赎罪日并不意味着罪愆过期无效了；它丝毫没有这样的意思。对它而言，所有的罪愆，即便是已经过去的并在人面前得到赦免的罪愆，在上帝面前仍然是罪愆，是孤独人的罪，是灵魂之罪——因为是灵魂使之犯罪的。

对于身着寿衣的人、置身坟墓之旁的人、有灵魂的人所做的共同恳求，上帝的面孔转向他们；上帝在人犯罪前后都是爱人的，需要上帝的人会质问上帝为什么遗弃他[①]，上帝慈悲怜悯、宽宏大量、诚实无欺，他的爱可持续两千代，赦免恶行、轻蔑和罪愆；凡迷途知返者，都会得到上帝的赦免。于是，由于上帝的面容转向于他，忏悔中的人便喜形于色：他，这爱的上帝，唯有他是上帝。

回归年的路

世俗的一切都深深地隐藏在这忏悔的永恒性背后，以至于很难想象如何找到由此回到年的周期的路径。基于这样的理由，救赎的建立就是非常有意义的，安息日之年的周期就是借助它而完成的；但是，住棚节仍然追随安息日而成为在未被拯救的时间土壤中的、一个历史民族的救赎节日。在人类整体的普遍交互性中，灵魂曾经与上帝单独在一起；在这样一种永恒的尝试中，时间的现实性又一次在那个节日中确立其权利，因此，年的周期可以重新开始，只有借此，我们才获准在时间内祈求永恒性。

世界之民：弥赛亚政治学

这是一个民族的周期。在这个周期里，这个民族朝向自己的目标，而且它知道自己正在迈向自己的目标。它在自身消除了创造与启示的冲突。它自己预见了永恒性。在年周期里，未来是动力。

---

① 耶稣基督在被绑缚于十字架上时曾作此说，参见《马太福音》27：46。——译者

周期性运动不是由于推力,而是由于拉力产生的。当下成为过去,不是因为过去往前推,而是因为未来的拉动。创造与启示的节日也以某种方式导向救赎。未实现救赎的意识又一次有了突破,因此,永恒的思想又一次浮沫在瞬间之杯中,它就像刚刚潜入瞬间之内,并再次赋予年以重新开始的力量,从开始的时刻和地点构成了一条无始无终的时间长链。但是,这个民族仍然是永恒的民族。其年复一年的时间性,可被视为只是在等待、流浪,而不是成长。成长的意思是,在时间中尚未达到完成,因此可能会产生对永恒性的拒绝。而永恒恰恰是,在当下与完成之间,时间不再拥有一个空间,而是:每一个未来如同今天那样可以被把握。

万民与世界

因此,永恒的民族必须忘却世界的成长。它也许不这样想。世界,它的世界,必须被它看作是完成了的,只有灵魂仍可以在路上。但是,它达到了这样一个仍在界限内的最远点。如果它达不到,那就只是一个等待与游荡的问题——"莫急躁,拿别的地图"①,《堂吉诃德》中有这样深沉的话。等待与游荡是灵魂的事。只有成长属于世界一边。永恒的民族恰好放弃了这样的成长。它的民族性(peoplehood)处在世界各民族期望达到之处。它的世界是朝向目标的。犹太人在其民族中找到了进入那属于他的世界的最完美入口,为了发现这个入口,他无须牺牲任何一点特殊性。世界各族曾经发生争议,因为它们中存在着基督教的超民族的权

---

① 典出《堂吉诃德》第2部第3卷第23章。——译者

力,因为西格弗里德(Siegfried)①在各处与外国的基督徒争斗,他们因为面貌不同而受到怀疑;那金头发、蓝眼睛、黑面孔、高大身材或者像他自己一样的棕头发、黑眼睛的人,总是反对与自己形象没有近似性的外国人。只有对犹太人来说,在他灵魂面前的最高形象与指引他生活的民族之间,不存在分别。只有犹太人拥有一个神秘的统一性,而世界各族因为基督教而丧失了或将要丧失这样的统一性;这些民族所拥有的神话,是异教神话,它诱使他们离开上帝,还通过把邻人吸纳进自己的行列而背弃他们。犹太人的神话引导犹太人是通过把他引入自己的民族,并在上帝的看顾之下;同时,犹太人的上帝也是各民族的上帝。对于犹太民族,所谓他们自己所有的和最高的目标之间的差别是不适用的,因为他的为己之爱马上就转变为爱邻人了。

民族与战争

因为犹太民族已经超越了那构成各民族的形成的实际动力的对立面的斗争,所以它超越了个别性与世界史、家园与信仰、天与地的对立,所以亦不知道战争。古代各族人都知道战争,一般来说,战争当然是生命的一种自然表达,这并不难理解。对于一个民族,战争意味着为了生命而以生命做赌注。发动战争的民族冒着死亡的危险。只要各族人仍把自己看作是有死的,战争就没有多大意义。只要战争不是为了伟大的罗马辩论家所说的那两条正当理由,即自我保护与宣誓效忠的荣誉——这里的第二条在某些情况下是

---

① 德国男子常用名,意思是"胜利的和平"。——译者

与第一条相矛盾的——战争就没有多大意义。没有理由解释萨贡托（Sagunto）①及其人民为什么没有从地球上消失，但是很清楚的是奥古斯丁在摆脱了西塞罗影响之后的解释：为了教会，这样的个人利益与信仰——对比自己更高的存在的忠诚——之间的冲突就不会发生了，因为自我保护与忠诚统一起来了。奥古斯丁在这里就教会所说的话，也在某种程度上适用于世俗的交互性分享的范围，也适用于民族与国家，只要它们开始以最高的观点来看待自己的存在。

选民

选民观念或多或少地涉及个别的民族，与之必然相关的还有永恒性的拥有，这些恰好是由于基督教而产生的。并非是说这样的拥有就真正决定了这些民族的永恒生命，不可能这样。拣选观念自身当然可以是永恒生命的理由，但只是在某些庄严的时刻，这就像人们想象中身着节日服装，而未必是正装的时刻，因为他们认为身着正装认真说来并非很有效果。在对自己民族的爱的最深处总是潜藏着一种隐忧，担忧在将来的某个时刻，这个民族将不复存在，这给爱带来了甜蜜而痛苦的重负。但是，无论如何，这个民族的必然永恒性观念一直存在着，它时弱时强，强烈或半强烈地发挥着作用。这一作用使得战争呈现某种颇为不同的面貌。而陷于战争之中的民族生命则是绝对不可以以半认真的态度而加

---

① 西班牙古城，位于现在西班牙瓦伦西亚省，历史上曾被希腊、罗马、拜占庭、阿拉伯等异族入侵。——译者

以对待的。假如这个民族的本质被抹煞了，世界何以复原？一个民族自身越认真地认识到"得救"与信仰统一性，即他自身的存在与他对这个世界的感知的话，那么战争所呈现给它的可能性，即破坏的可能性，就越令它感到迷茫。所以，战争就进入到生活的核心。在古代国家居中心地位的政治存在是法定的崇拜、献祭和节日之类，而驱逐敌人于疆外的战争确实保卫了江山社稷，但它本身既不是献祭，也不是文化活动，也不是祭坛。"信仰之战"也是宗教活动的战争，这一点在被犹太人发现之后，在基督教时代依然留存。

信仰之战

我们的古代法律中最有意义的段落关涉以下两个战争之间的区别。一个是普通的抗击"遥远"民族的战争，此类战争是根据军事规律的普遍法则发动的；军事规律认为，战争是类似国家形式的通常表达。另一个是信仰之战，旨在反对迦南的"七个民族"，上帝之民通过它而占领了必要的信仰生存空间。这一区别隐含了新的战争观，即为了上帝的缘故，战争是必要的行为。基督教时代的民族不再赞成这一区别。与不容忍疆界的基督教精神相一致，对他们来说，也不存在什么"遥远"的民族。于是，按照和公众律法相关的犹太律法划分的信仰战争和政治战争就不再有区别了。正因为他们不是真正的上帝之民，而只是行在上帝之民的路上，基督教不可能划清楚这些疆界；他们丝毫不懂得，他们的国家的命运是好战的，而这一点距离实现上帝的意志是多么遥远。以何种方式——何种方式仍然是令人迷惑的。人民必须习惯于可能的破坏观念；作为一个民族，它是否可以为天国的大厦增砖添瓦？个体的意识对此不起任何决定作用。只有战争才能决定，它凌驾于上述个体意识之上。

世界和平

与这种持续存在于信仰之战中的生活相反，犹太民族也有自己的信仰之战，但后者却被抛在了背后，留在了失落了的过去。因此，它目前仍然经历着的所有战争对它来说不过是政治意义上的战争。但是，既然它确实熟悉信仰之战的概念，那么它就不可能对目下的政治之战太过认真，正如对于其他古代的民族来说，信仰之战同样是陌生的一样。当然，犹太人确实是基督教世界中唯一不把战争当回事的民族，因此，只有他们才是真正的"和平主义者"。但是犹太人却由此而孤立了自身，尤其是由于他在他的精神之年中经历了完美的交互性参与，因此，他将自身同世俗的纪年法分离了开来，而这种分离一直持续着，甚至是在后者对于任何民族都不再陌生、基督教纪年基本上变成了全世界通用的纪年之后依然如此。每个犹太人跟上帝之间都存在着一种完美的交互性参与，因此，即便是在岁月的流转中，他依然拥有着每个个体跟上帝之间的那种直接性，他从此不再需要在世界历史的长途行军中去赢得什么。

世界万民都在朝着一个目标前进，而犹太民族就其自身来说已经达到了这一目标。它在自身之中达成了信仰与生活的和谐，这样的和谐在奥古斯丁那里以信仰和救赎之间的和谐的方式被归诸于教会，但对于教会的信徒们来说，这仍然仅仅是一个梦想。当然，正因为犹太民族拥有了这种和谐,所以它站在了世界之外,因为世界尚未拥有这种和谐;由于生活在永恒的和平之中,犹太民族站在了好战的暂时性之外;由于栖息于在希望中预见的目标之中,犹太民族将自身独立在那些世代努力、向着上述目标奋进的民族之外。它的灵魂满足于对希望的专注,从而远离了辛劳、行动以及对世界的争夺。神圣化的行为遍及这个民族之中,使得它变成了一个祭司的国度,而这又造就了它无结果的生命;无论它的肉体跟这个世界的结合有多么紧密,它的神圣化使得它免于将自己的灵魂淹没在尚未被神圣化的世界万民之中。这个民族必须用它日常的解决所有矛盾的办法来使自己不至于全面、积极地参与到世界万民的生活中去。在今天,这种解决矛盾的办法却不值得赞美,因为由于它人们会变得不再忠诚于对这些矛盾的终极解决之道。为了保证真正的交互性参与的理想的完美无缺,世界万民在国家中持续享有的满足感必须被禁止。国家是一种不停变动的形式,在其中,时间一步步地迈向永恒。在上帝之民中,永恒的东西已经存在了,而且就在时间之中。而在世界万民之中存在的只有暂时性。但是,国家是一种尝试,因而不可避免地要不断更新,它的目标是在时间中给万民以永恒。我们将会看到它是如何去做这一工作的。国家确实在做这一工作,而且必定会这样做,这一事实使得它变成了那自身就是永恒的民族的模仿者,因此,如果国家能够达到它的目标,那么永恒的民族就不再拥有永恒性的独占权。

国家的法律

一个循环,一个年轮的循环,它为永恒的民族确保着它的永恒性。世界万民之中没有循环，他们的生命流淌进了一条宽阔的河流。如果永恒性真的能够从国家出发而及于其人民，那么这条河流就必须被堵住，必须变成一个被堤坝围起来的湖泊。万民自身是属于纯粹的时间之流的，而国家必须努力在其中制造出一个循环，必须将万民变动不居的生命变成保存与更新的结合体，由此而引入了一个循环，从而使得世界在其自身之内拥有了变成永恒的能力。在保存和更新之间，生命设置了一种不可调和的冲突。它想要的只是变化。变化这一法则禁止任何变化中的不变的东西，禁止任何东西在变化中保持自身。生命要么是静止，要么是运动。既然时间不可能被抹杀，那么运动就会大行其道。你不可能两次踏进同一条河流[1]。在不可遏制的变化和更迭之中，历史似乎死去了。随之而来的是国家，它将自己的法律高悬在更迭之上。现在终于出现了某种持续性的东西。当然，乍看起来，现在似乎所有的东西都被固定下来，所有的东西都获得了持续性。但是，不久之后，繁忙的生命就再次向前疾驰，将僵死的、固定的法典抛在身后。法律只有在人们遵守它的时候才有存在的价值。因此，法律和生命，一个是持久的，而另一个总是在变化，二者似乎分道扬镳了。在此国家露出了它的真面目。"法律"只是它说出的第一个词。在变动不居的生命面前，它不可能保持自身。但是，现在它说出了它的第二个词："沉默之声"。

国家的暴力

在律法之外，暴力给生命带来了补充。既然国家是暴力的而非

---

[1] 显然这里指的是赫拉克利特的思想。——译者

纯粹受律法约束的，那么它就只能跟在生命后面。暴力的全部真义就是：它创立了新的律法。这不是对法律的否定，如同人们可能由于其革命性的后果所推论的那样；相反，这恰恰是法律的基础。但是，在新的法律中隐藏着一个矛盾。法律就其本质来说都是旧的。它将自身呈现为暴力所是的东西：旧法律的更新者。因此国家既是守法的同时又是暴力的，是旧法律的否定者同时又是新法律的创立者；在旧法律的否定者和新法律的创立者这一双重身份中，国家将自身置于其国民生命之河的纯粹的流动之上，而习俗在这条河中不停地以非暴力的方式增生着，法律也在其中不停地变更着。在活生生的民族之中法律在不停变更着，习俗在不停地增生着，这些现象中所展现的是每个活生生的瞬间都有一种允许自身流逝的自然倾向，而国家与此相反，它狂暴地执着于每一个瞬间。但这样的瞬间却不像在永恒的民族那里一劳永逸地变成了最终的习俗和不变的法律。之所以有此不同，是因为国家以一种主宰者的态度追寻着瞬间以及每一个随之而来的下一个瞬间，并且按照自己的意志、根据自己的能力来塑造每一个瞬间。在每一个瞬间国家都以暴力的方式去解决保存与更新、旧法律和新法律之间的矛盾。通过时间的流逝，民族的生命过程只能通过不断地自愿拖延着这一对矛盾的持续性的解决；国家试图解决这一矛盾；而且事实上就是这一解决本身，它每时每刻都在解决这一矛盾。

战争与革命

因此，战争与革命就成了国家唯一熟悉的内容，在任何一个时刻，只要两者都不出现——甚至仅仅在思想中的战争或革命——

那么国家就不再是国家。任何时候它都不可能放下手中的武器，因为它必须时刻挥舞着手中的武器去斩断那个民族生命的戈耳狄俄斯之结（Gordian knot）①，消解过去和未来之间的矛盾，对于后者，人们没有办法解决，而只能在其自然的生命中不断地将其推向未来。但是，通过斩断死结，它在每一个瞬间——当然，应该说总是仅仅为了当下的瞬间——都将矛盾从世界中驱逐了出去，由此，它在每一个瞬间都将世界生命之流堵塞成了一潭死水，这一生命之流每时每刻都在否定着自身，直到最终汇入了永恒之海。但它却因此而将每一个瞬间变成了永恒。它用旧与新的矛盾所编织的圆环套住了每一个瞬间，其方式是：用暴力的方式更新旧的法律，而将旧法律的权力置于新事物身上。新法律不仅没有沿袭旧法律，在每一个瞬间，它都将旧法律提炼、融入了新的法律，使之变成新法的不可分割的一部分。瞬间仍然是瞬间，它不停地流逝。但是，当它尚未逝去的时候，在这短暂的时间中，它自身就是一个短暂的永恒；只要在自身之内不包含任何以超越自身为目标的因素，那么新的法律——它会以其他的方式不断打击旧的法律——就会落入瞬间的管辖范围。只有新的瞬间才会打断旧的瞬间的暴力统治，并威胁着后者，要解放生命，让生命像一条自由的河流那样流逝而去；但是国家立刻再次举起了它的武器，将河流堵塞成死水，把它变成一个循环中持续不断的瞬间。因此，这些被国家所限定

---

① 这是个源出于古希腊传说的成语。戈耳狄俄斯是公元前4世纪小亚细亚地区的一个国王，他把一辆牛车的车辕和车轭用一根绳子系了起来，打了一个找不到结头的死结，声称谁能打开这个难解的结谁就可以称王亚洲。这个结一直没有人解开。到了公元前4世纪，亚历山大大帝拔出身上的佩剑，一下子就把这个死结斩开了。——译者

的瞬间就是民族生命的权威的"时间",仅靠其自身,民族生命并不知道时间。只有国家才能将停顿、小小的停留点和时间段带给在时间中飞逝着的民族生命。这些时间点是世界历史中的时刻,只有国家才能造就它们,国家用它那好战的禁止性的命令使得时间的太阳停止不动,直到任何一个特定的时刻,在那时,"这民已经战胜了它的敌人"①。没有国家就不会有世界历史。只有国家才能带来对真正的永恒——它融化了世界历史的砖石,将其变成了时间段——的反映(reflected images),并将后者抛入了时间的河流。

应许的永恒性

这就是为什么永恒民族的永恒性必定并且总是不仅不为国家和世界历史所熟悉,而且经常令它们感到困扰的原因。永恒性的时刻是处在世界历史的时间段中的国家用它的利剑从茁壮成长着的时间之树上切割下来的,与此不同的是,永恒的民族每一年都会将没有纷扰、完整无缺的指环套到其永恒生命的树干上,层层相叠。对于这种根本没有任何斜视可能性的沉默的生命来说,世界历史的力量都被反射掉了。如果世界历史无论如何都试图证明其最新的永恒性就是真正的永恒性,那么,对于所有这样的宣称,我们会一次又一次地显露出我们的存在的安静、沉默的形象。这样的形象会有人愿意看,当然也有人不愿意,但是它每一次都强

---

① 参见《约书亚记》10:12—13。——译者

化了这样的印象：永恒性跟最新的东西绝不相干。诉诸暴力或许可以强行将最后的和最新的结合进一种涵盖了全的最新的永恒性。但这绝非是最晚出的后代和最初的先祖们之间的和谐。生命的这一真正的永恒性，这一从父辈的心灵向子孙的心灵的转化，借助我们的存在一次又一次地被推送到了世界万民的眼前，由此，它们或许有可能以无言的方式去谴责它们的世俗化了而且是过分地世俗化了的、虚假的永恒性的谎言，而这一谎言是它们自己编织出来的，目的是将世界历史的瞬间拉进国家之中。只要上帝之城仍未到来，世界历史的进程就只能让创造达到其自身内部的和谐，只能让一个瞬间跟刚刚过去的那一个瞬间和谐。无论如何，只要救赎仍然没有到来，创造自身作为一个整体，在任何时候都是跟救赎连在一起的，而且其唯一的方式是借助于被置于所有的世界历史之外的永恒的民族。火只靠它自身，它从自身吸取资源、燃烧自身，因此，它无须借助一把利剑去从世界之树上砍下木材来供其燃烧。火在其自身之中燃烧着。它发出的光芒进入了世界，照亮了世界；火自身无需这些光芒的照射。它无声地但却是永恒地燃烧着。永恒生命的种子业已种下，所以，火可以耐心等待，等待它发芽。种子对于从它这里生长出来的大树一无所知，即便是后者可能覆盖整个世界。总有一天，从这棵树上会生出一个跟它类似的种子[①]。将永恒的生命种在我们中间的神啊，让我们赞美他吧！

[①] 参见前文中提到的耶西家老树上的新芽。——译者

第二卷 光或永恒的道路

实现之永恒

人绝无能力把握造物主之思想,因为"他之道非我等之道,他之思非我等之思"。对上帝之道的这一表述可以说是迈蒙尼德在其《重述律法书》(Repetition of the Law)[①]中有关犹太教口传法和成文法内容的微言大义。它阐明了后来关于真弥赛亚之道,敬拜他神而使世界招致巨大错误的字句,如《但以理书》中预言的那样:"你本国的强暴人必兴起,要经验那异象,他们却要败亡。"我们的伟大导师仍然如是说。[②] 所有的事件无不是为弥赛亚王的驾临扫清道路,为全世界一致敬拜上帝做准备的,有文说:"那时我将把各民族的语言变成纯粹的语言,所有的人都齐呼上主之名,并齐心服侍于他。"这样,对弥赛亚的期盼、托拉和诫律就成为人们熟知的话题,成为遥远岛屿上的居民和各民族谈论的话题,尽管他们的身心都未曾接受割礼。他们在谈论这些事情和托拉的诫

[①] 又译《第二律法书》或《密释纳托拉》,是迈蒙尼德关于犹太教律法的杰作,汇集了犹太教的所有律法条文,在犹太教信众和学术界产生过广泛的影响。——译者

[②] A. M. Herschman, *The Code of Maimonides Book Fourteen* (Yale Judaica Series Ⅲ), p. xxiiif. ——英译注

律。有的说:"这些诫律是真的,但是已经失效,不再有约束力了。"另有人则宣称:诫律有隐而不显的秘义,不是字面上所说的意思,弥赛亚已经降临,甚至业已揭示出诫律的隐蔽含义。但是,当真弥赛亚王出现并获胜之时,即提高升华之日,它们将撤销其言论,并且认识到,他们从其父辈那里继承下来的只有谎言,别无其他。

时间之路:基督教的历史

光线从星辰之炽热的内核放射出来。它们通过时间的漫漫长夜寻找出路。它一定是一条永恒之路,一条非时间性的路,尽管在时间中通过。就是说,它不否认时间,它通过时间,但时间却不能赋予它力量。另一方面,它也不创生出自己的时间,这样它就摆脱了时间的束缚,以一个永恒的民族的样子,自己连续不断地繁衍生息。对它而言就剩下一件事情:它必须控制时间。但是何以施行?一条穿过时间的路何以分割时间而自身不被分割?

新纪元

问题本身已经包含了答案。时间之决定在其中发生的一切,仅仅是因为它比之任何发生在其间的东西更古老或更年轻。假定有一个事件,其开端和终点都在时间之外,那么,此事件的脉动就可以用以确定世界之钟的钟点。这个事件一定起源于时间之外,沿时间之外的轨迹运行。诚然,现在它在时间之内,但是在知道自身在过去和将来都独立于时间之外时,它就会感到自己是反时间的。此事件的现在处于过去和未来之间。然而,当下的瞬间却不停留，当下飞矢般地迅速消失了。结果，它从未处在其过去和未来"之间"。在能够处在"之间"之前，它就消失了。世界的过程只知道一个过去的之间。只有过去的点才是一个时间中的点，一个纪元，一个站点。当下活生生的时间是没有点的：当下的时间就像飞矢一样穿过，每一个点都已经被跨越了。但是，在过去，时间点都一动不动地并列着。这就有了纪元和时间站点。这样的时间站点可以被看作：时间既在它们之前，又在它们之后。它们位于时间与时间之间。

然而，时间唯其作为这样的之间，才获得了稳定性，才不致像箭一样消失。纪元不再在我意识到它之前就消失了，也不再在我注意到它之前就转化了。反之，它表示某种东西。某种东西，即具有实体性，就像一个实体。过去的世界进程表现为一些不动的"实体"，一些时代、纪元和伟大的时刻。之所以如此，乃由于在过去，正在消失的瞬间是作为一些站点被把握到的，它停在了前与后之间。作为之间，它们再不能逃掉；作为之间，它们具有稳定性，它们就像钟点一样立定在那里。时间丧失了其力量，无力驾驭由诸多之间构成的过去。它仍然可以附加在过去之上，但是不能改变过去，除非或至多通过它附加的东西。它无法干预过去的内在结构，因为过去已被固定了，是由聚合的点固定下来的点。年年岁岁的同一步调在表面上似乎完全决定着现在，以致世界之改革家急躁不安，不幸明了自己信念之转换的人有不平之气，都徒劳无益地企图遏制它。然而，这一步调在过去丧失了它的力量。在过去，事件决定时间，而不是相反。纪元就是那驻留者，即驻留在从前和以后之间的东西。纪元不太在意编年史上记载着多少年代。每一个纪元，不论它持续几个世纪，还是几十年，或者几年，其分量都是一样的。在此，事件依靠标示刻痕而规定时间。然而，事件仅存在于纪元之中，静止的之间仅存在于过去。假如现在也被提高，以至于用以把握时间，那么，现在也就成为一个之间。现在——每一个现在——就会成为"新纪元"。时间作为整体就会变为时刻这样的暂时性。这样一来，现在就会受遏制而进入永恒，开始于永恒，终结于永恒。所有的时间都是之间，即那开始和终点之间。

基督教的年代记

是基督教从现在中创造出一个纪元。只有基督诞生前的时间才是过去的。从基督以来的时间，即从基督在尘世逗留到他的第二次降临，就是那唯一伟大的现在、那纪元、那驻留、那时间的悬搁、那间隔期——时间在它那里丧失了力量。时间现在只是暂时性。正因如此，它才可以被整体地考察，从任何一点考察，因为开始和终点从任何一点看都是等同的。这样，时间就变成了单一的路，但它是一条其开始和终点都处在时间之外的路，因而是一条永恒之路。与此相对照，在完全处于时间之内的路上，只有下一部分才是可以考察的。还有，在永恒之路上，每一点都是一个中点，因为无论时间怎样行进，始点和终点都是等同的。它之所以成为中点，绝不是因为它出于当下的瞬间，因为那样的话，它就会在一个瞬间是中点，而在另一个瞬间不是中点了。这就相当于某种生命力，时间用以成全相关的生命，这样的生命力是纯粹暂时性的生命力。它是处于时间中的生命的生命力，其目的是以自身承前启后。众人和各民族就是这样得以生存的。上帝在当下的时间之流上面架起了律法的桥梁，使犹太人超乎这样的生命，这样一来，时间之流相对于永恒性而言，就只能在桥孔之下无力地流过了。

然而，基督徒开始了与时间之流的竞争。他沿着时间之流铺设了自己永恒之路的轨道，使它们并驾齐驱。行进在这条永恒之路上的人正在从远处瞭望着时间之流并测出其上的点。基督徒一如既往地行进在路上。他的真正关切在于：他仍然行进在路上，仍然处在出发点和目的地之间。他不时地望出窗外，正擦肩而过的时间之流告诉他自己仍然在路上，仅此而已。有人行进在时间之流之上，他只能从一个转弯处看到另一个转弯。对于行进在路轨之上的人而言，时间之流作为整体不过是他仍然在路上的一个标志，是那个之间的标志。瞧那时间之流！他绝不会忘记他由之而出并向其而去的地方正位于时间流域之外。如果他问自己现在何处，那流无可奉告，而他自己的回答无非是：在路上。只要时间之流仍然在流淌，他就无时不处在行程之开端和终点之间的中途。起点和终点对于他总是一样远近，因为它们都处在永恒状态。正是由于它，他知道自己无时不在中点，而中点不是他所一览无余的地平线，而完全是由中点构成的延展，所有的中点都是中间，都是之间，都是路。他能够而且必须把这条路上的每一点感觉为中点，因为他的路都是中间，而且他明了这一点。总之，由中点构成的全部的延展，不过是一个中点。"假如基督在伯利恒诞生一千次，而不同时也诞生在你的心中，你仍将迷而不知所终。"对基督徒来说，《流浪者的基路伯》（The Cherubic Wanderer）[1]

---

[1] Angelus Silesius 编著的诗集（1674年译本）。——英译注

中的这句格言仅就其表述而言有悖理之处，从精神上看则不是这样。对于基督徒，瞬间不是作为瞬间，而是作为基督教的世界时间的中点而变成了永恒性的代表者。由于瞬间驻留而不消亡，所以它们就构成了基督教的世界时间。每一个事件都停留在永恒之路的开始和中点之间的中途，正是由于处于这一永恒性的中间地带的位置，每一个事件本身都是永恒的。

基督教就这样控制了时间，它是靠把瞬间创造成一个创造纪元的纪元而控制时间的。从基督诞生之日起，就只有现在了。时间没有向对待犹太人那样把基督教分离出去，倏忽即逝的时间被止住了，而且此后必须成为被俘的奴仆。过去、现在和将来曾经不断地互相解释，不断地互相转化，现在则变成了静止的人物、壁画以及教堂的圆顶。从此以后，在基督、犹太先知和希腊神谕之前的所有一切都变成了过去的历史，一劳永逸地被止住了。未来就是那最后的审判，它迫在眉睫，具有无可逃避的吸引力。基督教的世界时间是单一的时刻、单个的一天，它处在过去和未来之间。在这样的世界时间内，一切都是中间，一切都明如白昼。这样，通过这样的暂时性，时间的三个阶段就被划分成永恒之路上的永恒的开始、永恒的中间和永恒的终点。暂时性自己矫正了其自信，允许这一形式在基督教的年代记里生效。它使人不再相信暂时性比基督教更古老，并从基督教的诞生日起计算年岁。此前的一切都是作为否定的时间或非真实的时间而出现的。从此以后，要依靠计算年份来重新计算过去。这样的一种计算变成了现在的一种特权，即现在之路的一种特权。基督教已经踏上了这条路，而且是有意地踏上的，它处在永恒现在的状态，永远处在生成世界的中间，永远在事件中，永远以傲慢的眼光来看意识。它踏上的是一条永恒之路，在这样的路上，时间只是紧随其后的驯服的计量器。

基督教王国

但是，如果不是众人，不是前后相继的世代、民族、国家，不同年龄、性别、肤色、教育程度和视界，不同的禀赋和才能的人的话，什么是基督教王国呢？难道这些在每一瞬间都是一，都集合为单个的中点，而这一中点又依次是这个巨大的中间之内的许多中点的中点吗？这个问题触及了基督教共同体的形成因素。在本书的前一部分中，我们提出了犹太教共同体的形成因素问题，而犹太教的教条是用"托拉"来回答此问题的。但是，我们并不怎么满意那样的回答，这里用"基督"的教条来搪塞也是徒劳无益的。而正是一种共同体赖以建立在教条之上的方式才能够赋予我们希望去揣测的那种实在。更准确地说——因为我们知道那一定是一种永恒的交流——就如在前一部分那样，我们再次发问：一种交流是怎样为永恒而建立起来的？我们在前面曾经推测过永恒生命的交流，而现在我们要探询的是永恒的道路的交流。

其区别不可能简单地从这样的事实中发现：在路的每一点上都有一个中点。在犹太人生活的每时每刻都存在一个生命的全体。上帝把每一个犹太人领出埃及："我立下此约……不仅与你们，而且与那些今天和我们一起站在这里的人……还与那些今天没有与我们一起站立在这里的人。"[①] 永恒的生命和永恒的道路在这一

---

① 《申命记》29：14—15。——译者

点上是共同的：它们是永恒的。永恒性无非是：每一点和每一瞬间上有着一切。因此，这里不存在区别。最后的分析告诉我们，区别一定存在于永恒的东西之中，而不在永恒的特点之中。确实如此。永恒的生命和永恒的道路之不同，犹如点的无限性和线的无限性之区别。点的无限性仅仅在于下面的事实：它永远不能消除，因此它保留自身于永恒的血缘自保性之中。然而，线的无限性则在其无法延伸的时候就中断了，它是由所有不受限制的延伸的可能性构成的。基督教作为永恒的道路，必须向前伸展。对它来说，仅仅维持现状就意味着放弃其永恒性，而这无异于死亡。基督教必须劝人入教。这对于基督教是必须的，就像永恒的民族①必须依靠守住血缘而把异族的混合物拒之门外一样。的确，对基督教而言，让人皈依是自保的真正形式。基督教靠传播而繁衍。永恒变成了道路的永恒，依靠的是把路上的所有点都变成了中点。在永恒的民族那里，生育可以作为永恒的见证。而就基督教来说，这一见证必须作为见证而接受考验。道路上的每一点都必须证明自己知道是永恒之路上的中点。犹太人有一条血缘之流，它在后辈人那里见证了祖先。在基督教这里，精神之涌流必须在绵延不断的洗礼之流中确立证言之共同体。这条精神之涌流所能够达到的每一点必须能够俯瞰作为永恒的箴言共同体的全部道路。但是，道路只有自身也是证言的内容时才可以被俯瞰。在共同体的见证中，道路必须同时得到证明。通过证明了的信仰，共同体就成了孤立的一个。信仰是道路中的信仰。共同体中的每一个人

---

① 指犹太民族。——译者

都知道，除了自己正行走于其上的道路外，别无永恒之路。只有他属于基督教，只有他明白他的生命正处在从基督到未来基督的路上。

信仰

　　这样的知识就是信仰。它是作为证言之内容的信仰。它是对某种东西的信仰。这与犹太人的信仰恰好相反。犹太人的信仰不是证言的内容，而是再生的产物。犹太人——被产生的犹太人，依靠连续不断地生育出犹太人而证明其信仰。他[①]的信仰不是信某种东西。他本身就是信仰。他是用一种直接性去信仰，而这样的直接性是基督教的教义学家所无法掌握的。犹太教的信仰不太在意教条的确定性：它存在着，这比言辞更有价值。但是，世界却赋予言辞以权利。一种旨在赢得世界的信仰必须是对某种东西的信仰。即便是最微小的单位的联合，只要其目的是为了赢得世界和平，就要求有共同的信念，这是在联合体中的人们借以确定身份的暗语。任何企图在世界上为自己确立某种道路的人，都必须相信某种东西。单纯的信不会使他在世界上获得什么。只有那信仰某种东西的人才能克服某些东西，即他所信仰之物。基督教的信仰正是这样。它完全是教条性的，而且必须如此。它并不免除语言的使用。相反，它感到言辞不够用，无法造出足够的言辞。它应该有上千种语言。它应该说所有的语言。这是因为，它不得不希冀所有的事物都属于自己。因此，它所信仰的某种东西就不是某个东西，而是所有东西。正因

---

　　① 指犹太人。——译者

如此，它就是对于道路的信仰。依靠对道路的信仰，基督教信仰铺设了进入世界的路，作为见证，它首先在世界中产生出永恒的道路。与此不同，犹太教的信仰，作为产物，则力求达到犹太人的永恒生命。

教会

基督教的信仰，即永恒之路的见证，在世界中是有创造力的。它把世界上所有可作见证的人都联合起来。他们是作为个人而联合起来的，因为作见证总是个人的事情。还有，在这里，个人所见证的是他对于另一个人的态度，因为证词毕竟是关于基督的。基督是所有信仰之证词的内容。尽管基督徒是作为个人联合起来的，但是信仰却指引他们在世界上采取同样的行动，因为道路的铺设需要所有个人的共同劳动。每一个人只能把脚踏在永恒之路的一个点上，即他那个点上，用它来构成整个道路所必须是的中间，这是永恒之路所要求的。这样，信仰就构成了以共同劳动为目标的个人的联合体，名之曰"ecclesia"。这个用以指称教会的原始名称是从古代城邦国家的生活借用来的，用以指称为了共同议事而集合起来的公民。上帝的选民曾经把自己的节日称为"神圣的集会"，这与上面那个词颇为类似。但是，教会是使用语言的，这就如同众人以及教会的会众，会众曾经指武装起来的人们，指一个共同体。换言之，它看起来是一个包含自我在其内的，其中的个人被分解了的整体。然而，在教会中，个人仍然是个人，只有其决议是共同的，因而变成为公众的（*res publica*）。

基督

现在，基督教准确无误地使用"ecclesia"的名称，意指为了共同劳动的个人的集合，而这样的劳动只有借助每一个人在自己位置上的活动才能发生。同样，在集合中，共同的决议只有在这样的情况下才能作出：每个人都表达自己的意见，而且完全作为个人进行投票表决。与此类似，教会共同体以其全体成员的人格和整体性为前提，更稳妥的说法是以其灵魂为前提，就像阿格里帕在其著名的寓言中讲的胃和肢体的分工那样。准确地说，它指的是教会中每一个人的完全自由。有经文为证："万有全是你们的……而你们是属基督的。"① 万有皆附属于基督教，因为基督教以及其中每一位教徒，都是从那十字架上的受难者而来。每一个基督徒都有一个特权，知道自己在路上，不只是在任意的一点上，而是在路的绝对中央，而且整个路全是中央，全是"之间"。但是，由于基督教和基督徒个人仍然等待基督的第二次降临，那些作为万物的主人而被解放了的人们立时又感到自己是大家的奴隶。他们对基督兄弟中最小的一个所行的也就是对基督所行的，而基督会回来审判世界。②

那么，教会是怎样在必须保持教徒个人的自由和整体性的基础上组建的呢？怎样来看待使教会内各个教徒连接起来的契约？它必须一方面约束他们，另一方面又给予他们自由。首先，它必须真正使他们自由。它必须保持它遇见每个人时的原样：男人还是

---

① 《哥林多前书》3：21—23。——英译注
② 参见《马太福音》25：40。——英译注

男人,女人还是女人,老者还是老者,青年仍是青年,主人仍是主人,奴隶还是奴隶,富裕者仍富裕,贫穷者仍贫穷,圣者智慧,愚者愚钝,罗马人还是罗马人,野蛮人仍是野蛮人。契约不可随意互换各人的地位,但是它必须弥合丈夫与妻子、父母与子女、主人与奴隶、富人和穷人、智者和愚夫、罗马人和野蛮人之间的鸿沟。它必须使每一个人感到自由,使之靠天性和上帝赋予的依赖性而置身于这个被创造的世界。它必须把每个人放置在从永恒到永恒的道路的中央。

这是兄弟般友爱的契约,它没有改变人们的原样而又把他们联合起来,从而超越了性别、年龄、阶级和种族的差别。友谊连接着所有在既定条件下的人们,条件依然,但是他们又超越了这些条件,他们成为平等的"在上主之中"的兄弟。他们从"人"变成了"兄弟",对于共同之路的共同信仰就是这种友谊的内容。在基督教的博爱的契约里,基督既是道路的开始,又是其终点。这样,内容和目的、契约的缔结者和主人以及路的中央,都以基督的名义联合起来了。① 哪里有以他的名义的联合,哪里就有道路的中央。在那里,整个道路可以一览无余。在那里,开始和终点是等同的,因为那既是开始又是终点的人就处在那集合在这里的人们的中间。就此而言,在道路的中央,基督既不是教会的缔造者,也不是它的主人,而宁可说是其中的一员,他也是自己契约的兄弟。他也可以以博爱的情怀和基督徒个人在一起,即便那个人——不只是相遇的两个人——已经作为一个基督徒而认识他。尽管看

---

① 参见《马太福音》18:20。——英译注

起来孤身一人，但他仍然知道自己是教会的一员，因为这种孤单就是和基督在一起。

基督接近于这样的个人，他的博爱情怀指引他接近。个人终究还是原来的样子，男人是男人，女人是女人，孩子是孩子。因此说，基督是男人的朋友，女人的精神新郎，孩子心目中圣洁的婴儿。和历史上的耶稣联系起来，基督可以不同于这个邻人所熟悉的形象，这个博爱的对象。但是，也一定会有圣人取代基督自己。至少在友爱教会（Petrine Church of love）是如此，这个教会把信徒们紧紧地团结在路上，而使他们尽量少思考开始和终点。在这个教会里，男人有特权把玛利亚作为纯洁的处女来爱，女人则爱她如神圣的姐妹，而且每一个人都可以爱本阶级和民族内部的圣徒。实际上，在这样的教会里，每个人都有特权爱和自己同姓名的圣徒，视他如兄弟，因为他的自我的界限就包含在自己的教名之中。这个爱的教会内在地是一个道路的教会，而不是别的。在其内，活生生的世界流浪者中的那个人把自己置于十字架上蒙难的上帝之前，这比姊妹教会（sister churches）有过之而无不及。这个流浪者就像人的兄弟那样成了学习的榜样。与此同时，在这样的教会里，所有那些为处于弱势的兄妹说情的圣徒们在最后的审判的判官之前激动不已。在这里，基督教之路就实现了其目标。

基督徒之行为

这样，博爱就在不平等的人之间编织了一条纽带。博爱绝不是人的面容的同一，而宁可说它恰好是最不相同的人的面容的和谐。当然，有一件事情是必要的，但仅仅是这一件：人们是有面容的，而且互相看得见。教会就是所有互相看得见的人的共同体。它把人都作为同龄人结合在一起,把广袤空间中完全不同地方的人都作为同时代人联合起来了。在暂时性中甚至不存在同时代性。在暂时性中只有之前和之后。一个人看见自己的那个瞬间只能先于或后于他看见别人的那个瞬间。同时看到自己并看到别人是不可能的。在异教世界中爱人如己之所以是不可能的,其最深刻的理由正在于此,因为异教世界完全是暂时性的。然而,在永恒性中却同时有当代性。从永恒的岸上观察,永恒性之绵延并不宣称一切时间都是同时的。但是,作为从永恒到永恒的永恒之路的时间却可以接纳同时性。唯有在永恒性与永恒性的"中间",人们才有可能相遇。在道路上看见自己的人正处在同一个时间点上,即恰好在中点上。是博爱把人们运送到了这一点上。在这里,时间已被制服而匍匐在博爱的脚下。现在只有爱去穿越广袤遥远的空间。它飞行着穿越了民族间的敌意,性别间的残酷无情,阶级间的妒忌以及年代间的屏障。它使得所有有敌意的、残酷的、妒忌的、受限制的人们在同一个时间的中央瞬间相互认识,并视为兄弟。

犹太人之行为

同时代人在时间的中央互相认识。同样,在时间的交界处,人们相遇了,空间的差别并不意味着是一个必须首先克服的差别,因为这些差别早在一开始就在人们的内在共同体中被克服了。在那里,爱的作用——不论是神对人的爱还是人们之间的爱——都必须完全旨在通过时间保持这一共同体,旨在创造出在时间性中分成的祖祖辈辈的同时代性。这就是后裔和祖先之间缔结的契约。

由于这一契约，犹太人成为永恒的民族。就互见一事而言，在最晚辈和第一始祖相见的同一瞬间，后辈和祖辈互见了。晚辈和祖先都是永恒民族的体现，他们是互为体现的，都是为他们之间的人而聚在一起的，就像教会是基督徒的体现，同胞变成了兄弟一样。我们在长者和孩子们那里直接体验到犹太教。而基督徒的体验是视他人为兄弟。对于一个基督徒来说，基督教的一切都会聚在那里了。他的位置就是基督教的所在，基督教的位置就是他的所在：在永恒与永恒之间的中央。那个瞬间也向我们显示永恒性，但是毕竟不同：永恒性不在和我们最接近的兄弟那里，而是在和我们在时间上相距最远的人，最老的和最年轻的人那里，在告诫我们的长者那里，在询问我们的小伙子那里，在给人以祝福的先辈那里，在接受祝福的孙子那里。这样，永恒性的桥梁把我们连接起来：允诺（promise）的辽远星空跨越在神启的瞬间之上，由之[①]流淌出我们的永恒生命之流。由这允诺的星空到允诺的无尽黄沙，大海冲洗着黄沙，河流归入大海，救赎之星从海上升起，大地上立时充溢着上帝的知识，犹如洪水狂潮一般。

十字架和星

到最后，开始和终点的张力又趋向于终点。尽管张力产生于两者，但是它最后将归结在一点上，即在终点上。归根结底，儿童是比老者更强有力的规劝者。不管我们怎样从老者那不竭的生命宝藏中汲取营养，不管我们如何依靠先辈的丰功伟绩来维护和加

---

① 指神启。——译者

强自己,老者已经化为记忆,唯有儿童可以匹敌。上帝是"出于无知孩童的嘴"而建立其王国的。总之,张力在终点上完全集中于最终的萌芽上,集中在我们正翘首以待的弥赛亚上。基督教之最终聚合在中点上也是这样,它并不黏着在那一点上。让基督徒把基督与其兄弟区别开来:基督徒毕竟超越了他的兄弟而趋向基督,而且毫不犹豫。让中央成为开始和终点的中央:它定会趋向于开始。让人在永恒的接近中把十字架、最后审判和道路的中央区分开来:这不能令他满意。他行走在十字架下面,直到受难耶稣的形象播撒于全世界之日,他才会止步。只有在他转向十字架时,他才会忘却那审判:他仍然为了那十字架行进在路上。尽管十字架属于永恒之路的开始,它毕竟不再是第一个始点。它本身已经在路上,每一个行进在它下面的人既处于它的中央,也同时立在它的始点上。耽迷于信仰的基督教意识,在朝着道路的开始推进,要推进到第一个基督徒,那受难者,就像那充满希望的犹太教意识朝着处在时间终点的人即大卫王的后裔推进一样。信仰可以在其始点上永远更新,如同十字架的两端可以无限地伸展一样。然而,希望却可以永远在多样的时间中,在既近又远的终点的空间之瞬(moment-in-space)凝聚自身,犹如大卫盾牌上的星那样把一切都合成为炽热的原子核。扎根于最深层的自身,这就是永恒民族之永恒性的秘密。播撒向全世界,这就是永恒之路的永恒性的秘密。

外在的扩张与不扩张。不论可能与否,尽可能远地扩张以至于达到每一个外在的事物,而且在每一个当下,扩张仍然只能是外在的。如果这样的扩张总是无条件的、无限制的,那么,犹太教之植根于内在的自身也显然是有效的,因为没有什么可以作为矛盾的东西而是外在的。在这里,所有矛盾都必须划入自己的界限以内。但是,这样的植根于自身的界限,就像个体自我的界限那样,对这种向外的扩张来说,不仅是异己的,而且是不可思议的。哪里是那为了有界限的无界限的东西?无界限无时不在冲破一切界限!诚然,扩张本身没有界限,但是扩张借以发生的外界却是有界限的:"全"的界限。但是这些界限是目前不能达到的,将来的目前也达不到。永恒性可以在今天迸发,也可以在明天迸发,但不可能在后天迸发,而将来却总是后天。

两条路:基督教的本质

这样,矛盾借以存在的方式一定不同于那曾经自我吸收的东西。矛盾曾经被约束到上帝、世界和人的内在结构中,这三个矛盾是活的,就像处在此三极恒常的流变之中那样。另一方面,在这里,如果矛盾要作为整体而发生作用,而且无时不在起作用,那么它们就一定是内在于扩张的本性之中了。扩张一定是沿着两条分离甚至相反的路展开的。随着基督教的脚步踏进了每个国家,上帝、世界和人必定分别开出两种不同的花。的确是这样,这些脚步一定会在时间中分化,一定有两种基督教穿越这三个国家,每一个都沿着自己的路行进,它们渴望有朝一日再次团聚,但不是在时间中团聚。在时间中,它们各走各的路,而且只有分头行进,它们才能越过全部而不致走向迷途。犹太教之所以能够成为一个民族,永恒的民族,只是因为它自身带有一切大的矛盾。而对于一个世界民族来说,这些矛盾只有在它们彼此分裂的地方才会产生。基督教也是这样。为了无所不包，它必须把矛盾隐匿在自身内，而别的组织则借助矛盾消除在时间和目的上的界限。唯其如此，基督教才能作为无所不包的组织而独树一帜，成为独一无二的。上帝、世界和人，只要能够吐出生命由之而出的矛盾并且各自独立地发挥作用，就可以变成基督教的上帝、基督徒的世界和基督教的人。否则，基督教王国就只不过是一个俱乐部，可以服务于它的特殊目的和领域，而不能宣称扩张到世界的终点。还有，如果基督教要扩张到这些矛盾之外，那么，它的路即便不需要分岔，也不成其为经过世界的路，即循着时间之流的路了。它就成了一条通向无迹可寻的风的海洋的路，在那里，"全"是没有内容的，当然也是没有界限，没有矛盾的。基督教的路必须通往别处，通往环绕着我们的活生生的"全"，生命的"全"，由上帝、人和世界构成的"全"。

儿子和父亲

在基督教进入的国家带有上帝的标签，这样基督教之路就被分成了两条路。尽管基督徒的生活就建立在这一点之上，但这对于犹太人来说则是完全不可思议的。我们对此不可思议，因为尽管我们知道在上帝那里有一个矛盾，即正义与仁慈、创造与启示的矛盾，这样的矛盾是内在于上帝的，它只与自身相关联。在上帝的属性中有一个可变的流，我们不能够把上帝等同于另外的某个人。我们恰好处在显然是相反属性的恒等式上。然而，对于基督徒来说，"父"与"子"的划分代表的不仅是神性的严厉与神性的爱的划分。"子"毕竟也是世界的审判官，"父"爱这个世界如此之甚，竟致给出了自己的儿子。因此，严厉与慈爱在上帝的两种位格中实际上并没有分裂。根据创造和启示，它们更不可能是分裂的。如果不分享创造，"子"就不存在；如果不分享启示，"父"也不成其为"父"。正是基督教的虔敬使人遵循不同的路，决定随"父"还是随"子"。基督教以亲密的方式只靠近"子"，而在我们看来，我们和上帝的亲密关系则是非常自然的，以至于我们很难设想那怀疑这种信任的人的存在。基督徒只是借助于"子"才能进入"父"的临在（presence）。基督徒相信，他只有通过"子"才能达到"父"。如果"子"不是一个人，他就对基督徒毫无用处。他不能想象，除了变成人本身以外，神圣的上帝还会按他的要求而屈尊迁就于人。异教中无法扑灭的部分在每一个基督徒那里也都存在，并且在这一点上迸发了出来。异教徒被人神（human deities）所围绕，他不满足于成为人。上帝也必须是人。真实的上帝也和异教徒的神一样具有生命力，而且就基督徒而言，只有这种生命力以人神的形式有了肉身才是可信的。上帝一旦变成了人，基督徒就像我们一样自信，而且——与我们不同——充满了征服的力量。血与肉只能被血与肉所征服。因此，正是基督徒那里的异教因素使他有资格让异教徒皈依基督教。

但是，与此同时，基督徒也正沿着另一条路行进，这是一条直接通往"父"那里的路。在"子"那里，基督徒直接把上帝拉向自己的"我"（I），像兄弟一样接近（nighness）：在上帝面前，他可以再一次剥掉自己的人格成分。在这样的接近关系中，他不再是我。此时他知道自己正在真理之轨道上，而这真理则是对于称为我的东西的嘲弄。他心满意足的是：通过"子"而接近"父"，而"父"给他以神性的真理。他在这里认识到：纯粹的遥远性和认知与行为的客观性显然是和爱的心情相矛盾的，但正是它指示出基督教的另一条途经世界的路。为了知与行，生活在上帝－父亲的符号下面被系统化为秩序。也是在这条路上，基督徒感到了上帝对他的眷顾，这里的上帝是父，而不是子。把这两条路混淆起来，就不是基督教了。知道区分这两条路以及在什么时候走这条或那条路是一种高明的技巧。基督徒不明白，从神的爱的意识闪电般地转化为神的义的意识，或者相反的转化，乃是犹太生活的本质。基督徒接近上帝的方式是双重的，而且，如果这双重道路的压力会把他撕碎，那么，他是被允许两者择一，并完全投身其一，而不必在两者之间的苍茫暮色中进退两难的。这个世界，还有基督教的同胞，无疑将会看到，平衡终将恢复。在上帝那里，由于神圣人格的分离而被揭示出来的东西，是对应着基督教世界中的双重秩序，对应着基督徒的双重生活方式的。

祭司与圣徒

在犹太人那里，人是"一"，是活生生的一个，因为他的所有矛盾，所有根深蒂固的冲突，即被上帝所爱和爱上帝之间、犹太教和人道主义之间、始祖和弥赛亚之间的冲突都是一。但是在基督教中，人被分裂为两种面貌，并不一定是相互排斥、相互反对的面貌，但却是走着不同道路的面貌，甚至它们在一个人身上相遇时仍然可能是不同的。而这分离的道路又越过了人性的广泛领域，在其中，形式与自由表现为永久性的冲突。这一矛盾在基督教的祭司（priest）和圣徒（saint）这两种人身上体现得淋漓尽致。

这不仅仅是说，祭司作为人不过是负载神启的器皿，而圣徒之爱也不过为救赎之果实的成熟提供适当的温度罢了。因为祭司并非简单地是用一个吻并说出神圣的言辞而唤醒昏昏欲睡的灵魂的人。毋宁说他是一个命中注定作为上帝的形象而被拯救的人，是准备成为神启的器皿的人。圣徒只有以他得到神启为基础才能拯救世界，只有靠时常变换而又可见可触的对上主的亲近才能拯救世界。他不能我行我素，好像心中没有上帝告诉他去做什么。同样，如果不能从教会的可见形式中得到拯救，祭司也不能穿长袍，并由它产生一种用神的形象履行神圣职责的感觉。一丝异端的幻想藏匿在圣徒天生具有的有关神的启示的意识中，一种对于伟大的审判者[①]的尊崇附着在祭司的长袍上，它暗含着上帝的形象所指的意蕴。一方面，形式和自由的外在界限是象征性的、超个人的自我崇拜；另一方面，是稍纵即逝的个人幻觉。一方面，拜占庭的皇帝依靠盛大的典礼和严格的礼仪而超尘拔俗；另一方面，革命者又把暂时性要求的火炬掷入千禧年的大厦。广袤的灵魂之域在这些外部界限之间延伸，基督教的两条路穿越过全部领域。

国家与教会

对犹太人来说，从"这个世界"到"未来世界"的来回过渡是顺畅的，世界上充满了这样的过渡；而基督徒则把世界分为国家和教会这样巨大的二元。有理由说，在异教世界里，人们是彼此互不相识的。对于公民来说，城邦既是国家，又是教会，这没

---

① 指上帝。——译者

有丝毫矛盾。但是，在基督教世界，这两者从一开始就是分离的。此后基督教世界的历史就是试图维护这样的分离。这并不是说，只有教会是基督教的，国家则不是。在过去数个世纪的历史中，"恺撒的东西归恺撒"和这句名言的后半句"上帝的东西归上帝"有着同样的重要性。众人服从的法律是缘于恺撒的。创造，即无所不能的神的工作，则被耗散在统治着世界的普遍法则中。人们所归给恺撒的正是他在一个选举制国家内所要求的。教会向后来者转述有关这一国家的记忆，并渴望恢复它。正是教皇把皇冠戴在了法兰克国王查理曼的头上。在以后的一千年里，他的后继者都头戴着这样的皇冠。对此，教会争执不休。教会为皇帝加冕这一事实为自己确定了显赫的位置、徽号并竭力维护它，反对帝国像自己那样拥有普遍的管辖权的要求。这两个同等的普遍管辖权为了正在崛起的新结构的诸王国而展开了争斗，而诸王国并非像帝国那样追求全世界的管辖权，而只是为了自身的管辖权。这些王国就这样作为一种反叛力量而出现了，它反叛的是由单个的创造力而创造的世界，创造者的管辖权已经为了得到保护而转到了皇帝手里了。当这些王国能够确信自己已经在被造的世界中建立了坚实的基础的时候，当它们在自然的国度里找到了自己的合适位置的时候，就在这个时刻，皇冠从罗马帝国皇帝的头上摘了下来而由新法兰克国家的皇帝自己戴上了。其他人也纷纷效法，以各自国家的代表自居，但是，现在帝国的力量连同皇帝的头衔似乎已经转移到了各民族身上：民族已经变成了超国家的、以世界为目标的意志。当帝国的力量由于各民族间的摩擦而耗尽的时候，就会出现新的形式。过去，帝国的力量由于它所反映的世界之神圣创造者（前者是后者的反映）的力量以及它所致力于的对于世界之救赎的渴望而具有双重的稳定。这样，它就开辟了基督教的两条道路中的一种，从而进入了作为"全"的一部分的世界（part of the All which is the World）。

另一条路是通过教会。教会也是在世界中的，因此，它必定和国家发生冲突。教会不能不拥有自己的律法制度。相反，它是一个可见的制度，它宣称其普遍性丝毫不亚于国家，而这样的制度是国家所不能容忍的，因为国家是要把它限定在一个特殊的范围内。和国家的法律一样，教会的法律迟早也要适用于每一个人。教会驱使人为拯救而劳作，并赋予这种劳作在被造的世界中以应有的地位。如果人们要建造侍奉上帝的圣所，石料必须从山上运来，木材必须从森林中采伐。教会是在世界中的、可见的，而且拥有自己的法律，并不比恺撒的帝国更是上帝的王国。教会的发展趋向于恺撒式帝国，不论在现世的意义上还是在数世纪之久的意义上，它的历史都是世俗的。它仍然是世界和生活的一部分，唯有通过人的爱的活动的生气它才变为永恒的。在严格的意义上，事实上不存在上帝王国的历史。永恒的东西是没有历史的，至多有前历史。数世纪乃至千年之久的教会史也一样带有世俗的形式，随时间的改变而嬗变，教会的岁月正是围绕它而编织着永恒的光环。

灵魂的圣化

祭司年

我们又一次面对祭司年这个圆圈。在前一卷中，我们已经知

第二卷 光或永恒的道路

道把祭司年视为由共听（communal listening）、共餐（communal meal）和共祷（communal prayer）而产生的共同静默（communal silence）的功课。在这里，这个过程依然如故。的确，一个民族及其永恒性是可以反映在牧师年这个范围里的。值得强调的是其中的共同因素：共听、共餐或跪拜以及共同生活的理论本身是否就是阐述教礼的先决条件。另一方面，我们这里面对的是共同的道路及其永恒性，共同的行路、做事、转变，而不是共同的结构、结果或存在。如果共同静默的诸阶段在这里重现，它一定会发生在个体灵魂为日常事务所做的准备中。每一件共同行为都要求灵魂的具体指导，没有它灵魂就不会上路。永恒的生命是某种超验的东西，个人生于其中，并与之共存。决定并准备参与永恒之路一定是作为个体的人自己的事情。

但是，孤零零的灵魂在哪里准备这种共同性呢？一般说来，灵魂在哪里经历一种变形①，使之赋予灵魂一种可以和他人相一致的形式呢？灵魂究竟是在哪里变成一个在一首真正的交响乐中和其他音符相和谐的音符呢？这样的和谐是无意识的，但可以引导灵魂踏上通向最高意识的道路。这是一种静静的和其他音符的和谐，它达到灵魂靠的是唯一从艺术而来的力量。我们所说的艺术不是指那种把它的创造者和欣赏者与世界相隔离的艺术，而是一种发现了走出那个特殊领域的路并回到了生活的独一无二的艺术。这是一种被流放而进入神秘领域的艺术，它通过自救之路而漫漫求索着。在看似毁坏实则升华的意义上，只有这样的艺术才被称

---

① 在孤独的小屋里不为人知的变形。——译者

作应用艺术，只有这样的艺术才引导人返回到生活中去。而只要人们沉湎于纯粹"艺术"的欣赏，生活就被遗忘了。这样的艺术引人返回生活，而它的光辉意趣又没有受到丝毫的损害。确实，它们是唯一的艺术，完全可以医治人的脱离世界的疾病，该疾病使艺术爱好者陷入表面上看来十分健康的误人的幻象。可以说，艺术是其自身的解毒剂。它用自己的纯洁使自己和人消除了毒素。这样的艺术要求从心上人转化成善良的妻子，以日常的千百次的贤惠和家务支持男人参与到市场和公共生活的重要时刻中去，而作为家庭主妇也充分绽放了自己成熟的美丽。

美术社会学：教会建筑

在所有的艺术中，美术作为空间艺术是创造物的再创造。但是，美术作品却被锁在画廊、博物馆，或被集中在一起；它们被人为的框子护着，放在底座上，被圈拦起来，彼此分开，但又在艺术的停尸房里彼此妨害。建筑随之而来，它解放了那些被锁起来的艺术品，将它们引入庆典的游行队伍之中，并置于庄严肃穆的教堂空间。天花板和墙、祭坛的神龛都被画师装点得富丽堂皇，砥柱和山形墙、圆柱和飞檐都是雕塑师的杰作，圣书则点缀着棋子。而这些不仅仅是装饰品，艺术在这里不是作为侍女服从于一个外在的目的，而是从近乎停尸房的死亡中苏醒过来后进入了真正的生活。尽管它也属于空间艺术，每个作品都占有自己的空间，但是，这个空间是属于它自己的"理想的"空间。它就这样与真实的空间痛苦地撞击着，因而渴望方才提及的人为的瓜分，例如边框、底座、栏杆，这些都成了与真实空间接触的障碍。即使从自身的类型看来，艺术品注定也是固体的,因为这种艺术品的空间是独特的,这一事实构成了其空间的"理想"性质。的确,所有的"唯心主义",尽管表面上看比实际美妙非凡,但事实上却往往是从人所共知的现实飞入了一个自私的梦幻世界。

要变得完全真实而不再是纯粹的艺术,艺术作品必须首先离开理想空间的魔术般的圈子,进入真实的空间。但是,世界上只有一种完全真实的空间,因为世界自身置于其中的空间的"理想",是超验主义的,而非美学的术语。它的实在性只有在与被思想性相关联,而不是与被造性相关联时,才是真实的。唯有世界是被创造的,其空间是它的一部分,像任何逻辑的东西一样。但是,世界可能存在其中的空间,即数学的空间,就不是被创造出来的。结果,如数学家、物理学家之类的人,则把被创造的世界置于空间方式之下,必欲剥去其完全的事实性——这种事实性超越于所有的可能性,使被造的世界作为被造物而自得其乐,变成了一个可能性的橄榄球(football of possibilities)。建筑艺术创造了一种空间,其基础是被启示的空间方向以及天与地、锡安山与全世界、伯利恒-以法莲和"数千犹大"的空间关系。只有这样的空间才是完全真实的。建筑师在大地表面上定点,确定建筑物内部的尺寸和方向,从这些辐射出一个固定不动的、被造的空间,在那里不论大与小、中间与终点、上与下、东与西,都有了意义。它甚至辐射到了这样一个世界:尽管这个世界是有空间的,但迄今为止却被无空间地创造了,它使自己有了空间。

在所有的建筑中,只有一种建筑具有纯朴的空间。这就是说,这类建筑不像居民楼、商业用房、办公楼以及议会、剧院、旅店那样由许多独立的房间构成，且服务于不同的目的。人们由于特殊的目的而在这些房间中驻足。由于每个人的需要不同，对房间的要求亦随之各异。即使是由一个大房间构成的空阔的大厅，其这样建造也纯属偶然。就建筑自身而言，一个楼房分为许多会议室、音乐厅也没有什么不妥，而且一般就是这样建筑的。人们在那里相会是由于每一次都有一个特殊的目的。没有人反对别人在同一个楼房、同一个时间出于不同的目的相会于别的房间。人们驻留某处，并不仅仅是为了和别人在一个空间中相聚。对人来说，只有上帝之房的空间是纯粹而简朴的。上帝的房子是唯一的一类，其方向在任何地方都一模一样，而且必然是由一个房间构成的。真正说来，在这里，让同一个共同体的不同教会相会于同一个房顶之下是一个冒犯人的、不可思议的想法。大凡这样做的地方——尤其是和我们（犹太人）混杂于一个建筑物内，一般来说在教会压力（*ecclesia pressa*）下，其建筑是没有商业目的的。它需要自由、空旷，在其中可以创造出空间来。由于教堂具有的只有一个屋顶的特点，它成了唯一的一种建筑，其整个楼面是可以为每一个光顾者一下子直接辨识和经验到的，这与那些在空间是分隔开的楼面不同。因为在后一种情况下，人们就像在别处一样只能发现自己，而看不到整个建筑的楼面。教堂是唯一一种真正或必须从内部考虑建造的建筑，它体现了建筑师的精神，适应了最大挑战的要求。

在这里，建筑创造出一个唯一的空间，其形式典雅美丽，而且是为了一个目的，一个至关重要的目的，也即人生中最普遍的目的。这才是符合建筑一词之真意的应用艺术。所有"纯粹"艺术的作品都分担了建筑的空间实在性，从而在瞬间内把所有的"理想"空间混合为一个伟大的空间实在,用其猛烈的心跳染红了虚假空间的立柱。在此空间滞留的每一个人都被吸引而进入其中,进入其本质性。这里,唯有客体达到了作为客体的本质性。本质性也可以围绕着别处的客体,至少它从这里得其根源。只有受崇拜之物在其形成后拒绝任何形式的变化。它们不再是像别的客体那样的客体了。它们变成了"活的东西",听起来就像这个术语那样有胆量。《托拉》和《以斯帖古卷》是迄今仅存的原样保存下来的古籍,但是,就严格保持下来的形式而言,《托拉》已经不是一般的东西了。或许有人会说,人们寄托在这个羊皮纸经卷上的感情多半是个人性的,而非因为其上所著的文字。至少是两者俱在。这样,也就没有像祭拜物那样的自我束缚的外衣。在这里我们又一次回想起犹太教礼仪中所保留的古代法衣。这一情形恰似于天主教东方教会的长袍。确实,服饰确应源于相应的地点。盔甲已被弃置一旁,因为已经不需要了。同样,每一种服饰也首先不过是一个有用的器物,并非像今天的服饰一样。今天,服饰确实塑造人,服饰隶属于人,而且如果某人在有的场合穿着不得体,就颇不完美。服饰起着把人融入社会的作用。但是,服饰的这种装点作用却始于祭司。服饰在他身上第一次变成本质性的,而且不得不创造出空间,把所有的东西都融入空间,即上帝之住所的空间。牧师的功能就是在特定的习俗中首先履行的事情。在一个真实的空间中,进入空间的一切无不浸淫在实现的波浪中。每一个物质的东西都有了生命,其形式获得了稳定性以及通过时间而自我再生的能力;而人却在有条件获得自由的情况下交出了自由,使自己适合于空间。根据把一个人和别人连在一起的空间的规则,这个人不必用个性和服饰来表达。人的物质性学会在特殊的方面保持沉默，这是走向未来的第一步。

圣言之圣餐

使建筑转化为应用艺术的单一空间有着非常简单的目的，即让每一个人即使在尚未统一之时也能产生统一的感觉。这种统一的感觉只有在听到共同的言辞时才会产生。由于业已建立了这样的统一，一群人就可以相聚在同一个房子里而不必感到相互归属。但是，共享的房子仍然至少在每一个个体那里产生一种共同体的愿望，或者更清楚地说，是一种预感。它迫使每一个人的灵魂进入这样的道路，由之导向对于世界的倾听者共有的静默。它使灵魂恬静和谐。不仅如此，这个人并没有和缪斯女神相伴，尽管她不是纯粹艺术[①]的缪斯，但她却是应用艺术的缪斯，她已经进入了责任的生命周期。此时此刻，另一种力量，即言辞，起着主导作用。

在犹太教的崇拜中，言辞既表示建立共同体的力量，更表示共同的旗帜。《圣经》是读给那些并未直接参与其中、明显缺乏关注的人们听的，而布道在几个世纪以来已经退居到背景中去。这表明，（犹太教中的）共同体最初并非是在听的行为中建立的。读《圣经》在宗教意识中保留着中心的地位，但是，它更是一个业已建立起来的共同体的象征，是已经确立的"永恒生命"的象征。这与基督教不同。在这里，言辞的确领着个人的手，把他引向通往共同体的路。基督教教会肇始的准备是在言辞中完成的。因此，

[①] 即没有被目的玷污的艺术。——译者

奥古斯丁不无理由地称言辞为圣餐的基础,后来路德教派更认为它是最重要的圣餐,即将别的东西转化为圣餐的圣餐。因为,圣餐的目的就是"用适于礼拜的东西使个体完善"。言辞就是个体的这种准备的准备。另一方面,言辞并不包含在天主教教会的七种圣餐之中,因为它仅仅是准备。这也是颇有道理的。在天主教那里,没有言辞不行;天主教并不企图取消它,只是让它与其他圣餐合作。但是在新教中,布道逐渐成为礼拜活动的核心,以便保持和个体的兴趣同步;这就自然地形成了一种趋向,即原先用以吸引个体的手段得到了强调。

星期日:关于创造的节日

每周一次的关于创造的节日确立了牧师年。但是,教会把这一节日从一个星期的第七天改为第一天[①],以便与犹太教圣堂划清界限。在这样做时,教会没有意识到它的更深层的意义。在犹太人的安息日,对于每周中六个工作日的预演主要见于仪式行将结束的祈祷文中。但是,在基督教的礼拜日,这样的预演则贯穿始终。在基督徒看来,星期日是经过一周的养精蓄锐后应该花费的一天。但是,安息日是救赎的节日,其意义和基础是双重的:一是缅怀创造的劳作,这突出了第七日的神圣歇息;二是纪念犹太人从埃及奴役中得到解放的日子,其目的是让所有的男女奴仆也像他们的主子一样休息。在安息日,创造和启示在救赎的休息中合为一体。

---

① 按照犹太教,每周始于星期日,终于星期六。犹太教的安息日是星期六。——译者

而星期日从未认真地推行休息,即便是在那些方向上合法的日子里也没有这样做;它完全变成了表示开始的节日。在世界之开端的象征下,星期日首先突出的意思是一周的开始。我们认识到基督教有意将它所处的道路的中间移到开始的努力。十字架永远是开始,永远是世界协调一致的起点。正如基督纪元从那里开始一样,基督教的信仰也重复地从那里开始其过程。基督徒是永恒的开始者,完成不属于他们:开始好一切都好。这就是基督徒的永恒青春。对于生活在基督教中的基督徒来说,每一天都是第一天。

这样,星期日就成了一种保佑每个周日的力量,成了基督教力量的合适形象。这种力量辐射出去,及至全世界,日日更新,永远年轻、新颖。颇有意义的是,紧随永恒救赎节结尾的是犹太纪年的开端。从某种意义上说,这个开端是从这个结尾生长出来的,是又一个新的开端,因为那永恒的时刻尚未到来。同样有意义的是,教会纪年是从基督降临的第一个星期日开始的,它预示基督教的启示由以开始的节日。这就像安息日的循环从犹太民族解放的节日就开始了一样。对于我们犹太人来说,赎罪日是所有有关救赎的节日中最大的一个,它在很大程度上拥有安息日的特点,而不似安息日那样频繁。基督教也是如此。星期日的光辉在很大程度上照在了早期启示的节日上,它同样不是外在地固定在星期日上,这与它的姊妹节日——复活节和圣灵降临节——形成了鲜明的对照。

音乐艺术的社会学:教堂音乐

和我们一样,教会纪年也一年一度举行庆祝启示的活动,这是在星期日创造的次结构之上确立起来的,依照的是三个节期。

在诸艺术形式中,正是音乐与启示协调一致。在启示中,时间之光是通过瞬间之孔而闯入广袤的被造空间之域的,而音乐是这样的艺术,它是从瞬间中编织出时间段的。每一个音乐作品都产生自己的时间。和内在生命的实在性相比,这是理想的时间。对音乐爱好者来说,音乐变成了逃避情绪激动和日常生活之厌倦的避风港,就像美术为其"朋友"提供了一条远离丑陋及其狭小世界的出路一样。如此,艺术为人们节省了艰辛的劳动,不必在世界上种植自由和形式,以及在灵魂中植入纪律和生命。无论一个人有何欲望,他毕竟都可以在博物馆和音乐厅里得到满足。他可以在这里找到满足,尽管他周围的实在与内在于他的实在迥然不同,但他可以就这个事实自我欺骗,无论欺骗多久都行。的确,他往往指责生活中有理想与现实的矛盾。在从剧院回到家中时,他认为是造物主把世界和灵魂造得如此不一致,而不是把责任归咎于具体制造事物的人,归咎于自己和人类。

在音乐艺术中有着比美术更大的自我满足的危险。这是因为,在美术欣赏中,欣赏者最终忘记的只是世界,而酷爱音乐的人在自己的音乐中所忘记的是他自己。前者只是使自己从生产性生活中解脱出来,最终还会重蹈覆辙;而后者则娇惯自己,使自己的灵魂衰退,从而进一步消除了回复生命的可能性。音乐师可以任意把自身既有的情感诱发出来,更糟糕的是,他可以引发情感而又在自身内把它消除掉。通过产生自己的"理想"时间,音乐作品拒绝了真实的时间。它使听众忘却了自己生活于其中的年岁。它使自己忘却了所处的时代。它把清醒如常的他引到了那些据说是拥有自己世界的梦幻者中间。即使他被粗暴地唤醒,继而惊呼"如没有做梦则更好",下次他仍将痛快直接地达到遗忘的状态。他过着奇怪的生活,而且不只一种奇怪的生活;而是说,他过着上百种生活,从一则音乐到另一则音乐,但没有一种生活是他自己的。当然,一只狗可以会因为其女主人弹的钢琴而悲痛不已,这说明它是更有生命的,或者可以这样说,比音乐迷更具有"人"的生命。

音乐之残忍还在于用理想的时间替代真正的时间,意欲追求纯粹,而使人们对后者丧失兴趣。为了免于这项罪恶,必须允许自己的行为走出超越而回到时间上的此时此刻。必须将理想的时间整合,使之与真实的时间合一。然而,这就意味着把音乐从音乐厅转移到教堂。因为在教堂里,世界上的事件所经历的时间恰如世界借以被造的空间,它只是"理想的""认识上的",因而没有开端、中间和结束:"此时"作为认知观点的标记永远是变动不居的。唯有启示可以将其标记固定在时间的中间,因而有了不变动的先与后,于是有了一个告知的时间,它适合于世界上所有那些独立于告知者或告知地点的地方。这个真实的世界时代逐渐地包括了所有的事件,而且使之永久化。它带有最大程度的明晰性,可以为处在教会纪年中的短命的人类充分把握,尤其是在启示的节日期间被把握到。这些节日,即过去启示的创生,未来启示出的救赎,将不可测度的上帝之日的永恒性并入了教会纪年中一年一度的循环。一段段的音乐,通过将自己整合进启示节日和教会纪年的整体中,脱离了它的理想时间的人为框架,变成了鲜活的东西,因为它被嫁接到了体液充沛的真实时间的树干上。凡参加咏唱赞美诗的人,或者听过弥撒曲、圣诞节和复活节乐曲的人,都非常清楚地知道他处在什么样的时间里。他不会忘记自己,也不希望忘记自己。他不希望从时间里逃出，相反，他要使灵魂双足稳立在时间中，在最真实的时间中，在世上某一天的时间中，而世界上每一天都是其中的一部分。他是由音乐护送到那里去的。音乐只护送他到门口。然后是圣餐接替音乐而指引他去目的地。但是，正是在音乐中，使人通往永恒之路的准备工作才开始步入正道的。

正是音乐在共同空间和共同倾听言辞的基础上使人从起始的一起性提升到所有人会聚在一起的有意识的、活动的一起性。建筑艺术只创造空间，现在它充满了音乐之声。众人齐声高唱，圣歌充溢在空间中。音乐之传道作用，在这里才见其真实的基础。巴赫的宗教音乐仍然起着这样的作用。天主教教会也在继续培养这样的基础，尽管音乐弥撒走上了另一个方向。在赞美诗中，寂静降临在话语上，对于每一张嘴来说，它拥有自己特殊的言辞。但这并不是说那种只默然倾听背诵出的词语的寂静，而是指在齐唱的一致性中某人的个体性的寂静。同样的情况是生命共同体。它在共同的圣餐中得到见证，而且变得有意识。在有意识的共同体中，所有的人都在做同样的事。就是说，他们一起吃圣餐，然而每一个人又都是靠自己和"为自己"而这样做。在准备生命共同体的过程中，音乐调节人的灵魂，如它在圣餐中实现的那样。当一个个灵魂进入到共同空间时，他们是为一般共同体即潜在的共同体而准备的，而在一齐咏唱赞美诗时，他们是为了真实的共同体。即使是音乐弥撒，尽管人们只是听而不参加歌唱，也至少是为了所有个体进入共同体而准备的，与赞美诗没有两样。一起听音乐和听背诵的文本或讲道是大不相同的，前者并不建立共同体，而只是在集合的人们中唤起同样的感觉,每一个人都是为了自己,就像在音乐会上看到的听众的表现那样是为了自己的。在这一点上,听音乐弥撒和咏唱赞美诗是完全等同的。共有的空间把个人完全吸引住了。他被牢牢地吸引住,犹如个体在他的灵魂里谈话。由于谈话是有节奏和悦耳的音调的,所以个体的私人语词的品性也学着归于寂静。他讲话,但是他所说的不是他的言辞,而是和众人所共有的音乐相配的语词。

言辞和情感,简言之,人的最内在的性质,就这样上升到了必然性的层面,此必然性是物体通过进入教堂的空间而达到的。那些成为歌词的言辞已经不再是独断的了。悦耳的音调保存了言辞,所有言辞的传达都发生在以前谱写的音符里面,同样,所有的话今天也作为口头言语得到了传达。起初,所有的传达都是崇拜性的。崇拜甚至把仅仅被视为必然性层面的言辞提高了:天主教教士的每日祈祷书或我们[1]的默读祈祷文全然不同于普通的阅读和反思。它使思想穿上了节日的服装,给它较少的舒适和运动的自由。但是,这些思想的言辞却完全摆脱了目的和思想,因而具有必然性和有效性。服装之所以成就人,使他能够在社会上通行有效,就是因为服装不像赤裸的身体那样是个人的,而是适应于某种习俗的。与此很相似,只要人自由地思想和畅所欲言,他就不会真正安详舒适。他只有在哼着小曲或吹着口哨而没有任何牵挂的时候,或者吟唱一句格言时,才是安详舒适的。这也适用于天主教的祈祷书和我们的静默祈祷。似乎此时人们不像在阅读或自由思考时那样集中精力,

---

[1] 即犹太人。——译者

实际上，正是在这时言辞才被提升到了普遍有效的情感，而这是绝不会外在地达到的。在那里，它们总是个人的有个别性的言辞。言辞已经是活的，它们不需要像物体那样进入教堂才能变成活的，但是，它们的生命力是可消亡的。它们变得持久，因为音乐吸引了它们。如果这音乐是教堂音乐，它们就和这音乐一起进入了年轮，并且通过融入上帝的永恒的日子而变得永恒。

圣餐

在音乐的伴随下，灵魂被导引上共同的道路，由于圣餐，尤其是由于最高级的圣餐——主的最后晚餐——而臻于完美。它缘于犹太人庆祝自由的节日的晚餐，但是它作为"道"的庆祝仪式却与犹太人的晚餐截然区别开来。因为在犹太人那里，就餐的共同体是真实可见的，是共同的生活；而在这里①，共同体为了晚餐而团聚起来，但又不围绕主的饭桌就座。每个人都独自取餐，又独自离开，共同的因素只是公用圣餐杯、平等的食物、共同的祝福、共同的信仰。当人的"我"（I）沉默时，情感共同体就活了。情感在音乐中只进入到人的意识的半路，而在分享圣餐时却达到了完全的意识。这样看来，圣餐才是启示的真正、真实的象征和媒介。在弥撒中，圣餐变成了每个圣事的核心，甚至是每日圣事的核心，它使启示进入了所有圣事的核心。的确，人的信仰是指向道路的中间和开始的，在圣餐中被体验、分享到的基督的临在对于基督徒的意义犹如我们在弥赛亚和他的王国内在降临时产生的确定的

---

① 指基督教教堂里。——译者

信赖，尽管其来临一再拖延。如同我们的全部敬拜完全沉浸在希望和对救赎的等待中，甚至倾注在对于创造和启示的回忆的地方一样，基督徒的敬拜也沉浸在启示的观念和当下的情感之中。

启示的节日：圣诞节、复活节、狂欢节

基督教中有三个节日，其间，启示进入了教会年中。三个节日中第一个是圣诞节，它是教会年的开始，就像犹太教的解放节一样，是一个开始的节日。这里的这个开始，即启示的创始，必须是肉身的诞生，如同犹太人解放的情形一样。作为上帝的"头生子"，犹太人有自由变成一个民族，而上帝的"独生子"变成肉身，是为了变成一个人。这些事件恰好分别与民族和个人、世界和人相对应。这两个节日都是庆祝启示在世上的可见进程的开端。《圣经》对于基督教节日的描述，最重要的莫过于圣诞平安夜了。总之，它是福音书中的福音。这里也完全和我们的解放节一样。那些基于这个节日的描述被引申地发挥了，没有地方比这里更集中地对敬拜作了描述。我们有一个小册子专门论述这个节日①，我们在家里吃夜饭时阅读这个小册子，它对于我们是一个纯粹简单的故事——数不清的哈嘎达中的一篇哈嘎达。在圣诞平安夜庆祝活动中，背诵类似的故事也同样处在核心的地位，它被看作在诸启示节日中一再重复的倾听福音的节日。

但是，与此同时，这个节日业已成为许多星期内节期的中点，因而获得了启示的代表性特征。前面的降临节更新了人们对于"陈

---

① 即解放日。——译者

旧"契约之预言的回忆,在创造中为圣诞节奇迹确立了自身的基础。但是,仍然是在圣诞节节期内,新年和主显节已经预示了救赎、信仰和生命的和睦。从犹太人的观点看,新年是割礼的节日,它公开证明婴儿属于以色列民族,坚持了生育的神秘性,是一项诫律的执行。与此相应,这一节日把教会年引出优越的开端而进入民间的年轮,而复活节三位国王的忠诚则是所有国家中国王和人民的忠诚的前奏。这两个节日共同预见了君士坦丁当政时的两个事件:教会与国家合而为一,以及国家整体皈依基督教。圣诞节这一奇迹是处于自身在创造中的基础和自己预言救赎的中间,因而自身成为一个完整的启示。

但是,在关于启示的三个节日中,真正带有欢庆气氛的节日说到底是复活节。不是伯利恒的马槽,而是耶稣的受难地和空坟墓被看作基督教之道的开始。在任何情况下,是十字架,而不是先前从"耶稣的生命"而来的东西,才是从永恒之路上数不清的中点看一成不变的、处在同样的距离和同样可见的东西。正因如此,我们不认为从埃及的逃离是始终伴随我们的启示,而认为西奈山的神迹,即《托拉》的给予,才是这样的启示。出埃及是我们必须首先记住的,尽管它生动得就像我们亲身参加过一样。但是,《托拉》则不必记住,因为它就在当前。对于基督徒来说也是这样,在当前的是十字架而不是马槽。一直展现在他面前的是这个,而不是那个。对于基督教的十字架所说的话也可以对我们的《托拉》说,如果有它"在心中,他就不会失足"。

还有,复活节的这种当前性使得它成为真正的圣餐节。圣餐穿插在复活节一系列活动中间,它正是在这里被接受的。教会企图在这个当前性之外把人直接置于十字架之下,通过弥撒音乐,或者耶稣受难的戏曲达到目的。人必须面对面地直接和那个充满血迹和伤痕的头相对,基督生命的核心事件在一个完整的节期里,即从四旬节(Lent)到耶稣受难节(Good Friday),到复活的那一天,经历了完整的再现。第一天代表长期的准备。耶稣受难日代表事迹本身[①]。最后,复活节代表最后的一场庆祝,或者说这个启示的节日,代表救赎日。

至于救赎本身,圣灵降临节(Pentecost),即三个节期中最后的一个,就是专门献给它的。当然,这个节日仍然属于启示的范围,所以也只能预见救赎。它必须把救赎作为基督在尘世逗留的最后一幕展示出来,这就如同犹太教的住棚节可以使人追忆在那荒野上临时住所里最后的歇息一样。所以说,圣灵降临节必让人想起的只是救赎的开始,不是其后续进程,更不要说其结果了。因此必须划定一个点,基督教之道可借此而从上主及其门徒的狭窄小道踏上教会的宽敞大道。最终的救赎尚未来临,至少没有在这里来临,这里只是它的启示中的前奏而已。所以,这个节日不能以静默的忠诚代表人类的最高合一状态。它必须满足于那劝告,那使全人类在理智上接受的普遍劝告。但是,这种普遍的理智上的接受却不是在静默中实现的。它要求话语的介入。通过语言的奇迹,话语克服了今天的抵制,这个今天曾经是今天,尽管语言使之分离,仍然是今天的。第一个精神的结果是翻译,它在人与人之间、

[①] 关于耶稣受难日,天主教会允许稍事庆祝,而新教教会则因为缺少四旬节而较为隆重。——译者

语言与语言之间架起了桥梁。《圣经》必须是第一本需要翻译的书，而译本应该与原本平等对待。上帝在各处用人的语言说话。精神恰好意味着翻译者，也就是那听到并转达的人，认识到自己和原来说话和接受言语的人是平等的。可以说，精神引导人，并给人以独立自主的自信。人的精神恰如传达和翻译的精神。这就是圣灵降临节的故事：上主留下他照顾的人而升天了，后者仍然在尘世。他把后者留在世上，同时也给他们留下了精神。现在，他们必须学会不必亲眼看到他就信仰；他们必须学会行事，就像没有上主一样。现在他们能够这样：他们有精神。在圣灵降临节的奇迹中，精通各种语言的教会开始了它进入世界的过程。教会借助神圣三位一体①的象征，上升到了这样的水平，使群龙无首的使徒们重整旗鼓。

救赎的节日

但是，还是要说救赎。救赎本身在教会年里仍然没有位置。救赎应该有与之相应的专属于自己的第三种节日，就像我们的安息日、朝圣节那样的敬畏日（Days of Awe）。在这一点上，基督教应该有和犹太教的敬畏日相应的节日。那么，什么节日相应于敬畏日呢？

什么也没有。教会年——它还不是历年——缺少和我们的历年相对应的敬畏日。也许唯一值得一提的是三个启示节日中的一

---

① 其节日紧随圣灵降临节之后。——译者

个。值得注意的是,圣诞节并不像复活节及圣灵降临节一样和犹太历年中的节日相一致。还有,据说圣诞节与太阳年度轨道的一个转折点相协调;在波斯密特拉神崇拜中,那天下无敌的太阳神在这一天庆祝他的再生。但是,抛开这一外来的根源不管,这个节日仍然经历了一个发展过程。尤其是在基督教世界的主要国家里,在最近几个世纪,它在一定程度上接近于犹太人的救赎节日了。房门敞开以接纳自由的自然。温暖房间的舒适和冰雪覆盖着的圣诞树联系起来,打开的房门接纳着自然;借着一个奇怪马厩里的马槽,拯救者降临到世界上。这些都可以在犹太教中找到对应者:住棚的房顶上有敞开的天空,以纪念犹太人聚会的帐棚,是它使那些在荒野上流浪的永恒民族得以休养生息。

但是,此外,前面已经提到,还有一个地方和救赎节日相符合:圣诞节是在星期日,而犹太人的赎罪日是在安息日。[①] 星期日降临并不是必然的,但星期日是一个卓越的日子。就是说,星期日作为教会年的诞生日,对整个星期而言是一个新的开始。犹太人的赎罪日也是这样,它是犹太人进入永恒的那一天,安息日的意义则是一个星期的圆满结束。这两个日子经历了同样的过程,就是说,圣诞夜和我们的节日有同等的意义。赎罪日的圣事是唯一晚间身着节日装束向会众展示的圣事,而在其他情况下节日装束则是为重要的晨祈准备的。晚间圣事把赎罪日变成了一个"漫漫长日",圣诞平安夜及其"漫漫长夜"产生的效果也是这样。唯有这包含

[①] 犹太人的安息日是星期六,准确地说,是自星期五下午太阳落山始到星期六下午太阳落山止的这段时间。它不同于基督教的礼拜日(星期天)。——译者

第二卷 光或永恒的道路

夜晚和白天直到夜晚再次完全降临的一天——唯有这一天是完整的一天。因为就处于两个夜晚之间的一天而言，只有第一个夜晚才是真正的夜晚，另一个夜晚则是光。与上帝一起度过这样漫长的一天意味着完全和上帝生活在一起，去体验在生命之前给出的"无"、生命本身以及从生命之外的夜晚之黑暗中升起的恒星。基督徒是在开始的一天度过这样一个长日的，而我们则是在终了的日子度过这样一天的。于是，两个节日都超出了自己原有的意义。赎罪日变成了所有节日中最重要的，带有确立之时没有预见到的东西。即使在亚历山大里亚的斐洛时代，也完全像今天一样，就连那些宗教意识淡漠、平时很少光顾上帝之屋的人们，也在这一天蜂拥而至，在祈祷和斋戒中寻找回到上帝之路。与此不同，圣诞节则从一个教会圣日变成了一个大众节日，甚至迫使那些反基督教的抑或非基督教的人们也过这样的节日。那预见终点的赎罪日业已变成了我们民族能够保持其信仰的内在能力的象征，而那让开始不断更新的圣诞节则成了基督教之扩张生命的外在能力的象征。

这样看来，关于启示开始的节日只有基督教中的一个，它在某种程度上和我们的救赎节日是同等的。基督教本身没有真正的救赎节。在基督徒的意识里，一切都是围绕着开端并且是为了开端而汇集起来的，启示与救赎的区别在我们这里是清楚的，在他们那里却模糊不清。对于他们，救赎在基督在世时就已经发生，至少在他的十字架上发生，更恰当地说，在他出生时就已经发生了。基督之被称为"救星"和"救赎者"，不只是在他复活之后，而是在他由童贞女生出时就已开始。对于我们，创造和启示的观念带有一种和救赎的观念相结合的压力,归根结底,所有先前的事情都已经发生过了。与此相对应,在基督教里,救赎的观念被吞回了创造,吞回了启示,就像它时而以某种独立的东西的形式迸发出来一样,它也常常一再丧失其独立性。在心中回顾十字架和马槽,即在伯利恒和各各他(Golgotha)发生事件的最终结果,比展望上主的未来更为重要。王国的降临成为世俗的和教会历史相关的事情,但它并不在基督教国家的中心占有什么地位,该王国是由教会年的循环抽走其生命力的。

世俗的节日

如果说王国的位置不在周而复始的教会年中,那么,它的位置却的确在世俗的年历中,后者一个世纪一个世纪改变了纪念日,并与教会年中的新年日结合在一起。人类就是靠历史上的纪念日来意识到自己在时间中的存在的,而所有历史上的纪念日都在世俗的年历中。这些纪念日的日期伴随世纪的改变而改变,它们因地点而异,因政府而异。但是,只要这些日子得到纪念,每一个纪念日都会充满人的世俗的喜悦,希望可见的未来生活更美好、更富有。而在我们犹太人这里,历史上则没有几个纪念日,因为历史已经成为过去,变成了永久固定的东西。[1] 这三个节日,即耶路撒冷被毁哀悼日、缅怀《以斯帖记》中记述的犹太人得救的节日、纪念马加比胜利后圣所恢复的日子,都是《托拉》没有记载

---

[1] 不过应该注意,在第二圣殿或以后一个时期仍然过的一大批纪念日,现在已经弃之不过了。——英译注

的。所有这三个日子都是纪念节日。所以，它们的日期是偶然的，以历史为条件的。从品级上说，它们不能和别的节日媲美，就连耶路撒冷被毁纪念日也不能。尽管它们是历史的节日，但现在人们过它们，而且变得严格起来，俨然成为我们民族的历史本身。我们民族的其他历史纪念日则是另外的样子。战争胜利日很少能够在事件发生后半个世纪还被纪念，它们已经被别的日子取而代之了。王朝建立日随着王朝的变化而更替。宪法日和解放日与宪法和国家的寿命一样长久。而且，人们对于用变化和临时性的时间来标志其民族的持续性而感到满意。

教会与世俗年历

现在，教会加入进来参加纪念活动了。教会借助参加并祝福纪念日的方式挤进了犹太人及其历史中。这是教会对于他们所劝导的异教徒的一项使命。教会通过将荣耀之光撒向民族生活的各个方面而在救赎之路上做着圣事，因为救赎不过就是在生活中播下永恒的种子。凡按国家的疆界建立的教会无不确立了一年一度或在民族生活的重要场合举行的忏悔日和祈祷日。为秋收而设立的感恩节，庆祝战争的开始或胜利结束，凡此种种，教会都要染指。教会还有自己的历史，这也是必须庆祝的。于是，信义宗教会过宗教改革节，而天主教教会则在一年一度的圣体节（Corpus Christi）大唱反异端的高调。天主教教会不放过在教会年的一系列节日中的每一个机会直接组织自己的生活之网。一般说来，天主教教会在那些教会存在的反映圣母玛利亚生命过程的所有节日中是这样做的。不仅如此，教会尤其喜欢在圣人节这样做，由于教会具有无限变化、调整和成长的能力，它在圣人节这样做就可以和地方的、团体的甚至是个人的利益建立起密切的联盟。这样，它就得以一再将暂时、世俗的社会因素纳入到曾经长期不再是循环的永恒的循环中。进一步说，在这样一些随着时间和地点而变化但又属于通过时间和地点的救赎的永恒之路的节日里，这个循环圈开始螺旋式发展起来。

但是，不管它们是教会的还是世俗的，次教会的还是超世俗的，人们究竟怎样来过这些救赎节日呢？我们已经谈到共听会和共餐会，但这些救赎的节日不能成为共同跪拜的日子。共同跪拜在早先的基督教中曾经发生过。基督教国家已经跪倒在马槽以及玛利亚和约瑟、牧羊人和东方三博士的脚下了。在圣餐变体前寂静得连呼吸都听不到，只听到轻轻的教堂钟声，此时整个基督教世界跪倒在十字架上的牺牲面前，而这个十字架上的牺牲是在做弥撒时更新过的。于是，基督教世界又一次处在庆祝基督教起源和上主的更新时的被救赎的极度静默中。在创造和启示之间，基督教世界又一次表现出不关心将来的救赎。在教会自己将救赎引入教会年的那些节日，对于未来的忠诚并没有任何地位。

那么，我们是怎样过这些节日的呢？"在上帝面前，每个人必须屈膝跪拜"仍然是庆祝救赎的真正方式，但是，只有我们才在救赎节时采用这样的方式。只有在我们这里，神圣之年才在其救赎节中构成一个封闭的圆圈。只有我们才在救赎的永恒中生活，所以才庆祝它。基督教只是在路上。它只在时间的节日中庆祝永恒的救赎，因而没有自己特有的共同跪拜方式。那么在基督教中，什么是和那永恒的救赎节形式相对应的时间形式呢？艺术又是怎样为人们庆祝这些节日发挥作用的呢？

戏剧艺术的社会学：奇迹剧

诗歌是这样一种艺术形式，它创造了一个超越纯粹时间和纯粹空间的领域。但是，人毕竟不止于肉体的空间性，也不止于灵魂的时间性；人是完整的人。这样，诗歌艺术仍然可以作为比美术和音乐更能够表现完整的人的艺术而出现。诗歌借以活动的因素是观念或思想，而观念把自身汇入永久的空间性和情感的时间性，并把它们变成一个整体。诗歌的内容是一个作为整体的世界，是其小上帝、小人和小宇宙。这样，人们便希望诗歌能够为人提供借以找到终极救赎沉静的情绪，它应该在世俗的救赎节里至少作为希望和诺言表现出来。

但是，从诗歌进入共同体生活的路似乎比从美术和音乐进入的路要长。后者至少可以保存下来，可以在公共大厅演出，即有自己的场所。但是，诗歌的家，即它的监狱，却只是书架。一本书的两个封面之间是诗歌唯一的空间，在那里诗歌的确是"纯粹"的艺术，在那里它处在一个纯粹的观念世界，每一个作品都有一个自己的世界。就一幅图画在其镶框里为自己创造出一定的"纯粹"空间，一曲音乐创造出"纯粹"的时间一样，每一首诗也创造出自己"理想"的世界。出声朗读诗歌已经迫使它走出了纯粹想象的世界，使之流于大众化了。如果有人走得更远，以至于把诗歌作为戏剧在舞台上表演，那么，其美学"实在"就会荡然无存。戏剧的恰当形式称为"剧场戏剧"，从美学的立场看则是对它的谴责；尽管某人偶尔可以原谅莎士比亚的剧场戏剧，但他却坚决反对席勒和瓦格纳的。将来一定会有这样一天，那时人们会不再指责瓦格纳写剧场戏剧，这一天对席勒来说已经到来了。然而戏剧，甚至剧场戏剧，仍然属于纯粹的艺术，尽管它逃脱不了乌合之众的影响。混合的效果恰巧产生于观众的真实世界与必然潜入（真实世界）之中的戏剧世界的冲突。显然，诗歌也必须摆脱书本这个理想世界而进入真实的世界，这样才能够把大众引导到共同的或相互的静默领域。那时，就不再像在物理建筑术的符咒指挥下那样把一些躯体混放在同一个空间里；不再像在音乐指挥棒，即灵魂的向导指挥下那样将不同的语言汇合为同样节律、语言的合唱中。那时，所有的人都彼此接近起来，并且接近得像一个人，在语言和行为上如此，而且超越了语言和行为。

然而，诗歌为了获得如此之用途，必须首先学会沉默，因为在世界上，诗歌仍然和灵魂连接在一起。它必须学会从世界上现有构型的概念中解放出来。它必须提出一个新的构型。它必须变成姿态。因为只有姿态是超语言和行为的，当然这不是指那种试图说什么的姿态，这样的姿态只是言谈的可怜的替代物，只是一个结巴；也不是企图而引出另一行为的姿态，因为这样的姿态只是自己行为的可怜的替代物，而是一个完全自由、完全创造性的、不再指导这个或那个人或物的姿态；是一个为人之存在，为人性（humanness）因此而为人类（humanity）的使人完全完善的姿态。凡是人可以完全用姿态表达自己的地方，把人与人分离开来的空间就会在"绝妙静默的"神化状态中消失。语言曾经跳进了这个裂缝以便用自己的身体以英雄般的自我牺牲在人与人之间架起一座桥梁，但是它现在可以蒸发掉了。姿态就是使人臻于完全的人性。

姿态必须使空间粉碎而进入可以容纳多人的建筑，让音乐充满其间隙，使之连接起来。拜倒在地是人类最终的姿态，我们的救赎节日正是在这样的姿态下结束的。拜倒的姿态粉碎了所有的空间，并抹掉了时间。《塔木德》在谈到耶路撒冷圣所里的奇迹时也提到这一点：人们聚集在封闭的前院里，拥挤得水泄不通，但是，人们匍匐拜倒的时候，却腾出了很大的空间。

舞蹈是这样一种艺术形式，它使诗歌借以从书本的封面之间显露，使自己从理想的观念世界转化成现实的表露世界。舞蹈和所有由它发展而来的艺术，都是自我表露型的，这里没有也不应该有旁观者，只有参与者，他们至多可以稍事休息，轮流放松一下。一个民族可以通过节日的队伍、游行、锦标赛和盛典认识自己。这里也属于这样的艺术：寻求露天的纪念碑，或伴随着卡瓦利山上的漫游着的旁观者，或在一场演说中迎来一次聚会，或用祝酒辞或进行曲把人聚在一起。狂欢节期间科隆就是这样的场所，那里有大批人跳舞，有运动场地、奥林匹克体育馆、拜罗伊特大舞台。然而，跳舞仍然是第一位的事情，甚至在跳舞时仍然用的是最简单的姿态——用眼瞥人。那化解所有僵硬东西的力量就在这一瞥上。它是一种别的行为无法企及的力量，在这样的力量面前，语言就自我牺牲了，它只有在回答之前的短暂停顿时才能把握这样的力量。一句话忘记了自己，而且将被忘记，它希望在回答中消失。然而那一瞥的力量，却不会随着那一瞥而消失。一个人的眼睛一旦瞥到了我们身上，就会在有生之年永远瞥在我们身上。阿佛洛狄忒在爱神丘比特和智慧女神的婚礼上当着幸福女神的面跳舞，最后，她就只用眼睛跳了。

洗礼之圣餐

但是，舞蹈没有进入教堂，至少那种简单的形式，那种可以直接抓住个人使之与共同体协调一致的形式没有进入教堂。还有，事实上教堂里封闭的空间和封闭的教会年循环一样不能容纳救赎的观念。救赎的观念把循环圈敞开，使之变成一种螺旋；它打碎了关锁的大门，使行进的队伍开进了城市。不无理由的是，圣体节变成了美妙的大游行。犹太人礼拜堂的门可以是关闭的，因为在犹太人跪拜的时候，突然会有面向全人类的空间，而迄今为止，这是一种受限制的空间。《托拉》被抱着在礼拜堂环绕一周这样的事，只发生在我们的礼拜堂内，尤其是，大型的环绕是发生在律法节这个标志救赎节结束的日子里。但是，在犹太人这里，救赎是在犹太年的循环结束时直接庆祝的，舞蹈也可以用来作为一种崇拜仪式，哈西德派的舞蹈就是这样，他们是"用四肢赞美上帝"的。

可见，舞蹈只在我们中间才有其宗教仪式上的地位。在舞姿打破了空间时，建筑术之创造空间的力量以及音乐之填充空间的力量才得以完美地实现。为救赎的缘故，教会必须把它的崇拜方式输出到俗界，用世俗的节日补充它，在这里它仍然是在路上，毫不含糊。教会的空间辐射出去，进入到周围的外界。它的时间规定着流失的时间之流的界限，它只能借助于外界才能获得自己的世界。教会并不像空间和时间的法则那样单纯地输出自己的世界。实际上，它通过靠近所有的人，依据世界的法则行事，首先获得的是自己的关于外界的法则。其目的不在自己的墙内，但是它总是处在开始的状态,总是要通过道路。

教会的准备工作是由那些民俗展览和各种舞蹈完成的,因此,它借以最终完成其准备的圣餐就只能作为开始的奉献。那意味着而且就是最后救赎的拜倒在地,对于教会仍然是异己的。但是,教会可以圣化个人,可以作为救赎之路而进入世界。这就是洗礼的重要的双重意义:在新生命开始的时候施之于个体的人,那新生儿,在生命最脆弱的时候担保他生命的完成,即他的救赎。基督教在洗礼时完成了救赎,它允许把幼儿的无防备性,即意识不到自己,看作是静拜的最高意识的无防备性。这就使得基督教可以一劳永逸地行进在路上。但是,它同时也使自己成为这条路的女主人。没有人可与之匹敌。没有人可以和基督教争论其胜利的最后保证,它使每一个人的第一步同时也就是最后一步。圣餐礼是个例外。启示的圣餐,以及所有七次圣餐都可以在某个时刻在人与自然、道德和社会生活方式的关系中寻找到人。在这些圣餐中,其他五次关于救赎之路的圣餐完全可以由洗礼所取代。在这个意义上,新教是在简化事务方面做到了点子上,如果必须简化的话。这是因为,通过救赎的祭祀而预先圣化道路的开始,以后生活的一切就都包含其中了。基督徒以后作为基督徒生活的每一时刻都不过意味着洗礼之契约的再续——洗礼是在人生起点上指派受洗者加入到已经被救赎的行列的。洗礼让我们完全认识到原先在圣诞节认识到的东西:对于基督徒来说,开始取代了救赎,陈旧之路取代了完满的生活。每一次洗礼都是更新神圣婴儿的崇拜仪式。基督教全然年轻,因为在每一个个体那里,每一个灵魂那里,它都重新开始。

天的形象：基督教美学

世界与灵魂

基督教是年轻的。但是，基督教世界则不是。洗礼或许可以为基督教世界圣化个人，但是这个世界本身并没有被圣化。生命的循环对于犹太人来说是属于其民族的，而对于基督徒则是属于某个人的灵魂的。唯有灵魂可以借助洗礼被赐予永恒的生命。永恒和更新只在灵魂里轮换。这个世界并没有被赋予永恒的生命。个体生命之环在世界中粉碎，进入了历史的螺旋中。在其中，世俗的世界进步有规则地赢得高于永恒化和灵魂革新的权力。教会年只是为个体而确立的，对于这个个体的人来说，它就是家。但是对于世界、世界的年年岁岁以及周年纪念日来说，教会年只是一个小旅店，它可以向所有客人开放，但每一个客人也必须离开。永恒的民族已经在生命的房间里栖息了，而世界各民族仍然在路上。唯有灵魂找到了回家的路。她知道其"拯救者还活着"，她同样确定地知道救赎者就在永恒的民族中。对于她，年之环是封闭的。

世界之子与上帝之子

对于灵魂，年岁是在永久与更新的交替中封闭着的。基督教世界以及信基督教的人，是生活在世界历史的螺旋中的。二者都知道，他们的周年纪念日是其道路上的里程碑，是随着世纪的改变而改变的。但是，个人的眼睛并没有瞥得这么久远。只要年历上和自己同名的圣徒纪念日年复一年地发生，他就心满意足了。神性和世俗的两个方向在唯一的教会年中交叉起来，其交叉点就是新年日。当个体自己站在交叉点上时，据说对他而言一切都是他的，而他则是基督的。对于他来说，两个方向的交叉，恰好意味着其生命之环封闭起来。他只在其本质的双联体中才知道自己的整体。这个统一体的证明，即那个在他那里把世界之子和上帝之子连接起来的纽带，就是年之环。他只有在这个环里才能将两个领域，即教会的和世界的领域体验为一个不断更新的统一体。

人的年龄

他的生命只是因此而变成统一的，而不是内在如此的。从一个十年到另一个十年，期间经过许多年龄。但是，在上帝面前，所有的年龄都是同样的。对于上帝，人永远是个孩子。只有世界才带来差别。就世界而言，人的年龄不是没有分别的。儿童、青年、成人、老人，每一个阶段都被赋予了不同的任务，每一个阶段也自己显示出不同。在上帝面前，没有未成年人，而对于人们则有。在上帝面前，没有老人，而对于人们则有。如果一个人只是活在人们中间，就会时常表现出不同的样子。但是，如果是和上帝在一起，他就会知道自己是永远不变样的。其生命的统一就在于在变化中永远保持不变的样子，这是其生命在永久性和更新中的统一性，其生命在时间的改变中的统一性，这是首先由年确保的统一性，而这年本身就是在变中重复发生的。年的范围既包括永久性也包括更新，既包括永恒的节日，也包括时间的节日。年并不隐藏二者的矛盾，永恒和时间，教会与世界的矛盾，也不克服这一矛盾；只展现其所是的样子。人自己的统一性完全由自己去体验。在年的周而复始的更新中，人作为上帝的没有年龄的孩子，永远归并为作为世界之子的人。世界上的人从年轻到年老，然后又重新开始。每一性质都使自己永久化，同时又在另一性质中不断更新。

激情的结构

在基督教中，这些力量交叉在一起，而在别的地方则表现为相互补充的。基督教除了矛盾外并没有为这些力量提供避难所。它把它们吸收到自身，又使基督徒进入其中，进入那既是中间也是开始的那一点，那是基督徒所处的地方。十字架既没有否认矛盾，也没有消除矛盾，而是使之连接成结构。结构既不是靠命令创造的，也不是野性的力量。结构必定是形成的、产生的、构成的。在基督教的路上，每一站都是一个十字路口。犹太人的生命则每时每刻在目标上，与国家及其不断变换的目标一比高低，与进入时间和空间的不停喊叫竞争。不可能走得更远了。永恒民族的永恒性被用时间规定各个国家之纪年的宝剑灭杀了。但是，基督教的十字架之路却在与他的灵魂，与不同的力量竞争。只有一种力量可以用构成的方式克服，而不是否认矛盾，这就是艺术。艺术已经在为灵魂进入道路的准备中发挥作用了。艺术能够发挥这一功能，乃是因为它在自己的领域里也知道灵魂的十字路口。早在十字架在耶稣受难地竖起之前1500年，普罗米修斯就已经在岩石被绞死了。

艺术是借助构成激情，而不是否定激情而获得征服力量的。艺术家本人知道与谁说正在经受的苦难。第一个人的缄默无言也内在于他自己的内心。艺术家既不企图在沉默中越过痛苦，也不声嘶力竭地喊叫：他描述痛苦。他在描述中调和矛盾：自己存在，痛苦也同时存在。他调和矛盾，而丝毫没有减少矛盾。所有的艺术在内容上都是悲剧型的，它描述痛苦。甚至喜剧也因为描述对一如既往的贫穷和缺乏存在的同情而获得其生命。艺术就其内容而言是悲剧型的，而所有的艺术在形式上则是喜剧型的。艺术只是描述，哪怕是最凶残的内容，也是用某种浪漫、讽刺的轻松笔调描述的。作为描述的艺术是悲剧，同时也是喜剧。实际上，最伟大的描述者既是喜剧演员，又是悲剧演员，正如在阿伽通（Agathon）的戏剧般胜利的庆典会上所讨论的那样。就像雅努斯（Janus）[①]一样，艺术也有两张面孔，它制造生命的痛苦，同时又让人能够忍受，使人终身与之为伴，这就是艺术的价值。艺术教人克服而不忘却。人不是为了忘却，而是要用心记住每一件事情，他也要忍受悲伤，接受安慰。上帝抚慰他和所有需要抚慰的人。悲悼者脸上的眼泪将被擦干，就像"每一张脸"上的眼泪都将被擦干一样。等到万物的大变革到来时，他们的眼里都会放出光辉。到那时，他的抚慰就是无须抚慰。到那时，灵魂将因为忍受痛苦而加快成长。到那时，灵魂的更新将是永久化的。到那时，它从对过去的记忆中聚集新的力量。过去的痛苦，而不是喜悦，才是灵魂在每一当前的时刻所喜欢的。它在自身中更新自己。艺术为它打造这一生命之环。

艺术与十字架

的确，艺术似乎要完全取代十字架。如果灵魂可以在自身内找

[①] 雅努斯是罗马神话中的门神。——译者

到永久性和更新，它还需要十字架做什么？是的。灵魂佩戴着艺术为它打造的生命之环，但是，它佩戴着它就像缠绕在心脏上的金属带。如果柔韧的心脏要再次学会和所有的心脏一起跳动的话，就必须挣破带子。艺术教人承受的十字架只是个人自己的十字架。只要一个人不会因为有充裕的爱而厌恶人的话，他就会从艺术中学会用惊奇的眼光观察在口渴时于荒漠上出现的上千个甘泉。艺术不会让他看到同他一起在荒漠上有数千个口渴的人。它不会告诉他，十字架就是所有人的统一体。这是被孤独的异教徒的灵魂经历过的，由于耶稣受难地的十字架的缘故，我们的最后统一体并不在他们的血液里循环。艺术只是在十字架下时才认为自己和所有的灵魂在一起。在这里，艺术的环从他的心里被打破了，他的心充满痛苦，因为那些让他亲近的东西总会在井里迷住他。[1]于是，这无与伦比的痛苦取代了他自己的痛苦以及所有的痛苦，因此，灵魂之间的纽带现在建立起来了。灵魂已经停立在十字架下面，已经永恒的痛苦而加快成长，这个灵魂仅仅在自己的胸中停止寻求永久性和更新的循环，在胸中的心是由艺术使之跳动的。现在，灵魂正是在其内部经历着永恒的痛苦和永恒喜悦，这永恒的痛苦和喜悦引发了十字架上那颗心的遭受，为许多人，也为自己。

灵魂与世界

灵魂在路上经受着永恒性，而不顾及世界尚未抵达目标这一

---

[1] 暗指《格林童话》中有关铁胸亨利的神仙故事，亨利的主人变成了一只青蛙。——英译注

第二卷 光或永恒的道路

事实。让世界的螺旋重新开辟轨道并一次次地把它推动得更远：因为灵魂，即永恒的环已经封闭起来了。永恒性也许诺给了各个民族的世界，但是，一个更大的环把他们封闭起来了。各个民族永远是从灵魂中再生的，因此，他们可以感觉到加快了的血液循环，犹如血是从十字架上流出而进入到他们的血管里去的。但是，血并不是在血管里自己流淌，它是沿着不可逆的下降方向通过时间的原野而流入历史的海洋的。救赎一次又一次地打破教会年之环。必定有这样一个环，通过它各民族作为一个整体认识到自己的意志，它们自己的永久性和更新是其永恒的命运。否则，它们就不会认识到，一个永恒的意志在它们的命运中发挥作用。这个救赎的大环在永恒的民族的年中是封闭的，那各国必须相信的预言的承担者已经在个体的人和为了个人的苦难中实现了，而这一点并没有被别的民族所认识。在永恒的民族那里，各民族体验到了封闭的永恒性，它们正为了这样的永恒性而竭力地伸展。它们的河流将完全流入大海，天之下水流的永恒循环不只发生在河床上。世界上只有一条河流独立地自我循环，它显然没有世俗的支流，也没有泄水装置。这是一个奇迹，是对所有看见它的人的侮辱，因为它躲避了条条河流归大海的责任。各条河流倒是不怀疑，它们在永恒的循环中展现了一幅关于它们的普遍未来的图画。但是，它们不免在通向这个未来的道路上行进得太急速了。这是因为，如果促使它们沿着永恒之路前进的动力不是永恒的生命的话，那又是什么呢？难道一棵树知道，它无任何企求，只为了掩饰自己的久已失落的种子的形象而结果实吗？

永恒之实现

像本书前一部分的结尾一样,这里有一个关于将我们的"散居"(Diaspora)比喻为有名歌唱家的故事。还是来看犹大·哈列维是怎样说的吧:"关于我们,上帝有一个秘密计划。就像一粒种子,掉在地上,似乎就要变成泥土、水分和粪便,直到荡然无存,就连眼睛也见不到了。然而,它仍然把泥土和水分转化成了自己的本质,一步步分解了泥和水的成分,转化并使它们成为自己的材料,直到它长出树皮和树叶。一旦其精髓有条件为了新的形体存在而接受原先种子的胚胎,那树就会结出和先前的果子一样的果实。这样,摩西律法把所有后人都领进车厢,在现实中转化大家,即使大家都反对他这样做。各民族是我们期待的弥赛亚的准备。弥赛亚就是果实,所有人都会变成他的果实并承认他,而且树将成为一棵。于是,它们将赞美、夸耀它们曾经蔑视的树根,如以赛亚所说的那样。"

这是《库萨里》中的一个比喻。它是以《以赛亚书》(第53章)关于上主的未被承认的仆人及代表为了在历史之灯光中行进的各民族而受苦的故事为根据的,它描述了最高的再现,即在果实中种子得到认可。这是回家栖息的经验,真正实在的证实。道路之后就是真理。一旦到家,道路也就止住了。尽管终点在永恒性中,而且是永恒的,但它同时也是有限的,因为永恒性就是其终点。在所有东西都着火的地方,就不再有光线,只有一处光。在那里,"大地将充满上主的知识,就像水覆盖在海面上"。在光的海洋中,每一条道路都像虚荣一样被淹没了。但是,上帝啊!您是真理。

第三卷 星或永恒的真理

真理的永恒性

上帝是真理。真理是他的印信。通过真理他才为人所知，此后更是如此，直到某一天一切都走向终结。在此，所有永恒的生命，所有永恒的道路，甚至永恒本身都走向了终点：都进入了永恒性之中。上帝借助这一终点让自己的永恒性在时间中为人所知。因为在这里终结的不仅仅是道路，而且也包括生命。毕竟，永恒的生命只有在作为一般意义上的生命的时候才得以延续。永恒的生命只存在于跟那些行走在永恒的道路上的生命的对比之中，后者总是也仅仅是暂时性的。对永恒的渴望正是来自于这种暂时性的深深的叹息之中；如果它认可了这一渴望着永恒生命的形式，那么这仅仅是因为它自身是一种暂时性的生命。无论是关乎真理还是就在真理之中，生命都会消失。道路也会变得空虚，就像光的海洋将其吞没在巨浪之中；生命尽管并不会因此而变得空虚，却也会消解在光明之中。它被转化，而且过程已经完结，它不再存在。生命已经上升到光明之中。原型宇宙的无声的黑暗在死亡中找到了代言者。爱选择了生命。正如原型宇宙在死亡中找到了代言人一样，现在，生命在超宇宙的沉默中重新兴起，而且被转变成了光。

上帝并不是生命：上帝是光。他不是生命之王，相反，他的生并不比他的死更多。以两者中的一种来言说他，无论是古代[哲学家]说的"上帝是生命"，还是现在的哲学家说"上帝已死"，所表现的都是同样的异教倾向。唯一不会抗拒言语之指称的，是对"生与死"说"既不/也不"，在这个压痛点（tender point）上，生与死相遇并融为一体。上帝既没有生，也不会死；毋宁说他加速了死亡——他爱。他是疾行者和死者的上帝，原因恰恰在于他本身既不快，也不死。我们之所以对其存在有直接的经验，无非借助了下述事实：他爱我们，唤醒了我们僵死的自我，转向了被爱的和知恩图报的灵魂。神圣之爱的启示是"全"的真正核心。

上帝（神学）

显现的唯一者

我们知道上帝有爱，但他不是爱。在对我们的爱中，他把我们拉得如此之近以至于我们无法判定：他是这样的或是那样的。在这种爱中，我们唯一知晓的是他是上帝，而不是他是什么。所谓的什么，也即本质，仍然隐而不显。它之所以被隐藏恰恰是因为被彰显。一位神在过去未曾现身，并不意味着永远向我们隐藏其本质，因为对人类的无远弗届的认知能力、他的概念化的能力以及他的探究能力来说，没有什么会一直隐藏着。在启示中，上帝如雨一般降临到我们头上，与我们同在的他从静态的上帝变成了能动的上帝。正因如此，他才能锻造出环绕着我们的自由之理智的爱的保护带，而后者对所有静态的事物来说都是无法拒绝的。

在这样的保护下，我们的名字被呼唤着，我们走进了那条轨道，在其中我们发现了自身，与此同时，也发现了我们被置于其中的航线。除非借助空洞概念的无力抓取，我们永远不会到达其外。①

隐蔽的唯一者

如果显明的上帝消解在我们之中，他隐秘的一面就会更加隐秘。确实，我们现在可以在死与生中认识到他：他是这样一个中介，创造了死亡并一再地再创造它、转变它，直到它靠近他并让他推动着加速；他还是这样一个中介，将生命从自身中释放出来，后者曾经听到过他走向生命的召唤，从而得到了拯救。但是，只有创造者和拯救者在启示中联系起来后我们才以这种方式认识他们。只有从爱的上帝这一有利位置出发，我们才能瞥见创造者和拯救者。在神圣之爱照耀的那一瞬间，它的光照所及的范围内我们才能看清曾经发生过什么、将来会有什么发生。纯粹的在先者（Prior），从时间之初被创造出来的原型宇宙，对我们来说太过黑暗，以至于无法认出其中的上帝之手。而纯粹的在后者（Posterior），被拯救的超宇宙，对我们来说却太过光明，以至于不能直视内在于其中的拯救者的面容；他统治着被拯救者轮回的韵律，年复一年。只有在"全"的中心、心脏地带，以及神圣之爱的启示所覆盖的最直接的领域内，才是创造者和救赎者向我们显现的地方，其显现的程度可以说是毫无隐瞒，以至于我们无法承受。启示教会了

---

① 上述三个词（到达、抓取、概念）之间的语言游戏，可参见英译本第59页注释（中译本参见第84页——译者）。

我们要相信创造者,并满怀希望地等待拯救者,而且,它还允许我们将创造者和拯救者同样仅仅看作是有爱的上帝。

最初的唯一者

因此,我们能直接看到的,仅仅是有爱的上帝。然而,这样的上帝并非是主神(Lord)。这样的他具有能动性,他不超乎于他的行动之上,他与他的行动同在。他有爱。上帝只有作为主神的时候才能超越使其成为主神的内容:生与死的主宰本身是超乎于生死之外的。作为死亡的主宰他可能是什么,以及他在创造之前的本质等,这些都超乎了我们的理解。启示的扩展最早只能及于创造者。它最初的话语是"起初",第二句是"被创造了"。在起初之前或许存在着上帝内在的生命,它来自于神圣的自我创造、自我启示和自我救赎;我们最多只能以类比的方式进行描述,也就是说,与真正的创造、启示和救赎进行类比,设想上帝在自身之内经历了由其自身流溢出来的内容。异教徒所认可的神就是以此种方式成就自身的,这一做法或许对我们有所启发,即,我们所面对的,或许不仅仅是个类比。但是,从这一启发中,并不能获得任何字句。上述内在的生命也同样地把上帝从我们面前隐去。生成的上帝(God-become)变成了隐秘的上帝。若要坦率地回答他可能是什么这一问题,我们恐怕不得不说:无。因为未被创造的、仍处于死亡地带中的生命力就是无。异教的上帝不是死,而是死的主宰,而且只有在这一点上才与死相关,与无相关。诸神的这种陪伴,只有在死亡的领域内才能发挥作用。在其他任何地方他们都不加统治,他们只是活着。但是,作为无的主宰,他们自身变成了——许多的无。《诗篇》的作者宣称:"异教的诸神是无。"[1]他们不是死,绝不是这样;他们的信徒对他们的信仰确证了这一点。一个仍然鲜活的世界所信仰的神祇,其活力不可能低于这个世界本身。但是,在其全部生命力中,他们都是不稳定的、暂时的、次于全能的神。或许就像这个世界以及那些信徒一样。他们缺乏实在的基本结构、不含糊的定位、固定的位置以及关于左与右、上与下的知识,而这些只能借助于启示才能来到世间。因此,究其全部的生命力,他们不过是"许多的无"。"制造他们的会跟他们一样;信仰他们的也会跟他们一样。"[2]他们是被造出来的,他们虽活着却隐藏在他们天上的堡垒和庇护所中。相形之下,诗篇作者指出了他的上帝与那些"无"的不同:他"创造了诸天"[3]。

最后的唯一者

因此,上帝、真正的上帝在创造之前可能会是什么样子,这个问题是对想象力的公然的挑衅。但这一点并不适用于在救赎之后他可能会是什么。确实,在此活人所拥有的知识对于超出拯救者之外的上帝的本质一无所知。他是拯救者,这是借助我们自己的经验能学到的最后的知识:我们"知晓他是活的"[4],我们的"眼睛会紧盯着他"[5]。但是,甚至就在这种为我们所知晓的知识之中,

---

[1] 《诗篇》96:5,此处根据原文直译。——译者
[2] 《诗篇》115:8,此处根据原文直译。——译者
[3] 《诗篇》96:5,此处根据原文直译。——译者
[4] 《约翰一书》3:24,此处根据原文直译。——译者
[5] 《约伯记》19:27,此处根据原文直译。——译者

上帝的拯救功能也预设了某种特殊的重要性。他的创造能力和他丰富的启示的降临，伴随着与它们并列的客观性的东西。另一方面，他的拯救功能在其他任何事上，都只具有间接的作用：通过世界来拯救人，通过人来拯救世界。它的直接的功效只限于神对自身的救赎。对上帝本身来说，救赎是永恒的工作，在其中他解放了自身，不必再去面对任何不是他自身的事物。救赎将上帝从创造的工作中解放出来，就像把他从对人类的关爱中解放出来一样。救赎是他的安息日，他的大安息日（great Sabbath），一个只是在创造后的安息日中被预告（adumbrated）出来的日子。在这一天，从所有不是他本身的事物中解放出来，从与他相比的那些在过去曾在、将来仍会出现的事物中解放出来，尽管他是不可比的，他"会是唯一者，他的名字是：一"[①]。救赎拯救了上帝，将它从他的启示给人的名字中解脱出来。在这一名字及其被启示给人的过程中，完成了启示的传达，而后者以创造为开端。此后无论发生什么，都是"以上帝之名"发生的。要么神圣化这一名字，要么亵渎它——自启示之后，没有哪种行为出乎于二者之外。救赎的进程因上帝之名、也为了上帝之名而发生在这个世界上。然而，终点并没有名字；它超乎所有名字之上。对名字的神圣化之所以发生，仅仅是因为这样以后，或许有一天这个名字会归于沉默。语词之外——所谓名字不过是语词的集合——沉默在语词之外闪烁。在此，在面对唯一的名字时任何其他名字都不会存在，在此唯一的名字是全——被造物所知晓和认可的他，唯一的他，就是唯一的

[①] 《撒迦利亚》14：9，此处根据原文直译。——译者

和全，在此，神圣化的行为不再发生。因为，只有亵渎存在的地方，圣洁才有意义。在一个满是圣物的地方，神圣自身不会再神圣，它只是单纯地存在。这种至高者的单纯的存在，如此圆满无缺的现实性，全能且单纯的力量，超越于任何对现实化的渴望或快乐，这就是真理。因为真理不是通过错误而被认识的，经院学者们[①]才这么看。真理会证明自身；所有实在的事物都与之相连；它并不构成这些事物的一部分。

唯一者

这就是真理，作为上帝的印信，它宣告上帝是唯一者，到那时，即便是唯一的上帝的永恒的民族都会沉没、消失。唯一者——这唯一的名字——比信仰他的民族更为持久。它甚至比那个启示给人的名字更持久，虽然是通过后者这一长存的而且超越生存的名字会在未来响彻环宇。未来的唯一者的命运就是这种长存，为此，启示给人的名字必须在当下保持沉默，而且在每一个当下都是如此。正是我们这些犹太人知晓这一名字，我们借由它而被召唤，同时这个名字也指向了我们，我们知晓它，信任它——但我们不得说出它。为了我们的永恒性，我们必须预见到沉默，我们的永恒性和我们一起终有一天会沉没于其中。我们必须提出一个替代者，用以替代到目前为止，我们一直用以称呼上帝的诸多名字中的某一个，比如作为世界之存在的创造者、作为灵魂之语言的启示者，这就是：我主（The Lord）。我们用"我主"来称呼他，替代它的

[①] 也可译为：学校里的专家们。——译者

名字。在出现那个名字的地方，我们用我主来称呼。这个名字本身在我们的唇齿之间沉默了，甚至在默默诵读的眼睛里也是沉默的，就像终有一天，当他成为全世界的全和一，当他成为唯一者时，他的名字就会归于沉默。

我主

正是那终极的沉默让我们在那里保持着沉默。这是神性真正的深刻之处。在此，上帝自身从其语言中得到了救赎。他沉默了。尽管原型宇宙的上帝自身并不是死亡，但作为死物的主宰，如此这般的他本身就是一个无。从创造中我们体会到原型宇宙的意义就是死亡。同样地，从救赎中我们体会到超宇宙的意义是生存。超宇宙的主宰就是生存的主宰。这样的他并不是生存，绝对不是。但是，就像死物的主宰尽管自身不是死，但却像死一样，因此也像无一样，或者更确切地说像许多个无之中的某一个一样。因此，超宇宙的主宰，虽然本身并不是生，但却像是生。《诗篇》中的比喻同样适用于他：信仰他的人们也会跟他一样。既然信仰他的都是活生生的，那么他一定也像那些生物。但是，如此一来，这一生物的本性又是如何呢？什么样的言辞可以把握其本质呢？因为我们意识到在此我们跳出了语言的世界，就像我们依然站在这一世界之超宇宙中的传送门前一样。死者的领域延伸到了这一传送门前，我们已经将其主宰认做是一个无。先于一个不是无的世界的一个有，它的本质可能是什么？死物的主宰，虽然他自身并不构成该物的一部分，在其本质上他们仍然有亲缘关系，因而像它一样是一个无。生物在超越于语言世界的那一边，就像死物在先于语言世界的这一边一样,那么,生物的本质又可能是什么呢?无的位置极有可能已经被占据了,它被置于言词之先。那么,我们会用什么词汇来指称那些超越于词汇之外的事物呢?这必定会像无一样,在言词的家园中毫无立锥之地。有在言词的世界中如鱼得水。但是,在这个世界之上,就像无从未构成这个世界的一部分一样,还存在着全,确切地说是真正的全,这个全不会像在无的世界之中那样,爆裂成碎片,毋宁说他是唯一的全,唯一与全体(the One-and-all)。

这就是生物的本质。就像创造中的死一样,这是救赎中最后的言词。正因如此,它像死一样,其指向超越了言词。它赋予了被救赎的事物以意义就像死亡被赋予了未被创造的事物一样。而上帝作为生命的主宰,在其本质上,会与这一本质相同。他会变成唯一的全的主宰。正是这一点,正是这一对唯一的全的主宰,才是下述语句的意义:上帝是真理。

真理(宇宙论)

上帝与真理

只有许多的无才能统治无的复多性,统治唯一的全的只能是这样的唯一者:在它之旁和在它之上,仍然留有余地。但是,除了真理之外,在作为吞噬一切的现实性的唯一的全旁边,还能有什么?因为真理是唯一一个具备现实性的整体,虽然它不再分解于现实性之中,但作为整体,它仍然与现实性有所区别。真理是现实的王冠。因此,它会是真理——上帝?

不！在此我们上升到了一个小高峰上，从这里看去，出路就在我们脚下。真理不是上帝。上帝是真理。从后一个命题出发，首先：高居于现实性之上的，并不是真理本身，而是上帝，因为他是真理。因为真理是他的印信，他才能成为唯一的和所有的（the one-and-all）现实性之上的唯一者。真理是他统治的权杖。在唯一和所有中，生命被吞噬了；它全部地变成了生存（alive）。在真理与生存相关的范围内，真理就是这一全部的生存之现实性的本质；在真理永远不能将其自身与这种现实性分离开来的范围内——没有哪怕一丁点的对这种联系的悬置——真理是上帝的本质。

真理与现实性

那么，如果上帝是真理，现实性毫无疑问也是真理。即便其最终的本质才是真理。"现实性是真理"这一命题表明它与另一命题"上帝是真理"具有相等的地位。因此真理是现实性的本质，同样也是上帝的本质。现实性实现自身的过程的终点是一个无所不包的概念，在其中，我们认识到了上述命题。基于同样的理由，翻转上述命题也将会是不可能的。人们不能说真理是上帝，因为那样的话，它同样不得不等同于现实性。在那种情况下，上帝会变成现实性，与世界相连的超宇宙的唯一者，所有的一切都会笼罩在一层迷雾中。因此，上帝必须比真理更"多"，就像每个主词必须多于它的谓词一样，每个事物都多于它的概念。而且即便真理确实是最终的、唯一的人们可以用来描述上帝及其本质的概念，对上帝来说，也仍然存在着某种超越于本质之外的东西。如此一来，他跟他的本质该如何比较呢？毕竟，"上帝是真理"这一命题跟同一种类的其他命题并不相同,甚至跟现实性即真理这一命题都不同,因为它的谓词不是一个主词可以被归入其中的普遍概念。但是,在这种情况下,真理可能会是怎样的呢?究竟什么是真理?

对真理之真理的质疑

真理被认为是唯一无法否认、不可怀疑的东西。大体上,哲学就是这么教导的。唯心主义的一个基本信念是:真理自证其自身。任何对此的怀疑都被认为是预设了它的不可置疑性。"存在着真理"这一命题被认为是唯一的不可置疑的命题。如果这是真的,那么很明显,诸如"上帝是真理"这样的命题就是不可接受的。因为当实际上,真理被假定为局限在自身之内的时候,上述命题却会将它同其他的什么东西捆绑在一起。真理只能构成一个句子的主语而不是其谓语。上述问题:"什么是真理"恰好会构成大逆不道之罪(lèse majesté)。相反,我们在上文中拒斥了的命题或许可能是正确的:真理是上帝。那么,对这一自证其身的真理来说,什么才能构成它真正的条件呢?

真理的事实

从根本上说,我们必须承认下述事实:真理的正确性是无可置疑的。确确实实不能说不存在真理,因为这样一来,至少"没有真理"这一点就必然是真的。实际上,这是不可能的。但是,除了一个事实之外,我们同时还接受了什么?对于这一事实所受到的尊重来说,其基础在哪里?这样的尊重是无法否认的,正是在这个基础上,哲学才毫不犹豫地将这一无可置疑的确定性建筑于其上,这个基础仅仅在于这一事实:真理是无可否认的。但是,这一事实性因此是否比真理更值得尊重呢?如果情况如此的话,那么对"唯心主义"来说就是一场灾难。因为唯心主义一开始就将真理置于其双脚之下,而现在,到头来却把自己锚定在一个对于事实的信仰之上?

对真理的信任

但是,除此之外,还有什么值得真正期待的呢?有什么东西能站起来,却不是站在什么东西之上呢?而且,如果它是靠自身站立起来的,那么"其自身"不就是其所以站立的基础吗?因为无论如何,此时它并不是自身站立的,而是这"自身"之上站立的。只有在其自身站立的情况下,那么才能真正的是没有基础的。但是,真理的无可否认的正确性这一事实,却根本不是这种自身的独立。因为人们并不是用信任一般性的事实的方式来信任这种无可否认的事实的。如果情况确实如此,那么真理的事实确实可以自身独立。但情况并非如此。因为否则的话为什么人们只会相信这一事实?为什么是这一个而不是其他的?无论如何,没有人会否认存在着错误。错误就像真理一样无法否认。通过承认下述事实:真理的存在是不容否认的,人们同时也得承认:存在着不是真理的东西。作为事实,真理的无可否认性跟非真理的无可否认性是密不可分的。那么,为什么人们只相信前者的无可否认性,同时却把非真理的无可否认性贬低为某种第二层次的事实呢?这是因为,真理的无可否认性在我们看来是一个真的事实,而错误的无可否认性则是一个不真的事实。真理的标准与这一事实直接相关,直接到了在我们看来它自身就是个事实。真理的无可否认性是一个真的事实，但只是事实之一。

因此，我们所信任的并不是事实，而是其自身的可信任性。事实自身，自身独立的真理，如果仅仅是自身独立的存在，那么对我们来说几乎没有意义。然而这确实是一个靠其自身独立的例子：真理的无可否认性自身是真的。并非是无可否认性这一事实要求人们相信，相反，唯一可信的是这一事实的真理。

对真理的全部信任因而全部奠基于一种终极的信任之上，真理让自己的双脚站立在这一基础之上，而后者也有能力支撑真理。真理自身是真理的终极前提，不是作为自身独立的真理，而是作为人们所信赖的事实。真理自身是一个事实，这一点甚至先于它的无可否认性这一事实。它的无可否认性这一事实，无论就其自身之内，还是关于其自身，都只不过是一个单纯的事实。但是，借助于先于真理的事实性——它被打上了对信仰的真正的信任的烙印——真理的无可否认性这一事实确实站得稳稳当当。哲学的大师们耳熟能详的理智的自我确证，具有相当高的可靠性。但它之所以可靠仅仅是因为它建立在一个完整的人的自信的基础上，理智对于这样的人来说，不过是一个部分。而且这一自信也不是自我确证。

真理与上帝

这样，真理之真实性就是真理所必须告诉我们的关于自身的最终的东西。这个最终的东西确信自己是一个事实。因此，它准确地认识到它不是上帝。并非真理就是上帝，但上帝却是真理。

真理必须为其真理性而求助于事实——并非说它是真理，更不是说它是上帝，而是说上帝是真理。真理从上帝而来，上帝是真理之源。如果真理是光亮，那么，上帝则是产生光亮的光。上帝是真理，而真理我们指的是上帝的本质，就是说，上帝是最终的东西，我们在上帝那里认出最终的主，是在所有超宇宙中达到完美的生命之主。这个有关他的本质的最后概念在我们的手里分解了。因为，如果上帝是真理——关于其"本质"，它又能够告诉我们什么呢？无非是说他是真理的最初根据，所有的真理之为真理乃由于从他派生而来。这样，真理就成了没有普遍性的东西。它不是某个阐释上帝之本质的概念，而是一个借助于它隶属其内的普遍概念而被阐释的既定东西的本质。相反，上帝本身就是那照亮真理的光。实际上，那经过变化而成为清晰明亮的东西是从他那里获得明亮和光照能力的。在所有企图解释上帝本质的命题中，"上帝是真理"这个命题是独立不依的。这一神的本质性不过是上帝自身的启示（的展示）。"终极"是我们关于神所能够知道的最深层的东西，这不过是说他对我们显示自己罢了。上帝是真理，这是我们所能够获得的最深刻的知识命题。但是，如果我们更深刻地探究真理之奥秘，我们就会发现这个命题所能给予我们的不过是些和我们曾经体验到的最大的自信有区别的词语而已，有关上帝的本质的显见的知识变成了关于他的活动的最基本、最直接的经验。"他就是真理"所能告诉我们的不过是：他爱。

在真理门前

这样，我们就根据超越的宇宙而抓住了关于上帝本质的最终的知识，它被视为在这个由上帝的造物和儿女构成的世界里所能达到的一个发现。若果真如此，这个最终的知识就值得我们再次冒险返回到原初的无知，即对于"无"的知这个出发点上。异教从无中直接发现了"全"，即异教之神灵的全体，这个"全"便成了诸神灵躲避世界之眼的屏障。异教满足于这些神灵而别无他求。然而，神启则让我们从这些神灵发现隐而不显的上帝，隐而不显者不过是尚未显现者罢了。异教已经确然在"无"中发现了"全"。我们这些视之为"无"的人只能期望在其中发现"全"。对于我们，异教世界变成了原始的宇宙，异教诸神灵的生命则变成了隐而不显的上帝的前生命。这样，对我们而言，关于上帝的知识之"无"就变成了充满内容的"无"，即关于我们业已在神启中发现之物的预言。"无"之黑暗丧失了原来拥有的独立的力量。上帝是"无"，就像其他命题（如上帝是真理）一样成了一个比喻性的命题。正如真理不过是在上帝之爱的可触可见的临在即他的启示中所发现之物的完成一样，"无"也不过是那启示的预言罢了。上帝是"无"说的是上帝是"真理"，它不再坚持"是什么"这样的有关本质的问题了。

发现真理

无是什么？这个问题排除了那允许"无"仍是"无"的这唯一答案，这个答案是：无。因为"无"从不表示本质，从不被预见。"无"不是概念。它既不是维度，也不是内容。叔本华在其代表作中就是以"世界是无"结尾的。这句话从纯粹的概念上看是个谬论，至少它没有给世界以说明。关于世界，它的确什么也没有说。

但是，在叔本华的心目中，他关于"无"的这个命题却完全是另外一回事。这是佛教中的一个观念，其意思可以概括为："无"即上帝。这个命题与唯心主义所谓真理即上帝在效果上是一样荒谬的。它与后者一样是虚假的。这是因为，在刚才的分析中，"无"恰似真理一样，绝不是一个独立的主体。它只是一个事实，一个"零"（Aught）的期待，一个有待的"无"。总之，它只是一个正在寻求赖以立身之根据的事实。正如真理之为真理仅仅因为它来自于上帝，"无"之为"无"也正是因为它趋向于上帝。只是在与上帝相关的意义上，我们才可以说他是"无"。这可以说是第一个关于他的本质的认识。在这里，"无"确实可以算作一个预见，因为上帝丝毫没有在本质意义上被认识。"上帝是什么"这个问题是不可能的。而这样的不可能性是"上帝是无"这个真命题的应有之意。除了"上帝是真理"这个命题之外，这是唯一可以接受的命题。"上帝是真理"这个答案引发了关于上帝之超宇宙本质的神秘问题，这是一个终极的问题，关系到对他的行为的不断的发现。同样，"他是无"也导致关于上帝的原型宇宙本质，这是一个原初的问题，它也趋向于同样的发现。在这个发现中，我们汇聚了我们所要寻求的两个方向。开始和终结皆显露出来，不再隐藏。我们置身于中间，发现他——既是第一又是最后——就在我们身边，近在咫尺，就像一个人发现了他的朋友一样。于是，隐藏者就变成了显露者。由此可见，世界的所有终结中皆有事实性、接近性和直接性。它沉睡于原型宇宙的每一部分，它寄寓于超宇宙的每一个星辰中。不论作为真理还是作为"无"，上帝的本质在它的行为中消失了。在他的爱中，这是一个完全本质性的、完全实在的、完全可接近的行为。现在，这个完全显露出来的爱的行为进入了空间，摆脱了本质之死板的束缚，充斥在每一个角落里。于是，显露者又变成了隐藏者。

向着真理之目标

开始、中间和结尾都变成了同样直接的，即都超越于中介、中介性使自身变成了已然的中介。由于开始和结尾都像中间那样是直接的，所以原先破碎的"全"又得以复原。依靠其直接性，启示强合了弥补久已有之的缺口的结合剂。诚然，唯心主义的纯粹理性早已试图把下面的话写成韵诗，其起始句是："神、人与星座，皆在礼赞的平衡器上。"但是，上帝、世界和人是不能"成诗的"。相反，第一个要求就是接受它们本来的样子，那尚未诗化的实相。正如在世界历史上，除非真实的异教，如已经产生的形而上学的、原逻辑的、原伦理学的异教，启示是不会开口说话的。通过平衡和调整，使原来无韵、无理性的东西有韵，唯心主义仅仅摧毁了上帝、世界和人三者原本孑然独立的实相。高大伟岸的人、世界和上帝的躯体被分解为模糊不清的样子，如主体、客体、理想、自我、对象、规律，还有种种可以赐予它们的诸如此类的别名。然而，假如简单地接受这些元素，那么，它们是可以并列为伍的，但目的不是什么"韵律和理性"，而是为了生发出一条它们之间可以相互作用的路径。在神启中直接可见的东西绝非是上帝，也不是人和世界，它们在异教中才有可见的形象，而在这里则丧失了其可见性。上帝似乎被掩藏，人则隐居起来，世界被魔力笼罩着。确实可见的是他们的相互作用。在这里，可以直接经验到的不是上帝、人和世界，而是创造、启示和救赎。从它们中，我们经验到成为被造物、大名（the Name）之子及其世界中信仰和不信仰的载体。但是，这个经验的直接性和原先的认知的直接性一样不会导致与"全"的直接关系。诚然，认知拥有一切，但是只作为元素拥有，而且是零碎的。经验则超出了零碎，它在每一个瞬间都是一个整体。但是，因为它永远处在瞬间之中，所以尽管它是一个整体，但却并非在任何一个瞬间拥有一切。必须既是整体又是一切的"全"，既不能被诚实无欺地认出，也不能被清楚明白地经验到。唯有唯心主义的不诚实的认知，或者神秘主义的不清楚的体验，才自欺欺人地认为已经认识到它。"全"必须在认知和经验之外而被把握，如果它被直接把握的话。这种把握恰好发生在祈祷的光照中。由此我们可以看到路是怎样盘旋曲折地进入岁月的循环，而"全"是怎样借助祈祷来摆脱这样的曲折而使自身被直接见到的。"全"是在最终的直接性中完全靠近我们的。在这样的直接性中，我们被允许更新那些通过否定它们而开始我们的工作的名字，即真理的名字。我们被迫拒绝智慧发端时呈现给我们的真理，即被指定的去朝拜"全"的旅伴。有的哲学相信从认知到"全"或从"全"到认知的直接性，我们不承认基于这样的信仰的哲学。既然我们的路是通过最近点的直接性而直接见到结构，我们就会发现，曾经作为最先者而加给我们的真理，原来却是最后的、在终点的东西。在观察它时，我们把握了永恒的真理。但是，我们不能像哲学那样把它视为基础，对我们而言，那是且依然是无，我们宁可视之为最终的目标。在见到最终目标处的真理同时，我们明白地知道，这真理不过就是神的启示，它发生在那些处于基础和未来之间的我们身上。我们用诚信（Verily）、首肯（Yea）和赞同（Amen）

回答上帝的启示，这启示也就是永恒真理的跳动着的心脏。我们找到了我们的路，发现自己在火中，这火则是作为永恒真理的遥远星辰发出来的火，发现自己在真理中，而不是真理在我们中。这里最后一次拒绝哲学的亵渎。

精神（心理学）

在真理中

我们发现了自己。我们发现自己在场。但是，我们必须有勇气发现自己在真理中在场，这勇气就是说出我们的真实性在真理中间，因为最终的真理只是我们的真理。上帝的真理就是他用以爱我们的爱。真理用以发亮的光不过是我们真实作答的话语。起初，"要有光"这句话不仅创造了这个世界的光，而且还有别的光，即上帝为了圆满的世界而分开并且放在一旁的光。这样就可以说，我们发现自己在哪里，我们的真实性也就在哪里。没有纯粹的巧合这种事。出生为人不是巧合，尽管从异教的元逻辑的观点看似乎是这样。它是创造。魔鬼降临而败坏了人的品质，使人再生为"自我"，也不是巧合，尽管从异教的元伦理学的观点看似乎是这样。它是启示。人发现自己既出生，又再生。人不必冒险否认其一而不否认其二。他被放在哪里，他就必须在哪里生存。造物主的手已经把他放置在那里了，他不是出于偶然性而降生的。他必须去往被指派的所在，因为他已经从启示者的话中得到了指引，不是从盲目踉跄的命运那里得到了晦暗不明的安排。地位和使命——

由于他受制于确定的地点和生命中确定的时刻①,他必须向两者说出他的真实性,以使它们变成对他来说是真理的东西。

真理的占有

因为他的真理只是作为他的真理才是真理,所以它必须变成确定的真理。我们把和上帝一起起源的真理看作是真理的本质。因此,它必须作为上帝的真理而为人所知,人只能通过把它在真实性中据为己有的方式才能发现它。因为只有人作为礼物而接受的东西才能教人如何识别那馈赠者。我只能发现没有被占有的东西,它们对于我至多是丢失了的财产。我体验到的作为馈赠者的财产的礼物,因为并且仅当它属于我的时候。这样一来,真理只有在我把它真实地据为己有时才算作是上帝的真理。我可以据为己有的东西是什么?只是那内在于我的此时此刻中被给予我的东西。我并不关心它是否为"全部"真理。它是给予我的,这就足够了。它变成了我的部分。上帝是真理只是在现在既定的意义上说的,即作为真理的根源;通过发现他是"我的部分",即"在我呼喊他的时日里,我杯中的那一部分",我才发现上帝是真理。

真理之证实

因此,真理必须被证实,而且用通常被否定的方式证实,即把"整个"真理置于一旁,但却认可被当作是永恒真理的部分。必须如此,因为我们这里是在与永恒的东西打交道。在永恒的东西中,

---

① 即他个人的此时此刻。——译者

死亡被战胜，被吞噬了，这是值得庆祝的。破坏了的死亡武器作为战利品陈列展览。死亡意味着铲除一切生命，以免其永生不朽。他曾认为，不可能达到终点，除非死亡。但是，永恒的人民向他证明，终点也可在现实生命中经历。冷酷无情的收割者的镰刀折断了。当然，死亡上下飞奔在每一条路上，所有的过客都要过这样的路。但是，在永恒之路上则有可能过路而不死亡，这是因为每一步都是从头开始的。这样，驭者的马折了腿。死亡蔑视所有的真理，认为它和令人痛苦的现实密不可分，因而否认了真理，所以，人无不成为其牺牲品，宛如预先设定好了一般。现在，他面对真理的旗帜。这旗帜由于证明为被人所接受和承认为部分，即证实了整个真理的存在而不是否认其存在的部分，所以被认为是永恒的东西。就是这样的部分变成了"我的永恒部分"。于是，衰老的死神死了，过分自信的笑容从他的脸上消失了，他俯首臣服于永恒的判决。

真理的地点和时间

人被证实为永恒的真理：出生与再生，住留和出行，这些确定了人生的"此地"和决定性的"此刻"。异教中既没有"一"，也没有另"一"在场。代替前者的是机遇盛行，取代后者的则是命运。这是一个没有驻留和出行的机遇和命运的世界。在这个意义上，不存在什么证实的问题。在那里，自己的仍然是自己的；证实充其量证实的是个人的真实性。在启示发生之处架起了从天到地、从永恒者到个人之间的桥梁；在那里，此地和此时被固定在同一个时刻上。空间和时间是从启示建构起来的。但是，证实就发生在个人的和个体的生命中。个体的生命必须植根于共有的启示这一根基，其中某一部分必须抵达土地之下。问题只是哪一部分。此地与此时都可以既寓于共有的根基之中，也寓于个体的生命之中。恰巧是因为他们的不可分离性确保了个体的植物真正深深扎根于基础中。这就有了证实真实性的双重可能性。在此双重的可能性中，我们再次发现了核心的火与流溢的对立。关于流溢，我们已经在前面的章节中描述过了。但是，在这里它们不是简单的并列，而是相互交叉。这种相互交叉不能被经验，只能被感悟。它之所以不能被经验，乃因为，如我们已经认识到的那样，那至高无上者只能通过变成部分才能够传达于人。但是，他能被感悟到。

体验真理

诚然，整体在变成了部分的地方也能够被感悟到。真理之整体也是如此。整体的真理被感悟到是说只有在上帝中才能被见到。这是唯一可以在上帝中见到的东西。只有在这里人不直接经验，人只是观察，上帝才经验。人在经验与观察的直接的统一中把握到真理的部分。但是，整体的真理，由于它是整体的真理，只能达于上帝，只是对于上帝来说才是部分，他唯有在上帝中才能观察自身。因为在生活中，他仍然是一个人。是的，他可以经验上帝，这就是启示的作用。但是，就像经验他人、朋友一样，这不过是说他理解别人对他所说的话。不可能经验到别人，哪怕是经验到最近的人经验到的别人的东西。对于这一点，而且仅仅是对于这一点，而不是对于人们之间的相互交往，才有了下面这句不容置疑的名言：没有沟通人与人的桥梁。

人的局限

在生活中，人仍然是人。即使他能够经验到上帝，能够听到上帝的声音，他也丝毫不能因此而经验到上帝本身在经验什么。然而，在感悟中他直接经验到上帝所经验的，因为在这里他摆脱了经验因素的泥水。他在上帝中经验到上帝所经验的，上帝本身也经验它。这是至关重要的。对人而言，它就是真理；而对于上帝来说，它不止是真理。对于上帝，它就是经验。"上帝是真理"的意思是上帝把它置于自身之内，它被分给了上帝。整体的真理只为上帝所拥有。人参与真理，尽可能地用其真实性证明真理，其真实性是文件的确实的签名，缘于真理之主（the Lord of Truth），人的部分和处所乃是其主的忠实的仆人。真理是上帝的印章，它对应于作为人的印章的真实性。人必须说出他的真诚、首肯和赞同。他不允许有什么"如果""但是"。在他的嘴里，"如果"是一个卑鄙的词。他有权利拒绝回答道德学家对他的"如果……你怎样做"（What would you do if）之类的质问。对他来说，知道当任何一个"如果"变成了"那么"时他需做什么就足够了。"如果"是一个关于整个真理的词，因此，人保有永远把它变成"那么"的权利。人可以冒险用在上帝中才有的眼睛去看"如果"，把它视之为向着"那么"的永远的转化，甚至那时他也是以事不关己的意识去看"如果"。他的领域仍然是"那么"，他的话是"真诚"的。

人的构成：犹太人

在启示中，真理进入了此地与此时。真理与人的真诚的合一存在着双重的可能性。人被放置的处所，他所站立的地点，可以在自身内找到；他的本性被造成这样，而且一出生就在他自身内；其本性是能够随身携带的东西，是一个内在的家，对于这样的家，他无法弃置一旁，如同蜗牛无法摆脱它的壳一样；打一个更确切的比方，是一个他无法逃出的魔术圈，就像他无法离开血液循环一样，原因在于：不管他走到哪里或站立在何处，他总是把后者带在身上。如果人随身携带他的内在之家、内在之站点，那么，对他而言，他的第二次出生，即再生就一定在他个人的界限之外，在他的生命之前就存在着。犹太人的再生——这里仅限于犹太人——不是犹太人个人的事，而是其民族借助于神启示的圣约而进行的转化。那时，犹太民族经历着第二次降生，犹太人不是作为个体的人而在这个民族之中。犹太始祖亚伯拉罕听到了上帝的召唤，并且用"我在这里"作答，个人只在亚伯拉罕的腰里[1]。从此以后，个人就生为犹太人了。他不再需要在生命的某个决定性时刻变成什么人了。决定性的时刻、伟大的现在、再生的奇迹，在个人生命之前就存在了。在个人的生命里只有伟大的此地、视点、站点、家和循环。总之，所有在他初生之际被赋予的东西。

人性的构型：基督徒

这与基督徒恰好相反。在基督徒的个人生命里，再生的奇迹发生在某个既定的时刻，发生在某个作为个人的他身上。这样，

---

[1] 意思是"在生殖器里"。——译者

一个天生为异教徒的人就在其生命中被注入了方向。"基督徒是被造成的，不是天生的。"这是他变为基督徒的起始，由它又引起了新的起始，一连串的起始，他随身携带这个起始，但除此以外别无他物。尽管基督教存在，但他从来不"是"（is）基督徒。基督教可以没有他而存在。作为个人的犹太人则一般缺少那样一种于再生之际"随着自我的介入"而获得的个人生命力。尽管犹太民族充分地拥有超凡的自我，但它却丝毫没有体现在作为个体的犹太人身上。相反，他从出生之后一直是一个犹太人。换言之，他是因为其个性，而不是因为其品德而成为犹太人的。与此对应，在基督教那里，基督徒则丧失了所有"天生"的东西，所有先天的东西。基督教品德，基督教的人是有的，就是说，从其外貌可以看出基督徒借以出生的争斗过程。但是，一般而论，不存在什么基督徒的个性，像"约翰的本性"之类的人为说法可以说是一个证明这一规则的例外。从本性上决定基督徒之为基督徒的东西是在他之外，在世俗的或教会的教诲之中。他并不在自身之外随身携带着它。出生的神秘性对犹太人来说是发生在个人身上的，而在这里却由于伯利恒的奇迹而存在于每一个个人之前。在人人都一样的启示的根源处，人人都一样的第一次出生发生了。不是在自己身上，而是从基督那里，基督徒找到了基督教中无法拒绝的东西，那被给予者，那原初的并且永久性的存在。他们每一个人都必须变成基督徒。他们凭借基督的诞生而免于在生前就成为基督徒。与此相反，虽然犹太人在其民族的初创时尚未成为犹太人，但从他出生开始，就在自身内成为犹太人，而且其犹太身份永远与之相随。

人类的律法：出生与再生

实际上，此地与现在、出生与再生的矛盾关系也决定了犹太人与基督徒生命的所有分野。基督徒的生命始于再生。出生原来是与它不相干的。它必须寻求，以便为其出生和再生奠定基础。它必须将出生移动，即借助伯利恒的马槽移至自己的心中。"即令基督在伯利恒，而不也在你心中，诞生一千次，你仍将迷路。"这整个的此地仍然在外面，这整个的自然性的世界必须被拖进变化成基督徒的一系列事件中，而这些变化始于伟大的再生之现在（Now of rebirth）。基督徒的生命把基督徒引向外面。光芒依然四射，直到所有外面都被照射到。犹太人的生命恰好与此相反。出生是整个自然的此地，是自然的个体性，是对于已经存在的整体的全面的分有；这个广阔而完全的存在必须被引入狭小的再生的瞬间。这一引导行为变成了一种还原，因为再生在时间上先于来自心灵的个人的或个体的出生。原先人所共有的再生得以恢复，它取代了从原先人所共有的出生到个人的再生之心的转变。因此，不是过去的存在制造现在，而是现在被引导至过去。每一个人都将知道，永恒者把作为个体的他带出了埃及。当下的此地在回忆的经历这个伟大的现在中解体了。基督教的路变成了那最外在者的表达、剥夺和光照，而犹太人的生命则变成了最内在者的记忆、内化和灵感。

证实的形式：末世论

星光射向外面，而火光则照向内里，它们不达目的，即达到外面或内里,是决不罢休的。彼此都把所有东西纳入充满结果的圆圈。但是,星光之如此是依靠向外面的分裂、播散,它们经过各不相同的路,这些路只有在原初宇宙作为整体而穿越时才能够在其外层空间团聚起来。另一方面,火光之如此则是依靠在火光的闪动中将存在的丰富多样性集中或内聚于自身,视之为内在生命的矛盾;只有在由于世界已经停止发光,不再供给它燃料而使火光熄灭之时,这些矛盾才能找到解决的答案。嘶嘶作响的火光之生命在超世俗的生活中,即在真理的神性生活中寿终正寝了。我们这里所关注的是真理,而不是可见世界中道路的分支,也不是生活中的各种矛盾。但是,真理从不在结局之前呈现。结局就是它的所在地。对我们而言,它不是被给予的,而是结果。因为对我们来说,它是一个整体。只是对于上帝,它才是被分派的。对于上帝,它不是结果,而是被给予的,即被他所给予的礼物。但是,我们只有在结局时才能看到真理。因此,我们必须现在就陪伴着道路的分支和矛盾走向终点。我们或许不再满足于迄今为止我们在发现的行程中所遇到的东西,不再满足于生命和道路。

基督之路

路分三岔,其依据是"全"因我们而被打破后所采取的三种形式。基督教的分离之路包含了上帝、世界和人。就理智所及的范围而言,三者是对称通约的。基督教王国的使徒所到之处,"全"之部分被引入基督教,古老的神灵、古老的世界、古老的亚当被钉于十字架上,于是,那些生来为异教徒的人便在基督教中为了新的上帝、新的世界、新的人而获得了再生。在这三个十字架上留下了异教徒铭刻的隐晦的名字，在基督教里，它们的意义得以彰显，这就是隐蔽的上帝、隐居的人和被魔化的世界。

灵化的上帝

圣父和圣子的路揭开了隐蔽上帝的"全"。他们从救赎之星放射出来，但是，他们是散着放射的，其意图是构成两相对照的两个人格。可以说，从表面上看，异教由于基础不确定而垮台了。垮台后再垮台，因为在一直敞开的"非此即彼"（Either-Or）中带有新的不确定性。创造新神的世俗的唯物主义基础是和对圣父的信仰紧密结合着的，而人的基础则在于对圣子的信仰中。异教确实已经智穷才竭，而基督教似乎单凭把上帝概念加上去就取得了对它的胜利。它只以放弃在道路开始的诅咒为代价就买到了异教智慧的目的。在从圣父和圣子流溢而来的圣灵概念中，基督教本身指示了这样一点，在那里，圣父和圣子都将在世界集合于十字架之下，即超越道路以外时再次相会。为战胜异教，基督教的信条必须适应异教的冲动，这个冲动是在圣灵和真理对上帝的崇拜中被终结的，是因圣灵将领导基督教世界的许诺而终结的。然而，它的终结，只是要为这样一个新的危险腾出地盘：圣灵的神化（deification）或者说上帝的灵化（spiritualization）。这可能会使人忘记上帝而让圣灵优先，会使上帝丧失活生生的力量，并在一瞥的希望中极大地创造和促进生命；陶醉于见到上帝和充满圣灵的希冀，它会丧失与不断成长中的世界的联系，丧失与在信仰着不断更新自己的灵魂的联系。东正教忠实于在使徒约翰和希腊教父那里的源泉，承认智慧皈依的功能，此后，揭示了灵化上帝的危险性：在希望中，在一个无序的世界中，在混乱的灵魂中寻求庇护。

神化的人

牧师和圣徒的道路透露了隐蔽的人的"全"。尽管也是从同一个救赎之星的光流溢出来的，但他们是散着辐射的，像是要把自己纳入把人和人分开的矛盾中去。异教就是以上百种不同的方式把人分开的，所以在这个单一的对照面前一次次地毁掉。异教是按照一成不变的标准，即身材、肤色、阶级、语言，或者按照在某一时间变化的情感——爱或恨——的标准来划分人的。但是，所有这些永久性的标准在一个牧师的不变的品质，即使他与俗人区分开来的品质面前都归于零。所有那些暴风雨般的情感，都在牧师的伟大激情，即他那常新的爱的激情面前粉碎破灭了。丰富的异教形式在那一形式面前颓败到了无足轻重的地位。异教激情的反复无常也在那一激情面前消失而归于乌有。但是，对比仍然存在。尽管它俘获并平息了异教中人类的狂热激情，在那些躺着一动不动的人之间的斗争依然继续着。在形式与自由之间，牧师与圣徒之间，和平尚未在所有人类中实现，就像在单一的形式与丰富的形象，在自由和激情之间没有和平一样。统一性只是在两条道路相交的地方才被召唤，它超越了每一条道路，其目的是将全人类集合在十字架下面。从那时起，一个人的形象被招呼着，他说过："我就是真理。"人子是唯一这样一个人，其高尚的牧师品质没有染上奴仆的形式，另外，其人性并没有因他的神性而减少。牧师与圣徒的形象在原先在灵魂的领域中进行的征服战役中总是分离的，现在由于真正的人和真正的上帝的形象是同一的，便在模仿上帝时统一起来了。

在这些形象的双重性中,在这一双重性反过来安置在灵魂中的所有划分里,那曾经安静不动,而且自己分化(就像在异教那里一样)的人就可以按照一个形象形成自己了,这是心之统一体期盼已久,至少是在模仿和希望中期盼已久的形象。至少在对于心之统一体的渴望和希冀中,异教灵魂的最后冲突似乎可以在人子的形象面前得以解决。但是,这里又出现了新的危险:人的神化和神的人化,后者会忘却神本身而青睐人。它的危险是失掉对超自然上帝的直接信仰和对缺乏形象的世界的主动的爱,而渴望下降到一个寂静无声的房舍里,从那里涌出众多灵魂的支流。起源于保罗和德国教父的北方教会①曾经设想过人的灵性转化和诗的功能,此后,它描述了上帝人化的危险性:它将人神化,在一个渴望的角落和某个人的心里,从被剥夺了灵魂的世界,从所有人的神灵之主那里寻求庇护。

偶像化的世界

国家和教会的道路使被魔化的世界摆脱了魔力。尽管它们也是从同一个救赎之星流溢而来的,因而是散着辐射的,但似乎要把自身建构成一个对照物,借以在秩序与秩序、世界与世界之间作出区分。异教在世界上将一切分开,将国家与国家、民族与民族、阶级与阶级、每个人和另一个人分开,在这个一成不变的矛盾中,异教一次又一次地瓦解了。面对自然秩序与超自然秩序这一本质的区分,异教所有的别的区分都变成非本质的。假如此后它们还

---

① 北方教会即新教。——英译注

要确立相互反对的热情，而且让人看上去是有理由的，就必须转借从那个矛盾中反射出来的更高正义的光辉，必须为精神的内容提供力量。这样，异教那里"一切人反对一切人的斗争"就被升华到了为了更高目标进行的更高级的斗争，但仍然是斗争。只有到了历史的终结时，没有斗争和矛盾的王国的前景才显露出来，那时上帝才是一切的一切。异教世界的完满性就会断然拒绝在"牧师和神圣的国家"里解体。为了在自身中充分理解这样的财富，基督教不得不行进在两条不同而又平行的道路上，即国家和教会两条道路上，它们在历史的终点相交。这样，这两条路就只有在异教的完满性解体时才能结合在一起。但是，在这个没有矛盾的统一的世界前景中，在上帝将是一切的一切的日子里，对于基督教仍然存在一个危险。这是三个危险中最后的一个，是不可避免的，因为它与强大和力量密不可分：使世界具有神性，或者将上帝世俗化。它会忘却在一切之上的一，而青睐一切的一切；它会放弃对于灵魂的自由力量，即不断更新自己的虔诚自信，放弃那超出人类的洞见而自行其路的神命的虔诚自信，而青睐那可人的主动联合——联合那在统一的王国大厦里分化的东西。起源于彼得和拉丁教父的南方教会①，曾经设想转化可见的世界法律制度的功能，此后，它指出了这样的危险：将世界神化而造成的使上帝世俗化，在维系世界的爱的行为中寻求庇护，从对有效工作的喜悦中寻求庇护，这喜悦来自灵魂的自由，来自其影响力深不可测的上帝。

---

① 南方教会即罗马天主教。——英译注

基督教的危险

路有三重分化，总是在超越中的再统一也有三重，危险也有三重。圣灵，而不是上帝，引进所有的路；人子，而不是上帝，就是真理；上帝，而不是超越一切的一，将变成一切的一切——这些就是基督教的危险。这些危险源于道路的终点，源于超越，那在上帝、灵魂和世界的这里从不会相交的光线终于在这超越里相交在一起了。所以，它们是基督教从未克服的危险——上帝的灵化、人的神化和世界的泛神化，就像它从未克服过教会的分化：分为灵性真理的教会、人子的教会、上帝王国的教会。这些教会中的每一个都浸透着希望、信仰和爱，都必须忽略另外两种力量，以便更强有力地存活在一种力量中，以便在引起异教固有的原始宇宙的再生运行中统辖其各部分。基督教沿着三个分开的方向辐射。它朝着最外面辐射，以求自我剥夺朝外的进程，但是这最外面并不是某种单纯的东西。像异教自己带有的原始宇宙一样，最外面也是三重物。启示在原始宇宙中的三个"全"的鸿沟之间架起了桥梁，按照主日的不变顺序将这三点连接起来。但是，基督教完成了它对"全"的征用，在时间的路上分散了的光线也通过使上帝的灵化、人化和世俗化而重新聚集起来，我们将看到，这三个点是不能再联系起来的。尽管它们彼此间有一个固定的秩序，这与异教中的三个点不同，而且那个也许已经在很早以前永远地沉默不语了，然而，基督教不会再为它们提供一个流畅的连接，以便再次把这三个分离的点组成一个统一体，至少不能完全这样做了。在考察对朝外辐射的光线的最终理解之前，现在让我们转而凝视那发光体，火光就是借助它在自身中燃烧。

犹太人的生命

火也闪烁着三种火焰。在自身燃烧的生命具有的三种矛盾中，它将外界的"全"的三重生命内在化。犹太上帝之力量和谦卑，犹太人的被拣选和拯救的使命，犹太世界的现世性和末世特征——这三种闪光中，火焰像镜子一样聚集起来，所有可能的矛盾都作为简单的矛盾汇入了自己内部。与俗世的火光相比，犹太教的火光并不简单地通过向外辐射出温暖；由于它永恒地喂养自己，因而还把火焰集合到自己的内部，使之成为最热的火。通过火焰的内聚，它依次把那冒着火苗、闪着火光的矛盾越发地精炼成凝聚、不动的发光体。

犹太人的上帝

创造的力量和启示的爱之间的矛盾仍然内在于从异教中隐藏的神到启示中明显的上帝的原始转化中。从狭义上说，在这两个方面的连续的、不可预测的转化中，这个矛盾具有犹太性。通过犹太人心中内在的温暖，随着"我们的上帝，我们父辈的上帝"的呼喊声，这一矛盾化解了。这个上帝没有分别地既是创造的上帝，也是启示的上帝。他不是靠启示的名被借用，而是一般意义的上帝。然而，作为一般的上帝，他仍然是"我们的"上帝。他是我们的上帝这一性质，是有其开始之处的根源的，这样，凭着我们的上帝而来的启示是以它自己在我们始祖的启示中的创造性起源为基础的。准确地说，信仰的全部内在结构完全在于犹太人心中的单纯感觉。这个结构不是最终的统一体,也不是感觉可以达到的一个最外面。它是某种内在的东西,是简单、内在的统一体。它不是最高的东西,它是犹太人日常对上帝的意识。它远不是最高的、终极的东西,正相反,它是承受着极度"萎缩"的东西。直接、幼稚的犹太人意识的全部萎缩在于忘却世界上存在别的东西的能力,切实忘记在犹太人世界和犹太人之外还存在着任何世界。我们的上帝,我们父辈的上帝——当犹太人求助于上帝的那一刻,反复地说,并且认识到:上帝是"宇宙的王"、未来的唯一的上帝。这对于犹太人意味着什么?在这一念颂中,他感觉到自己在极度压缩的环中是完全孤独的,已经丧失了更大之环的意识。这不是偶然的,因为他只使自己处在上帝向他显示的路上,这样,上帝的创造性仍然在他之外。不是的。因为创造的力量就和他在一起。但是,造物主已经把自己退缩成犹太世界的造物主,启示只发生在犹太人的心上。被基督教的方式所包含的异教向外辐射,然后又再辐射回来,它在这里完全被遗忘,成了完全外面的事。向内发光的发光体对于外面围绕"救赎之星"的黑暗一无所知。在这里,犹太人的感情将创造和启示完全抛进了上帝与其选民的最亲近的空间中。

受选之人

像上帝一样,人也为了犹太人的感觉而退缩自己,这时他试图把自己结合成一个源于双重意识的发光体,相互发光。这也是源于以色列和弥赛亚的发光体,源于启示和世界之救赎的高贵礼物的发光体。有一个概念把以色列引向弥赛亚,把一个西奈山脚下的民族引向这样一天：耶路撒冷的圣殿"将被称为所有民族祈祷的场所"。这个概念是在先知书出现的，此后一直主导着我们内在的历史：以色列的幸存者。这是以色列的幸存者，忠诚的幸存者，是以色列人民中真正的以色列人，它能够确保在每一时刻沟通两极。对于另外的人来说，犹太意识或许可以在生命两极的激动人心的转变中闪来闪去，这转化是在异教隐藏的人向那坚毅、外露的启示之民的内在皈依中决定的，这两极分别是人对神性之爱的发现和这种爱在圣洁行为中的真正实现。但是，幸存者同时代表两者：诫律与天上王国两个羁绊。如果弥赛亚"今天"降临，幸存者会欣然接受他。为了向世俗的历史挑战，犹太人的历史就是幸存者的历史。先知所说的它"将留存"是适用于它的。世俗的历史无不进行夸张。权力就是历史的基本概念，因为在基督教那里，启示开始扩张到全世界，而每一扩张的动力，即使是有意识成为纯世俗的，也都变成了无意识的扩张运动的仆人。但是，世界上唯有犹太教是依靠减少、退缩和构成新的幸存者的方式存留下来的。即便是在面临持续的外部脱离的情况下，犹太人也是如此。犹太人内部的情况也是这样。犹太教一直清除自身的非犹太教因素，以便能够自己产生出具有典型犹太因素的幸存者。犹太教不断从外面汲取营养也只是为了一次次服务于自己内部的用途。在犹太教中，没有团体、倾向，更没有个人不把牺牲微小利益的行为看作是保持幸存者的唯一正确的道路，因此，都把自己看作是"以色列的幸存者"。因此，人也是这样。人总是某种意义上的幸存者。他总是某种意义上的幸存者，是内在的东西。当他还站在岸上的时候，其外部已经被世界的潮流裹挟并且冲走了，他是被剩下的。

他那里内在的东西在等待。他就是自身内的东西。对于他正在等待和所有的东西,他可以命之以不同的名字,但他经常几乎不能给它们命名。但是他有一种感觉,他感觉到等待和所有是密切联系在一起的。这就是那拥有启示、等待救赎的幸存者的感觉。根据传统,将来有一天,神性的士师将向犹太人提出一个奇怪的问题,暗示这种感觉的两个方面。第一,"你从句子中得到句子了吗?"意思是:不管在你身上发生什么事,都是在生前以启示之礼物的形式给予你的,你有这样的意识吗?第二,"你在等待拯救吗?"意思是:王国在将来到来这一点是出生时就放在我们的血液中的。在这种感觉的双重体中,人已经完全把自己退缩成犹太人。在这里,异教——被先是有分歧后来又统一了的基督教的道路容纳——又一次被抛在了黑暗的外面。犹太人则完全依靠自己。对于犹太人的灵魂极其重要的未来在这里沉默了。犹太人怀有幸存者的感觉,他的心完全是一体的。在那里,犹太人是单独的犹太人。启示是属于他的,拯救也已向他召唤,两者在他及其民族的空间里完全结合在一起了。

律法的世界

像上帝以及人一样,世界也一样向着犹太人的感觉退缩,它旨在从在现世和来世之间不断闪烁的火苗中逃出而进入世俗世界的统一体。世界,即现世是被创造的,而且需要将来的救赎,这是一个双重的观念,其不平静的品性在律法统一体中平静下来了。尽管作为启示和对于个人要求的内容是诫律,但是从俗世看来则是律法。就此律法的多样性和节制一切的力量而言,它构成一切外在的事物，即世界上的所有生命，也就是所有可以从世俗的眼光看是被构成的东西，它使得现世和来世没有什么区别。根据《塔木德》的传说，上帝也在"学习"律法。因为按照律法构成的现世的所有事物，即所有被创造的存在，都已经作为来世的内容被赋予了生命和灵魂。犹太人对这个事实的明显感觉是，律法只是犹太人的律法，这个完成了的、被救赎了的世界只是犹太人的世界，那统治世界的上帝除了学习律法外没有更多的事情去做，这律法的意思与传统上大不相同，陈旧的概念已经充满了新的生命。即使是后一种情况，犹太人的感觉只会把这个世界看作是未完成的，而把加在这个世界上的律法看作是完成的，不可更改的，以便使此世转化为来世。即便律法穿着当代乌托邦主义的高度现代的外衣，它也与基督教之缺少律法形成了鲜明的对照。这一对照是令人吃惊的，它使以基督教为趋向的政治家和以犹太人为趋向的乌托邦分子明显区别开来。它赋予前者更大的改造力量，赋予后者更多要实现的东西。犹太人总在想，要做的事情只是用这样或那样的方式改变律法学说，或迟或早它会"包容一切"。律法拒绝基督教所包含的异教，它对异教一无所知，也不想对它知道什么。那从今世到来世的转变的观念，即弥赛亚时代的观念作为一个被期盼的今天悬搁在生命之上，这个观念在这里结合起来，变成了日常的东西。虔诚的人的生活，就像传说中的上帝一样，也可以潜心于更完全的律法"学习"。那为了存在而被创造且有待于被赋予灵魂，而且正朝着拯救的方向成长的整个世界，被犹太人的感觉合成了一体，被抛入了律法和它的人民——律法的民族——之间的亲近熟悉的空间中。

犹太人的危险

每一个双重的事物，每一在犹太生活内部可以完全理解的东西，由于犹太人的这一感觉的内在性而变得日益萎缩和单纯。有人会说它太萎缩、太单纯了，也有人需要探测这一萎缩中的危险是否与在基督教那里一样多。如果上帝概念在那里受到了威胁，他的世界与他的人也会在这里有危险。借助于向外辐射，基督教威胁要在个体的光线里丧失自身，这不是神性的真理核心。借助于向内发光，犹太教威胁要把热量集中在自己的胸中，这与异教的世界实在大异其趣。如果在基督教那里，危险在于上帝的灵化、上帝的人化和上帝的世俗化，那么在犹太教这里，危险则在于对世界的否定、对世界的轻蔑和对世界的羞辱。如果犹太人由于和上帝接近而感到自己预言了救赎，忘记了上帝是创造者和启示者，忘记了他作为创造者维系整个世界，忘记了他作为启示者最终把脸面转向人本身，那就是对世界的否定。如果犹太人把自己看作是幸存者，因而作为真正的人忘记了自己曾经是被按照人的形象创造的，并且正在等待这一原始纯洁性中的终结，因而从真正的人蜕变到堕落的人，蜕变到已经被上帝摈弃的残酷无情，忘记了神性之爱的启示，忘记了神正在无限的救赎工作中行使他的爱，那就是对世界的轻蔑。最后，如果拥有上帝启示的律法并将其融入自己的血肉和精神中的犹太人现在胆敢冒险去规定事物的存在，在任何时刻更新它们，改变它们平静的生长，甚至对它们作出判断，那就是对世界的羞辱。所有这三种危险都是内在性即脱离世界的必然后果，就像基督教的危险是自身的外在化即转向世界的必然后果一样。对于犹太人自我封闭是必须的。那是内在化即扎根于自身的最后一步，在那里，犹太人汲取了永恒生命的力量，正如在基督教中，昙花一现是其在永恒之路上出行的必然后果一样。

危险的无害性

但是，这一自身的根性依旧是与基督教中自我的外在化全然不同的。诚然，我们的自我封闭的个性可以代表一个严重的危险，而基督教的个性则几乎不会遭受这样的危险。但是，真正看来，我们的危险一点也不是对我们的危险。因为，原来犹太人在下降到自己的内部的同时，也上升到了最高。事实上，这是犹太人和基督徒的最根本的区别所在。基督徒天生或者至少说生下来是一个异教徒，而犹太人就是犹太人。因此，基督徒的道路必须是自我外在化的道路，自我放弃的道路；他必须总是向自己告别，必须丧失自己以便变成一个基督徒。另一方面，犹太人的生命则必须不能离开自己；相反，他必须自己前行且日益深入到自己中去。在自己那里发现越多，他就越远离异教；异教对犹太人是外在的，不像对基督徒那样是内在的东西。也就是说，他越外在于异教，就越是犹太人。尽管犹太人是与生俱来的，但其犹太性（Jewishness）则是必须经过自己的生活和经历才有的东西，是在面貌和特征上完全可见的东西，这只有在上了年纪的犹太人那里才有。年长的犹太人代表我们的特征，而青年人则代表基督教国家的特征。因为基督徒的生活解除了基督徒的国家化，而犹太人的生活则使犹太人日益进入其犹太品性。

最神秘的犹太生活

犹太人之将自己内化至自己的内部仅仅是为了他的最高者，即为了上帝的缘故。至此可以证明，那些危险至多是对他个人的危险。就是说，他可能变得坚硬，例如骄傲或僵化。但是这些不是犹太教的危险。把犹太教的上帝、人和世界确立为一般的上帝、人和世界，是犹太教抛弃外部而转入内部的三条道路，即分别实践着上帝、人和世界三个概念。但是，展开犹太人情感的这三重火焰并不是一个终极目标，犹太教不会在那里止步。它们不像异教中的上帝、人和世界那样是缺少关系和秩序的三个点。在最后这三种因素之间，存在着一条联系的流、轨道，它是类似于异教因素借之进入从创造经启示到救赎的那种东西。在这样的相互联系中，显然是萎缩的、排外的和孤立的三种情感中的犹太局面现在又一次团结起来，把自己归入了闪闪发光的真理的恒星形象之列。

神车的故事

犹太神秘主义完全用自己的方式弥补"我们父辈的上帝"和"律法"之间的间隔。它用神秘的创造概念取代了一般的创造概念，这神秘的创造概念是《以西结书》中"神车的故事"暗示的。在那里，被创造的世界充满了和律法的神秘关系，律法不是和这个世界相异的，而是解开世界之谜的钥匙。律法这个直白的措辞隐藏着一个秘义，正是它最充分地表达了世界的本质。对于犹太人来说，律法书实际上可以取代自然之书（book of nature），甚至取代布满星星的苍天——从前的人们曾认为可以根据一些可理解的征兆解释陆地上的事情。这就是无数传说的基本含义，犹太教用这些传说把明显退缩了的律法世界解释成全世界；另一方面，正是因为他发现这个世界是在律法中预见过的，所以已经在其中看到了来世。所有种类的诠释都要付诸使用，尤其是运用于无限有用的数目学和根据数目的价值进行的文字阅读。某人或许不知道从何处开始给出例证。会幕中的七十次献祭为的是世界上的七十个国家——这是那个传说根据《创世记》中的族谱（Tabula Gentium）数出来的。人体骨头的数目与一段祈祷书的数值相符，这样，诗篇作者的言辞也实现了，所有的骨头都赞美永恒者。显示出来的上帝之名被隐藏到有关创造之完成的言辞中。还可以无限地继续列举下去。这种圣经诠释对于不习惯的观察者来说，似乎很特别，甚至是荒诞可笑的。但是，他的意思无非是说，全部创造都是穿插进犹太的上帝和犹太的律法之间的，上帝及其律法和创造一样都被证明是无所不包的。

舍金纳的流浪

神秘主义在"我们父辈的上帝"和"以色列之幸存者"之间架起桥梁是利用了舍金纳（Shekhina）教义。舍金纳，即降临于人间并逗留于人们之间的上帝，被描述成上帝自身内发生的分裂。上帝自身从自身分离，把自己献给他的人民，分担他们的痛苦，和他们一起经历流放的苦难，和他们一起流浪。《托拉》被看作是先于世界被创造的，世界部分地是由于《托拉》。根据这样的思想，对于犹太人的感觉来说，律法已变得不只是犹太律法了。它被看作实际的支柱，即使那所谓上帝学习律法的说法也获得了一般性的超犹太的意义。"以色列的幸存者"也从舍金纳概念中获得了更一般的内涵。因为幸存者的痛苦,即将自己分隔和放逐的持续的要求,已经完全变成了为了上帝的痛苦,幸存者成了这种痛苦的承受者。舍金纳流浪的观念,以及原初的神性之光撒遍世界的观念,在犹太的上帝和犹太人之间建立起了全部的关系,同时也把上帝和幸存者两者固定在了启示的深处。在神秘主义那里,犹太人从个别到一般的扩张是借助于律法意义及其阐释的多样性发生在创造上的。在同一个神秘主义中,它发生在启示上,是借助于察觉到上帝在对犹太人奉献中有痛苦这一深刻洞见而发生的(这样的痛苦是不应该有的),是在察觉以色列自身分裂成为幸存者并为流放的上帝建立起居所这样的洞见中发生的。正是这种神的痛苦标志着上帝和以色列之间的关系,在这里,以色列萎缩甚少。最自然不过的是,"我们父辈的上帝"为了以色列而"卖掉"自己并一起分担痛苦的命运。但是,上帝这样做才使自己也有救赎的需要。因此,在这一痛苦中,上帝与幸存者的关系是指向痛苦之外的。

上帝之统一

但是,救赎必须发生在"幸存者"和"律法"的关系中。怎样看待这样的关系?履行律法对于犹太人意义何在?犹太人是怎样看待履行律法的?为什么犹太人要履行律法?是为了天国的奖赏吗?"不要为了佣金而做服侍主人的奴仆。"是为了世俗的满足吗?"不要说我不喜欢猪肉;而要说:我非常喜欢,但是我天上的父禁止它。"然而,犹太人履行无数的习俗和律令"是为了把上帝和舍金纳联合起来"。怀着这样的信条,个人、幸存者才在"敬畏和爱中"历练自己的心,以便"以全体以色列的名"履行当时强加给他们的诫律。犹太人将收集上帝的荣耀,并使它在全世界星火燎原,使其结束散居,并且有朝一日把这荣耀带回家,还给已经被剥光了荣耀的上帝。犹太人的每一个行为,每一次履行诫律,都完成了这再统一的一部分。当公开承认上帝的统一的时候,犹太人称之为使上帝统一。因为这样的统一是变成的,是"变"的统一。这种"变"是由执行人的灵魂和手发出的命令。犹太人和犹太律法,还有拯救的过程,都包含上帝、世界和人,凡事都发生在它们之间。作为使拯救临近的活动,律法的履行从一开始就是行为,被打上了行为的烙印,其形式是三个独立的要素,就像它们被吸收进了最后的一样,又各自回响着以下的声音:"圣洁的上帝"赐给律法,"舍金纳"把自己带给以色列的幸存者,"敬畏"被幸存者用来把自己转化成上帝的居所,"爱"被用之于履行律法的行动,他、个人、"我"履行律法,"以全体以色列的名"律法被给予,这句话也是通过律法而被创造的。那最萎缩的东西已经扩充到了整体、全体,或者更好的说法是,即为了"一"的统一而拯救了自己。向最内部的下降自身显现为向最高处的上升。原来仅仅是犹太人的情感已经转化成了拯救世界的真理。救赎之星在犹太人心中最内在的退缩之中闪闪发光。

基督教的末世论

"救赎之星"在这里闪耀。那终极的、最内在的、显然退缩的、僵死的情感本性被激活了。这颗星融入了一个构型,照耀着全世界。

它通过创造、启示和救赎而理解上帝、世界和人,表达了犹太教的内容。现在,它也要照亮犹太灵魂的最深处。尽管救赎之星是存在的形象,但是它继续在情感的最内部放出光辉。这与在基督教里很不相同。在那里,救赎之星也指内容、内在的存在,从那里辐射出去,到达作为实在的世界。但是,其光线又聚合在三个全然不同的点上,在真正的终点上,这些点也是情感的目标。这些点不能再相互连接起来了。神秘主义再也不能在这最外在的情感前景之间架起桥梁。上帝是一个灵,远远地离开了他是"全中之全"(all-in-all)的概念,也离开了圣子既是道路也是真理的概念。创造的观念不能在前面的分野之间调停,启示也无法在后面的分野调停。至多可以在神话形象——"灵浮在水面上"的形象或者在施洗者约翰那里所表现出的灵的涌现这样的形象——中间建立起某种连接。但是,这仍然是形象,它不能结合成一个情感的统一体。只有在最后两个观念,即圣子之神性和上帝将是全中之全这个许诺之间,才可以建起桥梁。新教的第一个神学家教导说,当大家在圣子面前屈服时,他将把统治权交给圣父,那时,上帝就成了"全中之全"了。但是,明眼人一看便知,这是一个神学教条。它无助于基督教的虔敬。它描绘了一个非常遥远的将来。它消除了时间的一切影响而专注于最后的事情。因为这统治权一直是属于圣子的,上帝不是"全中之全"。它描述了全然超越时间的永恒性。所以,这句话在基督教历史和在神学家那里完全指的是同一个东西——观念。它不是也不能成为情感借以在两岸之间行走的桥梁。两岸的构成差别太大。其一完全是时间性的,而另一个则完全是永恒的。诚然,确有圣子有朝一日将交出统治权这一观念,但是它并不能改变这样的事实：他已经在时间中被神化了。诚然，确有上帝有朝一日将成为全中之全这一观念，但是它不能改变这样的事实：他对于时间性中的"无中之无"（Aught-in-Aught）几乎没有多少影响力，在那里，牧师代理人（*locum tenens*）是主人。情感没有踏上桥梁。在这里像在所有别的地方一样，它把自己限制在个体的点上，在那里营造最后的狂喜。这个狂喜和终结以及集中点同样都没有走多远。基督教造就了灵性主义的、个人主义的和泛神论的神秘主义，但是，此三者皆不能结成相互关系。情感可以在三者中的任何一个那里得到满足，犹如个别形式的教会相互一致那样，没有一个可以被另外两个视为多余。情感在任何地方都可以实现其目标。确实如此。因为凡是情感实现目标的地方，就有一个原始宇宙由于死亡和复活而得到了更新：死亡是神话，复活则发生在对圣灵的敬仰中；死亡是英雄，而复活则发生在从十字架而来的言辞中；死亡是宇宙，而复活则是"一"和普遍的王国的"全"。在这三者中，真理是递减的。更准确地说，上帝是众灵之主，不是圣灵之主，是苦难的给予者，但不是那被钉十字架者，是"一"，但不是"全中之全"。这个信仰胜利地前进在世界上，所有的民族神——民族神话、民族英雄、民族宇宙——都无法与之匹敌，难道有人反对这样的信仰吗？谁又能真的反对！

证实法则：神学

分歧的意义

犹太人就是如此。犹太人的反对不是用言辞，因为言辞在幻象的领域里是无用的。犹太人是用其存在，用其静悄悄的存在。犹太人的存在常常把基督教归于这样的观念：它不是在实现目标和真理，而是永远在路上。这是基督教之所以恨犹太人的最深刻的原因，这种仇恨是从异教徒那里继承下来的。归根结底，这只是一种自恨，是指向那讨厌的不说话的警示者，因为犹太人所做的不过是用其存在进行警示而已。这是对自己不完美的仇恨，对自己"尚未如何"的仇恨。犹太人有内在的统一性，而且在犹太性最狭小的范围内"救赎之星"仍然发光，这是个事实。犹太人是用这样的事实无意地羞辱了基督徒，即那些趋向于外的、希望完全扑灭原始火焰而进入到最外在的情感领域的人，这样的情感再也不知道整体，它也许会在其中发现自己和别的情感一起面对一个感觉之外的真理，但它本身就是一个幸福的情感。基督教之最极端者就是完全丧失自身于个人的情感之中，于沉浸中，于神性的灵、神性的人、神性的世界中。不会再有系列的行为发生在两种情感之间。这些情感已经超越于行为之外了。诚然，情感的淡漠是重要的，就像在犹太教中情感的萎缩一样。但是，情感的萎缩可以在犹太生活中，在律法生活的救赎意义的世界中找到解决办法。与此不同，情感的淡漠则无法在任何生活中找到解决方案，因为他本身已经是一个极端的经验了。

犹太人的永恒抗议

因此，如果没有犹太人的支持，基督徒无论走到哪里都会迷路，如同那三大教会不过是那极端的三种情感在尘世的居所罢了，但它们毕竟体验到了与犹太人的亲近关系，如果没有犹太人，他们至多可以知道它，但是不能感觉它。犹太人不会接受基督徒的那种有悖于情感满足的知识。犹太人在律法的桎梏下圣化了自己的血肉，因此而恒常生活在天国的现实中。基督徒经常亵渎血肉，这使之处在了和救赎对立的位置上，他知道自己是不允许从情感上预见救赎的。犹太人预见了救赎，因此以丧失未被救赎的世界为代价买下了真理的所有权。犹太人不赞成基督徒，因为他们正在征服性地行进在未被救赎的世界中，所以必须用幻想买下每一前进的步伐。

两个约书

基督教很清楚这一关系，知道自己的发展依赖于犹太教的存在。从诺斯替派到现在，犹太教一直是基督教的宿敌。诺斯替派企图抛却《旧约》。如果上帝只是一个灵，而不再是赋予犹太人律法的创造者，如果基督只是基督，而不再是耶稣，如果世界只是全体及其中心，而不再是圣地——尽管这样的圣地不再为神化提供栖息之所，那么，就没有剩下任何东西以便使灵魂从神化的梦幻进入未被救赎的生活。灵魂不仅是迷路了，而且一直在迷路。一本微不足道的书（the mere Book）[①]不会为基督教服务。或者说，只是当它不是作为微不足道的书时才提供这样的服务，因为我们的生活就是活的见证，不止是微不足道的书。历史上的耶稣必须从理想的基督的底座下解脱出来，因为在哲学上和国家中，他的崇拜者都想把他确立在这个底座上。一个"观念"可以和任何别

[①] 指《旧约》。——译者

的理论或自欺之谈相结合，使它拥有自己的虚荣。但是，那历史上的耶稣，即那教条意义上的耶稣基督，并不矗立在底座上面。他行走在生命的街道上，使生命服从于他的一瞥。灵性的上帝也完全如此，那些欣然、轻易信仰他的人都迟疑地相信那"创造世界并统治世界者"。灵性的上帝是一个十分融洽的伙伴，他赋予我们充分的自由去摈弃非纯粹灵性的世界，因为这个世界不是属于他，而是属于设想中的魔鬼的。至于现实的世界，人们会欣然视之为"全"，把自己光荣地视为"全"中不相干的一粒尘埃，而不是其中负有责任的、所有的东西都围绕着自己转动的中心，不是世界所依赖的支柱。

对犹太人的永恒的恨

永远如此。就像和诺斯替派的持续斗争所表现的那样，是《旧约》使基督教抵御住了自身的危险，《旧约》能起这样的作用只是因为它不止是微不足道的书。微不足道的书可以轻易地成为寓意解释技巧的牺牲品。假如《旧约》中的犹太人也像基督那样从地球上消失了，他们现在就会代表选民的观念以及作为世界中心的锡安这一观念，犹如基督代表人的观念。但是，犹太人具有坚韧不拔和不屈的生命力，这是被对于犹太人的恨所证实了的，它使犹太人抵制住了这样的"理想化"。至于基督是否不止是一个观念，没有基督徒知道。但是，以色列不止是一个观念，这是犹太人知道而且见到的，因为我们活着。我们是永恒的，不是作为观念而永恒；如果我们是永恒的，就是在完全的现实中。相对于基督徒，我们是真正不容置疑的。有一个牧师曾经被腓特烈大帝（Frederick the Great）要求给出关于上帝存在的证明，他的结论性回答是："陛下！犹太人！"基督徒不可能对我们有什么怀疑。我们的存在是他们的真理的保证。从基督教的观点看，这就是人们为什么逻辑地认为，保罗会让犹太人永远存在，直到"各民族的完满性降临"，即直到圣子把统治权交给圣父时为止。基督教神学的教义从一开始就发布了我们这里所阐释的内容：犹太教在时间中永恒地持续，这是在《旧约》证明了的，而且犹太教用自己的存在正在证明它。这是一个核心，它那里的发光体为光线提供了不可见的光源，使得光线从基督教那里隐约地射进异教的原始宇宙或次宇宙的黑夜。

证实的意义

于是，在上帝面前，犹太人和基督徒从事的是同一项工作。上帝不能免去他们中的任何一个。他在他们彼此之间设置了永远的仇隙，又使他们彼此密切地联系在一起。他点燃了我们心里的真理之星的火焰，以此给予我们永恒的生活。他让基督教永远追逐这真理之星的光线，直到永恒的终端，以此使他们行进在永恒的路上。我们在自己的心里看到了真理的真实样子，而另一方面，我们又拒绝了时间中的生活，时间中的生活离我们而去。他们基督徒则在时间之流中疲于奔命，但又追不上真理；他们追随真理的光线，被真理所引导，但是不能亲眼看见真理。这样，真理，那全部的真理，既不属于我们，也不属于他们。尽管我们把真理负载于内，但是，假如我们要看见它的话，出于同样的理由，我们也必须首先把眼光深入自己内部。而在那里，我们在看到真理之星的时候，却看不见光线。而全部真理则要求不仅见其光源，而且要见到被它照亮的东西。然而，他们基督教已经被注定总是看见被照亮的东西，而看不见光源。

这样我们彼此都只具有部分的真理。但是，我们知道，真理就其本性而言是不分的，而且一个真理如果不被拥有一部分，就不成其为真理。"全部"真理之所以成为真理，乃由于它是上帝的一部分。它不离真理，也不离我们，但只是部分地属于我们。只有在上帝那里见到真理的人才可以直接看到全部真理的样子。然而，这是一个超越生活之外的样子。对于真理的现行的样子——同时也就是生活——也可以变成我们的，只是必须走出沉浸而进入我们的犹太之心，即使在那里也只是看到一个形象或大致的样子。至于基督徒，由于真理之活的效果的缘故，他们被完全拒绝拥有这样的现行样子。因为我们都没有见到全部的真理，所以我们两者是一样的造物，在这一点上没有任何的厚此薄彼。正因如此，我们仍然留在了道德的疆界内。正因如此，我们依然如故，并且将依然如故。我们要生活，凡是我们希望的，上帝都为我们做。只要我们执着于生活，上帝就给予我们生活。至于真理，上帝只给我们作为有生命的造物而可以承受的那部分。假如他给予我们更多，把他的那部分，即全部真理给了我们，就是把我们提升到人类的界限之外了。但是，他没有这样做，我们也没有这样的欲望。我们执着于我们的造物性。我们不想摈弃它。我们的造物性在于，我们只索取部分，我们只是部分。生活已经在真实中庆祝了对于死亡的胜利，借助于这个真实，它证实了那赐予人的真理，即永恒真理中的一部分。借助于这个真实，被造物把自己维系在被给予的那份儿上。在这个真实中，造物就是造物。这个真实作为不说话的神秘物在存在者的锁链中穿行。他在人那里获得了言语。在真理之星中，它闪耀着光芒，成为可见的自我照亮的存在。但是，它在造物性的范围内依然如故。当真实走到上帝面前时，真理仍然说真实。但是，上帝本身却不再说真实。上帝超越于所有可能被给予的东西，甚至高于整体，因为这整体也不过是他的一部分。即便高于整体，他仍然是"一"。

永恒性之真理

这样，真实，哪怕是最高的真实，表示赞同的"是"和阿门——它们是被那些为了永恒的生活在永恒的路上被拯救的人们在救赎之星面前的合唱中一齐吟诵的——仍然是造物性的标志，自然的领域尚未终结，即使在被拯救的超宇宙的"永恒-变异-结构"中，仍然没有终结，但是，届时，终端退回到了开始。上帝创造，这是《圣经》的开篇之言，它不到一切都实现的时候是不会丧失其力量的。到那时，上帝将不再记起这第一句话，免得它从自己那里流出来。我们已经谈到那沉入到神爱之启示中去的永恒真理：救赎一点也没有比从开始起的永恒工作更多，而此开始是来自启示之爱的。在爱中，隐藏者显露出来。而这个不断更新的开始则退落到秘密，即持续的创造之开始当中。显露者隐藏起来。救赎与启示一起汇入了创造。最终的真理只是创造的真理。上帝确实是主。作为主，上帝在他的创造的力量中启示自己。如果我们依据永恒的真理呼求作为从开始即是造物主的他，他就是那第一次说出"要有光"者，我们呼求的正是他。在创造的存在背后，午夜总是在以恒星般的明亮向我们的盲目发光，这与在上帝的先于一切存在的胸怀里度过一夜恰好一样。上帝在真理中，在第一个也是纯粹后一个真理中。

"在山岳没有诞生，大地没有得救之前，您就是上帝，从永恒到永恒。"您从永恒开始就是（was）在永恒时将要是（shalt be）的东西：真理。

门

要点重述：形象之面容

那永恒者已经在真理中变成了形象。真理就是此形象的面容。只有真理才是它的面容。你要为灵魂的缘故而当心：你看不到形象，只能听到言语，就像被启示的周围世界一样。但是，在被拯救的上面的超越的世界中，这个世界是由于恰当时刻诵读的更强有力的祝福而产生的，在那里，言语沉默了。这个世界是完满的、平静的。如经文所说："愿他使其面容在你面前发光。"

上帝的面容

真理就是唯一的神的面容之光耀。它不是自身的一个形象，自由地盘旋，而只是上帝的面容，放射出光芒。但是，对于他让自己的面容向之闪耀的人，他也转动其面容。当他把面容转向我们时，我们就会认出他。这个认出并不是寓意式的认出，而是认出真理本来的样子，即它在上帝那里的样子：他的面容和部分。这一点也不意味着它变成了一个寓意的真理，因为这个转向了我们，上帝的那一部分传递给我们。因为，即使是作为字面的而且是纯粹字面上的真理，它也是部分和面容。在"救赎之星"中，我们看到的神性真理变成了形象,那里闪耀的不过是上帝闪耀着转向我们的面容。是啊!我们现在看到了"救赎之星"本身,它至少是作为形象,即以神的面容出现在我们面前。只有在这样的认识中,对它的认识才变得完满起来。

上帝的日子

只要我们只知道这一过程,而没有看见它的轮廓,原始因素的秩序就没有确定下来。诚然,"也许"无限制的来回摆动早已无力地沉落下去了;上帝、世界和人早已将自己建构于一个确定的相互秩序中,而这个秩序是逐渐地进入到它们中间来的。上帝之日的三个时刻已经把自身不变的关系安排给了"全"之要素,这样,所经之路就被看作是星座经过的路,而路程中的要素是属于该星座的。救赎之星虽然被见到了,但是它似乎仍然可以围绕自己转动,这样,世界和人似乎仍然要在业已确定的上帝之日的三个时段经历自己的日子,而他们自己的日子和上帝的日子并不是简单的巧合。救赎只有对上帝才是终极的。然而对于人,他之被按照上帝的形象造成就意味着他被救赎了,是为了尽可能的完美,为了世界,也是为了上帝在启示中的降临而被救赎的。因此,似乎这三个时刻只是上帝日子的时刻,而人的日子和世界的日子是另外的一个日子。

第三部是论述被拯救之超宇宙的永恒性的,而该部的全部目的则是要证明相反的结果。显而易见的相互变化性在这里恰好植根于在上帝之日的永恒真理中有着确定位置的轮廓之中。可以说,在永恒的生活中,救赎已经被启示中的世界所预见到了,因为启示是无所不包的。永恒的生活种植在给予一个民族的启示中,所以它不再有什么变化。这一永恒的生活将在有朝一日带着救赎的成果回去，就像原来种植在那里一样。所以，在这里，救赎之部分已经被真实地置入世界即可见世界中了，而且从世界的角度看，启示实际上就是救赎。在永恒的路上，人们一再从人内在的上帝形象的品性开始，这里，救赎是通过一个新人，一个没有罪、没有堕落的亚当发生的，救赎已经与他一起存在了。第二个亚当奇迹般地诞生，在上帝的形象中更新了创造，人被赋予了灵魂，使它成为自己的并变成了救赎的继承人、救赎性的继承人。这个救赎性从昔时，从创造时起，就是人所拥有的，只是等待被人所认领罢了。因此可以说，从人的观点看，创造实际上已经就是救赎了。

上帝的时间

时间的关系在这里找到了自己的精确位置。人是在启示中被创造为人的，而他在救赎中被允许、被要求启示自己。这一简单、自然的时间关系是先于启示自身而被创造的，它通过世界，通过自己的历史，以及通过见于过去和将来之间的现在建立起永恒之路上的完整序列。另一方面，世界上历史顺序的特有倒置已经被我们数次注意到了，它现在有了图解的确证。对于世界而言，唤醒对于自己的明显意识即被造物的意识的经验，是在创造中发生的。而只有在救赎中，它才第一次被恰当地创造。只有在那里，它才要求坚强的忍耐力，持续不变的生活取代了与生俱来的不断更新的存在。这样，唤醒倒是先于为了世界的存在。这一历史顺序的颠倒确立了永恒之民的生活。因为她的永恒生活不断地预见终结，因此把终结变成了开端。在这一颠倒中，她决定性地否定了时间，而且把自己置于时间之外。生活于时间中，意味着生活于开始与终结之间。凡是要过永恒的生活，而不是时间的生活的人，都必须生活于时间之外。凡是要这样做的人，必须否定那个"之间"。但是，如果要有真正的结果，这样的否定必须是积极的，而不是仅仅不生活于时间中，而是要积极、永恒地生活。积极的否定只发生在这样的颠倒中。将之间颠倒过来意味着先后倒置，使先成为后，使终结成为开端，开端成为终结。永恒的民族就是这样做的。永恒的民族过自己的生活，犹如她就是全世界，犹如世界已经结束。在安息日，她庆祝世界在七日里完成，使之成为自己存在的基础和起点。但是，从时间上说，那只是起点而已，律法是把它设置为目标的。因此，她不经历所有人自然地、真正自然地生活其中的之间。毋宁说，她生活于之间的颠倒。这样她就否认了之间的全能性，否认了时间，即在永恒之路上被经历的时间。

永恒的神灵

在永恒的生活和永恒的道路的标记下，有两个观点将世界和人的观点僵化成为自己的范围内可见的形象，因而进入了永恒真理这一个标记之下。这样，永恒真理本身所要求的三个时刻的秩序问题就被简化了。这是因为，承认那在终端同时又是在开始时起源于上帝的永恒真理，就意味着只有那个秩序公平对待了从上帝而来的终极真理，在它那里，救赎才是那最后者。那些时刻恰好处在从上帝而来的秩序中，那从世界和人而来的秩序——显然至少是可能的——找到了它们的居所。在那里，从世界和人而来的秩序可以安全地驻留，诵读它们的真实性，以之为永恒真理统治下的本质性的、可见的构型。异教将在永恒的神灵,即国家和艺术中生活到永恒的终结。国家是现实主义者的偶像,艺术是个人主义者的偶像。但是,这些神灵被真正的上帝用锁链锁在了一起。让国家占领那世界之"全"的最高处吧!让艺术占领"人"的最高处吧!让国家在世界历史的纪元里控制时间之流吧!让艺术将时间之流转化成经验的无穷的灌溉系统吧!让它们这样做吧!天上的王在嘲笑它们。他用被造之自然的清净效果反对这些在目的上相互矛盾的匆忙行动;在自然的真理中,被神化的世界为了永恒的生活而被界定并成型,在那里,神化的人低头屈服而且被派遣到永恒的路上,世界和人一起屈服于上帝的统治。在关于时间的斗争中,国家和艺术是相互毁灭的,因为国家企图停止时间之流,而艺术则在其中漂游。但是,这一斗争在神统治的自然中消除了。世界和人在生活的永恒性和道路的永恒性中找到了并排的房间。它们在那里被神化了,但没有被偶像化。

神中之神

异教的狂热只有在真理面前才会破灭。它的盲目、沉醉的欲望看见了自己,而且只有自己,这在艺术和国家的永恒斗争中达到了顶点。这些欲望和神性真理的悄然但优势的力量对立起来;因为一切都作为单个的伟大自然而处在神性真理的脚下,所以神性真理能够分发给它们各自的一份,并且号令"全"。只要艺术和国家各自为了自己而自视为全能的,那么,各自就有理由宣称全部自然是自己的。两者都是把自然作为自己的材料来看待的。只有在真理限制它们,即用永恒的生活限制国家,用永恒的道路限制艺术之时,自然才得以摆脱这双重的奴役而恢复自己的统一。在这样的统一中,国家和艺术各有自己的份额,但别无更多。至于真理,上帝在其中塑造了这个民族,她从上帝那里汲取像支柱一样负载自然之全体的力量。在真理中,不仅那"或许"(Perhaps),而且归根结底一切"可能"(Possibly)都丧失了有效性——早在很久以前它就消失了。那真理借之获得构型的"救赎之星",并没有处在轨道上。在上的东西在上面,而且停留在上面。各种观点、世界观、生活哲学、各种主义,所有这些都不再敢向这个真理的最后的单纯观点显示自己,各种观念都在那持久的洞见面前湮没了。世界观和生活观被吸收进了一个新的上帝观。各种主义在"救赎之星"升起时退却了,不管人们是否相信,这"救赎之星"的升起是一个事实,而不是什么主义。有在上,也有在下,位置不容互换,也不能颠倒。即使那认知者也不能说"如果"。他也被"这样"所统治,这样而不是别样。正因为在真理中有上也有下,所以我们可以,毋宁说必须称之为上帝的面容。我们用形象说话。但是这些形象并不是任意的。有本质性的形象,也有偶然性的形象。真理的不可颠倒性只能由活的存在的形象来宣布。这是因为,在活的存在中,上与下早在所有理论或规定之前就由自然指定了。在活的存在那里,自我意识就是对这一指定的觉醒:在人那里。人在其肉体存在中就有上与下。真理在"救赎之星"中赋予本身以形式,它也在"救赎之星"中把自身作为全部真理分派给上帝,而不是给世界或人。同样,"救赎之星"也再次自我反映在有形体的东西,即面容上面。如果《圣经》也说上帝的面容,甚至他分开的形体部分,那么,它就不是人的幻象。没有别的方式来表达真理了。只有当我们看到作为面容的"救赎之星"时,我们才能超越每一个可能性而单纯地看到。

人的脸面

正如"救赎之星"在以两个叠交的三角形的方式反映自身的要素以及要素的结合[①]一样,面容之器官也分成两个层面。因为面容的生命点(life-points)毕竟是这样一些点,在那里,面容与上面的世界取得联系,这种联系或是主动的或是被动的。基础的层面是根据接受性的器官安排的;它们是一些建筑材料,它们一起构成脸面、面具、前额和面颊,它们分别隶属于鼻子和耳朵。鼻子和耳朵则是完全接受性的器官。鼻子属于前额,在神圣的希伯来语里代表整个脸面。随着嘴唇的活动声传至耳朵,祭品的气味也传到鼻子。这第一个三角形就这样被前额的中点构成了,它是整个脸面的主导点,是面颊的中点。在其上叠放着第二个三角形,它是由眼睛和嘴巴构成的,它们的活动加快和控制着前面所说器官的表面。既然两只眼睛在模仿的意义上是平等的;那么,当左眼接受性或平衡性地观看更多东西时,右眼则把目光锐利地盯在某一点上。只有右眼才发出闪光,这是劳动分工,它在头部软绵绵的眼球部位留下了深深的标记。这是对称性的脸部构成,在一般情况下,只在两个侧面之间有明显的区别,于是成为显见的面孔。正如脸的结构是由前额决定的,一切都围绕着眼睛,从眼睛里放出光芒,其生命则集中于嘴上。嘴是所有面部表情传达的完成者,

---

① 要素结合为一条路线。——译者

在说话时，最终在说话退却时的安静中：即在接吻中完成了表情。正是在眼睛中，永恒的面容才向人放射出光芒，正是由于嘴巴说话，人才活着的。但是，对于我们的导师摩西而言——他在生前被给予看到他的希望之地的特权但没有进入其中，上帝用他的吻封上了这一完成了的生命。上帝之封印如此，人也一样。

前途：生活之每日

最后

人或许希望在神性真理的最内部观察到自己和神性真理的相似之处，而且希望世界和自己都能够退缩成这样的相似性，但是，他所观察到的只是一个和自己相似的面容而已。"救赎之星"就是变成了一个它观察我，而我又从中进行观察的东西。不是上帝变成了我的镜子，而是变成了上帝的真理。上帝既是最初的也是最后的，是他向我敞开了位于圣殿最核心的门口。他允许自己被看到。他引领我来到生命的边界，在那里赐予我看的能力。因为"没有人能够看见他并且存活"，所以，他允许我看到他的圣所必定是在世界中的超宇宙部分，是生活之外的生活。但是，他允许我在生活的超越之处看到的也只是我有权利在现实生活的中心感受到的东西。差别只在于，我是看到了而不再只是听到。那在被救赎的超宇宙的高处向我显示的不过是启示的言辞在我的生活中心命令我的。根据神性的面容而行走的特权只给予了那些服从神口之言的人。"人啊！他已经告诉你什么是善，上主你的上帝所要求你的只是行公义、爱仁慈、谦恭地与你的上帝同行。"①

最初

这个最后又不是最后,而是一种接近(Nigh),是最接近的(Nighest);总之,不是最后,而是第一。这个第一是何等不易呀!每一个开始是何等不易呀!行公义,爱慈善,看上去仍然是一个目标。在任何目标面前,意志都要求先稍事休息。但是,谦恭地与你的上帝同行却不再是目标。那是无条件的,没有任何条件,没有但是、首先和明天,完全是今天,作为生活和道路完全是永恒的。因此,它像生活和道路一样分享了永恒的真理。谦恭地与你的上帝同行,这里除了要求完全当场的信赖以外,别无要求。但是,信赖是个大字眼。它是长出信仰、希望和爱的种子,而果实又从它们这里成熟。它是最单纯的,正因如此,又是最难的。它有胆量在任何时候对真理说真实。谦恭地与你的上帝同行,这话是写在门上的,这门是通往圣所里神秘的奇迹之光的,没有人可以在圣所里存活。那么,门的两翼敞开了吗?你不知道吗?

---

① 《经经·弥迦书》6:8,中文根据英文直译。——译者

图书在版编目（CIP）数据

救赎之星 /（德）弗朗茨·罗森茨维格著；孙增霖，傅有德译. —北京：商务印书馆，2021
（宗教文化译丛）
ISBN 978-7-100-20015-8

Ⅰ.①救… Ⅱ.①弗… ②孙… ③傅… Ⅲ.①犹太哲学—哲学史—研究 Ⅳ.① B382

中国版本图书馆 CIP 数据核字（2021）第 114032 号

权利保留，侵权必究。

宗教文化译丛
犹太教系列　主编　傅有德
救赎之星
〔德〕弗朗茨·罗森茨维格　著
孙增霖　傅有德　译

商 务 印 书 馆 出 版
（北京王府井大街36号　邮政编码100710）
商 务 印 书 馆 发 行
北京通州皇家印刷厂印刷
ISBN 978 - 7 - 100 - 20015 - 8

2021年12月第1版　　　开本 880×1230　1/32
2021年12月北京第1次印刷　印张 19 1/8
定价：118.00 元

"宗教文化译丛"已出书目

犹太教系列

《密释纳·第1部:种子》
《密释纳·第2部:节期》
《犹太教的本质》〔德〕利奥·拜克
《大众塔木德》〔英〕亚伯拉罕·柯恩
《犹太教审判:中世纪犹太－基督两教大论争》〔英〕海姆·马克比
《源于犹太教的理性宗教》〔德〕赫尔曼·柯恩
《救赎之星》〔德〕弗朗茨·罗森茨维格
《耶路撒冷:论宗教权力与犹太教》〔德〕摩西·门德尔松
《迷途指津》〔埃及〕摩西·迈蒙尼德

佛教系列

《印度佛教史》〔日〕马田行启

基督教系列

伊斯兰教系列

其他系列

《印度古代宗教哲学文献选编》